普通高等教育电子信息类系列教材

新工科类专业毕业设计(论文)指导与实例教程

郭业才　编著

西安电子科技大学出版社

内 容 提 要

本书主要由三大部分构成：毕业设计(论文)概述，包括毕业设计(论文)的目的、流程及各阶段的具体要求；毕业设计(论文)专题，涵盖软件设计类、智能算法类、嵌入式系统开发类等专题；毕业设计(论文)范例，给出了两个毕业设计(论文)范例。

本书强调“案例教学、突出引导、重在方法”的原则，体现交叉融合，注重学术规范。全书层次清晰，结构分明，内容翔实，便于自学。

本书可作为高等学校新工科类、理科类相关专业本科生的毕业设计(论文)指导书，也可作为研究生以及从事产品设计的工程技术人员的参考书。

图书在版编目(CIP)数据

新工科类专业毕业设计(论文)指导与实例教程 / 郭业才编著. —西安：西安电子科技大学出版社，2021.11(2025.6 重印)
ISBN 978-7-5606-6192-6

Ⅰ. ①新… Ⅱ. ①郭… Ⅲ. ①工科(教育)—毕业设计—高等学校—教材 ②工科(教育)—毕业论文—写作—高等学校—教材 Ⅳ. ①G642.477

中国版本图书馆 CIP 数据核字(2021)第 229345 号

策　　划　马晓娟
责任编辑　马晓娟
出版发行　西安电子科技大学出版社(西安市太白南路 2 号)
电　　话　(029)88202421　88201467　　邮　　编　710071
网　　址　www.xduph.com　　电子邮箱　xdupfxb001@163.com
经　　销　新华书店
印刷单位　陕西博文印务有限责任公司
版　　次　2021 年 11 月第 1 版　2025 年 6 月第 7 次印刷
开　　本　787 毫米×1092 毫米　1/16　印张 20.25
字　　数　481 千字
定　　价　48.00 元
ISBN　978-7-5606-6192-6
XDUP 6494001-7
*****如有印装问题可调换*****

前　　言

毕业设计(论文)是高等学校人才培养计划的重要组成部分，是培养学生综合素质、实践能力与创新精神，实现人才培养目标的重要教学环节。然而，许多学生在开始这项工作时，往往无从着手，不知所措，一片茫然。因此，为新工科类专业本科生进行毕业设计(论文)提供一本高质量的指导书是必要的。

本书在编写原则上，强调案例教学，突出创新引领，重视方法引导，体现交叉融合，注重学术规范；在内容组织上，注意新工科类相关专业的知识背景和接受能力。同时，以内容的新颖性、案例的牵引性、布局的完整性激发学生的阅读兴趣，帮助学生更好地完成毕业设计(论文)任务。

本书共分 8 章。第 1 章为毕业设计(论文)概述，主要介绍毕业设计(论文)的目的、形式要求，毕业设计(论文)对指导教师和学生的要求，毕业设计(论文)的工作流程、阶段检查、答辩及考核等。第 2 章为毕业设计(论文)选题与开题，主要介绍如何进行毕业设计(论文)的选题与开题。第 3 章是毕业设计(论文)调研与文献检索，主要阐述针对选好的毕业设计(论文)题目，如何开展文献调研及文献检索等工作。第 4 章是毕业设计(论文)的内容撰写与规范，主要介绍毕业设计(论文)结构及各部分的撰写内容、要求、步骤以及排版规范。第 5 章是新工科类专业毕业设计(论文)的软件设计类专题，内容涉及 Microsoft Office Visio、MATLAB Simulink、Multisim 及 Altium Designer 等软件的功能及使用。第 6 章为新工科类专业毕业设计(论文)的智能算法类专题，内容涉及自适应滤波算法、神经网络、遗传算法及卷积神经网络等智能处理算法及其应用于实际的切入点和方法。第 7 章为新工科类专业毕业设计(论文)的嵌入式系统开发类专题，内容涉及嵌入式系统硬件资源、开发环境和开发方法，包括 MCS-51 系列和 MSP430 系列单片机、ARM cortex-m4 系列、FPGA、DSP 核心板及其开发环境、开发方法和开发流程等。第 8 章为新工科类专业毕业设计(论文)范例，给出了一个技术开发类毕业设计(论文)范例和一个理论研究类毕业设计(论文)范例，以起抛砖引玉之效。

本书的主要特色与创新在于：

(1) 突出引导性与实操性。全书除介绍毕业设计(论文)的重要环节外，还将重点放在新工科类专业毕业设计(论文)的软件开发类、智能算法类和嵌入式系统开发类等专题上，每个专题都侧重于方法的引导、实际的操作以及开发流程的分析。本书强调工程教育理念，通过“用中会”“会中用”“学用结合”，培养学生的工程实践能力和创新能力。学生可按书中内容进行开发设计、拓展延伸。

(2) 强化完整性与示范性。全书结构完整、内容全面，通过实例将方法应用于解决问题中，每个实例都是完整的，按每个实例进行操作都是可行的，示范性强。

(3) 体现先进性与融合性。全书软件开发类专题、智能算法类专题和嵌入式系统开发类专题中所提供的方法具有多样性、可选择性。各种方法相互融合，可以形成各种各样的毕业设计(论文)任务，适用于新工科类相关专业的毕业设计(论文)指导工作。

本书得到了2019年江苏高校一流专业(电子信息工程，No.289)建设项目、2019年无锡市信息技术(物联网)扶持资金(第三批)扶持项目[高等院校物联网专业新设奖励项目(通信工程，No.D51)]、南京信息工程大学教材建设基金、无锡学院及西安电子科技大学出版社的大力支持或资助，在此表示衷心感谢!

由于作者水平有限，书中难免会有一些不足之处，恳请读者提出宝贵意见。

编　者

2021年9月

目　　录

第 1 章　毕业设计(论文)概述

【教学内容与要求】

本章主要内容涉及毕业设计(论文)的目的、形式要求，毕业设计(论文)对指导教师和学生的要求，毕业设计(论文)的工作流程、阶段检查、答辩及成绩评定等。通过本章的教学，要求学生懂得毕业设计(论文)环节的重要性及各阶段的具体要求，为完成毕业设计(论文)做好思想准备。

毕业设计(论文)是高等学校人才培养计划的重要组成部分，是培养学生综合素质、实践能力与创新精神，实现人才培养目标的重要教学环节；毕业设计(论文)的质量也在一定程度上反映了学生的学习质量和学校的教学质量，是全面检验学生素质，考核学校教学质量的重要环节。

1.1　毕业设计(论文)的目的

毕业设计(论文)的基本教学目的是培养学生综合运用本专业的基本理论和基本技能分析解决实际问题的能力，使学生初步掌握科学研究或专业技术领域技术开发的基本方法，具备从事科学研究工作或专业技术工作的基本素质和能力。通过毕业设计(论文)教学环节，要求达到以下目标：

(1) 培养学生获取知识的能力，包括通过分析与综合来获取资料与信息的能力。

(2) 培养学生运用知识的能力，包括使学生较好地掌握本专业的基本理论和基本技能，具备一定的方案论证、综合运用知识和技能分析解决实际问题的能力，还包括数据处理、计算机辅助工具的应用能力。

(3) 培养学生文献综述的能力，包括对中外文文献检索、阅读、综述和翻译的能力。

(4) 培养学生撰写文献的能力，包括撰写科研报告、论文、设计说明书等的基本能力和良好的表达、交流能力。

(5) 培养学生团队协同工作的精神，包括使学生具有团队协作精神，明确处理好人际关系对取得合作成果的重要性，善于处理人际关系，懂得尊重他人的劳动。

(6) 培养学生的创新意识与创新精神，包括培养学生的创新意识与创新精神、严肃认真的科学态度和严谨求实的工作作风。

1.2　毕业设计(论文)的形式要求

为了达到毕业设计(论文)对学生能力的培养要求，在毕业设计期间，要求学生完成外文翻译、文献综述、开题报告、毕业设计说明书或毕业论文等工作，具体如下：

(1) 查阅与毕业设计(论文)相关的文献资料 15 篇以上(其中外文文献不少于 5 篇)，外文文献要求为 3000～5000 个外文单词的、近年公开发表的、与毕业设计(论文)研究内容相关的学术期刊或学术会议论文，不得为外文教材、科普读物等。

(2) 在阅读文献的基础上，撰写文献综述一篇。

(3) 在文献阅读和调研的基础上，完成开题报告[包括课题的目的和意义、国内外研究现状、主要设计或研究内容(含拟解决的关键问题)、设计或研究方案、实施计划及预期成果等]。

(4) 完成毕业设计，撰写毕业论文，本科生毕业设计(论文)的正文字数原则上理科类不少于 10 000 字，工科类不少于 15 000 字。(各个学校有各自的规定，具体字数可按就读学校的要求执行。)

撰写毕业设计(论文)时需要注意以下几个方面：

① 中文摘要、关键词。简要概括设计(论文)的主要内容和观点，中文摘要字数一般为 300～600 字，关键词 3～8 个。

② 英文摘要、关键词。内容要与中文摘要和关键词相对应。

③ 参考文献。以近期发表的期刊类文献为主，图书类、网页类文献不宜过多。所列参考文献要与论文工作相关，数量不少于 12 篇，其中外文文献至少 3 篇，近 5 年的文献不少于 50%。

④ 附录。包括设计图纸、主要程序清单和其他与设计(论文)相关的资料。

⑤ 外文翻译原文。原文应该为出版社正式出版论文的扫描件、电子文档或复印件，原文字迹应该清晰。

(5) 学生应该及时向指导教师汇报毕业设计(论文)工作的进展情况，指导教师应该每周都对学生的毕业设计(论文)工作进行检查，当面进行指导和交流，指出存在的不足和下一步的要求。

(6) 学生毕业设计(论文)归档材料：

① 毕业设计(论文)。

② 毕业设计(论文)附件材料：任务书、开题报告、中期检查表、文献综述或外文翻译(含原文和译文)、指导教师审阅意见表、评阅教师意见表、答辩结果表。

③ 校外毕业设计(论文)申请表[针对在校外完成毕业设计(论文)的学生]。

④ 优秀毕业设计(论文)缩编(成绩为优秀的论文)。

⑤ 周记或毕业设计(论文)小结(纸质版填写)。

1.3　毕业设计(论文)对指导教师的要求

毕业设计(论文)教学环节实行导师负责制，由指导教师对整个毕业设计(论文)的教学活动全面负责。

指导教师应为人师表、教书育人，对学生严格要求，且应具有实际工程经历或科研工作经验，工作认真踏实；要重视对学生独立工作能力、分析解决问题能力、创新能力的培养及基本科学研究方法的指导，注重启发引导，调动学生的积极性和创造性。

指导教师(含校外指导教师)必须由责任心强、业务水平高、经验丰富、讲师及相当职称以上的教师担任。初级职称的人员不得单独指导毕业设计(论文)，但可协助指导教师的工作。

指导教师的具体任务如下：

(1) 确定毕业设计(论文)题目，向学生下达毕业设计(论文)任务书，任务书应目标明确、内容清楚、符合规范。

(2) 根据任务书的要求，指导学生开题，对学生提交的开题报告给予评阅。

(3) 定期检查学生的工作进度和质量，及时进行答疑与指导。

(4) 结合课题，指导学生阅读相关外文文献，批改学生的外文文献翻译。

(5) 按毕业设计(论文)工作进程，进行中期检查。

(6) 指导学生正确撰写毕业设计(论文)报告并认真审阅。

(7) 毕业设计(论文)答辩前，检查学生完成任务情况，对学生进行答辩资格审查，并根据学生的工作态度、实际工作能力、毕业设计(论文)质量客观公正地填写指导教师审阅意见表，按五级(优秀、良好、中等、及格、不及格)记分方法给出建议成绩。指导教师审阅意见表(样表)如表 1.3.1 所示。

表 1.3.1　指导教师审阅意见表(样表)

×××大学

本科生毕业设计(论文)指导教师审阅意见表

学生姓名		学号		学院			
专　业		班级		指导教师		职　称	
毕业设计(论文)题目						建议成绩	
对毕业设计(论文)完成情况及质量、工作能力及态度、思想表现、论文学术水平等进行总体评价：							
指导教师签名：　　年　月　日							

(8) 为确保毕业设计(论文)的质量，每位指导教师所指导的学生人数不能超过学校有关规定。毕业设计(论文)期间，指导教师应严格控制出差，确因工作需要外出须由系主任或专业负责人审核确定并报二级学院备案，外出期间应委托其他指导教师代为指导。

1.4 毕业设计(论文)对学生的要求

毕业设计(论文)具有很强的实践性、综合性、探索性等特点，为达到毕业设计(论文)的教学目的，对学生提出以下要求：

(1) 自觉认真学习毕业设计(论文)指导书，明确了解毕业设计(论文)的全过程及相关要求，保质保量地完成毕业设计(论文)。

(2) 充分发挥主观能动性和创造性，刻苦钻研、勤于实践，独立完成毕业设计(论文)任务。

(3) 尊敬师长，服从安排，虚心接受指导教师及有关人员的指导和检查，主动与指导教师保持联系，定期向指导教师汇报毕业设计(论文)的进展、碰到的问题及拟采用的解决方法，并如实填写毕业设计(论文)周记。

(4) 坚持实事求是的科学态度，不弄虚作假，不抄袭他人成果，如有剽窃抄袭或伪造数据行为，对违反规定者将按学校有关规定处理。

(5) 在毕业设计(论文)过程中，应遵守校纪校规，正确处理好毕业设计(论文)与就业的关系。因事、因病离开学校，应向指导教师和辅导员请假，否则按学校学籍管理有关规定处理。

(6) 节约材料，爱护仪器设备，严格遵守操作规程及实验室有关规章制度。离开工作现场时关闭电源、水源，确保实验室安全。

(7) 毕业设计(论文)撰写须符合规范要求，毕业设计(论文)成果、资料应及时交给指导教师收存(包括电子版和纸质版)，学生对毕业设计(论文)内容中涉及的有关技术资料应负有保密责任，未经许可不能擅自对外交流或转让。

(8) 在导师指导下，学生可将毕业设计(论文)内容向国内外公开出版刊物投稿。

(9) 认真撰写毕业设计(论文)，经指导教师审阅以后，在答辩前一周将毕业设计(论文)交答辩小组教师评阅，待答辩资格审查通过后参加答辩。

(10) 按时参加答辩。在校外进行毕业设计(论文)工作的学生须回校参加答辩。答辩前学生应认真做好准备工作，通过答辩者方能取得毕业设计(论文)的成绩和学分。

1.5 毕业设计的工作流程

毕业设计(论文)工作按以下程序进行：毕业设计选题→下达任务书→开题→毕业设计(论文)实施→毕业设计(论文)撰写→论文审查→毕业答辩→成绩评定。具体工作流程如图1.5.1 所示。

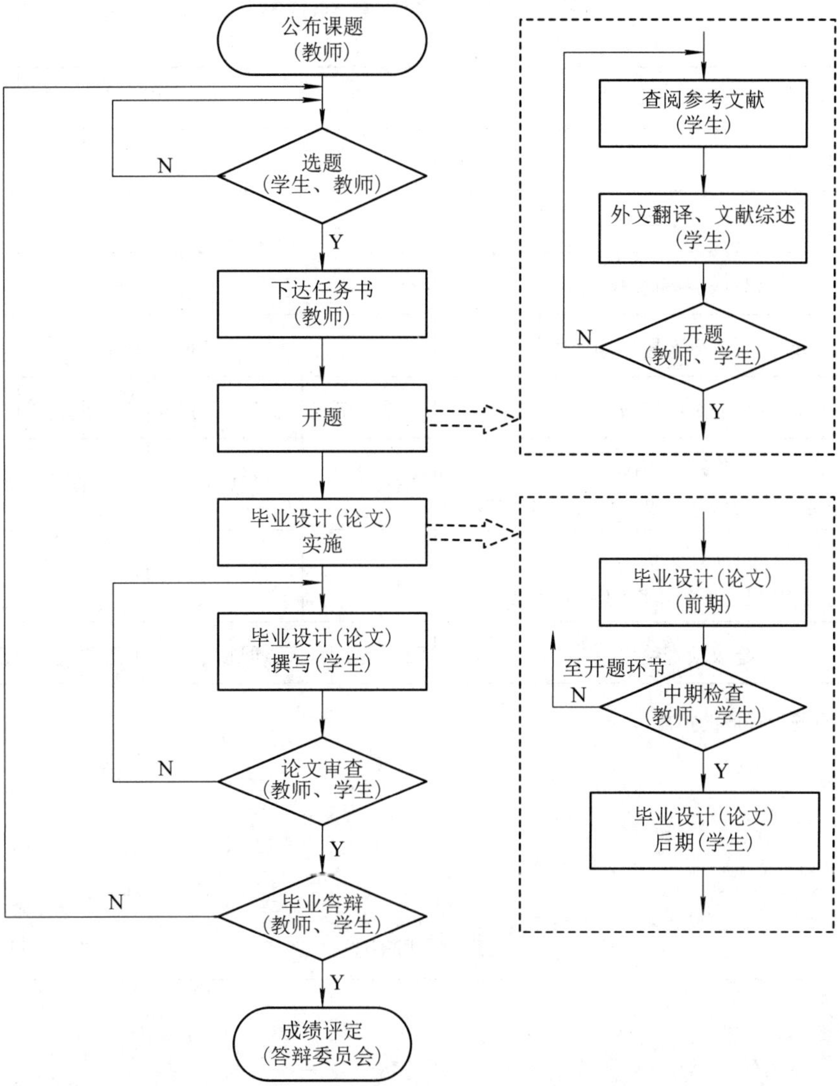

图 1.5.1　毕业设计(论文)工作流程

每个阶段的具体时间安排会根据当学期情况决定。

1.6　毕业设计的阶段检查

毕业设计(论文)工作按前、中、后三个阶段进行检查。毕业设计(论文)的中期检查由教务处、二级学院工作领导小组组织实施。各阶段检查的重点如下。

(1) 前期：教师指导毕业设计(论文)工作的准备情况，如毕业设计(论文)选题、教师下达任务书、学生开题情况等，积极解决毕业设计(论文)工作中存在的问题。

(2) 中期：学生毕业设计(论文)工作进展情况，及时处理毕业设计(论文)工作过程中出现的问题，进行中期检查时，指导教师需填写中期检查表，如表 1.6.1 所示。

表 1.6.1 中期检查表(样表)

×××大学本科生毕业设计(论文)工作中期检查表

<table>
<tr><td>学院</td><td colspan="2"></td><td>专业</td><td colspan="3"></td></tr>
<tr><td>学生姓名</td><td></td><td>学号</td><td colspan="2"></td><td>学生姓名</td><td></td></tr>
<tr><td colspan="3">课题名称</td><td colspan="4"></td></tr>
<tr><td colspan="3">题目是否有变化</td><td colspan="4">□有 □无</td></tr>
<tr><td colspan="3">选题是否符合选题原则要求</td><td colspan="4">□是 □否</td></tr>
<tr><td colspan="3">对计划的进度完成情况</td><td>□提前完成</td><td>□按计划完成</td><td>□延期完成</td><td>□没有完成</td></tr>
<tr><td colspan="3">工作态度情况
(学生对毕业论文的认真程度、纪律及出勤情况)</td><td>□认真</td><td>□较认真</td><td>□一般</td><td>□不认真</td></tr>
<tr><td colspan="3">质量评价
(学生前期已完成的工作的质量情况)</td><td>□优</td><td>□良</td><td>□中</td><td>□差</td></tr>
<tr><td colspan="3">建议检查结果</td><td>□表扬</td><td>□通过</td><td>□警告</td><td>□严重警告</td></tr>
<tr><td colspan="7">尚存在的问题及采取的措施：

指导教师签字： 年 月 日</td></tr>
<tr><td colspan="7">学院意见：

负责人签字：</td></tr>
</table>

中期检查的主要形式有以下几种：

① 教师如实填写毕业设计中期检查表并交系(专业)存档，指导的学生中若有特殊情况影响到毕业设计(论文)进程，应该及时向系(专业)反映。

② 教务处或二级学院组织召开毕业设计(论文)学生座谈会。

③ 到毕业设计现场(实验室) 察看。

(3) 后期：学生毕业设计(论文)工作进度与完成质量，包括毕业设计(论文)的查重情况，要求指导教师对学生进行初步考核，为毕业设计(论文)答辩做好准备。

1.7　毕业设计(论文)的答辩

毕业设计(论文)完成后，学生必须进行答辩。

(1) 二级学院成立答辩委员会，下设若干答辩小组。答辩委员会由二级学院分管院长、答辩小组长以及若干副教授职称以上的教师组成。答辩委员会的主要职能包括：审定学生答辩的资格，统一答辩的要求和评分标准，审定并给出学生毕业设计(论文)的总评成绩。

(2) 答辩小组具体负责答辩现场的各项工作，成员为 3～5 人，其中组长 1 人、秘书 1 人，组长应由有经验、责任心强的教师担任，成员可以是本专业中级职称及以上的教师，也可以是博士学位教师，必要时可聘请二级学院外或校外相应职称的教师参加(可实行导师回避制)。秘书负责答辩过程中的记录及事后的资料整理工作。答辩小组根据答辩情况，写出评语，并按照评分标准与要求给出答辩成绩。

(3) 答辩前，二级学院应对学生进行答辩资格审查(包括资料审查和成果验收)。被指导教师或评阅教师评定为不及格的毕业设计(论文)，不得进入答辩程序。

(4) 答辩资格审查通过后，学生方能参加毕业设计(论文)答辩；答辩资格审查不通过者，可申请延期答辩。

(5) 答辩工作开始前，指定除指导教师以外的 3 名评阅教师(其中一位为主要评阅者)对毕业设计(论文)进行评阅，评阅教师填写评阅教师意见表，如表 1.7.1 所示。

表 1.7.1　评阅教师意见表(样表)

×××大学

本科生毕业设计(论文)评阅教师意见表

<table>
<tr><td>学生姓名</td><td></td><td>学　号</td><td></td><td>指导教师</td><td></td></tr>
<tr><td>学　院</td><td></td><td>专业、班级</td><td></td><td>毕业论
文性质</td><td>□论文　□设计
□读书报告　□总结</td></tr>
<tr><td>题　目</td><td colspan="5"></td></tr>
<tr><td colspan="6">对论文评阅的意见：

建议成绩：　　　　　　　　　　　　　　　　评阅教师签名：
年　　月　　日</td></tr>
</table>

答辩小组教师根据毕业设计(论文)涉及的内容及要求，着重评阅毕业设计(论文)的质量与水平，以相关基本概念、基本理论为主，准备好不同难度的问题，在答辩时进行提问。

(6) 答辩程序及要求。

① 学生在答辩时，先简要报告毕业设计(论文)的主要内容(15 分钟以内)，包括课题的目的和意义，所采用的资料和主要方法，毕业设计(论文)的基本内容及主要结论，毕业设计(论文)的价值及不足之处。

② 教师提问的时间不超过 10 分钟，提问的内容包括课题所涉及的基本理论、基本知识、方法和原理，学生独立分析问题和解决问题的能力，要求进一步说明的问题。

③ 答辩小组成员根据学生的毕业设计(论文)质量及答辩情况给出答辩成绩，填写答辩结果表，如表 1.7.2 所示，答辩小组组长签字。

表 1.7.2　答辩结果表(样表)

×××大学

本科生毕业设计(论文)答辩结果表

学生姓名		学号		专业、班级	
论文题目				学　院	
答辩记录：					
答辩小组意见：					
建议论文成绩		组长签名		日　期	
答辩委员会意见：					
论文成绩	□优秀　□良好　□中等　□及格　□不及格				
主管领导签名：	年　月　日				

1.8　毕业设计(论文)的成绩评定

1. 五级记分制评定

毕业设计(论文)的成绩实行综合评定，由指导教师评定成绩、毕业设计(论文)评阅成绩、毕业设计(论文)答辩成绩三部分组成，各部分占综合评定成绩的比例分别为 30%、30%、40%。综合评定成绩采用五级记分制(优秀、良好、中等、及格、不及格)，其对应的分数如表 1.8.1 所示。

表 1.8.1　五级记分制

等级	优秀	良好	中等	及格	不及格
得分	90～100	80～89	70～79	60～69	60 分以下

各专业学生的毕业设计(论文)综合评定成绩应呈正态分布，“优秀”等级毕业设计(论文)的数量一般应控制在 20%左右。

1) 优秀

(1) 按时独立完成毕业设计(论文)任务书所规定的全部任务，具有较强的综合分析问题和解决问题的能力，并表现出某些独特的见解或有创新性。

(2) 毕业设计说明书或毕业论文结构完整、内容正确、概念清楚、数据可靠、文字通顺、图表整洁、图纸清晰且符合规范。

(3) 答辩时能熟练、正确地回答问题。

2) 良好

(1) 按时独立完成毕业设计(论文)任务书所规定的全部任务，具有较强的综合分析问题和解决问题的能力。

(2) 毕业设计(论文)结构完整、内容正确、概念清楚、文字通顺、图表整洁、图纸清晰且符合规范。

(3) 答辩时能正确地回答问题。

3) 中等

(1) 一般能独立完成毕业设计(论文)任务书所规定的任务，具有一定的综合分析问题和解决问题的能力。

(2) 毕业设计(论文)内容基本正确、图表整洁、图纸清晰且基本符合规范。

(3) 答辩时基本能正确地回答问题。

4) 及格

(1) 基本上能达到毕业设计(论文)任务书所规定的要求，非主要问题上存在错误。

(2) 毕业设计(论文)内容基本正确、图表整洁、图纸齐全、基本符合规范或仅有局部非原则性错误。

(3) 答辩时有些问题需经启发方能回答。

5) 不及格

(1) 未能达到毕业设计(论文)任务书所规定的基本要求，毕业设计(论文)中存在原则性错误。

(2) 毕业设计(论文)概念不清、图表格式不完整、图纸不全、不符合规范。

(3) 答辩时存在原则性错误，有些问题经启发后仍不能正确回答。

2. 指导教师评定成绩

由指导教师根据学生整个毕业实习期的表现及毕业设计(论文)完成情况，参照以下几方面进行评定，采用百分制计分。

(1) 对待毕业实习的态度及实习期间遵守纪律情况。

(2) 毕业设计(论文)开题报告质量、预定任务完成情况。

(3) 独立工作能力和动手能力等。

(4) 能否运用所学的基础理论和专业知识进行研究设计、数据资料分析、归纳等。

(5) 毕业设计(论文)写作水平以及格式是否规范等。

3. 评阅教师评定成绩

由评阅教师参照以下几方面进行评定，采用百分制计分。

(1) 毕业设计(论文)选题的价值与合理性(与专业、社会实际结合程度)。

(2) 毕业设计(论文)的难度、工作量大小和创新性。

(3) 运用基础理论和专业知识进行数据资料分析、归纳、概括及运算的能力。

(4) 文字表达水平、毕业设计(论文)结构的逻辑性。

(5) 毕业设计(论文)写作的规范程度。

4. 毕业设计(论文)答辩成绩

由答辩小组根据论文内容的科学性、应用性和创新性，论文写作水平及知识面掌握程度，语言表达能力、答辩中逻辑思维能力及回答问题的正确性等进行现场评分，采用百分制计分。

1.9 校外毕业设计(论文)的管理

为不断探索与企事业单位联合培养人才的模式，充分利用社会资源提高教学质量，在符合条件的情况下，允许部分学生到校外单位开展毕业设计(论文)工作。

1. 本科生申请到校外做毕业设计(论文)的条件

(1) 学生原则上必须已取得除毕业设计(论文)以外本专业培养方案中规定的全部学分。

(2) 学校或二级学院已经与校外单位签署了联合指导协议，或学生已经与校外单位签署就业协议或意向书，或学生已经获得免试推荐外校研究生资格。

(3) 校外单位必须具有指导学生毕业设计(论文)的专业技术人员(中级职称及以上者)，并能提供与学生所学专业相关的工作条件。

2. 学生提出书面申请

符合条件的学生提出书面申请，填写校外毕业设计(论文)申请书(样表如表 1.9.1 所示)，二级学院须对学生的毕业设计(论文)题目、内容、校外指导教师的资质、实习条件等进行审核，同时配备校内指导教师，负责督促、检查、落实该学生的毕业设计(论文)工作进度，保证毕业论文(设计)质量。

表 1.9.1　校外毕业设计(论文)申请书(样表)

×××大学

本科生校外毕业设计(论文)申请书

<table>
<tr><td rowspan="2">学生
信息</td><td>姓名</td><td></td><td>学号</td><td></td></tr>
<tr><td>专业</td><td></td><td>联系电话</td><td></td></tr>
<tr><td colspan="2">校外毕业设计(论文)起止时间</td><td colspan="3">年　月　日至　年　月　日</td></tr>
<tr><td colspan="2">校外毕业设计(论文)具体地址</td><td colspan="3"></td></tr>
<tr><td>个人
申请</td><td colspan="4">申请人签字：
年　月　日</td></tr>
<tr><td colspan="2">接收单位名称</td><td colspan="3"></td></tr>
<tr><td rowspan="2">校外指导教师信息</td><td>姓名</td><td></td><td>职称(职务)</td><td></td></tr>
<tr><td>研究方向</td><td></td><td>联系电话</td><td></td></tr>
<tr><td rowspan="2">校内指导教师信息</td><td>姓名</td><td></td><td>职称(职务)</td><td></td></tr>
<tr><td>研究方向</td><td></td><td>联系电话</td><td></td></tr>
<tr><td>课题名称</td><td colspan="4"></td></tr>
<tr><td>校外毕业设计
(论文)内容</td><td colspan="4"></td></tr>
<tr><td>校外指导教师意见</td><td colspan="4">签字：
年　月　日</td></tr>
<tr><td>接收单位意见</td><td colspan="4">签字：
盖章
年　月　日</td></tr>
</table>

续表

校内指导教师意见	签字： 年　　月　　日
二级学院 意见	签字： 盖章 年　　月　　日

3. 注意事项

学生在校外做毕业设计(论文)期间，除注意自身劳动安全、人身安全与个人财物安全外，还应严格遵守所在单位的各项规章制度，认真完成毕业设计(论文)任务。

4. 返校时间

学生必须在答辩前一周返回学校，参加由所在学院组织的毕业设计(论文)答辩。

第 2 章　毕业设计(论文)选题与开题

【教学内容与要求】

本章主要介绍毕业设计(论文)的选题与开题过程，这是毕业设计(论文)过程中的第一环节，该环节对毕业设计(论文)完成质量有重要影响。通过本章的教学，使得学生懂得如何选题，选题之后又如何开题，掌握开题报告的构成要素及写作方法。

毕业设计(论文)选题指在毕业设计(论文)之前选择并确定所要研究论证的课题，是完成毕业设计(论文)的第一个环节，解决“做什么”的问题，在某种程度上能够决定毕业设计(论文)的价值和效用。

新工科类专业毕业设计(论文)选题必须符合新工科专业的综合培养要求，即围绕生产实践、科学研究和实验室建设等方面选择。毕业设计(论文)的题目通常由教师或毕业实习单位的工程师提出，由学生自愿选择；也可以由学生提出，与指导教师商讨后经系(专业)讨论确定，并报二级学院审定。

2.1　选题原则

毕业设计(论文)选题可多样化，灵活性大。选题可以来源于教师的研究课题、校企合作单位的工程项目，也可由学生根据自己的兴趣自主拟题。不管采用何种方式选题，一般都应符合以下要求：

(1) 紧扣培养目标。选题应在学生已有的基础理论与专业知识基础上，有一定的深化和拓展，内容力求新颖，紧跟学科发展。

(2) 贴近工程实际。作为新工科类专业，选题应属于实际工程问题，侧重于理论、方法、技术、装置及具体应用，应具备基本的工程训练内容。

(3) 侧重能力培养。选题应力求有益于学生综合运用所学的理论知识与技能，有利于培养学生的独立工作能力，鼓励学生跨学科选择课题和学生自己拟定题目，但要经过系(专业)毕业设计(论文)指导小组审查同意，方可执行。

(4) 结合社会需要。校内指导教师与校外单位工程技术人员共同确定具有较好实用价值和意义的选题。

(5) 难易程度适中。选题应确保学生在指导教师的指导下，经过努力能够完成。在保证达到基本要求的前提下，因材施教，充分考虑到在一定时间内获得成果的可能性。选题的难度和工作量应有一定的弹性，使学有余力的学生有进一步发挥能力的空间。

(6) 确保一人一题。如果一个项目由多个学生共同参加，必须明确每个学生独立完成的工作内容和要求，并在题目上有所区分，一人一题，以保证每人都受到较全面的训练，不允许多人做同一个题目。

(7) 体现成果价值。毕业设计(论文)过程是一项有价值意义的活动，最终要有成果并体现价值。因此，选题立意要新颖，有必要深入研究探讨；选题应有需求背景，针对实际情况和科学发展的需要，即应有实际效益或学术价值。

2.2 课题类型

毕业设计(论文)依据课题的侧重点大致可以分成以下 4 类。

1. 工程实践型

工程实践型毕业设计是使学生根据毕业设计的要求进行设计、调试和制作，以完成工程预定目标，包括工程技术开发型和工程技术改进型。

(1) 工程技术开发型。

对于电子信息类、计算机类、自动化类、仪器仪表类等新工科专业，工程技术开发主要是电子产品或装置的开发，也就是原来没有这种电子产品或装置，学生需要将电子信息、计算机、人工智能、控制技术、仪器仪表设计等理论研究成果向现实的电子产品转化。这种课题难度较大，需要合理设计和反复实验。这类课题在正式开始之前，要根据一定的目的和指标要求，预先制订方案或图样。其特点是学生根据给出的目的，参考有关资料后，能按照规定的技术指标，设计工程图纸，编写软件程序，并在一定条件下，可根据设计的图纸实施。例如，高阶调制信号发生器的设计与实现。

(2) 工程技术改进型。

随着市场需求的变化、人们生活水平的提高以及生产技术的革新，需要对原来的电子产品或装置进行改进。通过改进使电子产品或装置的功能更多、成本更低、效率更高。

这一类型的设计需根据毕业设计任务书中的指标要求，在调研现场(或客观环境)、有关产品设备及仪表等之后，通过计算落实到设备的选型配套、施工图纸的绘制、对施工要求及投资的说明上，最后写出设计报告。例如，×××学校局域网的设计与组建。

工程实践型设计包括需求分析、总体设计、详细设计、制作与调试等过程。

2. 实验研究型

这类题目包含探索和研讨性的内容，并且需要通过实验研究手段，揭示其内在的本质，从而科学地得出正确的结果。实验研究型选题的范围和领域一般包括研究与探讨指导教师的科研项目或科研方向，以及新的理论和实际装置，也可包括研制新的实验装置及电子产品等。

3. 软件开发型

这类题目围绕要求实现的功能编写出若干程序来体现设计成果，主要涉及数据库及管理系统、交换及通信网的软件系统和微处理器专用芯片的软件设计等。例如，×××大学设备管理系统的设计与实现，企业生产调度管理信息系统等。

4. 理论研究型

理论研究型课题有时也称为“毕业论文”，包括问题提出、问题分析、理论推导、模型建立、算法仿真、验证与分析、总结等。该类题目类型可以分为两类：一类是方法或算法改进型，这种课题是在某种理论方法(或算法)存在缺陷的情况下提出自己的改进方法(或算法)。在改进方法(或算法)前，学生首先需要分析与课题相关方法(或算法)的优缺点或不足之处并找到原因，然后在此原因上提出自己的改进方法(或算法)。这种毕业论文题目比较常见，如基于改进遗传算法的自适应谱线增强方法；另一类是方法(或算法)提出型，这种课题要求学生针对某种问题提出自己的方法(或算法)和见解，在方法(或算法)的提出过程中，学生首先需要透彻地分析问题，寻求解决问题的突破口，再提出解决方法，并通过建模仿真分析加以验证，最后，如果这个问题还有其他学者提出了解决方法，还应将自己提出的方法(或算法)与这些方法(或算法)进行比较。

2.3 选题审题

1. 选题时间

选题、审题工作应在毕业设计开始的前一学期完成，系(专业)应安排学生在第七学期进入毕业设计(论文)环节，提倡毕业设计(论文)工作时间“覆盖一年”。

2. 选题方式

毕业设计(论文)选题前，由二级学院教学办根据学校教务处的毕业设计(论文)安排，发布毕业设计(论文)选题开始时间，各系(专业)安排教师拟出毕业设计(论文)课题(包括校外课题、学生自拟课题)，系主任(或专业负责人)初步审定后报二级学院审批，获批准的毕业设计(论文)课题由系(专业)向学生公布，通过师生双向选择的方式，确定学生毕业设计(论文)的题目及指导教师，个别情况由系主任(或专业负责人)调配解决。题目和指导教师一经确定，不得随意更改。如确有必要调整须经系(专业)同意，并填写毕业设计(论文)题目调整申请表(如表 2.3.1 所示)上报二级学院和教务处批准。

表 2.3.1　毕业设计(论文)题目调整申请表

×××大学毕业设计(论文)题目变更申请表

<table>
<tr><td>二级学院</td><td colspan="2"></td><td>专业</td><td></td><td>班级</td><td></td></tr>
<tr><td colspan="2">学生学号：</td><td colspan="2">学生姓名：</td><td>指导教师：</td><td colspan="2">指导教师职称：</td></tr>
<tr><td colspan="2"></td><td colspan="2"></td><td></td><td colspan="2"></td></tr>
<tr><td colspan="2">原毕业设计(论文)题目</td><td colspan="5"></td></tr>
<tr><td colspan="2">更改后毕业设计(论文)题目</td><td colspan="5"></td></tr>
</table>

续表

变更题目的原因	学生签名： 年　月　日
指导教师意见	指导教师签字： 年　月　日
二级学院意见	主管院长签字： 年　月　日
教务处意见	主管处长签字： 年　月　日

选题应于第七学期末结束，系(专业)应尽快将毕业设计(论文)课题汇总表报二级学院教学办公室，由二级学院汇总后上报教务处。

2.4　毕业设计(论文)任务书

在选定毕业设计(论文)课题后，指导教师应于第七学期末结束前，根据课题拟定的内容填写毕业设计(论文)任务书。毕业设计(论文)任务书一般包括毕业设计(论文)时间、毕业设计(论文)题目、题目性质及来源、设计(论文)内容、设计(论文)目标、指定参考文献等，是师生进行毕业设计(论文)教学活动的主要依据。

毕业设计(论文)任务书(样表)如表 2.4.1 所示。

表 2.4.1 毕业设计(论文)任务书(样表)

×××大学本科生毕业设计(论文)任务书

<table>
<tr><td>学 院</td><td colspan="3"></td><td>专 业</td><td></td></tr>
<tr><td>学生姓名</td><td colspan="2"></td><td>学号</td><td>班级</td><td></td></tr>
<tr><td>毕业设计(论文)时间</td><td colspan="5">年 月 日至 年 月 日</td></tr>
<tr><td>提交设计(论文)时间</td><td colspan="5">年 月 日</td></tr>
<tr><td>指导教师</td><td colspan="5"></td></tr>
<tr><td>设计(论文)题目</td><td colspan="5"></td></tr>
<tr><td rowspan="3">题目性质
及来源</td><td>性质</td><td colspan="4">□理论研究 □应用研究 □技术开发 □其他</td></tr>
<tr><td rowspan="2">来源</td><td>项目名称</td><td colspan="3"></td></tr>
<tr><td>任务下达部门</td><td></td><td>项目编号</td><td></td></tr>
<tr><td>主要内容</td><td colspan="5"></td></tr>
<tr><td>论文(设计)目标</td><td colspan="5"></td></tr>
<tr><td>指定参考文献</td><td colspan="5"></td></tr>
<tr><td>备注</td><td colspan="5"></td></tr>
</table>

注：此表由指导教师在毕业设计(论文)工作开始前填写，一式两份，一份发给学生，一份交学院留存。

2.5 毕业设计(论文)开题

1. 开题报告撰写

学生在文献阅读、调研、充分理解工作目的的基础上，撰写开题报告。开题报告内容应包含课题的目的及研究意义、国内外研究现状、研究主要内容、实施方案以及进度安排、指导教师意见等部分。开题报告字数要求 3000 字以上，参考文献不少于 15 篇，其中外文文献不少于 5 篇。

(1) 课题的目的及研究意义。

这部分主要是分析课题的研究背景，课题研究所要取得的成果理论与应用价值。

(2) 课题的国内外研究现状。

这部分需详细分析该课题研究内容的国内外现状，有待进一步研究的问题，初步给出要解决问题的主要思路或方法，包括功能要求与性能指标等(任务书或者所发资料中有，可以自己总结归纳，若不清楚则应及时与指导教师联系)。

(3) 课题的研究内容。

针对本课题的研究目标和任务要求，将研究对象和要研究的问题分成若干相联系的部分，这些部分就是研究的内容。

(4) 课题的实施方案。

课题的实施方案是根据调研和查阅有关资料，提出完成任务的总体方案，即提出完成任务的设想和途径。

(5) 进度安排。

进度安排是根据课题要求达到的总目标。考虑研究内容的相互关系与难易程度，从基础问题开始，将题目分成几个不同的阶段，每个阶段应该有具体的指标、任务、阶段性成果、开始时间与结束时间(设计步骤)。在确定阶段性目标时，一方面要考虑课题本身要求，另外还要考虑实际的工作条件与工作水平(实验室条件、个人具备的知识基础等)。毕业设计(论文)任务书上的时间安排比较笼统，要求学生根据自己对课题的理解，经过方案设计后，提出自己对于完成这一毕业设计的计划，如具体的工作步骤，每一步的具体任务等。

(6) 参考文献。

罗列做方案设计时所用到的各种参考文献。

注意：(1) 参考文献一定要按照规范化的格式书写。

(2) 内容之间有联系的题目，同组同学一定要在一起商量后，共同完成方案设计中一致的内容，再每个人具体写自己的。团队精神、分工合作也是在这里体现出来的。

开题材料包括开题报告封面，如表 2.5.1 所示。

表 2.5.1　开题报告封面

×××大学毕业设计(论文)

开题报告

题　　目	×××
学生姓名	×××
学　　号	×××
院　　系	×××
专　　业	×××
指导教师	×××

年　　月　　日

开题报告表，如表 2.5.2 所示。

表 2.5.2　开题报告表(样表)

毕业设计(论文)开题报告

1. 本课题的目的及研究意义
2. 本课题的国内外研究现状
3. 本课题的研究内容
4. 本课题的实施方案、进度及预期效果
5. 已查阅参考文献
指导教师意见
指导教师: 年　月　日
院(系)审查意见
学院领导(公章): 年　月　日

2. 开题的组织形式和要求

开题报告应在毕业设计(论文)开始后 3 周内完成。开题报告应由系(专业)组织分组集中进行。每位学生做 10～15 min 的开题汇报，简明扼要地汇报该课题的背景和意义、主要工作内容、实现哪些功能、采用哪些技术和方法、如何实现等。开题小组教师应认真做好开题情况记录，指导教师应在学生的开题报告“指导教师意见”栏中，填写学生开题汇报的基本情况并签署是否同意开题的意见。

开题报告未通过的学生，指导教师应对其加强指导，直到开题报告通过后才能进入下一阶段的工作。

系(专业)在开题工作结束后，应认真做好开题报告和开题记录纸质文档的整理归档工作。

完成开题的学生，应尽快进入实验室开展工作，系(专业)实验室管理人员应为学生的毕业设计(论文)提供相应的实验场地和实验设备。

第3章 毕业设计(论文)调研与文献检索

【教学内容与要求】

本章主要针对拟定的毕业设计(论文)题目，详细阐述如何开展文献调研及文献检索等工作。通过本章的教学，要求学生明确课题调研的目的、要求、途径与要求，掌握文献检索方法，开展文献综述撰写练习。

3.1 课题调研

调研的主要方法是查找资料，包括相关论文、平台、工具和应用等。读“论文”是为了找出要研究的具体问题，学“平台”和“工具”是为了找出解决问题的方法，看“应用”则是为了使调研面向实际需求，避免闭门造车。

3.1.1 课题调研的目的

课题调研是指学生在准备做某个方向(题目)前进行的充分调查研究，是毕业设计(论文)的第一步。调研的目的是根据课题的内容、性质、要求，了解本课题所涉及领域的发展过程、国内外研究现状，使自己站在巨人的肩膀上，纵观全局、居高临下，清楚本领域课题尚待解决的重点问题，从而选一个具体问题。这个问题是新颖的、主流的问题，它决定着调研的方式和方法。调研的过程就是学生对事物进行分析、综合和比较的过程，是深入生产实践、科学实践而取得感性认识的过程，是了解完成一个工程项目从设计到实现的全过程，涉及工程项目管理以及新理论、新技术和新方法的应用等方面。只有将理论与实践紧密结合，才能完成调研任务。因此，调研的目的就在于使学生围绕毕业设计(论文)题目，进一步了解与之有关的实际知识，并进行资料的收集，为解决课题任务提供必要的条件。课题调研的目的有以下几个方面。

(1) 了解课题研究的对象及生产、科研的实际意义。

通过调研，使学生丰富生产实践知识，巩固和加深所学的理论知识，深入了解现场的生产流水线以及最新理论、技术和方法在新工科领域的发展和应用，包括了解生产中的技术问题、组织管理架构、产品运输机制、产品服务对象对产品的各项要求、市场销售前景和企业文化。

(2) 理论与实际相联系，巩固所学知识。

在调研过程中，学生需将生产现场、设计部门或科研单位遇到的问题与所学理论知识、实践技能间的相互联系进行分析，有利于进一步明确要完成毕业设计(论文)任务已具备的知识和条件，还缺少的知识和所欠缺的条件，找出解决问题的思路和方法。

(3) 培养深入实际调研的作风，提高工程技术素质。

由于学生长期生活的学校环境与实际生产环境有很大的差别，因此只有深入到实际生产环境中与工程技术人员密切接触，认真听取一线工作人员的意见和建议，才有利于进行信息汇总与比较，找出主要矛盾并抓住矛盾的主要方面。此外，深入实际与工程技术人员相结合，有利于建立共同的思想基础、增强劳动观点和群众观点，这不仅是工作方法问题，也是青年学生成长的必由之路。

3.1.2　课题调研的要求

课题调研要求学生尽可能利用一切方法和手段，了解自己的毕业设计(论文)课题所涉及的科研、生产、销售、使用等方面的实际情况，收集有关的数据、图表、文献等资料，并要求学生独立完成调研任务。资料的收集是一项繁重细致的工作，要通过各种渠道搜集和检索资料并进行分析、归纳，写出文献综述，使之对课题方案的确定有指导作用。

对于工程类毕业设计课题，学生应通过调查研究，深入了解课题的来源及提出的依据，以便对课题的要求、预期达到的目标有清晰的认识，明确课题的经济效益、社会效益以及应用价值，增强学生完成毕业设计的迫切感和责任感。

对于理论类毕业设计课题，学生应通过文献检索，深入了解课题所涉及内容的国内外研究现状，掌握前沿水平，给出课题研究内容的创新性及解决问题的思路、方法和手段，明确课题的理论价值。

对于产品类毕业设计课题，学生需向生产实践学习，了解与课题有关的生产设备、生产过程、检测手段、生产特点及组织管理等方面；需向生产一线工程技术人员学习，了解研究者与生产者的实践感受、认识、经验和建议，了解产品在设计、加工、调试过程中的质量分析以及可能影响生产的问题；需向使用者学习，了解产品存在的问题以及对改进产品的要求；需向技术资料学习，了解信息资料中的先进生产技术及手段，减少调研的盲目性，提高调研效率，开阔调研思路。

总之，学生在调研中要增强认识、端正思想、满腔热忱、求知若渴，认真完成调研工作。没有调查就没有发言权，调研要有广泛的求知欲、好奇心，要敢于和善于提出问题，问号是开启任何一门科学的钥匙。

3.1.3　课题调研的途径与方法

课题调研的途径多种多样，具体形式主要有两种。一种是实地考察(可以是毕业实习或现场调查)，一种是收集资料，二者应相互配合。调研的方法大致有以下几种方式：

(1) 利用毕业实习调研。

毕业实习是毕业设计(论文)的重要环节。在这个环节，学生要深入到与课题有关的研究部门、生产单位进行学习、调查与实践。在这个阶段，学生要根据自己的毕业设计(论文)课题，了解、察看、弄清课题的来龙去脉以及各种影响制约的因素，再将直观的感受提高到理论的高度来分析，找到解决问题的关键所在。考察要有所侧重，对重点的问题要深入了解，要认真观察，多问几个为什么，以便将工作原理、技术性能等了解清楚。

(2) 利用展览(销)会调研。

学生可以到与课题相关的展览会、展销会考察，从会上提供的先进设备与技术中了解科技发展的新动向及发展水平；开阔思路，对课题的研究有引导和借鉴的作用。

(3) 利用文献资源库调研。

学生可以到图书馆、资料室以及数字资源库去查阅有关的学术期刊、简报、图纸、说明书、专利、博硕士论文等文献资料。由于这种办法涉及范围大，指导教师应指导查阅的范围，尽可能做好摘录、收集、归纳与整理等工作，为制定研究设计方案提供依据和素材。

(4) 利用信息传递调研。

学生可向有关部门发函、发邮件、发电，以求提供帮助或有偿提供有关资料。但在发函前首先要查阅资料，收集可提供信息的单位地址及索取资料的详细目录。

总之，资料收集重在分析和研究。获取的资料要有针对性、代表性，不能盲目选择，要力求能正确理解、消化并吸收。课题调研是向社会学习的一种方式，只有以学习的态度对待，才能获得真知。

3.2 文献检索

文献检索是以文献(包括全文、文摘和题录) 为检索对象的一种情报检索方式。通过科学有效的文献检索方法获得所需要的知识，对大学本科生乃至研究生来说是至关重要的。对大学生来说，知识可分成两类：一类是通过日常教学活动掌握的相关专业基本知识或学科知识；另一类是通过寻找才能获得的有关知识信息，这就需要培养学生主动获取知识的能力。作为教师不仅要能“授人以鱼”，而且要能“授人以渔”。通过大学日常教学活动传授给学生的知识，无论在时间上还是在内容深度、广度上都十分有限，学生仅仅利用这些知识是难以解决实际问题的，需及时补充新知识，而文献检索正是一种获取知识的良好方法。在知识不断更新、科学技术不断发展的今天，文献检索已愈来愈显示出其至关重要的作用。因此，在教学过程中，要慢慢地培养学生通过文献检索获取知识的能力，也就是说，要将文献检索作为学生获取知识的工具，通过它使学生习惯主动学习，这才是真正掌握了文献检索的内涵。

本节简要介绍了文献检索的一些相关知识，其目的是使学生了解文献检索的基本概念，掌握文献检索的基本方法，并结合所学专业开展相关文献检索的实践，从而拓宽知识来源渠道，提高学生的自学能力，培养学生的情报意识、自觉查阅文献和利用文献的良好学习习惯。

3.2.1 文献来源

1. 文献分级

根据文献的内容性质和加工程度的不同，可以将文献划分为四个级别：零次文献、一次文献、二次文献与三次文献。

(1) 零次文献：未经正式出版发行的文献，包括手稿、个人通信、原始的实验记录等。零次文献属于难得文献，通过正常的文献检索途径很难检索到，但这些文献有时会有重要的意义。例如，对于一个研究室来说，原始的手稿和实验记录等往往是重要的实验佐证材料，要将所有的手稿和实验记录上交实验室并作为档案留存。

(2) 一次文献：作者以本人的研究成果为基本素材而创作并首次出版的各种文献，也称原始文献。例如，期刊论文、科技报告、会议论文、专利说明书等。一次文献是以科研生产活动的第一手成果为依据而创作的文献，一般比较具体、详尽、系统，内容丰富，参考价值大，是文献检索利用的主要对象。根据文献的内容和出版形式，一次文献一般又可以分为会议文献、简报、快报和研究论文(全文)等。

(3) 二次文献：图书情报工作者对一次文献进行加工和提炼后所形成的报道和查找一次文献的检索书刊，如各种目录、题录和文摘等。二次文献是图书情报工作者在大量收集原始文献的基础上，经过分析、归纳、重组后出版的。二次文献是一次文献的集约化、有序化的再次出版，是储藏、利用一次文献的主要工具。

(4) 三次文献：利用二次文献提供的线索，选用大量一次文献的内容，经综合、分析和评述再度出版的文献，包括各种述评、进展报告、动态综述、文献指南、手册、年鉴和百科全书等。

文献的分级有助于明确不同文献的性质，有利于文献的储存和利用。文献从零次文献到三次文献是一个由分散到集中，由无序到有序的过程。在这个过程中，文献被按照一定的特征储存，人们可以利用该特征从大量无序的文献中检索到所需要的文献。零次文献由于没有进入出版、发行和流通等渠道，收集利用十分困难，属于难得文献，一般不能作为人们利用的文献类型。而后三种文献类型是一个从分散的原始文献到系统化、密集化的过程。一般而言，一次文献是基础，是检索利用的对象；二次文献是检索一次文献的工具，故又称之为检索工具；三次文献是一次文献内容的高度浓缩，同时还包括作者对所用文献的补充、解释、评论及展望等，故而这类文献也是读者利用的一种重要情报源，同时也是读者的一种检索对象。

需要注意：对于三次文献的主要类型综述来说，国内期刊和国外期刊的综述重点有所不同。国外主要期刊上的综述一般是请各学科专业权威的专家或在该领域做出出色工作的科研工作者来撰写的，很多综述都采用约稿的方法，这些综述一般能系统地反映某一个专题的历史和现状，以及最新的研究进展和发展趋势，具有重要的指导意义。国内的综述多见于一些二级学报，主要由研究生撰写，相对来说侧重于进展介绍，相比较而言指导意义较少，但可以作为了解进展，特别是新技术、新进展和热点的重要途径。

2. 文献载体类型和出版类型

文献是记录知识的载体。记录的方法可以是文字、符号、图形和声像等多媒体信号。载体的类型也多种多样，从古代的甲骨、羊皮、青铜器到现在的纸张、磁盘和光盘等都可以作为文献的载体，了解文献的载体类型、出版类型及其特点，有助于读者选择合适的检索对象、方法和检索工具。现代文献依照载体形式、加工程度和出版类型可以分为以下类型。

1) 文献载体类型

(1) 印刷型。印刷型文献是通过铅印、油印和胶印等手段，将知识固化在纸张上的一类文献，如图书、期刊以及各种印刷资料。这是一种有着悠久历史的传统文献形式，至今仍广泛应用。

(2) 缩微型。缩微型文献是以印刷型文献为母本，采用光学摄影技术，把文献的影像固化在感光材料上的一类文献。常见的缩微型文献有缩微平片和缩微胶卷两种。这种类型的文献主要存在于大型的图书馆中。

(3) 声像型。声像型文献是一种非文字形式的文献，常见的有各种视听资料，如唱片、录音带、电影胶片、激光声视盘、幻灯片等。这类文献记录声音和图像，通过各种播放设备等予以重现，可以使人闻其声、观其形，具有很强的现场效果和直观性。

(4) 机读型。机读型文献常见的有各种已录内容的磁带、光盘和磁盘阵列。其文献的存储、阅读和查找可以利用计算机进行。与人工判读相比，具有信息量大、查找迅速的突出优点。

2) 文献出版类型

(1) 图书。图书是论述或介绍某一领域知识的专门出版物，其主要内容是对已发表的科研成果、生产技术知识和经验的概括论述。它的特点是内容相对全面、系统，结论相对成熟、可靠。然而，相对来说图书的时效性较差，不适合用来了解最新的进展，而适合使读者对某一学科或方向获得一般性的系统知识，在较短的时间内掌握某一问题或方法的基本内容，对陌生的问题获得初步的了解。

科技图书又可分为两类：一类是专著、教科书、科普读物和一般生产技术图书，属阅读性的图书；一类是辞典、手册和百科全书等，属参考类的图书。其中，专著由于其内容精深、专业性强，具有很高的综合性，同时内容相对较新，一般有作者的观点和展望等，是科学工作者不可或缺的重要文献。正式出版的图书还必须包括国际标准书号(ISBN)。

(2) 期刊。期刊一般是指名称固定，按照一定的编号顺序，定期或不定期刊行的连续出版物。专业科技期刊的特点是论文内容创新性强、报道速度快、信息含量大，能比较及时地反映国内外科学技术水平。期刊作为重要的文献信息源还体现在，世界上所有主要检索工具都以期刊为主要收录对象(约占 90%以上)，是传递科技情报、交流学术思想最基本的文献形式。在基础科学研究中，大部分成果产出的形式是以发表期刊论文来实现的。因此，很多类型的其他文献如会议论文、学位论文等最终都会以期刊论文的形式进行发表。当需要对某一问题进行深入了解，或者需要了解某一问题的最新进展时，较普遍的办法是查阅期刊论文。浏览期刊也是扩展知识、开阔思路、培养专业素养的有效途径。而且文献检索本身就需要一定的专业知识积累，这种积累是潜移默化的。不同的文献检索工具收录的期刊论文的格式略有不同。

(3) 会议文献。会议文献是指在国际或国内重要的学术或专业性会议上发表的论文或报告。会议文献一般学术性较强，而且往往代表着某一领域内的最新成就，一般为未正式发表的结论，反映了国内外科技发展的水平和趋势，是获得最新情报的一个重要来源。许多重要发现和发明都是在科技会议上首次公布的，而且由于科技会议上的文献一般都未正式发表，即使发表也需要一定的周期，因此会议文献一般属于难得文献。但从内容来说，会议文献一般内容简单，大多只有结果的介绍，没有具体的信息。

会议文献按其出版时间可分为：会前文献，如会议日程预报和会议论文预印本等；会中文献，包括开会期间产生的开幕词、讲话、报告、讨论记录和会议决议等；会后文献，如各种会议记录、汇编、论文集、报告、学术讨论报告、会议专刊等。会后文献是会议文献的主要形式，一般约 40%的会议文献会以专辑或增刊的方式在期刊上发表。

(4) 科技报告。科技报告是指国家政府部门或科研生产单位关于某项研究成果的正式报告，或是研究过程中阶段性进展情况的实际记录。科技报告基本上都是一次文献，报道的是科技人员创造的成果和原始资料，数据详尽可靠，有较大的情报价值。报告的出版特点是各篇单独成册，统一编号，由专门的机构或渠道连续出版发行。在内容方面，一般来说科技报告比期刊论文内容新颖，科研成果通过科技报告的形式发表通常比期刊早一年左右，能较快地反映新的科技成果。

科技报告可分为技术报告、技术备忘录、札记、通报等类型。按流通范围科技报告又可分为绝密报告、机密报告、秘密报告、非密报告、解密报告等。从总体上看，科技报告一般涉及的都是最新研究课题和尖端技术，因而能充分反映一个国家的科学技术成果、动向和发展水平。

(5) 专利文献。广义的专利文献包括专利申请书、专利说明书、专利公报、专利检索工具，以及与专利有关的一切资料。狭义的专利仅指各国专利局出版的专利说明书。专利说明书是指专利申请人为取得技术垄断权向专利局递交的有关发明目的、构成和效果的技术文件。它经专利局审核后，即获得法律保障。专利反映的发明都是首先取得、在此之前不曾发表过的有关文献，在技术上有独到之处并对实际应用有价值。专利说明书的内容比较详尽，有的还有附图，通过它可以了解该项专利的主要技术内容。同时，作为一种法律文书，专利说明书在形式上有统一的格式。专利说明书对于从事应用研究的研究人员是一种切合实际、启迪思维的重要情报源。

(6) 标准文献。标准文献是指按规定程序制订、经公认的权威机构批准的一整套在特定范围内须按其执行的规格、规则、技术要求等的规范性文献。作为一种规章性文献，它具有一定的法律约束力。其制订、审批有一定程序，编排格式严谨划一，具有较充分的可靠性和现实性。一个国家的标准文献反映着该国的生产工艺水平和技术经济政策，而国际现行标准则代表了当前世界水平。它所反映的水平只能是当时技术所能达到的水平，随着经济发展和科学技术水平的提高，标准要不断进行修订、补充、替代或废止。

(7) 学位论文。学位论文是高等院校或研究机构的学生为取得各级学位、在导师指导下完成的科学研究、科学试验成果的学术论文。一般来说，学位论文都是作者在专门的导师指导下经过较长时间的文献准备和实际研究而形成的研究结果，内容相对系统完整，具有独创性、新颖性、科学性的特点，其质量要经过学位或学术委员会的考核。然而，学位论文的质量参差不齐，在使用中要加以注意。学位论文是非卖品，学位论文除一部分会以科技报告、期刊论文的形式发表外，一般不出版，属难得文献。

(8) 产品技术资料。产品技术资料是指产品目录、产品样本、产品说明书和产品手册等商品宣传和使用资料。产品样本通常对定型产品的性能、构造、用途等作具体说明，内容成熟、数据可靠，有的有外观照片和结构图。产品说明书或手册的内容更详尽，往往还列出产品的工作原理、用途、效率、结构特点、操作规程、使用、保养和维修方法等。产品说明书和单项产品样本直观性强、数据多，是使用者不可或缺的技术资料。特别是一些实验用设备，不但有操作说明，还附有很多的应用文献，对于使用者的实验操作和实验设计具有很大的帮助。

(9) 科技档案。科技档案是指科研生产活动中形成的，有一定的工程对象的技术文件、图纸、图表、照片和原始记录等。详细内容包括任务书、协议书、技术指标、审批文件、研究计划、方案大纲、技术措施、调查材料、设计资料、试验和工艺记录等。科技档案是实践活动留下的记录，具有无可争辩的客观性、真实性和可靠性，是查考和处理事务的真凭实据。科技档案的价值还在于它可以提供大量情报和知识，是科研生产工作中用以积累经验、吸取教训的重要文献。

科技档案一般为内部使用，不公开出版发行，有些有密级限制，因此在参考文献和检索工具中极少引用。

(10) 政府出版物。政府出版物是指各国政府部门及其设立的专门机构发表的文献。就文献性质而言，政府出版物可分为行政性文件(如国会记录、政府法令、方针政策、规章制度以及调查统计资料等)和科学技术文献(如政府部门出版的科技报告、标准、专利文献、科技政策文件，公开后的科技档案、经济规划、气象资料等)，其中后者占整个政府出版物的 30%～40%左右。

(11) 电子文献。电子文献是指存储于计算机或互联网上的文献。上述的各种文献的出版类型大多是基于传统的纸质印刷，随着计算机和互联网的普及，上述的各类文献很多都以电子文献的形式出现。电子文献由于其本身的海量存储和自动检索功能，在文献检索中有传统文献无法比拟的优势。

电子文献主要包括各种类型的数据库以及散布在互联网上的各种文献信息。其特点是信息更新快，每时每刻大量的信息都在实时更新；覆盖范围广，从空间上来说覆盖全球的信息资源。从内容上来说，电子文献信息全面、类型多样，包括各种文本、图像、声音、视频等。在检索方式上，网络采用人工智能、专家系统、超文本、友好界面等让用户访问网上的各种信息资源。因此，无论在服务内容、方式、深度、广度、效果和效益等方面，网络信息资源几乎胜过了以往所有传统的信息资源，成为人们查找信息的首选目标。通过数据库和互联网，各种形式的电子文献不仅是以一整篇文献为单元存储在系统中，而且可以通过特定关系的相互之间的链接，将不同的电子文献关联起来。这样，用户从任一信息点出发可以浏览与其相关的各个信息单元，大大提高了检索的效率。

3.2.2　文献检索方法

1. 文献检索原理

文献检索和文献存储是两个不可分割的过程。文献检索是文献存储的逆过程，只有文献按照一定的特征和规律进行存储之后，才能按照相应的特征检索出来。因此，文献存储是文献检索的前提。文献存储的过程是按照文献的内容特征和外部特征进行浓缩，并按照上述特征进行分类编排，用特定的标准化检索语言形成文献标引的过程。文献的内容特征是指文献所阐述的主题内容，文献的外部特征是指文献的作者、题目、期刊、发表日期、页码、专利号等文献外表识别特征。文献的检索过程则是根据上述文献的外部特征和内容特征将相应的文献从文献库中搜索出来。一般来说，文献的检索过程可以分为两个步骤。

(1) 对要检索的内容进行分析，如果有待检索文献的外部特征，如作者、题目、发表期刊等信息，则可以直接利用上述文献外部特征通过检索工具进行检索。如果是通过文献内容特征进行检索，要首先形成检索的主题概念，并对主题概念按照文献标准化检索语言进行标引。

(2) 将上述标引的主题概念或外部特征形成的检索提问标识通过具体的检索工具，在文献数据库中进行比对，当检索提问标识和文献特征标识相一致时，该文献即被检出。文献存储和检索的原理如图 3.2.1 所示。需要注意的是，文献检索的最终结果还要进一步进行核实，只有那些真正与待检课题相关的文献才是真正需要的检出文献，因此有效的检索方法是先尽可能多地检出相关文献，再过滤掉不相关的文献。

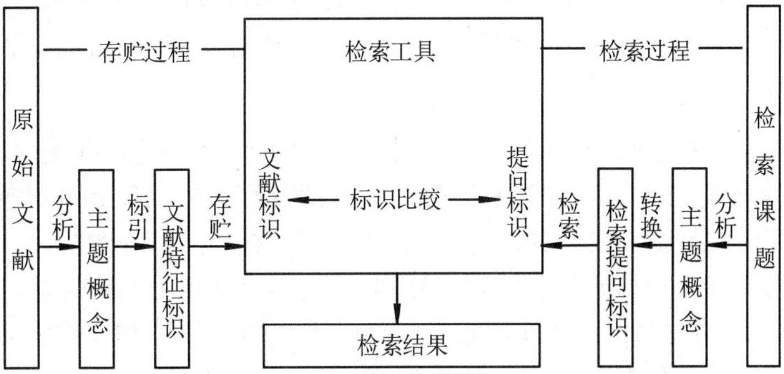

图 3.2.1　以文献内容特征进行检索的原理图

2. 文献检索效率

检索效率表示检索系统在进行情报检索时的有效程度，即指检索系统所具备的查全能力和查准能力。衡量检索效率有两个主要指标，即查全率和查准率。

$$查全率R=\frac{检出相关文献量}{文献内相关文献总量}\times100\%$$

$$查准率P=\frac{检出相关文献量}{检出文献总量}\times100\%$$

可见，最好的结果是查全率和查准率都达到 100%，但这几乎是不可能的，因为本身查全率和查准率互悖。因此，一般情况下，只能是在满足一定查准率的前提下，合情合理的查全。

3. 文献检索策略

科技文献检索具有很强的针对性、实践性、经验性。不同的人所用检索文献的方式是不同的。即便是同样的人，针对不同的检索对象、检索工具所采用的方法也是不尽相同的。但是文献检索作为一门科学的方法，在检索策略上有共性。根据文献检索原理，一般来说科技文献的检索策略可以分为六个过程进行。

1) 明确检索要求

针对检索课题，形成检索要求。文献检索成功的关键在于对要检索的课题进行充分分析，明确所需。对检索课题的分析，首先要明确检索的目的和要求，是要进行全面的了解还是查询最新进展，是需要相关的文献还是要查找具体的数据，这些将直接决定文献检索的方法和方式。其次要对研究课题进行仔细分析，分析出已知的事实和已有的信息以及待查的内容。分析已知信息，包括确定所掌握的线索(涉及文献类型、学科范畴、专业领域、文献文种、出版时间范围、领域专家、研究机构等)，这些线索有助于制订检索策略和提高检索效率。对于基于内容特征的查询，要对查询的内容进行高度概括，形成主题概念，进而将其变成一个或几个关键词。关键词的产生质量直接影响文献检索的结果，关键词数量不宜过多也不宜过少，对有多关键词的复杂概念，要厘清各关键词之间的关系，分清主次及其从属关系。准确选取检索词和工具的关键在于对已有信息的分析和良好的专业基础知识。最后，要对形成的检索标识，如作者、题目、关键词等，用检索语言进行标引。检索语言是文献储存中所用的标准标识语言，只有用相同的语言对检索提问进行标识，才能保证检索出正确的结果。例如，关键词的表示方法，是否存在多种表达形式等。

2) 选择检索工具

检索工具的选择直接影响检索的结果和检索效率。因此要根据对待检索课题的分析和目的选择合适的检索工具。所有类型的检索工具都具有文献存储和文献检索两个基本特征。随着文献存储的特征和类型的不同，文献检索工具也分为多种类型。按照检索手段，检索工具可分为手工检索和计算机检索，按照收录内容范围可分为综合性检索工具(如日本的《科学技术文献速报》)和专业性检索工具(如《生物学文摘》和《化学文摘》等)。按照收录文献的著录方式可分为题录性检索工具和文摘性检索工具，这种划分反映了文献收录加工的深度。文摘是一种既揭示文献外部特征又通过摘录文献要点报道文献内容的检索工具。文摘揭示文献的主题、研究方法、结论、用途、参考价值以及必要的数据、图表和参考资料，相对于题录性检索工具，文摘性检索工具包含更多的文献信息。检索工具的选择方法如下。

(1) 要看所要检索的对象和所拥有的检索工具，要具体情况具体分析。例如，计算机检索工具比手工检索工具检索效率要高很多。但是计算机检索需要专门的设备，同时也要考虑要检索的对象是否有其电子文献。

(2) 对于检索工具要分析其收录的范围是否明确，收录的内容是否全面，报道的文献量是否能满足检索需要，检索工具的报道速度如何。对于查新为目的的检索，如果检索工具本身是以年为单位进行更新，则该检索工具就不适用。对于文摘型的检索工具，要注意该检索工具提供的文献摘要的质量。

(3) 要注意该检索工具的检索功能是否完善，如是否有多种的检索途径可供检索。

3) 确定检索途径

检索途径的选择取决于两个方面，一是待检课题的检索要求和已知信息，二是使用的检索工具有哪些所具备的检索途径。一般来说，检索途径主要可以依据文献的内容特征和外部特征分为主题途径、著者途径、分类途径、题名途径和序号途径等。

(1) 主题途径。主题途径一般用于全面了解某一主题的文献，或者在没有更多其他信息的情况下使用。主题途径直观、明确、方便，表征概念较为准确、灵活。不论主题多么专深，都能直接表达和查找，并能满足多主题课题和交叉边缘学科检索的需要。

(2) 著者途径。著者途径是以著者姓名为检索点查找文献的途径，是国外检索工具中最重要的检索途径，而在国内的检索工具中只是辅助性的检索途径。从著者角度进行文献检索，对于了解国内外重要的专家及其所在的研究机构的信息，进而通过上述信息了解某个研究方向甚至学科的发展有着重要的价值。

(3) 分类途径。分类途径是以科学分类的观点，运用概念划分与归纳的方法，在有学科逻辑的、有内在联系的知识体系中搜寻所需文献的途径。利用这一途径检索文献，首先要明确课题的学科属性、分类等级，获得相应的分类号，然后逐类查找。按分类途径检索文献便于从学科体系的角度获得较系统的文献线索，即具有族性检索功能。它要求检索者对所用的分类体系有一定的了解，熟悉分类语言的特点，熟悉学科分类的方法，但该途径不利于交叉边缘学科的检索。

(4) 题名和序号途径。题名和序号途径是指根据已知的书名、刊名、篇名按字顺排列规则在工具书中查找所需文献，或根据文献的号码顺序，如报告号、专利号、标准号、入藏号等，查找文献的途径。这两种途径需要有较多的已知信息，检索目的单一，检索效率也最高。

上述这些检索途径往往可以综合使用，例如通过主题途径了解待查课题的全貌，再根据检出的文献分析课题相关的主要专家或分类位置，然后通过著者或分类途径进一步地检索，从而提高检索的效率。

4) 选定检索方法

文献的检索方法多种多样，以下是几种常见的文献检索的方法。

(1) 引文法。科技文献之间的引证和被引证关系，揭示了文献之间存在的某种内在联系。如果用户认为某文献很重要，那么就会以此为参考进行引用。引文法(也有称为跟踪法或追溯法)就是利用文献后所附的参考文献、相关书目、推荐文章和引文注释查找相关文献的方法。从已有的文献后所列的参考文献着手，逐一追查原文，再从这些原文后所附的参考文献逐一追查，获得一批相关文献的方法，这是一种常用的、简便的获得文献的途径。

引文法又可分为两种，一种是由近及远地追溯，这样由一变十，由十变百地获取更多相关文献，直到满足检索要求为止，该方法适合于在掌握最新研究进展的情况下，对以前的研究历史或相关研究方法进行查询；一种是由远及近地搜寻，即找到一篇有价值的论文后进一步查找该论文被哪些其他文献引用过，以便了解后人对该论文的评论、是否有人对此做过进一步研究、实践结果如何、最新进展怎样，等等，由远及近地追寻，越查资料越新，研究也就越深入。现在网上的很多期刊和数据库都提供引文服务，可以方便地检索到相关文献的引文和被引用情况。同时有些数据库还提供文献被引用的提示服务，这是基于email 的一种服务，类似于 eTOC。当用户对一篇重要文献感兴趣时，可以定制“如果该文献被其他文献引用，则会有 email 及时通知用户”，从而使用户方便地追踪该文献的引用情况，并通过该文献的引用情况来追踪最新的进展。

(2) 常规法。常规法是利用常规检索工具查找有关文献的方法，也称工具法。由于检索工具书刊的种类繁多，一般应根据课题内容特点首先利用综合性的检索工具，然后使用专业性的检索工具，二者结合，才不致造成主要资料的漏检。常规法根据时间范围又分为顺查法、倒查法和抽查法。

① 顺查法。顺查法是以课题研究的起始年代为出发点，利用选定的检索工具由远及近地逐年查找的方法。该方法要求查找前要确定课题研究的历史背景，从研究开始的年代查起，一年年或一卷卷地通过检索工具查找。该方法虽然比较费时且起始年代不易一下子确定，但具有很高的查全率，适用于开始新课题前的文献准备工作。

② 倒查法。倒查法是一种由近及远的查找方法，起点是从最近发表的文献开始，直到设定终止的年代或查到所需资料为止。该方法的注意力一般放在近期文献上，不是以查找全貌为主，只要查到满足检索需要的文献即可。该方法比较省时省力，但有可能漏查一些有用的文献。

③ 抽查法。抽查法是根据课题研究的特点，抓住该课题研究发展迅速、出版文献较多的年代，抽取一段时间(几年或十几年)或一段时间内的几个点，再进行顺时查找的检索方法。使用抽查法，检索时间较少，查得文献较多，这是一种效率较高的检索方法。该方法利用了学科专题研究兴旺时期发表的文献量大，各种学术观点较为集中的特点。与顺查法和倒查法相比，该方法可以用较少的时间获得较为满意的检索结果，但有漏检文献的可能，并要求检索者对课题研究的历史情况有较多的了解和掌握。

(3) 循环法。循环法也称交替法，就是把引文法和常规法结合起来查找文献的方法。具体地说，采用这种方法查找文献时，既要利用一般检索工具找出一批相关文献，又要利用文献后附的参考文献进行追溯，分期分段地交替使用，直到获得满意的相关文献为止。这种方法弥补了引文法的起始文件的不足，同时又利用了引文法的特点，同时兼顾了检索成本和检索效率，但也存在漏检的问题。

实际课题的检索选用哪一种方法，要根据具体情况而定。在检索工具比较齐全的条件下，可以利用常规法；在没有合适的工具，只有针对性很强文献的条件下，可利用引文法获得相关性较强的文献；在获悉研究课题出版文献较多的年代的条件下，即可利用抽查法。

5) 查找文献线索

查找文献线索的过程就是利用选定的检索工具，通过各种检索途径和方法进行具体的检索的过程，这个过程就是将检索标识和文献标识进行比对，从而获得相关文献。查阅文献的过程虽然简单，但查阅技巧也是不可忽略的。有时用同样的检索提问，使用同样的检索工具和方法，可是不同的人检索出来的结果大相径庭。其中，关键的原因是检索者的知识基础、敏锐的情报意识和检索的态度。例如，利用互联网进行文献检索的时候，往往会检索出很多的检索结果，而不同的人所关注的重点不同，这就造成同样的检索过程，结果却不同。有些人好像总是能找到有用的文献，而有些人即使文献在眼皮底下却还茫然不知。所以，平时的情报意识的培养和专业知识的素质培养是必不可少的。另外，在文献线索查找中，可以先将查找范围限定在一个比较小的范围内试查找，再对检索的效率即查全率和查准率进行分析，对检索结果和检索提问及所用检索工具和方法之间的关系进行评估，进而调整文献检索的策略。当在小范围内满足所需的检索效率后，再将该检索条件用于大范围内的检索。这种检索策略的尝试和优化，对高效率的文献检索工作的完成是非常有帮助的。

6) 获取原始文献

(1) 获得原文信息。要正确地找出获取原文所必需的著者姓名、题名、出版时间及详尽的出处，首先应该弄清楚各种检索刊物的著录格式。在很多文献检索工具中，文献发表的期刊名为缩写形式，要将期刊名缩写还原成期刊名全称。还原方法如下。

① 一般检索刊物都附有引用出版物一览表，供查对收录的出版物全称之用。

② 查阅专门的刊名缩写检索工具，如《期刊刊名缩写》。对于非拉丁语系文字出版的拉丁译名还原为原名，如中文、日文期刊的刊名在英文文摘中一律采用拉丁文著录，故在翻译时应首先将缩写刊名还原为全称，然后再转换为原语种。原始文献的信息，还包括要通过文献著录特征识别文献的类型以及文献的作者和所在机构信息。

(2) 获取原文途径。

① 订阅本专业重要的相关期刊，或是查询本单位图书情报部门或图书馆是否有订阅

相关文献的期刊。

② 通过国内的主要图书情报机构进行定点复印或者通过馆际协作获取原文。现在国内一些主要的图书情报机构可以通过电子扫描形成电子版文件，这些文件可以进行馆际文献互传，从而提高了文献传递的效率。

③ 从著者获取原文。给国外的论文著者写信索取论文单行本或复印件，已是国际上通行的学术交流方式，这里的一个主要问题是如何获取著者的地址或者 email。

④ 通过互联网进行下载。很多期刊都有其相对应的电子出版物，可以从互联网上进行下载。

⑤ 从检索刊物出版机构获取原文或者利用国际联机检索终端向国外订购原文。国外一些著名检索机构，如美国化学文摘社(CAS)、情报科学研究所(ISI)等，都可向用户提供原文。这是一种较快的订购方式，而且可以稳定地获得所需文献，但缺点是费用昂贵。

3.2.3　文献检索应用

本节从应用的角度介绍一些常用的检索方法和工具。可进行文献检索的主要数据库有：中国期刊全文数据库(CJFD)、中国学术期刊(网络版)、中文科技期刊数据库(全文版)、万方数据资源系统及 Elsevier 公司 SDOS 数据库、SpringerLink 全文期刊数据库、IEEE/IET Electronic Library(IEL)数据库等。从中文数据库进行文献检索比较容易掌握，学生完全可以自学。这里主要介绍从英文数据库中进行文献检索的方法。

1. Elsevier 公司 SDOS 数据库

荷兰爱思唯尔(Elsevier)出版集团是全球最大的科技与医学文献出版发行商之一，该公司出版的期刊是世界公认的高品位学术期刊，被世界上许多著名的二次文献数据库收录。ScienceDirect 是 Elsevier 公司的核心产品，自 1999 年开始向读者提供电子出版物全文的在线服务，包括 Elsevier 出版集团所属的同行评议期刊、多种系列丛书、手册及参考书等，涵盖了数学、物理、化学、天文学、计算机科学、工程和技术、能源和动力、材料科学、环境科学、农业和生物科学、医学、生命科学、商业及经济管理、社会科学等众多学科。在 SDOS 数据库中加入 SDOS 中国集团的高校和研究所，可以直接登录进行文献的检索和浏览。

1) 浏览方式

从数据库入口登录后，会看到系统提供按字顺(Alphabetical List of Journals)和按分类(Category List of Journals)排列的期刊目录，分别组成期刊索引页或期刊浏览页界面。读者可在期刊索引页中选择浏览的途径(字顺或分类)，在期刊浏览页中选择自己所需的刊名。单击选中的刊名，就进入了该刊所有卷期的列表，可以通过点击期刊的卷期进行逐期浏览。单击目次页页面右侧的期刊封面图标，可连接到 Elsevier Science 出版公司网站上该期刊的主页。在期刊索引页或期刊浏览页上方设有一个检索区，可进行快速检索。

用户可在左侧检索框中输入检索词，再利用右侧下拉菜单选择检索字段。检索途径包括：“All Fields(所有字段)”“Citation & Abstract(题录和文摘)”“Author Name(作者)”“Article Title(文章标题)”“Abstract(文摘)”等。在期刊浏览页上方的检索区中，还可利用另一下拉菜单选择检索的文献源范围，分别为“All of Electronic Journals(所有电子期刊)”“Just This Category(当前学科分类)”或“Just This Journal(当前期刊)”检索字段，进行期刊种类的限定。检索策略确定后，点击“Search”按钮，进行检索。

2) 检索方式

SDOS 数据库提供三种检索方式，即简单检索、高级检索和专家检索。

(1) 简单检索。检索字段用来输入检索词，检索途径可在输入区中选择“Keywords”“Author Name(作者)”“Journal/book Title(期刊/书名)”等字段，然后单击 Submit Query (呈交查询)按钮开始检索。若键入错误可单击 Reset(重设)按钮来清除检索框内的内容。系统默认各检索字段间为“AND(与)”的关系。

(2) 高级检索。高级检索模式下，可以通过布尔逻辑关系进行两个检索项的检索。同时在检索界面中出现多个选项，可以选择“学科分类”“论文类型”“文献语种”“时间范围”，并可选择结果输出的格式和排列顺序规则。在论文类型(article type)的限定中，“Article”表示只显示论文，“Contents”表示只显示期刊题名，“Miscellaneous”表示只显示其他题材的论文。

(3) 专家检索。该模式和高级模式类似，只是在关键词输入方式上变为布尔逻辑表达式，可以利用复杂的表达式进行查询。检索式中常用的布尔运算符构成有以下几种。

① 布尔逻辑算符 AND、OR、NOT。在同一检索字段中，布尔逻辑算符可以用来确定检索词之间的关系。系统默认各检索词之间的逻辑算符为“AND”，务必以大写字母作为布尔运算符。

② 截词符*。截词符表示检索同输入词起始部分一致的词。如 micro*可以检索到 microscope、microcomputer 等。

③ 位置算符。ADJ 表示两词之间位置邻近但前后顺序固定；NEAR 或 NEAR(n)，表示两词间可插入少于或等于 n 个单词，且前后顺序任意，如果不使用(N)，系统默认值为 10。

④ 拼写词：TYPO[]：可进行同一词义不同拼写的检索。

⑤ 词组检索：用“　”括住要检索的词组、句子，引号内的检索内容将作为一个整体出现被检索。停用字(Stop Word)，例如 of、the、in、she、he、to be、as、because、if、when 等自动忽略。如果上述字符不是作为停用字出现，则检索的时候一定要加双引号。

⑥ 在检索结果页面，可使用位于文章篇名左边的查找图标，可寻找更多相似相关的文章。

3) 结果输出

检索结果有两类信息，一类是期刊题名，在题名下有该刊目次页(table of contents)的超链接和搜寻相关文件按钮；另一类是期刊论文题录，排在靠后的部分，显示论文标题、出处、作者、相关性排序分(“Score”)和搜寻相关文件按钮，通过搜寻相关文件按钮可检索到与该文内容类似的文献。

单击期刊题名下的“table of contents”按钮，可浏览目次信息；单击论文题录下的“Abstract”按钮，可浏览该文章的标题、作者、作者单位、关键词、文摘等进一步信息；单击“Article Full Text PDF”按钮，即可看到论文全文(PDF 格式)。打开全文后可通过 Acrobat Reader 软件的保存按钮将文件保存在本地。对欲保存的期刊或论文的题录，选中其题名前的小框，然后单击“Save Checked”按钮，即可生成一个新的题录列表。从浏览器的“文件”菜单，选择“另存为”，可按.txt 格式或.html 格式保存题录。在结果中点击相应文献的作者等字段可以在数据库中进行关联检索。在论文的文摘页下方，有一个“Get Citation Export”按钮，输出的数据主要供图书馆员参考。

2. SpringerLink 全文期刊数据库

Springer Link 全文电子期刊由德国施普林格出版集团(Springer-Verlag)出版。该集团是以出版学术性出版物而世界闻名的科技出版集团。SpringerLink 的网络版全文文献划分为 11 个学科，即 Chemical Science(化学)36 种；Computer Science(计算机科学)52 种；Economics(经济学) 32 种；Engineering(工程) 60 种；Environmental(环境科学) 38 种；Geoscience(地球科学)49 种；Law(法律)6 种；Life Science(生命科学)115 种；Mathematics(数学)90 种；Medicine(医学)185 种；Physics and Astronomy(物理与天文学)51 种。这些期刊大部分被著名二次文献服务器收录并在 SCI 中有很高的影响因子。

SpringerLink 通过清华镜像站(http://springerlink.lib.tsinghua.edu.cn)或德国站点(http://springerlink.com)提供服务，数据同步更新。任何用户均可登录 SpringerLink 的国内外站点浏览和检索文献的卷期、文章题录和文摘。阅读全文需以团体用户来订购 Springer 的产品和服务，获得通过 IP 控制的使用权。读者身份为团体用户，可以对包括 Springer 网络版丛书在内的 SpringerLink 所有电子出版物的文章标题和文摘进行浏览、检索和查阅。

在 SpringerLink 数据库，用户可以通过检索和浏览两条途径获取论文。在页面上选择 Browse 即进入浏览页面，用户可以通过学科分类进行浏览，也可通过出版社分类进行浏览。用户也可直接选择 Publications，按相应的字母表字头，选中 Journals，点击“Browse”即可进入浏览期刊的页面。在期刊名的序号前面有“眼镜”标志的就是可以浏览全文的期刊。点击期刊名既可浏览各期的期刊全文，也可直接在页面上点击 Browse Publications，进入期刊浏览页面。

登录页面上有简单检索的窗口“search for”，可以直接进行引文检索(Articles by Citation)、文章检索(Articles by Text)和出版物(Publication)检索。检索方式可选“All words”，表示两词全部检索，词序及位置不定，词间的关系相当于逻辑“AND”。“Any words”表示两词分别检索，其结果是两词的集合。词间关系相当于逻辑“OR”。“Exact phrase”表示严格按照两词输入状态进行精确检索。“Booleam search”表示检索词可用逻辑算符匹配。

也可以点击“Advanced Search”通过高级检索查阅所需文献全文。在高级检索模式下，可以选定检索词之间的关系、选定检索的时间范围、选定检索的期刊范围。同时可以选择检索出的文献的排序方式，可以按时间和相关度进行排序，也可以按每页的文献条目数进行排序。在期刊浏览的页面右边也可以通过“Quick Search”在对应的期刊卷期内进行检索。快速检索是基于页面中出现的出版物的全字段检索。检索词可以是一个词或一组词。在词尾后缀以“*”表示系统做词根检索。词尾后缀以“**”，则表示该词的所有时态变化词都在检索范围内。将符号“？”放置在词中间，表示模糊检索。

检索的结果以列表的方式给出，可按时间或相关程度排序。全文有 html 和 PDF 两种格式，PDF 文件可以通过 Acrobat Reader 保存在本地；Html 文件中文献有直接的连接，可以直接链接到参考文献，在参考文献列表中提供有效的参考文献、文摘、引文、全文链接。例如，可以通过交叉引文(CrossRef)链接到参考文献的全文，在检索结果中还支持二次检索。

3. IEEE/IET Electronic Library(IEL)数据库

该数据库提供 IEEE(电气电子工程师学会)和 IET(国际工程和技术学会)出版的以下几种文献，包括 149 种 IEEE 和 23 种 IET 出版的期刊与杂志，总数达 259 种(包括停刊)；每年 900 多种 IEEE 会议录和 40 多种 IET 会议录，总量超过 12 000 卷；超过 2000 种 IEEE 标准，全文文献数量超过 200 多万篇；提供 1988 年以后的全文文献，部分历史文献回溯到 1893 年。

1) 目次浏览

数据库主页左栏“Browse”栏目提供了 IEL 数据库中期刊、会议录、标准、书籍、教育课程和技术调查等内容的目次浏览，点击相应的选项可进行不同分类的浏览。

(1) 浏览期刊(Journals & Magazines)。读者可以选择在 IEEE 期刊、IEE 期刊或者全部期刊范围内进行浏览，系统显示以字母 A 开头的期刊名的列表，浏览方法如下。

① 根据期刊名第一个词的首字母或期刊名的一个或几个关键词浏览。如果已知期刊名的第一个词的首字母，直接点击该字母，即可显示以该字母开头的期刊列表；如果已知期刊名的一个或几个关键词，在 Option 1 的输入框内输入它们，点击“go”按钮，系统会检索出含有该关键词的期刊列表。

② 点击刊名前的加号，显示该刊曾用刊名的历史纪录。

③ 从列表中选择所需期刊，点击该刊名，显示该刊出版频率、ISSN 号、学科分类和出版商等主要信息。选择相应的年限和卷期，系统显示该期目次，或在页面右边的输入栏内输入检索词，可在该刊的范围内进行全文、题目、作者和摘要四种关键词检索。在期刊每一卷期的目次页面上均可选择跳转到该期刊的其他年限和卷期，还提供在本卷期内进行全文、题目、作者和摘要四种关键词检索。

④ 点击每篇文献下方的[Abstract]或[Full-Text PDF]按钮可浏览文摘或全文。

(2) 浏览会议录(Conference proceedings)。

① 根据会议录名第一个词的首字母或会议录名的一个或几个关键词浏览。如果已知会议录名的第一个词的首字母，直接点击该字母，即可显示以该字母打头的会议录列表；如果已知会议录名某个关键词，在输入框内输入该词，点击“go”按钮，系统可检索出含有该关键词的会议录列表。

② 从列表中选择所需会议录，点击该会议录名，系统会显示该会议召开时间。

③ 点击该时间，系统显示该会议录目次，或在页面右边的输入栏内输入检索词，在该会议录的范围内查询符合检索条件的文献。

④ 点击每篇文献下方的[Abstract]或[PDF Full-Text]按钮可浏览文摘或全文。

(3) 浏览标准(Standards)。

① 系统显示前 25 个标准列表。

② 如果已知标准的编号或者一个或几个关键词，在输入框内输入，点击“go”按钮，系统会检索出含有该关键词的标准列表。

③ 从列表中选择所需标准，点击该标准名，系统显示该标准标题。

④ 点击文献下方的[Abstract]或[PDF Full-Text]按钮可浏览文摘或全文。

(4) 浏览书籍(Books)。系统显示首字母为 A 的书籍列表，浏览方法如下。

① 根据书籍名第一个词的首字母或书籍名的一个或几个关键词浏览。如果已知书籍

名的第一个词的首字母，直接点击该字母，即可显示以该字母打头的书籍列表；如果已知书籍名某个关键词，在输入框内输入该词，点击“go”按钮，系统可检索出含有该关键词的书籍列表。

② 从列表中选择所需书籍，点击该书籍名，系统会跳转到该书籍页面。

③ 如果该书有序言、章节试读和目录的 PDF 文件，链接地址会显示在页面左方。如果没有，则会提供购买的链接地址。

注意：在以上浏览方式下，输入框内输入的词或词组之间不能使用逻辑算符。

(5) 浏览教育课程(Educational Courses)。

① 系统按课程领域显示 27 类教育课程。

② 点击“Course Title”按钮，按照字母顺序显示所有的教育课程。

③ 从列表中选择所需课程，点击该课程领域名，系统会跳转到该领域内所有课程的列表页面。

④ 点击所需课程名称，出现课程详细信息页面，出现作者、出版日期、ISBN 号等信息，以及购买的链接地址等。

(6) 浏览技术调查(Technology Surveys)。

① 系统显示两个已有的技术调查列表。

② 点击所需的技术调查，显示题目、编者、时间、摘要和调查的各个章节。

③ 点击各章节，可以看到详细信息。

2) 检索

数据库主页左栏“Search”栏目下包括四个选项：Advanced(高级检索)、Author(按作者姓名检索)、CrossRef(跨出版商线上文献检索)和 Session History(检索历史记录)。

(1) 高级检索(Advanced)。高级检索页面提供两种检索方式：Option 1 和 Option 2。

Option 1 提供可以组合 1 到 3 种检索条件的表单。在表单的中间栏输入关键词(词或词组之间不能使用逻辑算符)，在右栏选择检索范围(全部区域、全文和全部区域、文献题名、作者、出版物题名、摘要、索引项、所属单位)中的一种，在左栏用逻辑算符 AND、OR 或 NOT 进行组配，点击“Run Search”按钮，开始检索。

Option 2 允许用户在输入框内输入自己构造的检索式进行检索。

高级检索页面右方是一些辅助的检索范围和条件选择栏，可以选择文献来源(Select publications、IEEE Books)、时间范围(Select date range)、结果显示格式(Display Format)、检索结果数目、每页显示条目数、排序方法等等。检索结果页面上方还有一个检索栏，若找到范围太大，可再输入条件进行二次检索。点击每篇文献下方的[Abstract]或[PDF Full-Text]可浏览文摘或全文。

高级检索 Advanced Search Option 2 的一些常用检索项简写如下。

Abstract 摘要：ab

Affiliation 所属单位：cs

Article Title 文章名称：ti

Author 作者：au

Publication name 期刊名称：jn

Subject term 专有名词：de

Publication year 期刊标准发行年份：py

Conference year 会议年份：cy

Conference title 会议名称：ct

ISSN，ISBN 国际书码：is

Volume 卷号：vo

高级检索中的截词符：*表示任意个字符，如输入 electro*，可检索出含 electron、electrons、electronic、electronics、electromagnetic、electromechanical 及 electrolyte 的文献。?表示一个字符，如输入 cable?，可检索出 cables 或 cabled 的文献，但不包括 cable。

(2) 按作者检索(Author)。按作者检索可以在输入框内输入作者名称，点击“run search”按钮，系统会检索出含有该词的作者列表(输入框内输入的词或词组之间不能使用逻辑算符)，可以限定年份来缩小范围。点击每篇文献下方的[Abstract]或[PDF Full-Text]按钮可浏览文摘或全文。

(3) 按 CrossRef 检索。按 CrossRef 检索是在搜索框内输入关键词，以查找各个参与的出版商的网站，包括 IEEE 内容。这个新的搜索是由谷歌使用的 DOI 从搜索结果链接到发表的文献。是否能获得文献取决于每个出版商和各机构的订阅情况。

(4) 按引用检索。按引用检索可以按照引用文献的出版物名称、ISSN、ISBN、文献名称、作者、卷期号、起始页等进行检索。

3) 结果处理

处理结果有以下两种方式。

① 利用浏览器的功能，对题录、文摘及出版物目次存盘和打印。

② 利用 Acrobat Reader 的存盘与打印功能，对 PDF 格式原文存盘和打印。

4. 搜索引擎

互联网上各种信息纷繁复杂，如何有效地帮助用户找到所需的信息是搜索引擎建立的目的。最重要的有百度(http://www.baidu.com)和 Google(www.google.com)，以下介绍 Google 搜索引擎。

Google 搜索引擎，由两位斯坦福大学的博士生 Larry Page 与 Sergey Brin 于 1998 年 9 月发明。Google 是万维网上最大的搜索引擎，通过它用户能够访问一个包含超过 80 亿个网址的索引和超过十亿的图片资料。由于 Google 收录的网页众多，且具有优秀的搜索引擎，可以在浩如烟海的资料中将最相关的信息提供给用户，所以在很多方面，它甚至可以取代很多专业的检索工具。

登录 Google 主页，它会根据读者的操作系统，确定语言界面。目前，Google 在国内设有服务器，提供中文界面及上百种语言的界面，其检索结果也包括 35 种语言。通过主页上的“使用偏好”按钮，可以定制自己的 Google 界面语言。Google 的检索界面很简洁，突出的就是检索框，可以输入关键词，然后按“Google 搜索”进行查找。同时也提供一个“手气不错”检索选项，点击该按钮，Google 会智能判断用户要检索的目标，然后直接将用户带入最相关的网页，往往能满足用户的检索需要。

在 Google 主页上有 Google 高级检索选项，用户可以通过高级检索更加精确地去检索所需信息。在高级搜索中，可以看到四个不同的关键词输入框，直观地表示出检索词在结果中的逻辑关系。可以对检索的语言、检索的时间范围、检索的文件类型和检索词出现的位置进行调整，并可限定在特定的网域内进行检索。同时，还可以以网页为搜索对象，搜索相似网页和链接该网页的网页。在这些高级检索选项中，最有用的要数文件类型的限定。目前，Google 能检索微软的 Office 文档如.xls、.ppt、.doc、.rtf、WordPerfect 文档、Lotus1-2-3 文档、Adobe 的.pdf 文档、ShockWave 的.swf 文档(Flash 动画)等。其中最实用的文档搜索是 PDF 搜索。PDF 已经成为互联网的电子化出版标准，经常要检索的电子文献、电子期刊大多是以 PDF 格式存在的，所以通过这个限定，可以很快地找到需要的电子文献。

在 Google 检索中，检索词为两个词以上时，要用空格格开。词之间的关系默认为“and”，用大写的“OR”表示“或”的关系，用“－”来表示“非”，即排除。Google 对一些网络上出现频率极高的英文单词如“i”“com”“www”等，以及一些符号如“*”“.”等，作忽略处理。如果要对忽略的词强制检索，要通过双引号对检索词进行标引。

通过 Google 主页上的语言工具还可以将网页或者用户指定的文字翻译成不同的语言。对于中文，目前支持将中文翻译为英文和将英文翻译为中文，而且可以以英文为媒介，将中文转换为其他文字。转换的结果可以直接在 Google 中作为检索词句，进行检索。该语言工具为不同语种信息的查询提供了便利的途径。

Google 的检索结果同样提供快照功能。在检索结果中支持二次检索。

3.3　文 献 阅 读

文献阅读，就是根据选题需要，阅读搜集到的文献资料，从文献中得到启发和帮助，制定一个可行的研究方案。或将自己的研究结果与他人的结果进行比较，突出创新之处。

3.3.1　论文的阅读

科技期刊文章一般都包括标题(Title)、摘要(Abstract)、前言(Introduction)、材料和方法(Materials and Methods)、结果(Results)、讨论(Discussion)、参考文献(References)等部分。知晓科技论文的各主要构成部分的功能，读者有侧重地阅读感兴趣的部分，会极大地提高阅读效率。

1) 标题阅读(Title Reading)

如果说摘要是一篇论文的概括，标题则是摘要的概括，是全文主要内容的高度概括。对于读者所接触到的绝大部分文献，应该是仅仅阅读其标题。标题阅读有以下特点。

(1) 对文献范围进行初选，确定是否需要进一步阅读摘要或全文。

(2) 了解热点、了解别人都在做哪些方面的工作。

(3) 相对简单易行，所以阅读的量会较大，可以解决阅读量的问题；对于相近领域和相关专业也会有所了解，从而增加知识面，对以后的研究进行必要的知识储备。

2) 摘要阅读(Abstract Reading)

摘要用于说明研究的主要目的、主要方法和主要结果，是对论文清晰、准确的概括。

如需要进一步了解别人做了什么工作或当前课题具有什么新的研究技术，就可以进一步阅读文献的摘要部分。

现有很多期刊的主页和文献检索系统都提供有免费的论文摘要。通过选择性地阅读摘要部分，读者可以迅速了解一篇文献研究的主要内容。

3) 方法阅读(Method Reading)

对于绝大多数文献，材料与方法可以略过不读。但是如果文献所采用的方法正好是读者的研究将要用到的方法，读者就需要仔细阅读方法这部分内容。

有些文献，如果读者发现其研究结果不可信，这时也需要读者返回来认真阅读方法这部分内容，寻找其所采用的实验方法、统计处理方法是否有错误或不完善的地方，从而找出导致其结果不可信的原因。

4) 讨论阅读(Discussion Reading)

讨论是文章的主要结论，论述了该项研究与前任结果的不同，因此是阅读和引用的重点。讨论部分主要要看以下几个方面：

(1) 文章的创新性在何处。

(2) 作者引用了哪些重要论著或者观点。

(3) 作者的成果具有哪些理论或应用价值。

5) 全文阅读(Full Paper Reading)

这类文章往往是关于某一领域或专题的综述，或者最新报道。全文阅读的量一般不会太大，每周 1 或 2 篇就已经不少了。在进行全文阅读时，可以将有疑问的地方标示出来，对文章的重要的部分做下划线或标注，如文章的一些新的观点、一些缩略语的注释及一些好的例证等，以便于读者以后引用。

6) 评论性阅读(Critical Reading)

评论性阅读即对一篇文章的价值和不足进行评论。

需要评论性阅读的文献是阅读的重中之重。评论性阅读包括以下内容：

(1) 作者为什么要进行这样的研究。

(2) 作者是如何进行研究的，有何创新和不足。

(3) 实验发现了什么结果。

(4) 作者研究结果的意义是什么。

要对一篇文章进行评论性阅读，需要完全理解消化这篇文章。首先，要求读者对该研究的背景知识有足够的了解，同时查阅该文章的所有参考文献，这样才可能充分理解这篇文献，从而高度概括其研究的主要内容，指出其研究存在的不足；其次，要求读者阅读完后能够给出对该文章每一部分的评价；最后，要求读者能够用自己的语言记录所获取的信息。

3.3.2　书籍的阅读

阅读书籍可以分三步：略读、速读和精读，这也称阅读的三种方式。

(1) 略读。略读也称翻阅、浏览。它的特点是只求了解梗概，不求深知。通过略读，一方面可掌握材料全貌，确定它有什么参考价值；另一方面，可分清材料的主次、轻重，为全面、系统地阅读材料作具体安排，以便有计划、有效地阅读。

略读一份材料，应着重注意下列部分。

① 书名、作者、出版者和印数，粗略了解材料所属范围及其价值。

② 材料的题目、目录。这是全书的纲目，阅读后可加深对全文内容要点和结构纲目的了解，并可择出与选题有关的章节。

③ 读两头，即序言(前言、绪论)和后记(跋、附记)，了解作者的写作意图、写作经过和材料来源，以及作者的得失自评、今后的研究意向等。

④ 读内容提要。读内容提要有助于了解材料的大意。

⑤ 通览全篇，注意每段的关键词及关键句，要注意其中的细节之处。略读以后，要做出初步判断，并做上记号，如加上纸条，以决定取舍。

(2) 速读。速读就是全面地、不加删减地读完材料全文。在阅读过程中，并不过多地停留、推敲，只求对整个材料内容有个系统、全面的了解。如需精读，就标出必要的记号。

速读的方式有以下两种：

① 扫描法。即以尽可能快的速度通读全文。要善于抓住文中的关键词，关键词以外的部分就可一扫而过。

② 跳读法。即抓住主要部分速读，而对次要部分，如引文、例子、注解、插图等，或一扫而过，或撇开不顾。

速读是为了精读做准备、打基础。读者要把速读的材料大致分成三类：有一般参考价值或有待斟酌的；值得引用、内容精辟、观点新颖的；没有参考价值或观点前后矛盾的。分类后，要分别做上相应的记号。

(3) 精读。精读就是用心地、细嚼慢咽地读。精读很少是通读，一般是选读，是将略读和速读时选择出来的与选题关系密切的材料深入阅读。需要精读的是整个材料中最重要、最有价值的部分。

精读要仔细读、认真想，要逐字、逐句、逐段详细读，逐节、逐章研究和思考，一遍不行，读两遍或多遍。自己有不明白的地方，还可查阅工具书及其他参考资料，或者向别人请教，最终做到真正读懂、体会作者的用意。

3.3.3　阅读的基本要求

应根据课题研究和论文写作要达到的目标来考虑阅读的基本要求，也就是要明确读什么、读多少和怎样读。

(1) 把握范围，认真选读。我们搜集来的大量材料，一般都要阅读，但也不是随手拈来盲目去读，而是要把握住范围，选读与课题有关的、新颖的、真实可靠的材料，多角度、有区别地选读，并要把阅读与思考联系起来。

(2) 紧扣选题，数量适度。材料阅读多少数量才适度，要考虑“必要”和“得当”两个方面。如果不是“必要”，读多了，就事倍功半；如果“得当”，读的材料虽然不是很多，但能紧扣选题，也就足够。材料究竟阅读多少为宜？这与选材水平有很大关系，选材又准又精，数量会相对少，反之则多。

(3) 循序渐进，随读随记。循序渐进，由浅入深，是许多有成就的学者读书体会的结晶。边读边记，一是要读懂，准确地理解所读的内容，并积极开拓思路，引发新见；二是要勤于手抄笔录，勤记勤思，手脑并用。

3.4 文献综述

文献综述是在课题开题前阅读过某一主题的文献，然后经过理解、整理、分析、综合和评价而写成的一种不同于研究论文的文体。其中，要较全面地反映与本课题直接相关的国内外研究成果，特别是近年来的最新成果和研究趋势，也要指出该课题所需要进一步解决的问题。通过文献综述对国内外研究成果的比较和评价，不仅可以进一步阐明本课题选题的意义，还可以为本课题组织材料和形成观点奠定基础。

文献综述的写作是本科学生毕业设计(论文)中一次重要的研究实践活动，能反映学生多方面的能力，其中主要是中外文献阅读和综合分析能力。

3.4.1 文献综述功能

开展本科毕业设计(论文)课题研究，需要做好以下基础工作。

(1) 不要简单重复已有的工作，要有创造性。在了解前人关于这一课题研究的基本情况的基础上，本课题研究工作的根本特点就是要有创造性，而不是重复他人走过的路。熟悉前人对本课题的研究情况，可以避免重复而无效的工作，从而能在前人的基础上开展更高层次和更有价值的研究。

(2) 掌握与课题相关的基本理论，确保坚实基础。具备与课题相关的扎实理论基础是深入开展有创造性研究的前提，没有理论指导，就无从着手。所以学生在学校学习时，要特别重视理论知识的学习和实践技能的提高。

3.4.2 文献综述要求

文献综述要求有以下几点：

(1) 要系统地查阅与课题内容有关的国内外文献，通常应不少于 15 篇，其中外文文献不少于 5 篇。

(2) 要说明课题的背景、国内外研究现状和发展趋势，特别是要分析存在的问题。

(3) 要理清脉络、层次清晰、承前启后、高度概括。

(4) 要标注参考文献，其中近 5 年的参考文献不少于 50%。参考文献的标注要符合规范。

(5) 要有个人的观点和见解。

3.4.3 文献综述结构

文献综述文体结构一般都包含前言部分、主题部分、总结部分和参考文献部分这四个部分。

(1) 前言部分。前言部分主要是说明研究背景与目的，介绍有关概念及定义以及综述的范围，并且扼要说明有关主题的现状或争论焦点，使读者对全文有一个初步的认识。

(2) 主题部分。主题部分是综述的主体，其写法多样，没有固定的格式。可以按年代的顺序或不同的问题进行综述，也可以按不同的观点进行比较综述。无论用哪一种格式，都要将所搜集到的文献资料归纳、整理及分析比较，阐明有关主题的历史背景、现状和发展方向，以及对这些问题的评述，但要忠实文献内容，评述要符合客观事实。主题部分应特别注意引用和评述代表性强、科学性强、可靠性强和创造性强的文献。

(3) 总结部分。总结部分扼要总结全文主题，提出个人的见解并对进一步的发展方向做出预测。

(4) 参考文献。参考文献不仅表示对被引用文献作者的尊重及引用文献的依据，而且也为评审者审查提供查找线索。参考文献编排应条目清楚、查找方便、内容准确无误。参考文献绝对不能省略，而且应是文中引用过的，能反映主题全貌并且是作者直接阅读过的文献资料。

本科生毕业设计(论文)文献综述样表如表 3.4.1 所示。

表 3.4.1　本科生毕业设计(论文)文献综述

×××大学本科生毕业设计(论文)文献综述

<table>
<tr><td>学生姓名</td><td></td><td>学生学号</td><td></td><td>专业年级</td><td></td></tr>
<tr><td>二级学院</td><td></td><td>指导教师姓名</td><td></td><td>指导教师职称</td><td></td></tr>
<tr><td colspan="2">毕业设计(论文)题目</td><td colspan="4"></td></tr>
<tr><td colspan="6">一、查阅中外文献资料目录，所查阅的文献资料不得少于 15 篇，其中外文不得少于 5 篇(含作者、书名或论文题目、出版社或刊名、出版年月或期号及页码等，未经本人查阅的文献资料目录不得列上)
(字体与格式按论文正文格式：)</td></tr>
<tr><td colspan="6">二、文献综述(含本选题国内外研究现状、研究主要成果、发展趋势、存在问题等内容，字数不少于 2000 字，力求内容切题，具综合归纳性)
综述题目(字体为小三号，宋体，居中)
正文(格式与论文正文一样，宋体四号字)
(此表可添加)
学生签名：__________
(可添页)　　年　月　日</td></tr>
<tr><td colspan="6">三、指导教师审阅意见：

指导教师评分 __________　　指导教师签名 __________
年　月　日</td></tr>
</table>

3.5　参考文献著录

3.5.1　著录标准

参考文献著录需按国家标准《信息与文献　参考文献著录规则》(GB/T 7714—2015)、《期刊编排格式》(GB/T 3179—2009)以及《中国学术期刊(光盘版)检索与评价数据规范》进行，采用顺序编码标注制，具体标准如下：

(1) 排列次序。依在正文中被首次引用的先后次序列出各条参考文献。

(2) 具体要求。要求项目齐全、内容完整、顺序正确、标点无误。

(3) 注意事项。

① 只有 3 位及 3 位以内作者的，其姓名全部列上，中外作者一律姓前名后。

② 有 3 位以上作者的，只列前 3 位，其后加“，等”或“，et al”。

③ 外文文献中表示缩写的实心句点“.”一律略去。

④ 原本就缺少某一项目时，可将该项连同与其对应的标点符号一起略去。

⑤ 页码不可省略，起止页码间用“—”相隔，不同的页码引用范围之间用“，”相隔。

⑥ 正文中参考文献标引一律用上标形式的方括号内数字表示。例如[3]，方括号和数字不必用粗体。

3.5.2　参考文献类型及其标识

1. 纸张型载体文献类型及其标识

根据 GB/T 3469—2013 规定，对参考文献类型在文献题名后应该用方括号加以标引，以单字母方式标志参考文献类型，如表 3.5.1 所示。

表 3.5.1　纸张型载体参考文献类型及其标识

参考文献类型	期刊文章	专著	论文集	学位论文	专利	标准	报纸文章	报告	资料汇编	其他文献
类型标识	J	M	C	D	P	S	N	R	G	Z

2. 电子文献类型及其标识

对于数据库、计算机程序及电子公告等电子文献类型的参考文献，其标识如表 3.5.2 所示。

表 3.5.2　电子文献类型及其标识

电子参考文献类型	数据库	计算机程序	电子公告
电子文献类型标识	DB	CP	EB

对于电子文献，当被引用为参考文献时需在参考文献类型标识中同时标明其载体类型时，采用双字母表示电子文献载体类型，如表 3.5.3 和表 3.5.4 所示。

表 3.5.3　文献载体类型及其标识

文献载体类型	磁带	磁盘	光盘	联机网络
文献载体类型标识	MT	DK	CD	OL

表 3.5.4　文献载体类型及其标识

电子文献类型/载体类型	磁带数据库	磁盘软件	光盘图书	联机网上数据库	网上期刊	网上电子公告
电子文献类型标识/载体类型标识	DB/MT	CP/DK	M/CD	DB/OL	J/OL	EB/OL

3.5.3　参考文献的著录格式及示例

参考文献按照顺序编码制编排，标识“参考文献”左顶格编排。参考文献序号用数字加方括号表示，左顶格编排，与正文中指示序号一致，参考文献每一条目的最后以“.”结束。参考文献的著录格式及示例，如表 3.5.5 所示。

表 3.5.5　参考文献的著录格式及示例

文献类型号	文献类型	格　式　示　例
1	学术期刊 (共著录 8 项)	①　②　③　④　⑤　⑥　⑦　⑧ [序号]作者. 题名. 刊名，出版年份，卷号(期号)：起页-止页.
		[1] 高景德，王祥珩. 交流电机的多回路理论[J]. 清华大学学报，1987，27(1): 1-8.(完整的) [2] 高景德，王祥珩. 交流电机的多回路理论[J]. 清华大学学报，1987(1): 1-8.(缺卷的) [3] Chen S，Billing S A，Cowan C F，et al. Practical identification of MARMAX models[J]. Int J Control，1990，52 (6): 1327-1350.(完整的)
2	学术著作 (至少著录 7 项)	①　②　③　④　⑤　⑥　⑦　⑧　⑨ [序号] 作者. 书名. 版次(首版免注). 翻译者. 出版地: 出版社，出版年. 起页-止页.
		[4] 竺可桢. 物理学[M]. 北京：科学出版社，1973，1-3. [5] 霍夫斯基主编. 禽病学[M]:下册. 第 7 版. 胡祥壁等译. 北京: 农业出版社，1981. 7-9. [6] Aho A V，Sethi R，Ulhman J D. Compilers Principles[M]. New York: Addison Wesley，1986. 277-308.
3	有 ISBN 号的论文集 (共著录 10 项)	①　②　③　④　⑤　⑥　⑦　⑧　⑨ [序号]　作者. 题名. 见: (In:)主编.(，eds.)论文集名. 出版地: 出版社，出版年. ⑩ 起页-止页.

续表

3	有 ISBN 号的论文集 (共著录 10 项)	[7] 张全福，王里青. “百家争鸣”与理工科学报编辑工作[C]. 见：郑福寿主编.学报编论丛：第 2 集. 南京：河海大学出版社，1991.1-4. [8] Dupont B. Bone marrow transplantation in severe combined inmunodeficiency[C]. In:White H J, Smith R, eds. Proc. of the 3rd Annual Meeting of Int Soc for Experimental Hematology (ISEH).Houston: ISEH，1974. 44-46.
4	学位论文 (共著录 7 项)	① ② ③ ④ ⑤ ⑥ ⑦ [序号] 作者. 题名：[学位论文].保存地点：保存单位，年份.
		[9] 张竹生. 微分半动力系统的不变集[D]：[博士学位论文]. 北京：北京大学数学系，1983. [10] 余勇. 劲性混凝土柱抗震性能的试验研究[D]：[硕士学位论文]. 南京：东南大学土木工程学院，1998.
5	专利文献 (共著录 7 项)	① ② ③ ④ ⑤ ⑥ ⑦ [序号] 专利申请者. 题名. 国别，专利文献种类，专利号. 出版日期.
		[11] 姜锡洲.一种温热外敷药制备方法[P]. 中国专利，881056073.1989-07-26.
6	技术标准 (共著录 8 项)	① ② ③ ④ ⑤ ⑥ ⑦ [序号] 起草责任者. 标准代号. 标准顺序号-发布年.标准名称. 出版地：出版社， ⑧ 出版年.
		[12] 全国文献工作标准化技术委员会第六分委员会. CB6447-S6 文摘编写规则[S]. 北京:中国标准出版社，1986.
7	报纸文献 (共著录 6 项)	① ② ③ ④ ⑤ ⑥ [序号] 作者. 文献题名. 报纸名，出版日期(版面次序) .
		[13] 谢希德. 创新学习的新思路[N]. 人民日报，1998-12-25(10).
8	电子文献 (共著录 6 项)	① ② ③ ④ ⑤ [序号] 作者. 文献题名. 电子文献类型标示/载体类型标示. 文献网址或出处， ⑥ 更新/引用日期.
		[14] 王明亮.标准化数据库系统工程新进展[EB/OL]. http://www. cajcd.edu.cn/pub/980810-2.html，1998-08-16. [15] 万锦坤. 中国大学学报论文文摘(1983-1993)(英文版)[DB/CD]. 北京：中国大百科全书出版社，1996.

第 4 章　毕业设计(论文)的内容撰写与规范

【教学内容与要求】

本章主要介绍毕业设计(论文)结构及各部分的写作要求与规范。通过本章的教学，要求学生掌握毕业设计(论文)的撰写步骤及科技论文写作的国家规范。

4.1　毕业设计(论文)的撰写内容

完整的毕业设计(论文)应该包括标题(或题名或题目或文题)、中英文摘要、关键词、引言、正文、结论、注释与参考文献、附录(可选)、致谢(可选)等，使用统一的本科毕业设计(论文)封面。毕业设计(论文)须用 A4 纸打印装订成册，具体要求详见 4.3 节的本科生毕业设计(论文)撰写排版规范。

4.2　毕业设计(论文)的撰写要求

1. 标题

标题，又叫文题、题名、题目，是毕业设计(论文)的总纲，GB7713-87 规定：题名是以最恰当、最简明的词语反映报告、论文中最重要的特定内容的逻辑组合。这个规定中有 3 处用“最”字强调了对题名拟定的要求。“最恰当”指题名应能准确地表达论文的中心内容，恰如其分地反映研究的范围和达到的深度，不能使用笼统的、泛指性很强的词语和华而不实的词藻。

对毕业设计(论文)而言，标题应简短、明确、有概括性，一般不宜超过 20 个字。如果有些细节必须放进标题，为避免冗长，可以分成主标题和副标题，主标题需简明，副标题体现细节。通过标题读者就可以大致了解毕业设计(论文)的内容、专业特点和学科范畴。

2. 摘要

GB7713-87 规定：摘要(Abstract)是报告、论文的内容不加注释和评论的简短陈述；报告、论文一般均应有摘要，为了便于国际交流，还应有外文(多用英文)摘要；摘要应具有独立性和自含性，即不阅读报告、论文的全文，就能获得必要的信息。中文摘要一般不宜超过 300 字，外文摘要不宜超过 250 个实词，外文摘要是中文摘要的译文，外文摘要要符合外文语种的语言表达习惯，以意译为主。毕业设计(论文)的摘要可以置于题名和作者之后、正文之前。

摘要的作用主要是让读者尽快了解毕业设计说明书或毕业论文的主要内容，以补充题名的不足，同时为文献检索数据库的建设和维护提供方便。摘要质量的高低，直接影响其被检索率和被引用频次。

撰写摘要时应注意以下几点：

(1) 摘要用第三人称编写。摘要格式要规范，不能出现本文、论文等类似字样，不能出现公式、插图、表格、参考文献序号等。

(2) 用精炼、概括的语言来表达，简短扼要，每项内容均不宜展开论证或说明。

(3) 要客观陈述，不宜加主观评价。

(4) 成果和结论是摘要的重点，在论述上要表达清楚，以加深读者的印象。

(5) 要独立成文，选词用语要避免与全文尤其是前言和结论部分雷同。

3. 关键词

关键词是为了满足文献标引或检索工作的需要而从全文中选取的词或词组。关键词包括主题词和自由词两个部分：主题词是专门为文献的标引或检索而从自然语言的主要词汇中挑选出来并加以规范的词或词组；自由词则是未规范化的即还未收入主题词表中的词或词组。每篇毕业设计(论文)中应专门列出3～5个关键词，以反映全文的主题内容。其中，主题词应尽可能多一些，它们可以从综合性主题词表，如《汉语主题词表》和专业性主题词表[NASA(美国国家航空航天局)词表、INIS(国际核信息系统)词表、MeSH(医学主题)词表等]中选取。那些确能反映全文的主题内容但现行的主题词表还来不及收入的词或词组可以作为自由词列出，以补充关键词个数的不足或为了更好地表达全文的主题内容。关键词作为全文的一个组成部分，列于摘要段之后。多个关键词间要用分号隔开，中英文关键词要一一对应。

4. 目录

目录是全文中主要段落的简表，按3级标题编写，有标题层次和页码。目录格式如下：

目　录

注：

1. 目次中的内容一般列出三级标题即可；
2. X、Y 表示具体的阿拉伯数字。
3. 一级目录名一般章名称；二级目录名为相应一级目录下的二级目录名，依此类推。

5. 引言

引言也称前言、导言、序言、绪论，它是一篇毕业设计(论文)的开场白，应说明本课题的意义与目的、研究范围及应达到的技术要求；还要简述本课题在国内外的发展概况及存在问题；说明本课题应解决的主要问题及解决问题的主要思路。虽然摘要和前言内容大体相同，但仍有较大区别，主要在于摘要一般要写得高度概括、简略，前言则应具体；摘要可以作笼统的表达，而前言则应明确表达；摘要不写选题的缘由，而前言则应明确反映；在文字量上一般是前言较多。

在毕业设计(论文)中，引言一般分为三到四个层次。每个层次都有各自的任务与目的，而在语言上也有各自的特点，掌握这些特点会使写作过程化难为易。

(1) 第一个层次是作者阐明毕业设计(论文)所涉及的研究领域及意义。一篇毕业设计(论文)的基础源于某项研究或生产实际，需要介绍清楚为什么要做这项毕业设计(论文)工作，也需要阐述明白其潜在的社会意义和用途。

(2) 第二个层次是研究背景及现状。第一层次说明了毕业设计(论文)的研究意义，接下来就要分析目前的状况或水平如何，这就是第二层次需交代的内容，通常是以文献综述的方式展开。文献综述是毕业设计(论文)的重要组成部分，是学生对他人在某研究领域所做的工作和研究成果的总结与评述，包括他人有代表性的观点或理论、发明或发现、解决问题的方法等。在援引他人的研究成果时，必须标注出处，即这一研究成果由何人在何时于何地公开发表。

(3) 第三个层次是本文的主要研究内容，也就是自己的工作。其中，一个重要的支撑点就是毕业设计(论文)的创新性。创新是科技发展的动力，创新性在毕业设计(论文)中尤为重要。学生在引言中论述毕业设计(论文)创新之处时既要简明扼要，又要尽量具体。

需要注意：引言中各个层次所占的篇幅可以有很大差别，这一点与摘要大不一样，摘要中的目的、方法、结果、结论四项内容各自所占的篇幅大体比例一样。而在引言中，第一个层次往往占去大部分篇幅，对研究背景和目前的研究状况进行较为详细的介绍，对研究目的与研究思路的介绍可能会比较简短。

6. 正文

正文即论证部分，是毕业设计(论文)的核心部分。论点、论据和论证都在这里阐述，因此它占主要篇幅。由于毕业设计(论文)的研究工作所涉及的学科、选题、研究对象和研究方法、工作进程、结果表达方式等差异很大，所以对正文要写的内容不能做统一规定，但是总的要求是相通的，具体要求如下：

(1) 明晰。即论点明确、论据充分、论证合理。

(2) 准确。即事实准确、数据准确、计算准确、语言准确。

(3) 完备。即内容丰富、条理清楚、逻辑性强、结构合理、表达形式与内容相适应。

(4) 简洁。即文字简练，避免重复、烦琐。

(5) 合法。即不泄密，对需保密的资料应作技术处理。

正文部分乃至整篇毕业设计(论文)总是以学生的基本观点为轴线，要用材料(事实或数据)说明观点，形成材料与观点的统一。观点不是学生头脑里固有的或主观臆造的，正确的观点来自客观实际，来自对反映客观事物(比如研究对象)特征的材料(比如实验结果)的归纳、概括和总结。在基本观点上，对新发现的问题要详尽分析和阐述，否则无法得出正确的、有价值的结论。而对一般性的问题只需作简明扼要的叙述，对与基本观点不相干的问题则完全不要费笔墨，哪怕只有一句一字。现以理工类论文为例，说明正文部分的写法。

理论分析部分亦称基本原理，包括论证的理论依据，对论证所作的假设及其合理性的阐述，对分析方法的说明。其要点是假设、前提条件、分析的对象、适用的理论、分析的方法、计算的过程等。写作时应注意区别哪些是已知的(前人已有的)，哪些是作者首次提出来的，哪些是经过作者改进的，这些都须交代清楚。以便指导教师审查和纠正，篇幅不宜较多，应以简练的文字概略地表述。

实验材料和方法部分中的材料的表达主要指对材料的来源、性质和数量，以及材料的选取和处理等事项的阐述。方法的表达主要指对实验的仪器、设备，以及实验条件和测试方法等事项的阐述。包括实验对象，实验材料的名称、来源、性质、数量、选取方法和处理方法，实验目的，使用的仪器、设备(包括型号、名称、测量范围和精度等)，实验及测定的方法和过程，出现的问题和采取的措施等。材料和方法的阐述必须具体、真实。如果是采用前人的结论，只需注明出处；如果是改进前人的结论，则要交代改进之处；如果是自己提出的理论，则应详细说明，必要时可用示意图、方框图或照片图等配合表述。由于科学技术研究成果必须接受检验，介绍清楚这些内容，目的在于使别人能够重复操作。

实验结果及其分析部分是论文的价值所在，是毕业设计(论文)的关键部分。它包括给出结果，并对结果进行定量或定性的分析。给出实验结果时应尽量避免把所有数据和盘托出，而要对数据进行整理，并采用合适的表达形式，如插图或表格等。在整理数据时，不能只选取符合自己预料的，而随意舍去与自己料想不符或相反的数据。有些实验结果尽管出现异常，无法解释，但也不要轻易舍去，可以对其加以说明，只有找到确凿证据足以说明它们确属错误之后才能剔除。可以以绘图和(或)列表(必要时)等手段整理实验结果，通过数理统计和误差分析说明结果的可靠性、再现性和普遍性，进行实验结果与理论计算结果的比较，说明结果的适用对象和范围，分析不符合预见的现象和数据，检验理论分析的正确性等。

结果分析时，必须从辩证唯物主义的认识论出发，以理论为基础，以事实为依据，认真、仔细地推敲结果，既要肯定结果的可信度和再现性，又要进行误差分析，并与理论结果做比较(相反，如果论题产生的是理论结果，则应由试验结果来验证)，说明存在的问题。分析问题要切中要害，不能空泛议论。要压缩或删除那些众所周知的一般性道理的叙述，省略那些不必要的中间步骤或推导过程，突出精华部分。此外，对实验过程中发现的实验设计、实验方案或执行方法方面的某些不足或错误，也应说明，以供读者借鉴。

对结果进行讨论，目的在于阐述结果的意义，说明与前人所得结果不同的原因，根据研究结果继续阐发作者自己的见解。写作的要点是解释所取得的研究成果，说明成果的意义，指出自己的成果与前人研究成果或观点的异同，讨论尚未定论之处和相反的结果，提出研究的方向和问题。最主要的是突出新发现、新发明，说明研究结果的必然性或偶然性。

7. 结论

结论又称结束语、结语，是在理论分析和实验验证基础上，通过严密的逻辑推理而得出的富有创造性、指导性、经验性的结果描述。它又以自身的条理性、明确性、客观性反映了毕业设计(论文)或研究成果的价值。

结论要概括准确、措辞严谨。对创新内容的概括应当准确、完整，不要轻易放弃，更不要漏掉一条有价值的结论，但也不能凭空杜撰。措辞要严谨，语句要像法律条文那样，只能做一种解释，清清楚楚，不能模棱两可、含糊其词。肯定和否定要明确，一般不用“大概”“也许”“可能是”这类词语，以免使人有似是而非的感觉，从而怀疑论文的真正价值。

结论要明确具体、简短精炼、可读性强。结论段有相对的独立性，专业读者和情报人员可以只看摘要和(或)结论就能大致了解全文反映的成果和成果的价值，所以结论段应提供明确、具体的定性和定量信息。对要点要具体表述，不能用抽象和笼统的语言。可读性要强，如一般不单用量符号，而宜用量名称，比如，“T 与 p 呈正比关系”不如“××温度与××压力呈正比关系”这种方式易读。行文要简短，不再展开论述，不对全文中各段的小结作简单重复。语言要经过锤炼，删去可有可无的词语，如“通过理论分析和实验验证，可得出下列结论”这样的行文一般都是废话，可以删去。

结论一般不做自我评价。毕业设计(论文)的真正价值是通过具体“结论”来体现的，不是由作者自己说的。

具体而言，结论通常包含以下层次：

(1) 本研究结果说明了什么问题，得出了什么规律性的东西，解决了什么理论或实际问题。

(2) 对前人有关本问题的看法作了哪些检验、哪些与本研究结果一致、哪些不一致，作者做了哪些修正、补充、发展或否定。

(3) 本研究的不足之处或遗留问题。

其中，层次(1)是必需的，而(2)和(3)视毕业设计(论文)的具体内容可以有，也可以没有；如果无法导出结论，也可以没有结论，而是保留必要的讨论。如果结论段的内容较多，可以分条来写，并加以编号，每条成一段。结论里应包括必要的数据，但主要是用文字表达，一般不再用插图和表格。

具体而言，结论在写法上要注意简单、明确，措辞严密，且又容易被人领会；应反映个人的研究工作，勿将他人已有过的结论作为自己的成果；实事求是地介绍自己研究的成果，切忌言过其实，在无充分把握时应留有余地，因为科学问题的探索是永无止境的。

8. 致谢

致谢的对象包括对本研究直接提供过资金、设备、人力，以及文献资料等支持和帮助的团体和个人。“致谢”段可以列出标题并贯以序号，如“6　致谢”放在“5　结论”段之后，也可不列标题，空一行置于“结论”段之后。现代科学技术研究往往不是一个人能单独完成的，而是需要他人的合作与帮助。毕业设计(论文)也一样，除有指导教师的指导外，还可能有他人的帮助。因此，作者应当对他人的劳动给予充分肯定，并对他们表示感谢。

9. 参考文献

所谓“参考文献”，是指“文后参考文献”，是为撰写或编辑论著而引用的有关图书资料。在引言和正文部分的参考文献标注称为参考文献的文内标注。按规定，在毕业设计说明书或毕业论文中，凡是引用前人(包括作者自己过去)已发表的文献中的观点、数据和材料等，都要对它们在文中出现的地方予以标明，并在文末(致谢段之后)列出参考文献表。这项工作叫作参考文献著录。参考文献著录的原则是：只著录最必要、最新的文献；只著录公开发表的文献；采用标准化的著录格式。

对于一篇完整的毕业设计说明书或毕业论文，参考文献著录是不可缺少的。归纳起来，参考文献著录的作用主要体现在以下五个方面。

(1) 著录参考文献可以反映论文作者的科学态度和论文具有的真实、广泛的科学依据，也可以反映出该毕业设计(论文)的起点和深度。

(2) 著录参考文献能方便地把毕业设计(论文)作者的成果与前人的成果区别开来。毕业设计(论文)报道的研究成果虽然是毕业设计(论文)作者自己的，但在阐述和论证过程中免不了要引用前人的成果，包括观点、方法、数据和其他资料，若对引用部分加以标注，则他人的成果将表示得十分清楚。这不仅表明了作者对他人劳动的尊重，而且也免除了抄袭、剽窃他人成果的嫌疑。

(3) 著录参考文献能起到索引作用。读者通过著录的参考文献，可方便地检索和查找有关图书资料，以对该毕业设计(论文)中的引文有更详尽的了解。

(4) 著录参考文献有利于节省论文篇幅。论文中需要表述的某些内容，凡已有文献所载者不必详述，只在相应之处注明文献出处即可。这不仅精炼了语言、节省了篇幅，而且避免了一般性表述和资料堆积，容易达到篇幅短、内容精的要求。

(5) 著录参考文献有助于科技情报人员进行情报研究和文献计量学研究。

参考文献表置于“致谢”段之后，“附录”段之前，采用顺序编码制。在文后参考文献表中，各条文献按在全文中的文献序号顺序排列，项目应完整、内容应准确，各个项目的次序和著录符号应符合规定(详见 3.6 节)。

注意：*参考文献表中各著录项之间的符号是“著录符号”，而不是书面汉语或其他语言的“标点符号”，所以不要用标点符号的概念去理解。*

10. 附录

附录(Appendix)是论文主体的补充项目，并不是必需的。有些项目可以体现整篇论文材料的完整性，但写入正文又可能有损于行文的条理性、逻辑性和精练性，这类材料可以写入附录段。附录段大致包括如下材料：

(1) 比正文更为详尽的理论根据、研究方法和技术要点的叙述。

(2) 由于篇幅过长或取材于复制品而不宜写入正文的资料。

(3) 不便于写入正文的罕见珍贵资料。

(4) 一般读者并非必要阅读，但对本专业同行很有参考价值的资料。

(5) 某些重要的原始数据、数学推导、计算程序、框图、结构图、统计表、计算机打印输出件等。

附录段置于参考文献表之后，依次用大写正体编号，如以“附录 A”“附录 B”做标题前导词。附录中的插图、表格、公式、参考文献等的序号与正文分开，另行编制，如编为“图 A1”“图 B2”“表 B1”“表 C3”“式(A1)”“式(C2)”“文献［A1］”“文献［B2］”等。

4.3　毕业设计(论文)的撰写步骤

毕业设计(论文)的篇幅较长，内容较多，撰写时要先拟一个文字提纲和章节目录、写成初稿，再修改定稿，可参照以下步骤进行。

1. 提纲和章节目录

拟定提纲和章节目录，既可以帮助作者组织材料又可以使问题考虑周到、避免遗漏。拟定提纲要项目齐全，能初步构成毕业设计(论文)的轮廓；要把握全局，权衡各章节之间的相互关系；要征求指导教师意见，不断修改完善；要边写边想，不断开拓思路，最终达到满意的结果。

2. 初稿

毕业设计(论文)初稿的写作是最艰苦的工作阶段，在撰写时应注意以下几点。

(1) 尽可能将事先想到的内容都写进去。初稿的内容应尽量丰富，便于修改和定稿，当然，也要避免写成材料仓库。

(2) 写作要规范。初稿采用普通主体文，语句要精炼简明、深入浅出、通顺易读，避免使用口头语言、避免使用科技新闻报道式文体。

(3) 表达要通顺，不要在枝节上停留。

(4) 要写得整洁，便于增、删、改。

3. 修改定稿

初次撰写毕业设计(论文)的学生，务必对毕业设计(论文)精心修改。修改的范围，包括修改观点、修改材料以及修改毕业设计(论文)的结构和语言表达。修改观点是指观点的订正，首先审阅全文的基本观点以及说明它的若干从属观点是否片面或表述是否准确，其次要看自己的观点是否与别人雷同，有无引申或新意。修改材料是指通过材料的增、删、改、换，使毕业设计(论文)中说明观点的材料精炼、准确生动。修改结构是指调整内容的组织结构。一般在出现以下几种情况时应着手修改结构。

(1) 中心论点或分论点有较大的变化。

(2) 层次不够清楚，内容重复或表达不完整。

(3) 段落不够规范，划分零碎或过于粗糙，不能显示层次。

(4) 结构不够完善，内容组织松散。

修改语言表达是指用词、组句、语法及逻辑方面的修改，作为毕业设计(论文)的语言应具有准确性、学术性和可读性。

4. 毕业设计(论文)的写作细则

1) 书写

毕业设计(论文)需按学校规定的纸张大小、每页字数或行间距、上下左右边界，字体字号等进行书写。

2) 标点符号

毕业设计(论文)中的标点符号应按新闻出版部署公布的“标点符号用法”使用。

3) 名词、名称

科学技术名词术语尽量采用全国自然科学名词审定委员会公布的规范词或国家标准、部标准中规定的名称，尚未统一规定或有争议的名词术语，可采用惯用的名称。使用外文缩写代替某一名词术语时，首次出现时应在括号内注明其含义，如用 CPU(Central Processing Unit)代替计算机中央处理器。外国人名一般采用英文原名，可不译成中文，英文人名按名前姓后的原则书写(如 P. Cray)，不可将外国人姓名中的名的部分漏写(如不能只写 Cary，应写成 P. Cray)。一般很熟知的外国人名(如牛顿、爱因斯坦、达尔文、马克思，等)可按通常标准译法写译名。

4) 量和单位

毕业设计(论文)中的量和单位必须采用中华人民共和国的国家标准 GB3100～3102—93，它是以国际单位制(SI)为基础的。非物理量的单位，如件、台、人、元等，可用汉字与符号构成组合形式的单位。例如，公斤/件、元/km。

5) 数字

毕业设计(论文)中的测量、统计数据一律用阿拉伯数字，如 5.25MeV 等。但需注意以下几点：

(1) 在叙述不很大的数目时，一般不宜用阿拉伯数字。例如，“他发现两颗小行星”“三力作用于一点”，不宜写成“他发现 2 颗小行星”“3 力作用于 1 点”。

(2) 大约的数目可用中文数字，也可用阿拉伯数字。例如，“约一百五十人”“约八百公里”“约二十五万人”，也可写成“约 150 人”“约 800 公里”“约 25 万人”。

6) 标题层次

毕业设计(论文)的全部标题层次应有条不紊、整齐清晰，相同层次应采用统一的表示体例，正文中各级标题下的内容应同各自的标题对应，不应有与标题无关的内容。

章节编号方法应采用分级阿拉伯数字编号方法，第一级为“1”“2”“3”等，第二级为“2.1”“2.2”“2.3”等，第三级为“2.2.1”“2.2.2”“2.2.3”等，但分级阿拉伯数字的编号一般不超过四级，两级之间用下角圆点隔开，每一级的末尾不加标点。

各层标题均单独占行书写，第一级标题居中书写，第二级标题序数顶格书写，空一格接写标题，末尾不加标点，第三级和第四级标题均空两格书写序数，空一格写标题。第四级以下单独占行的标题顺序采用“A.”“B.”“C.”和“a.”“b.”“c.”两层，标题均空两格书写序数，空一格写标题。正文中对总项包括的分项采用(1)(2)(3)的序号，对分项中的小项采用①②③的序号，数字加半括号或括号后，不再加其他标点。

7) 注释

毕业设计(论文)中有个别名词或情况需要解释时，可加注说明，注释可用页末注(将注文放在加注页稿纸的下端)或篇末注(将全部注文集中在文章末尾)，而不用行中注(夹在正文中的注)。若在同一页中有两个以上的注时，按各注出现的先后，顺序编列注号，注释只限于写在注释符号出现的同页，不得隔页。

8) 公式

公式应另起一行位于行中央，一行写不完的长公式，最好在等号处转行，如做不到这点，在数学符号(如“+”“−”号)处转行，数学符号应写在转行后的行首。公式的编号用圆括号括起放在公式右边行末，在公式和编号之间不加虚线，公式可按全文统一编序号，也可逐章单独编序号。如果公式较多，甚至可以逐节单独编序号。不能出现有的章公式有编序号，有的章无编序号。重复引用的公式不得另编新序号，公式序号必须连续，不得重复或跳缺。

公式最好用公式编辑器 Mathtype 编辑，学生要学会使用 Mathtype，要使编辑的公式美观，与正文字号大小协调，同一公式本身中的字符大小也要充分协调。特别是连分数(即分子和分母也出现分数时)更要注意分线长短、主要分线和等号的布局。在叙述中，也可将分数的分子和分母平列在一行，用斜线分开表述。

9) 表格

每个表格应有自己的表题和表序，表题应写在表格上方正中，表序写在表题左方不加标点。空一格接写表题，表题末尾不加标点。全文的表格统一编序，也可以逐章编序，如果表格较多，甚至可以逐节单独编序。不管采用哪种方式，表序必须连续。表格允许下页接写，接写时表题省略，表头应重复书写，并在右上方写“续表”。此外，表格应写在离正文首次出现处的近处，不应过分超前或拖后。同样，不能出现有的章有表编序号，有的章没有表编序号。

制表的基本要求是简单明了、层次清楚、有自明性。表的结构要简单，使人一目了然。表的种类样式繁多，如无线表、文字表、卡线表等。三线表被大多数科技文献采用，其主要构成要素如图 4.3.1 所示。

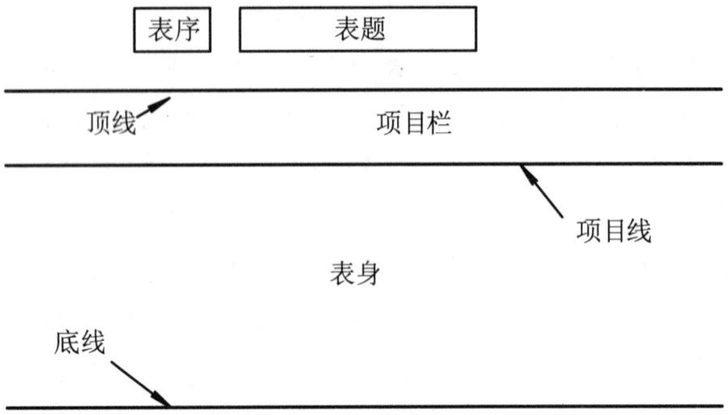

图 4.3.1　三线表的构成要素

(1) 表序和表题。表必须有表序、表题，表序按其在文中出现的先后，用阿拉伯数字连续编号，如表 1、表 2 等。表题是指表的名称，要准确得体、简短精炼，必要时注明时间和地点。避免使用泛指性的词语作表题，如“计算结果”“对照表”等，这样的表题缺乏专指性，不能使人一目了然。表序、表题在表格上方。

(2) 项目栏。项目栏中左边第一列为处理项，上边第一行为观测内容和结果项，不能将处理项与观测内容和结果颠倒。项目栏中一般要放置多个“栏目”，当栏目中的项由量的名称组成时，其表述方法与图中标目的表示方法相同。如果表内全部栏目中的单位均相同时，可以将单位提取出来标识在表顶线上方的右端，不必在每个栏目上标注，凡是相同栏目要归并在一起，做到同一栏目只加注一项，避免重复出现。

(3) 表身。上、左相邻栏内的文字或数字相同时，应重复写出，不可以用“同上”“同左”等字样表示。表中未测或无此项应用“空白”表示，不能用“—”或“/”表示。表中内容不能与全文内容重复，数据要完整、准确。同一指标小数点有效位数要一致，小数点上下对齐。表的线条不宜过多，以免干扰视线。

(4) 辅助线。对于某些比较复杂的表，单靠三线表是不够的，可以在项目栏或表身添加横向的辅助线，这时仍称其为三线表。项目栏的辅助线可以解决栏目多层次的问题，不加辅助线，不同层次的栏目隶属关系就不清楚。

(5) 表注。表传递的某些信息需要注释时，可以在表身加备注栏。备注栏通常放在表的右端。表注也可以在表底线下集中加以标注。如果表注不止一条，应将每条表注编上序号，顺序排在表下。

10) 图

毕业设计(论文)的插图必须精心制作，线条要匀称，图面要整洁美观，插图应与正文对应，不得与正文脱节。

一般而言，毕业设计(论文)或科技文献中的图包括照片和线条图两种类型。采用照片的情况主要有：已经做出了初步的产品，例如，器件样品、机器的实验模型、电路板等；作者要显示数据的真实性，特别是用带有图像的仪器测量出的数据，例如，示波器波形、超声探伤仪的输出特性等；作者要用照片提供更生动的场景，例如，现场实测场面、仪器安装环境等；不用照片无法说明的情况，例如，构件的缺陷、龟裂、表面温度热像分布等。

使用照片应注意：图片清晰度要好、对比度要合适。图中需标注文字、数字或符号时，尽量使用电脑适当添加，使图片清楚、美观、协调，并提供电子文件。实物照片涉及尺寸者，比例尺应同时照排。

线条图是毕业设计(论文)或科技文献中最常使用的一种表达方式，如图 4.3.2 所示。一般由图序、图题、标目、标值、坐标轴、图注等六部分组成。线条图的设计要合理，符合统计学与规范化的要求。图形要简明、完整、清晰地表述主题内容。全图外廓以矩形为宜，高与宽的比例约为 5∶7，应避免过于扁或长。图中文字说明要简明，需要时可用数码或代号表示，并附以图注说明。要有纵坐标和横坐标，并标明量和单位，同时要有图例及图例说明。下面逐一说明图中的各要素。

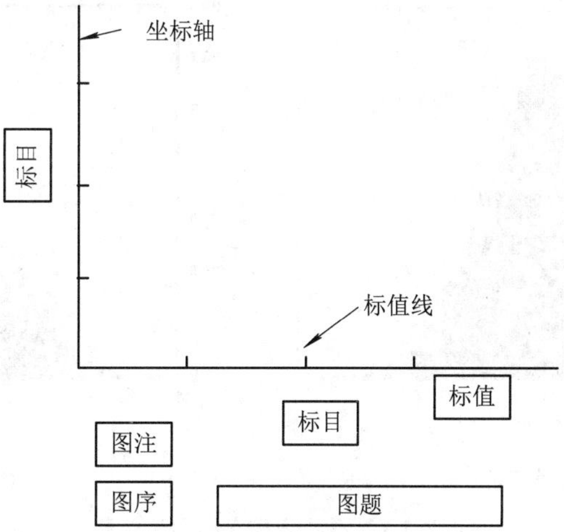

图 4.3.2　图的构成要素

(1) 图序和图题。每幅插图都应有图序和图题，全文插图可以统一编序号，也可以逐章单独编序号。如果图较多，甚至可以逐节单独编序号。不管采用哪种方式，图序必须连续，不得重复或跳缺。由若干分图组成的插图，分图图序用(a)(b)(c)表示，分图的图名可以写于分图图序之后，与图序以一个字符的空格隔开；也可以将分图的图名以及图中各种代号的意义，以图注形式写在图名下方，先写分图名，另起行后写代号的意义。图名应为最准确、最简练的并能反映该图特定内容的词语的逻辑组合，一般是词组(很少用句子)，而且绝大多数是以名词或名词性词组为中心语的偏正词组(很少用动宾词组)。图序、图题在图的正下方标明。

(2) 标目。标目是说明坐标轴物理意义的必要项目，由物理量名称(或物理量名称符号)和相应的单位组成，例如，“压力/MPa”，也可用“p(MPa)”；不用容易引起歧义的表示方法，例如，“p, MPa”。百分号“%”虽然不是单位，但在这里也可按单位处理，例如，“X/%”，X 是 0～100 之间的数。物理量的符号应使用国家标准规定的斜体字母标注，单位符号应该使用国家标准规定的正体字母标注。

(3) 标值。标值是坐标轴定量表达的尺度，位于坐标轴外侧，紧靠标值短线的地方。要通过改用标目中单位的方法使标值的数字尽量不超过三位，或小数点后不多于一位。如将“50 000 m”改为“50 km”，“0.005 g”改为“5 mg”等。

(4) 坐标轴。具有具体标值时，因标值的大小已明确表述了增量的方向，就不应在给出标值的同时，再重复给出箭头标志。只有当坐标轴表述的是定性的变量，即没有给出具体值时，坐标轴的末端才应按增量方向画出箭头，并标注 x、y 及原点。

(5) 图注。图注说明既可放在图中，也可放在图外，但要简洁准确、表述规范。

适当运用同类曲线的重叠可以加强对比效果，当有两条以上曲线具有同一参变量时，可以将这些曲线描绘在同一幅图上。即共用一个横坐标轴，而分立左右两条纵坐标轴，此时两个纵坐标轴的标目和标值都要标注。

下面以图 4.3.3～图 4.3.5 来说明图表处理的技术细节。

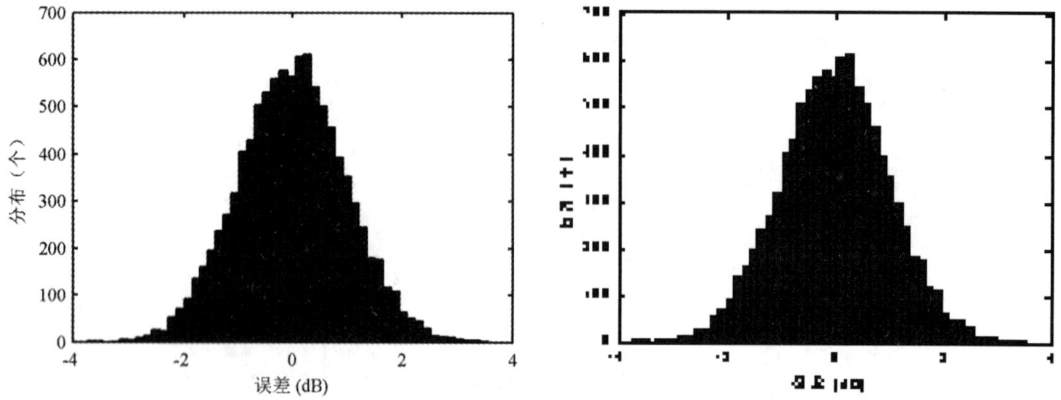

(a) 分辨率高　　(b) 分辨率低

图 4.3.3　不同分辨率的图片对比

可以看出图 4.3.3(a)的分辨率远高于图 4.3.3(b)，清晰得多。

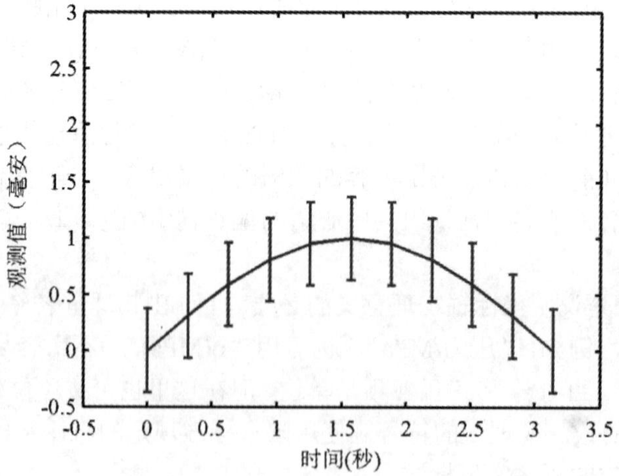

图 4.3.4　浪费图片空间的例子

图 4.3.4 中，纵轴可以适当缩小范围，以减小不必要的空间浪费。直观来看，图 4.3.4 中的上半部分没有任何有效数据和信息传递给读者。

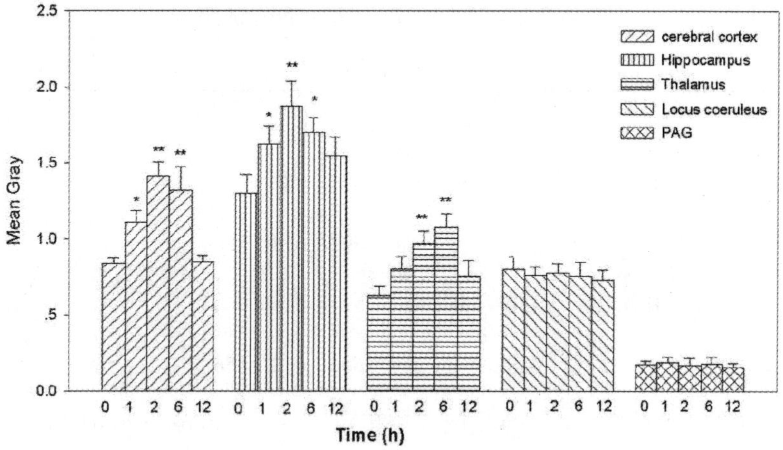

(a) 横坐标为时间

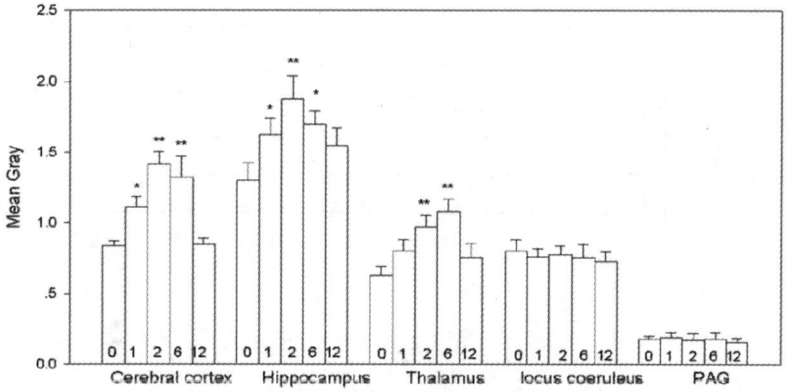

(b) 横坐标为不同的处理方式

图 4.3.5　为数据选择有效的图形表达方式示例

图 4.3.5 是一个为数据选择有效的图形表达方式的例子，图 4.3.5(a)选择时间为横坐标轴，将五种不同的处理方式(Cerebral cortex 等)分别用 5 种不同的线型来填充柱形图，眼花缭乱。而图 4.3.5(b)以五种不同的处理方式为横坐标轴将数据重新组织，把处理的时间(0、1、2、6、12 小时)标记在柱形图的底部。这样的好处是，以五种相同的线型来填充柱形图，一目了然、清爽利索。

下面以表 4.3.1～表 4.3.2 来说明表处理的技术细节。

表 4.3.1　X、Y 和 Z 指标的测试结果

化合物	溶　剂	λ	A
X	E	418，448，600，632，636(nm)	-202.6×10^{-6}
	F	418，450，602，634，652(nm)	-202.8×10^{-6}
Y	G	420，438，450，592，656(nm)	-191.2×10^{-6}
	H	422，438，452，594(nm)	-189.4×10^{-6}
Z	I	418，448，464，606(nm)	-201.5×10^{-6}

表 4.3.2　X、Y 和 Z 指标的测试结果

化合物	溶　剂	λ/nm	$A/\times 10^{-6}$
X	E	418，448，600，632，636	−202.6
	F	418，450，602，634，652	−202.8
Y	G	420，438，450，592，618，656	−191.2
	H	422，438，452，594，618，660	−189.4
Z	I	418，448，464，606，632，656	−201.5

表 4.3.1 不够简洁明了，如某一列的共用单位等，可以改成表 4.3.2 所示的三线表。下面以图 4.3.6 和表 4.3.3 来说明图表的合理选取。

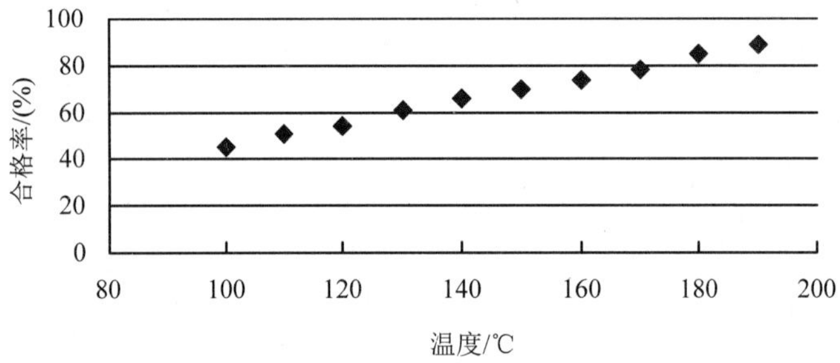

图 4.3.6　在图形和表格中做好取舍

表 4.3.3　温度与合格率的关系

温度/℃	合格率/%	温度/℃	合格率/%
100	45	150	70
110	51	160	74
120	54	170	78
130	61	180	85
140	66	190	89

虽然图和表都能直观、高效地表达复杂的数据，启发思考数据的本质、分析数据揭示的规律，以较小的空间承载较多的信息，但是二者还是各有长短。一般而言，表适于呈现较多的精确数值，或无明显规律的复杂分类数据等；图侧重表现关联、趋势、因果关系等。表 4.3.3 是将数据分列在三线表中，包含若干对(X，Y)数据值，虽然这个表详尽地显示了数据的细节，但是读者看完表格很难直接归纳出有用的信息和结论。而如果采用散点图的形式来画出数据中的每一组(温度，合格率)数值，将表 4.3.3 改为图 4.3.6，读者就比较容易看出两者之间的趋势和关系。

4.4　毕业设计(论文)的排版规范

为了提高本科生毕业设计(论文)的质量，使毕业设计(论文)撰写更加规范化，学生须遵守撰写排版规范。下面给出了本科生毕业设计(论文)撰写排版规范示例。

1. 排版要求

目　录

(居中、黑体、三号，“目”与“录”字中间留一个汉字空格)

(空 1 行，五号)

1　xxxx(顶格、黑体、小四号)……………………………………………………页码

　1.1　xxxx(右缩两个汉字空格、宋体、五号)…………………………………页码

　　1.1.1　xxxx(右缩四个汉字空格、宋体、五号)…………………………页码

…………

参考文献(顶格、黑体、小四号)…………………………………………………页码

致谢(顶格、黑体、小四号)………………………………………………………页码

(另一页，题目和中文摘要)

xxxxxxxx(题目，居中、黑体、三号)

(空 1 行，五号)

XXX(作者姓名，居中、宋体、五号)

xxx大学xxx学院，省名 市名 邮政编码(作者单位，居中、宋体、小五号)

(空 1 行，五号)

摘要：(黑体、五号) XXXXXXXXXXXXXXXXXXXXXXXXXXXXXXXX(楷体、五号)

关键词：(黑体、五号) XX；XX；XX(楷体、五号、3～5 个)

(另一页，接英文摘要部分)

xxxxxxxx(英文题目，居中、Times New Roman、三号加粗)

(空 1 行，五号)

XXX(作者拼音或英文姓名，居中、Times New Roman、五号)

二级学院英文名称，学校英文名称，市名汉语拼音，邮政编码，China(作者英文单位，居中、Times New Roman、小五号)

(空 1 行，五号)

Abstract：(Times New Roman、五号加粗) XXXXXXXXXXX(Times New Roman、五号)

Key words：(Times New Roman、五号加粗) XX；XX；XX(Times New Roman、五号、3～5 个)

(另一页，接正文部分)

正文(中文采用五号宋体，英文采用五号 Times New Roman)

一级标题(顶格、黑体、小四号)

二级标题(顶格、黑体、五号)

三级标题(顶格、宋体、五号)

(空 1 行，五号)

参考文献：(顶格、黑体、小四号)

参考文献的具体内容(中文采用小五号宋体，英文采用小五号 Times New Roman)

(另一页，接致谢部分)

致谢(居中、黑体、四号)

(空 1 行，五号)

致谢的具体内容(中文采用五号楷体，英文采用五号 Times New Roman)

2. 内容要求

题目、摘要、关键词、正文、结论、讨论、参考文献、附录(可选)、致谢、图表等，按 4.3 节的要求进行。

3. 其他

(1) A4 纸打印，页边距上下设置 2.5 cm，左右设置为 3 cm。

(2) 正文和参考文献全部采用 1.25 倍行距排版(说明：在“格式”选项中的“段落”设置窗口，采用多倍行距，行距设置值为 1.25)。

(3) 注释(中文采用小五号宋体，英文采用小五号 Times New Roman)列于当前页的脚注位置，注释号按顺序采用 1〕、2〕、3〕……

(4) 中文标点一律采用全角。

第 5 章　新工科类专业毕业设计(论文)的软件设计类专题

【教学内容与要求】

本章内容主要涉及 Microsoft Office Visio、MATLAB Simulink、Multisim 及 Altium Designer 等软件功能、使用及开发方法。每类软件都是通过具体实例，说明使用与开发方法的。本章的内容具有选择性，学生可以根据毕业设计(论文)的需要加以选择。通过本章的教学，学生会很快学会自己所需软件的使用方法，当然，也会利用软件进行开发设计与创新。

5.1　Visio 软件

Visio 是绘制流程图和示意图的软件，具有专业外观的图表，便于理解、记录和分析信息、数据、系统和过程；具有专业外观的模板和预绘制新颖的形状构建图表，可以轻松地将图表链接到常用数据源(如 Excel、Word、PowerPoint 等)，图表内的数据可以自动刷新，通过亮丽的可视效果(如图标、符号、颜色和条形图)反映出来。即使用户没有安装 Visio，也可将数据链接的图表发布给 Web 上的其他用户。简单、数据驱动的形状和 Web 共享相结合，使得 Visio 成为查看和了解重要信息的强大方法。现以 Microsoft office Visio 2019 为例，说明绘图环境和操作规范。

5.1.1　绘图环境

1. 模板、模具和形状

打开 Microsoft Office Visio 2019，如图 5.1.1 所示，单击【新建】按钮打开多种模板，根据需要选择合适的模板开始创建 Microsoft Office Visio 图表，如图 5.1.2 所示。Microsoft Office Visio 2019 提供多种模板方便绘图设计，每个模板还包括创建特定的图表类型所需的所有样式、设置和工具。

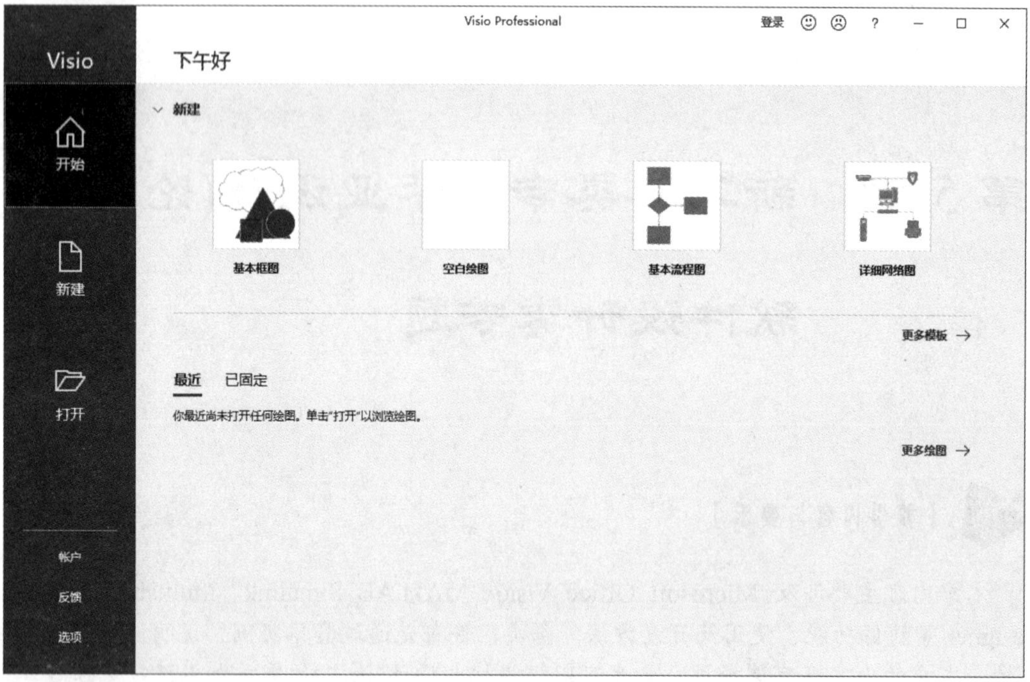

图 5.1.1 打开 Microsoft Office Visio

图 5.1.2 选择 Microsoft Office Visio 模板

例如，当打开流程图模板时，会弹出不同类型的流程图模板，用户可根据需要自行选择，如图 5.1.3 所示。

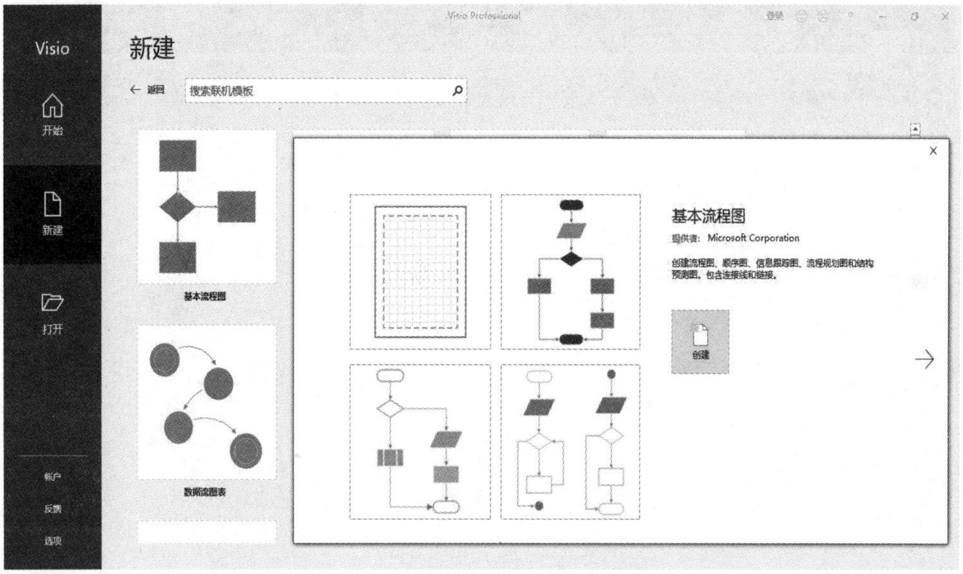

图 5.1.3　选择不同类型的流程图模板

打开模板后，从模具中将形状拖到绘图页上创建所需的图表，模具上的形状专门用于特定的绘图类型，其中许多形状是“智能”的，具有感知绘图环境的内置行为，如图 5.1.4 所示。用户可以添加随形状移动的文本和随墙壁移动的门窗。使用连接线连接两个形状，该连接线会在移动其中一个形状时自动调整位置，可以拖动弧线连接线上的控制手柄来更改弧线或拖动椅子形状上的控制手柄来旋转椅子，指定饼图中的扇区数目。

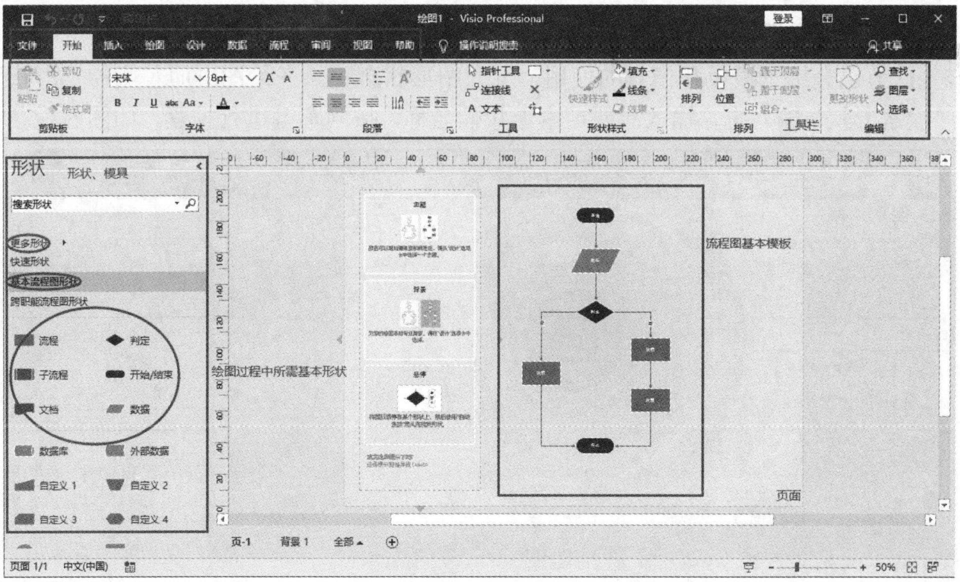

图 5.1.4　绘图界面以及常用形状

2. 绘图环境

打开模板后，出现 Microsoft Office Visio 绘图环境，包括菜单、工具栏、形状的模具、绘图页和位于绘图页右侧的快捷栏，如图 5.1.5 所示。

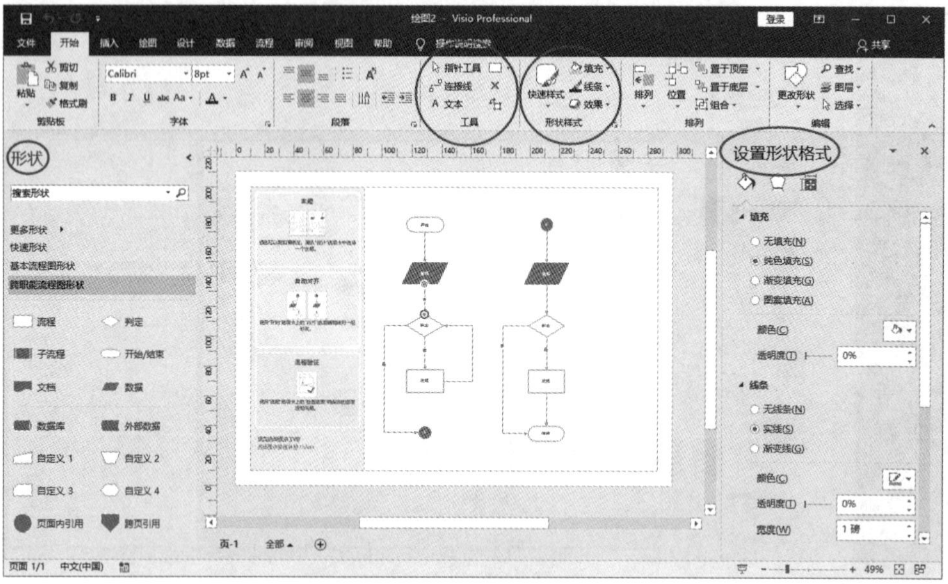

图 5.1.5　绘图环境

在绘图页上创建绘图，所创建的绘图表示打印页面，并包含帮助调整形状位置的网格。Visio 菜单和工具栏与其他 Microsoft Office 系统程序中的菜单和工具栏类似，因此可以用常规方法打开、打印和保存图表。

5.1.2　通用操作规范

1. 模板、模具的使用和形状查找

5.1.1 节已介绍了模板和模具的使用，现介绍形状查找。在绘图页面左侧的“形状”栏中的“搜索形状”输入框，输入想要搜索形状的名称，按回车键进行搜索，如图 5.1.6 所示。

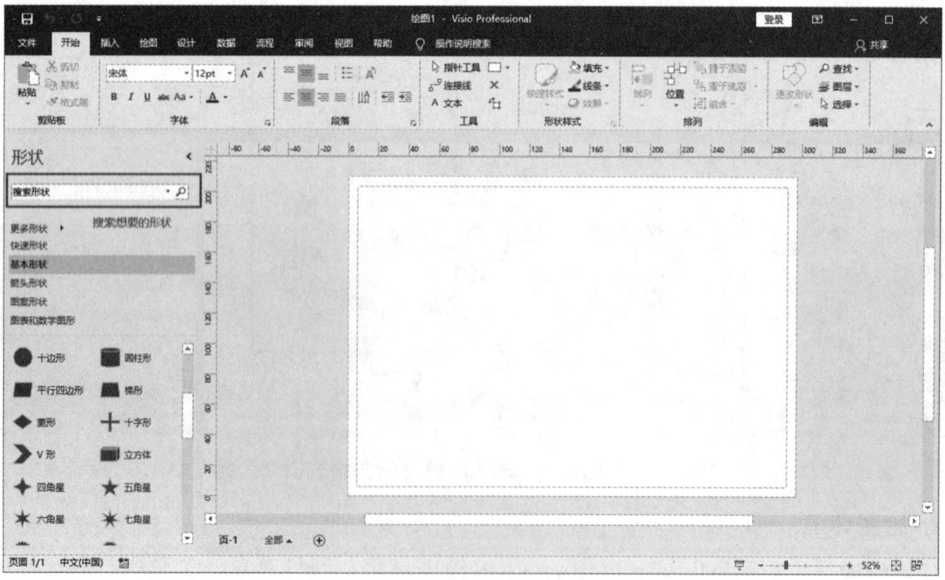

图 5.1.6　形状搜索

以“圆形”搜索为例，在“形状”栏中的“搜索形状”框中输入“圆形”，按回车键或者点击🔍按钮进行形状的搜索，如图 5.1.7 所示。

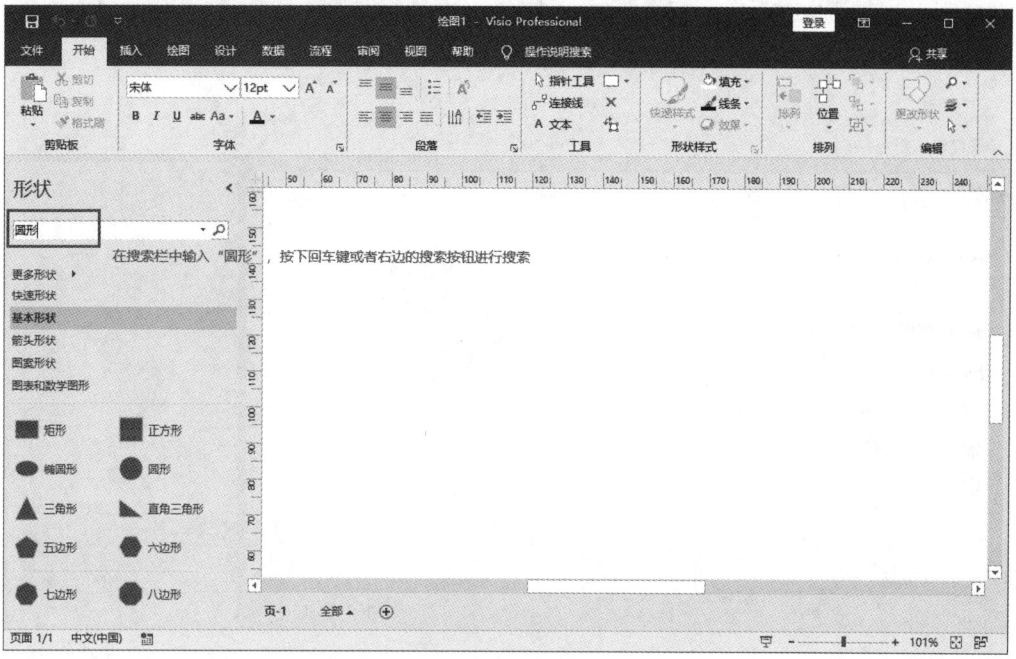

图 5.1.7　搜索形状

在搜索结果中选择所需形状，使用鼠标左击选中所需的形状，如图 5.1.8 所示。

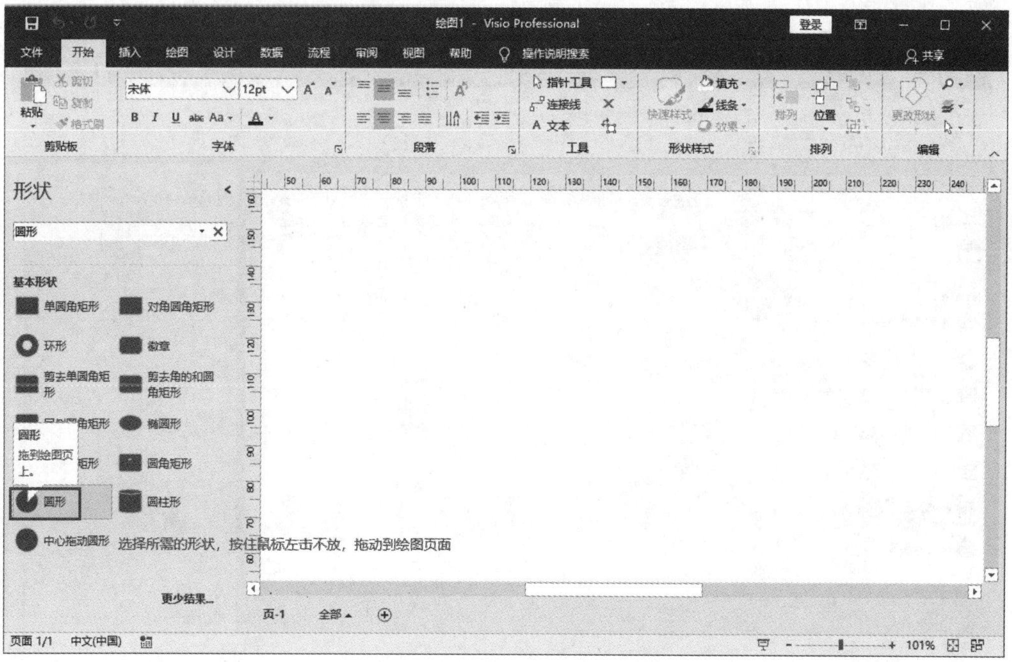

图 5.1.8　选择形状

将鼠标点击的形状拖拽至绘图页面，进行绘图操作，如图 5.1.9 所示。

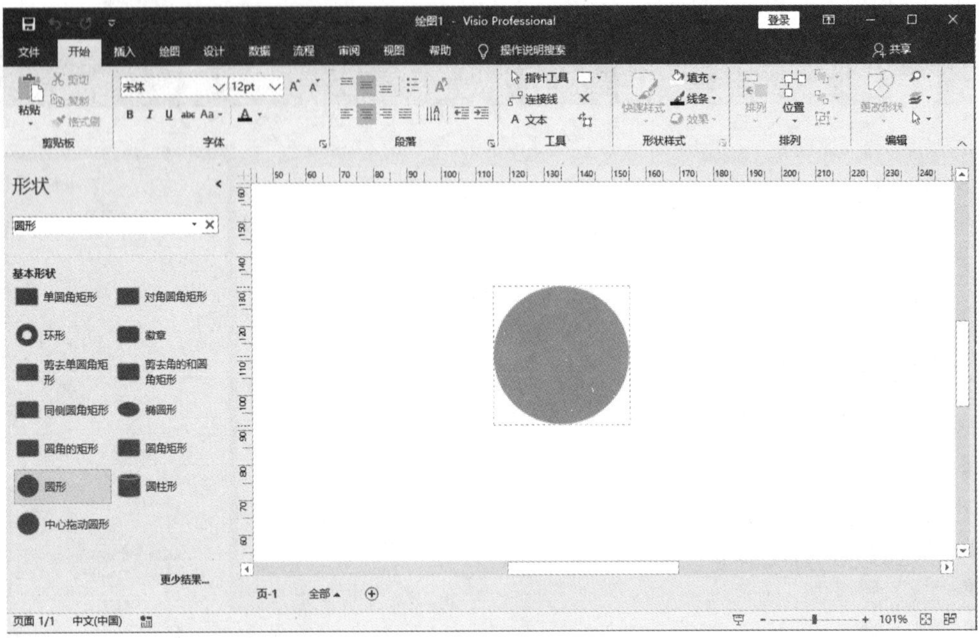

图 5.1.9　形状拖拽

2. 放大缩小绘图页

放大缩小绘图页有如下两种方法：

(1) 用鼠标拖动如图 5.1.10 所示的滑块进行放大与缩小操作。

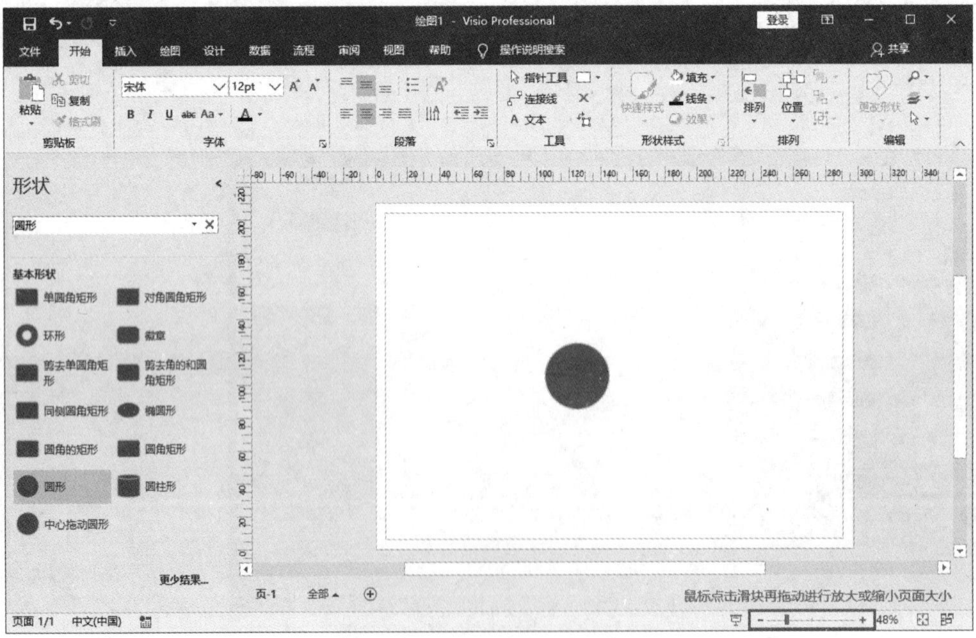

图 5.1.10　页面放大与缩小

如图 5.1.11 所示，将滑块向左拖动可以缩小绘图页面。当将滑块向右拖动时，可以放大绘图页面。

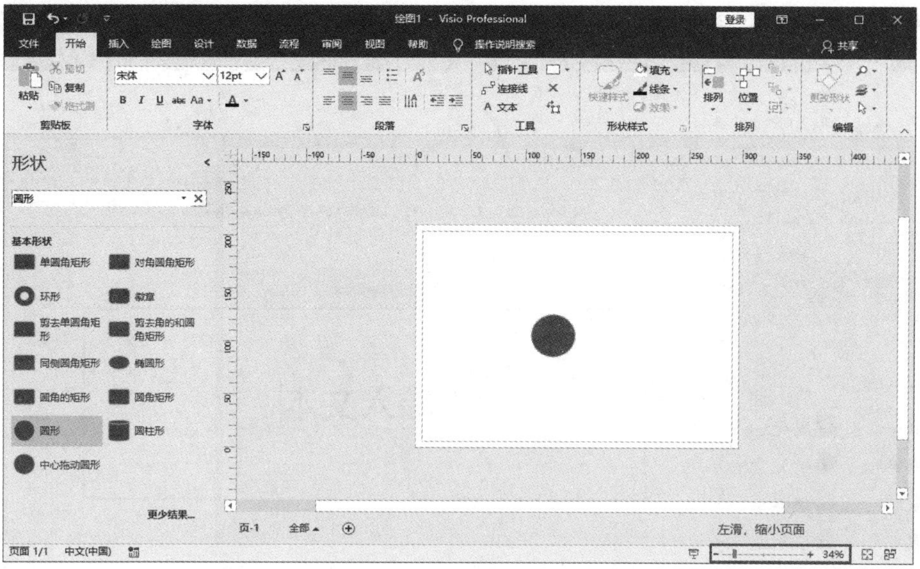

图 5.1.11　左滑缩小页面

(2) 按住“Ctrl”键，滚动鼠标滚轮进行放大或缩小，前滑放大，后滑缩小。

3. 文本工具

1) 添加独立文本

点击开始→工具，单击工具栏中“文本”按钮，使用文本工具，再将鼠标挪动到绘图页面，鼠标变为如图 5.1.12 所示的十字架形状，单击鼠标左键，建立新文本框。

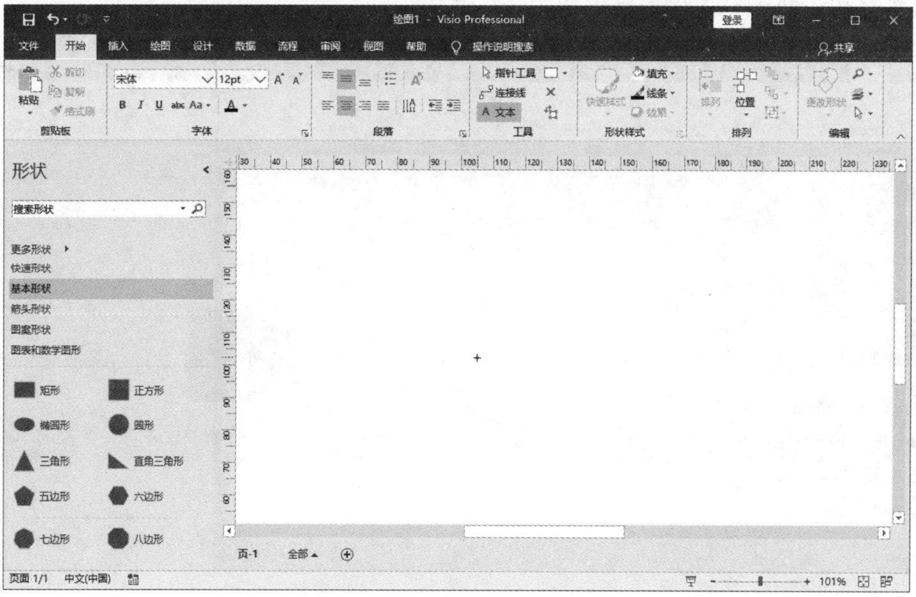

图 5.1.12　建立新文本框

在新建的文本框中，输入用户想要输入的文本，如图 5.1.13 所示，输入完成后使用“指针工具”点击文本框即可任意拖动，双击目标进行再编辑。

图 5.1.13　输入文本

注意：使用“文本”完成操作后，应关闭它。执行此操作的方法是添加文本后，单击“指针工具”。

2) 向形状添加文本

鼠标双击形状输入文本信息，如图 5.1.14 所示。

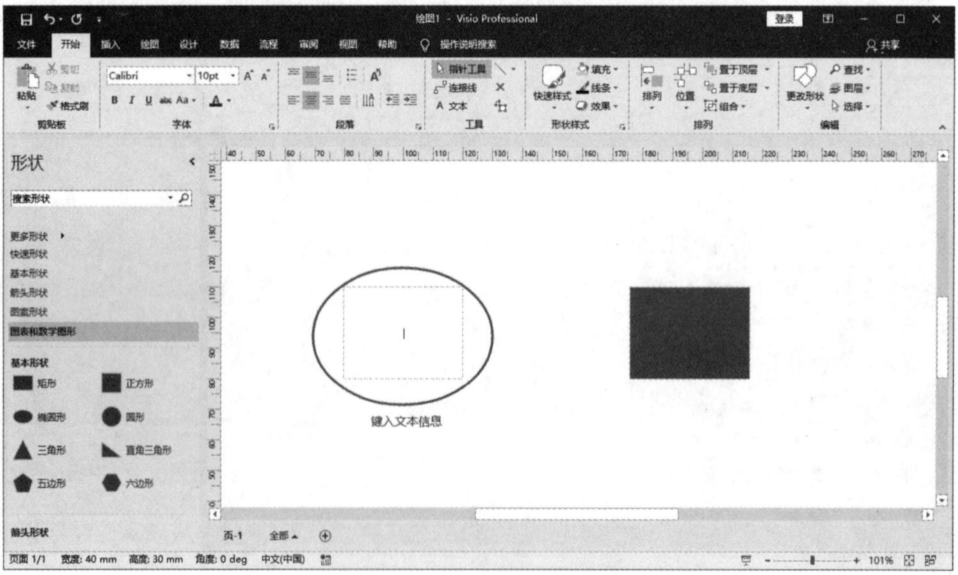

图 5.1.14　向形状添加文本

3) 移动独立文本

将“指针工具”放置在该文本中心，单击文本，指针下将显示一个四向箭头，表示可以移动此文本(就像其他任何形状一样移动)，如图 5.1.15 所示。

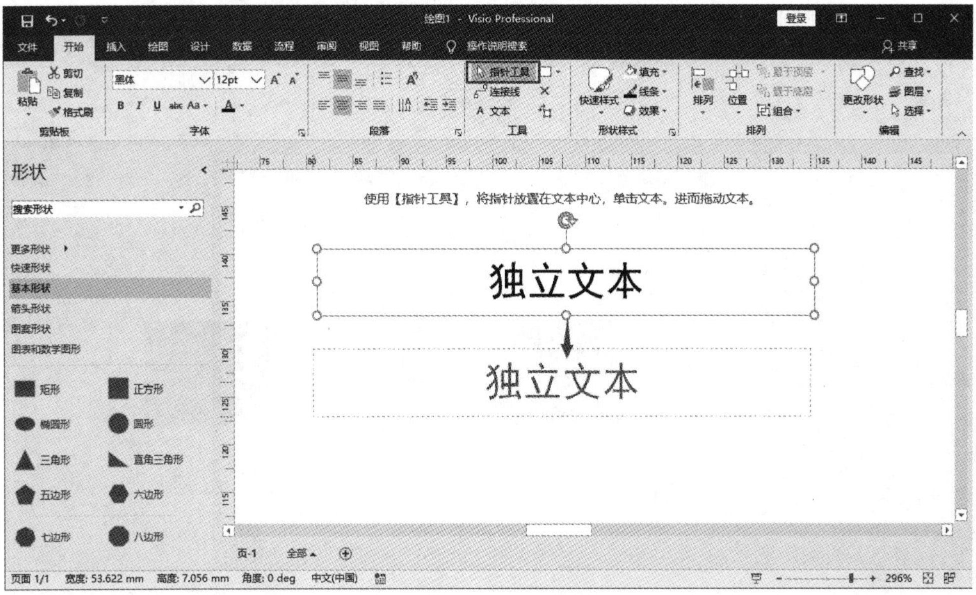

图 5.1.15　移动独立文本

4) 设置文本格式

选中文本后用鼠标右击唤出快捷页面，可更改字体、段落、字体方向；或者在工具栏的“字体”“段落”栏目上进行更改，如图 5.1.16 所示。

图 5.1.16　设置文本格式

4. 连接形状

连接形状有以下两种方法。

(1) 点击开始→工具，点击工具栏中“连接线”，出现如图 5.1.17 所示的十字架。

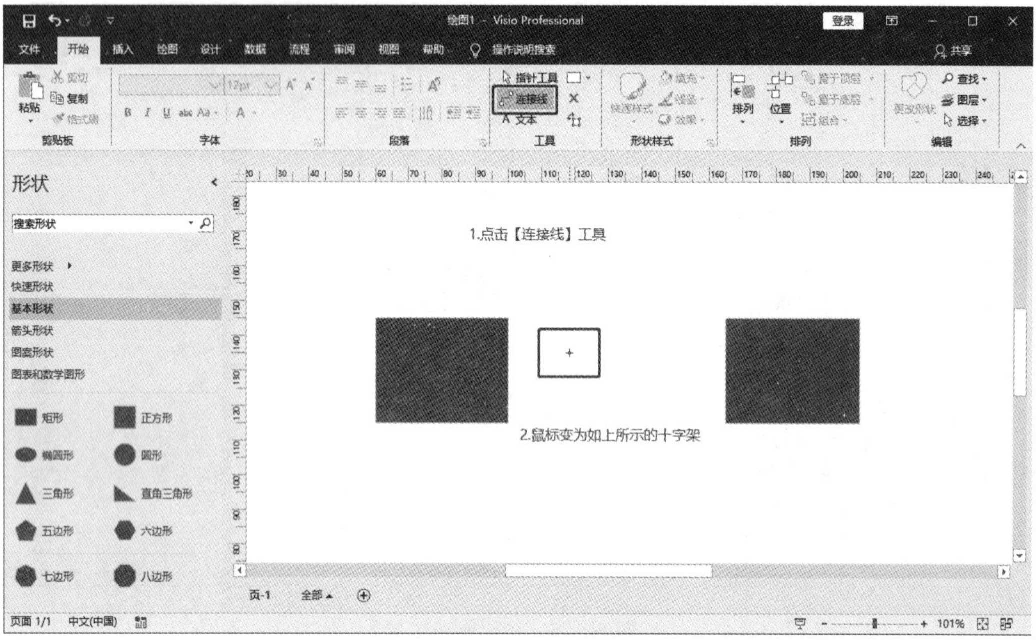

图 5.1.17　连接线

再将鼠标放于需要连接形状的一处端点上，鼠标出现如图 5.1.18 所示的绿色方框标志。

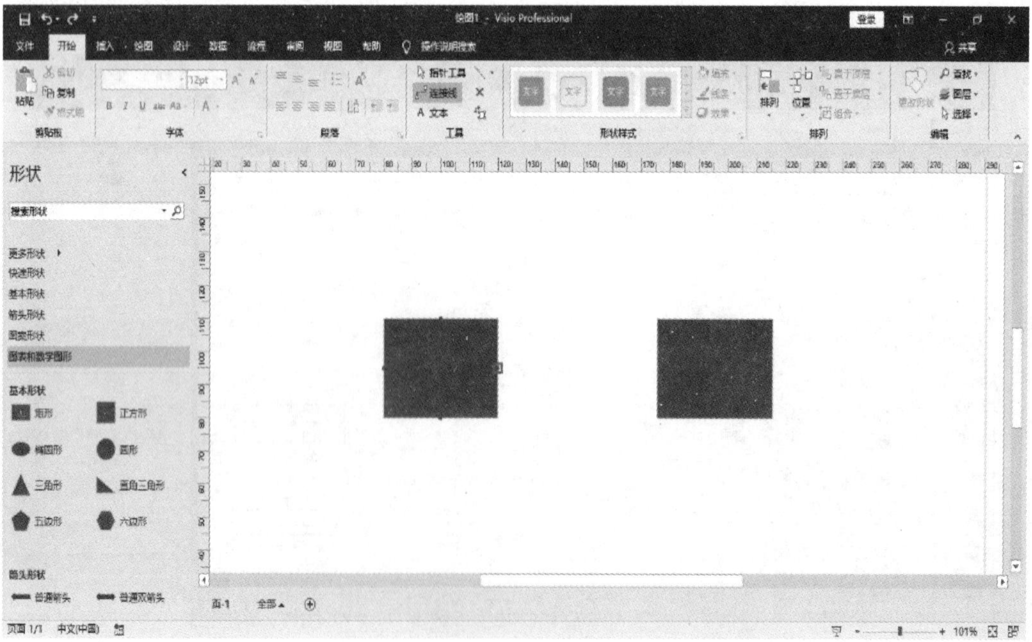

图 5.1.18　连接标志

单击鼠标左键不放，将连接标志拖至需要连接形状的另一端点上，松开鼠标左键即可，如图 5.1.19 所示。

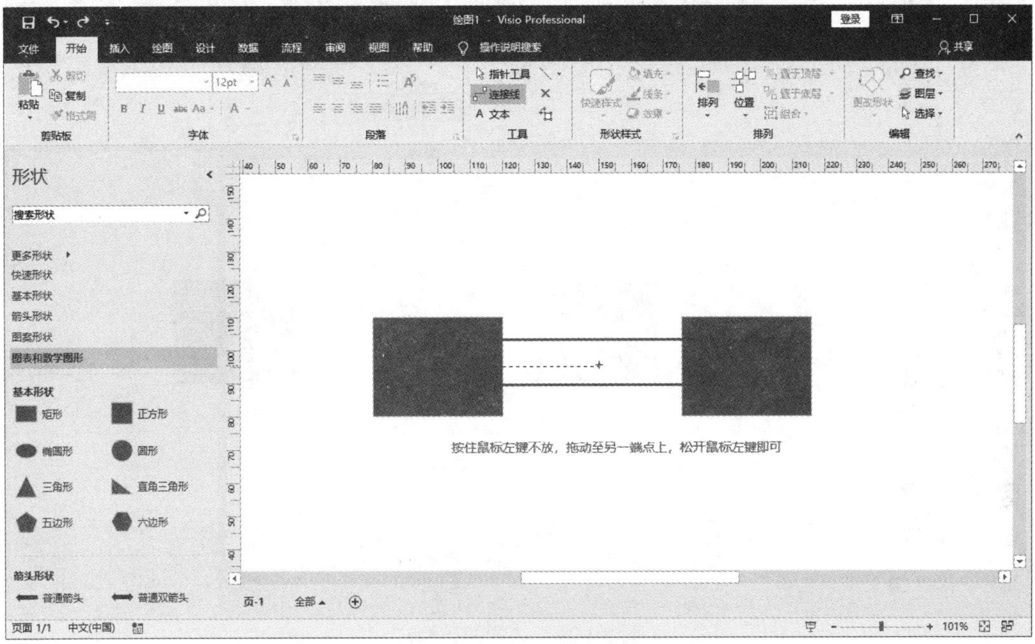

图 5.1.19　连接形状

完成连接后，鼠标切换成“指针工具”，双击连接好的线段以输入文字，如图 5.1.20 所示。

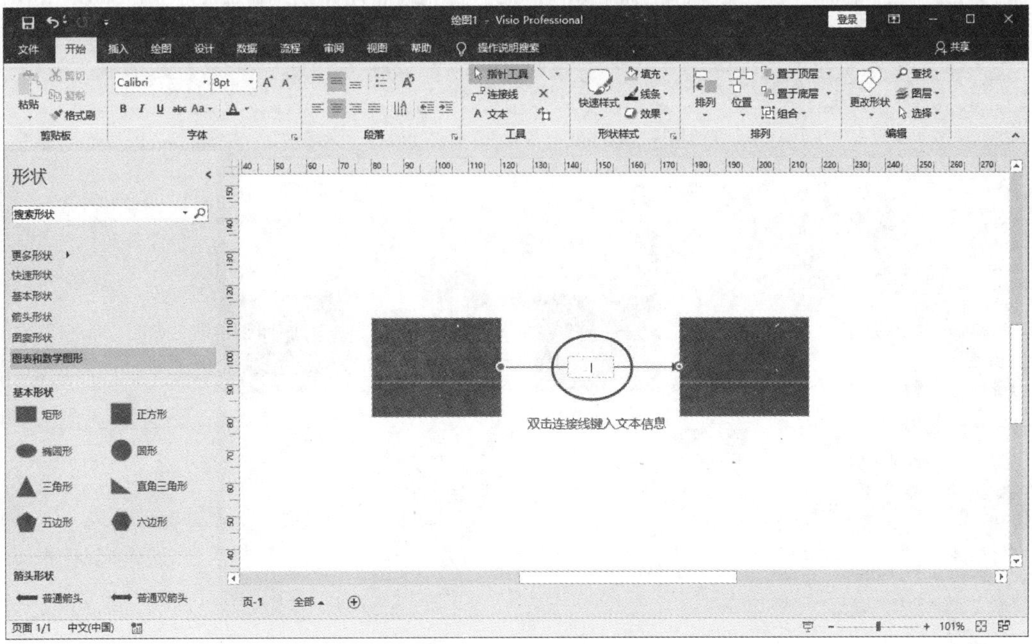

图 5.1.20　线段上输入文本

(2) 点击开始→工具，单击工具栏中方框标志，出现如图 5.1.21 所示，选择线条标志。

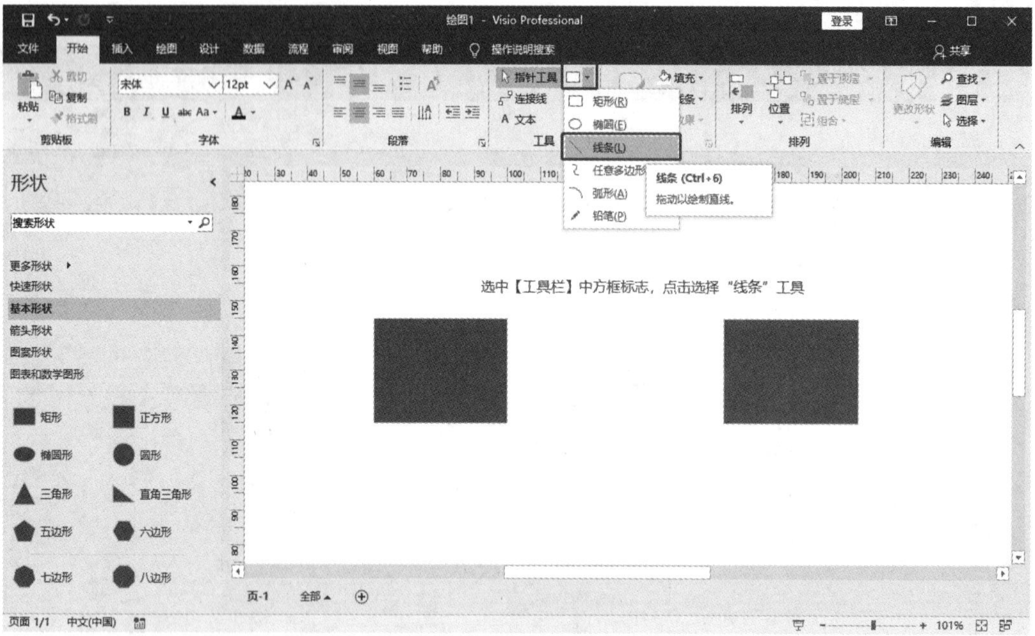

图 5.1.21　选择线条标志

单击鼠标左键不放，拖动连接形状一端与另一端，如图 5.1.22 所示，连接方式如同方法一。

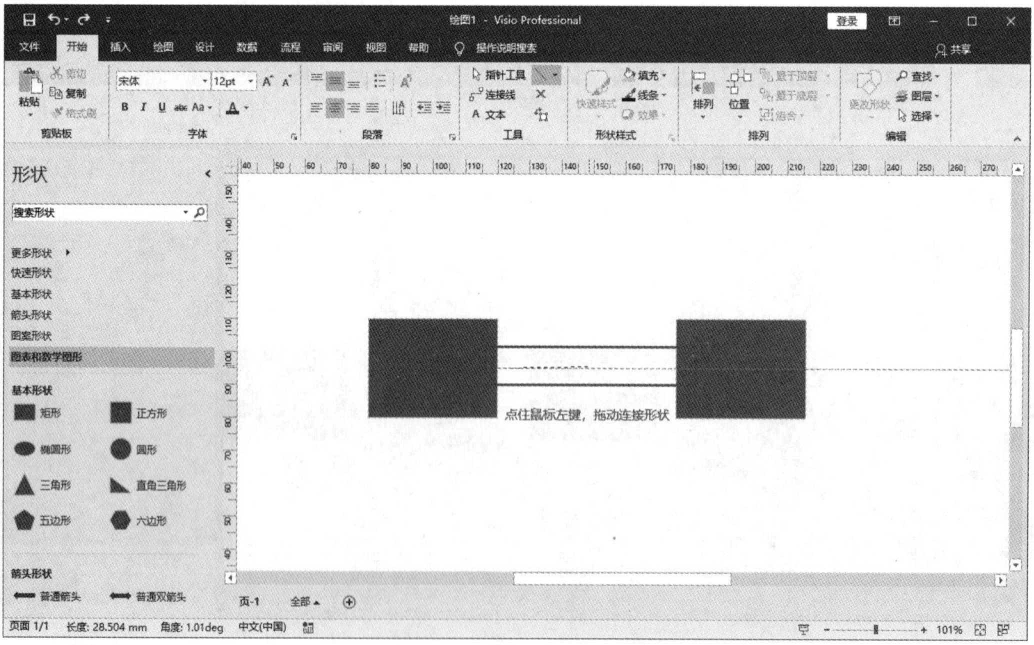

图 5.1.22　连接形状

5. 设置形状格式

1) 设置二维形状的格式

点击开始→形状样式，如图 5.1.23 所示，可以调整填充颜色(形状内的颜色)、填充图案(形状内的图案)、图案颜色(构成图案的线条的颜色)、线条颜色和图案、线条粗细(线条的粗细)、填充透明度和线条透明度、还可以向二维形状添加阴影并控制圆角等等。

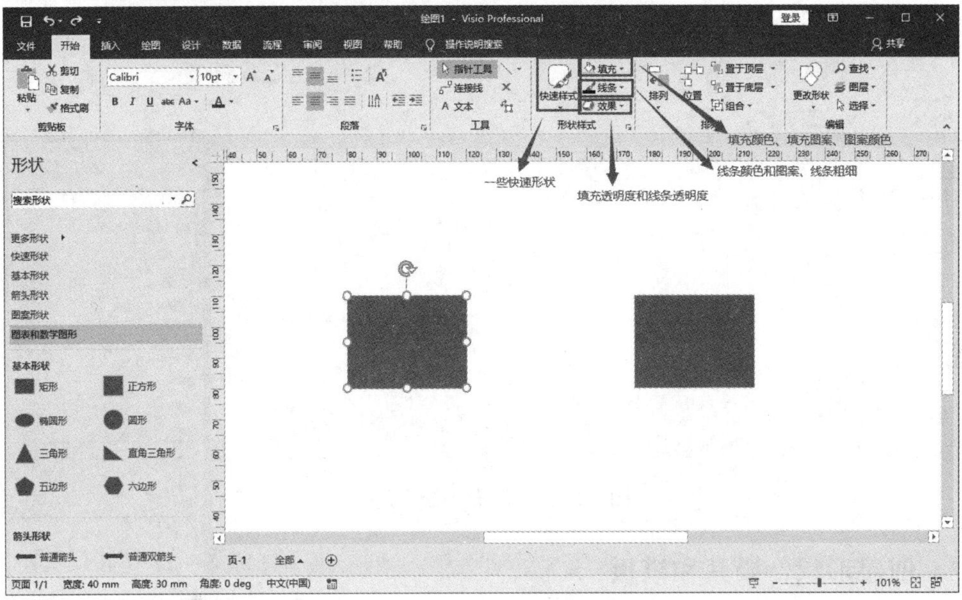

图 5.1.23　设置二维形状的格式

2) 设置一维形状的格式

单击线段，鼠标右击弹出快捷页面，以设置形状格式，如图 5.1.24 所示。

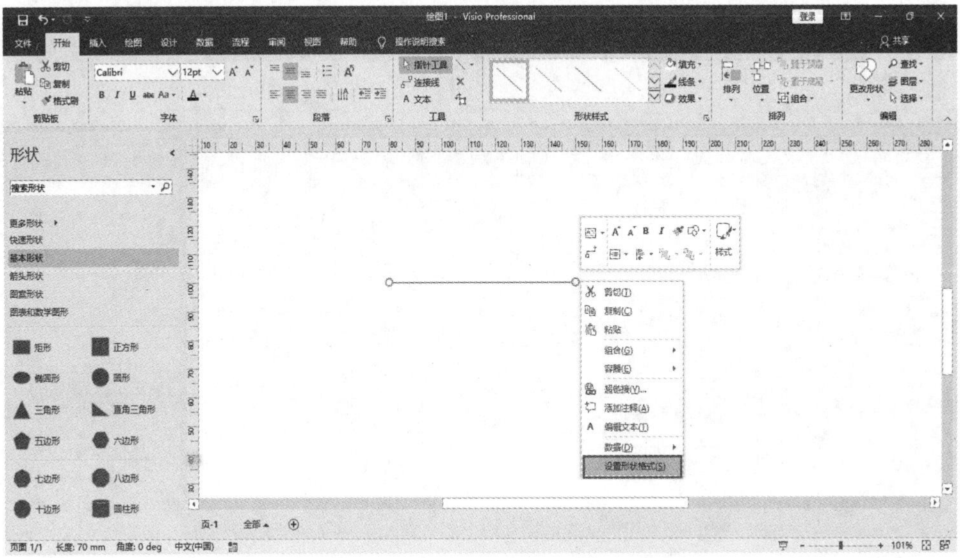

图 5.1.24　设置形状格式

“设置形状格式”栏中可以设置线条颜色、图案和透明度、线条粗细(线条的粗细)、线端类型(箭头)、线端大小、线端形状(线端是方形还是圆形)等属性，如图 5.1.25 所示。

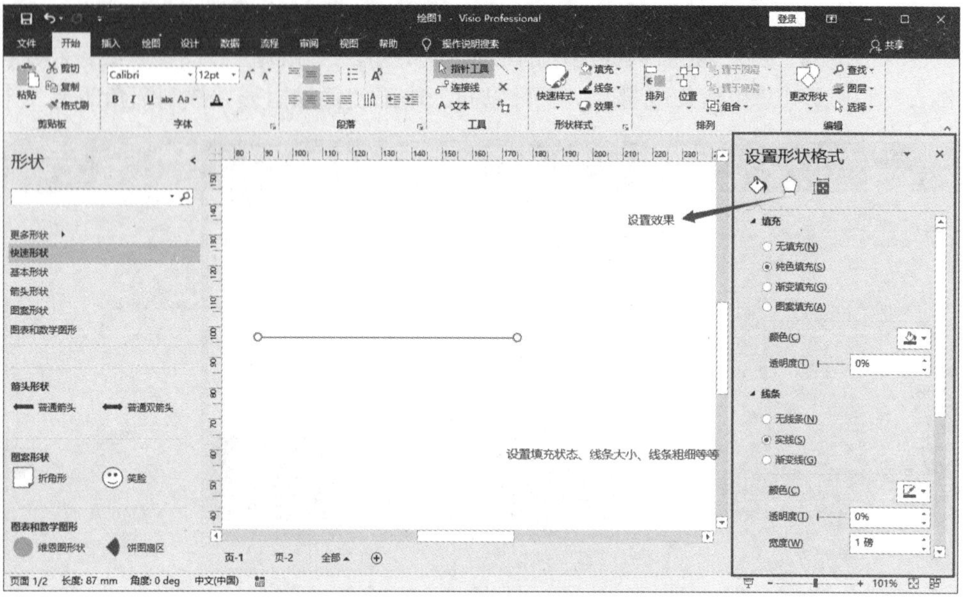

图 5.1.25　设置一维形状属性

5.1.3　创建形状、模具和模板

创建自己的形状并将它们保存在模具中，可以很容易地在以后的图表中再次使用它们。

1. 创建模具

在绘图界面左侧“形状”菜单上，选择更多形状→新建模具，如图 5.1.26 所示。

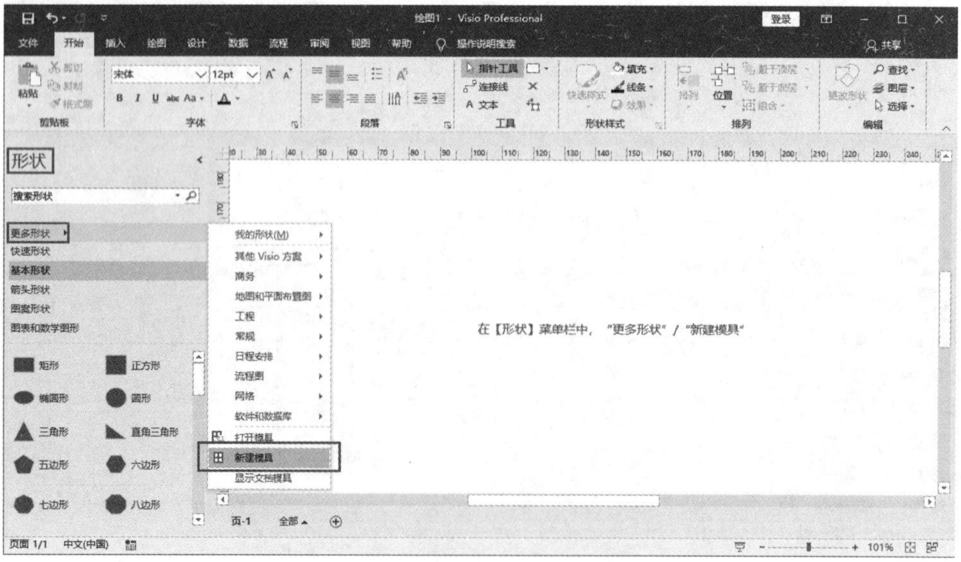

图 5.1.26　新建空白模具

打开一个新的空白模具，如图 5.1.27 所示。该模具标题栏图标右侧“*”显示该模具可修改，然后将完成好的形状拖到该新模具上。该形状将从绘图页消失，但用户可以将它从模具拖回绘图页。或者用户在按住 CTRL 键的同时将形状拖到模具上，Visio 将把它复制到模具，而不是将它移到模具上。

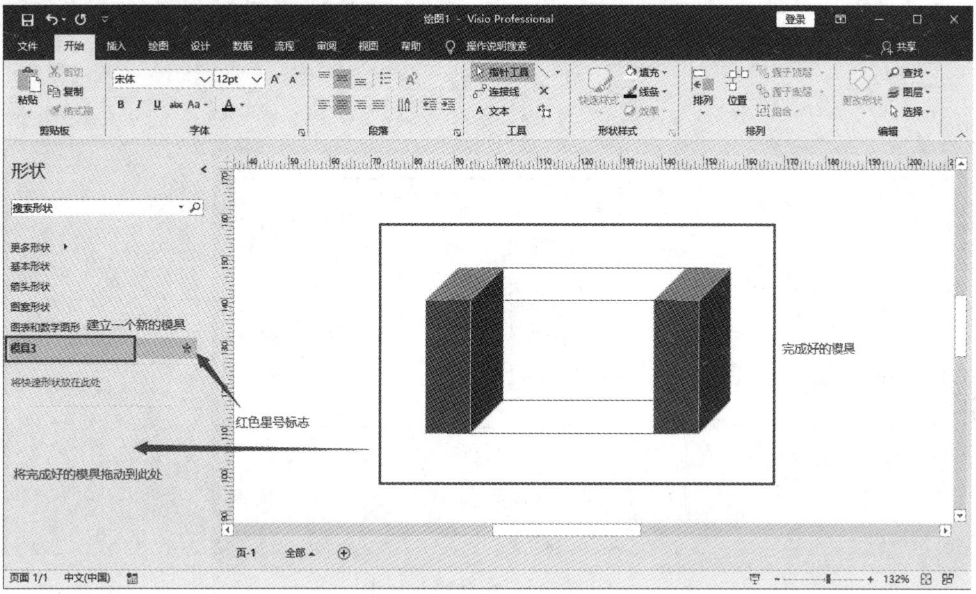

图 5.1.27　建立模具

在模具标题栏上，单击“保存模具”按钮，如图 5.1.28 所示，在“另存为”对话框中，选择保存模具的文件夹，将该模具进行保存。

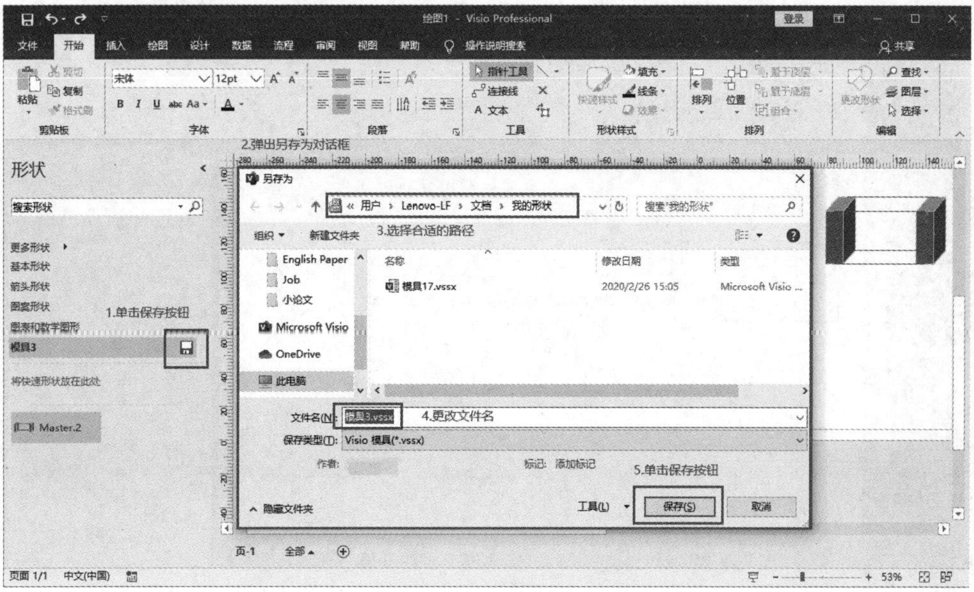

图 5.1.28　保存模具

也可将该新模具默认保存在“我的形状”文件夹中。

将模具建好保存后，可以在想要使用时打开它，模具便出现在了界面左下角存放区域，用户只需点击模具拖动到绘图页面即可使用，如图 5.1.29 所示。

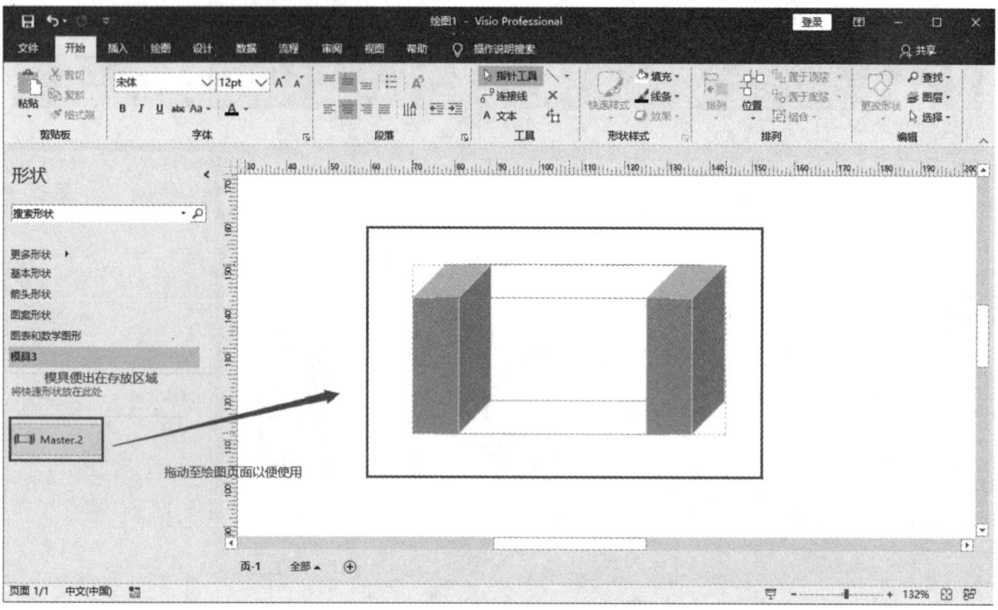

图 5.1.29　拖动模具使用

2. 创建模板

将“模具 3”拖至绘图页以便创建模板，在“文件”菜单里，单击“另存为”，如图 5.1.30 所示。

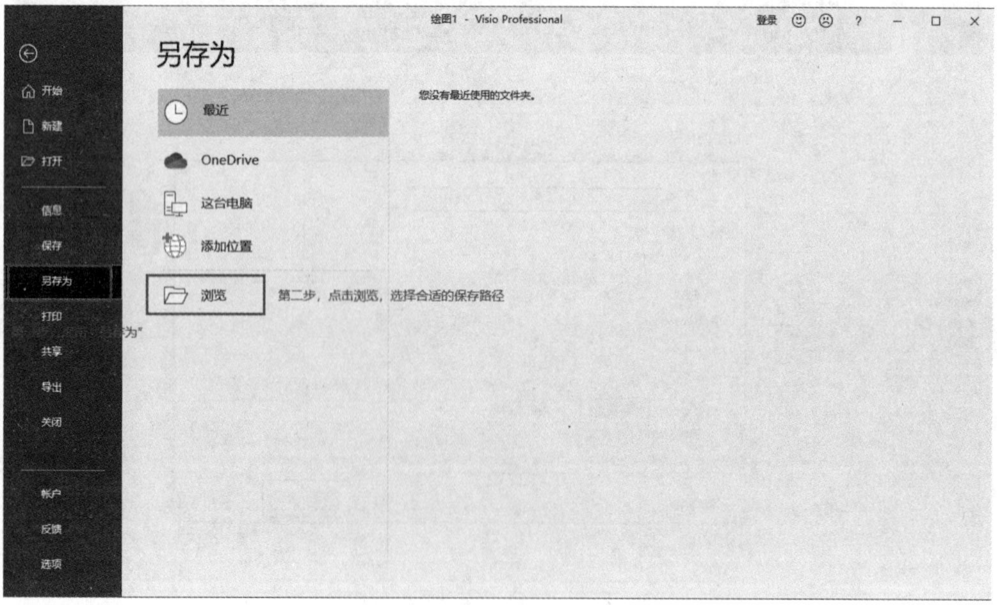

图 5.1.30　模具另存为

在“另存为”对话框中，点击“浏览”按钮转至想要保存模板的文件夹。在“文件名”框中，输入“模板 3”。在“保存类型”列表中，选择“模板”，然后单击“保存”，如图 5.1.31 所示。

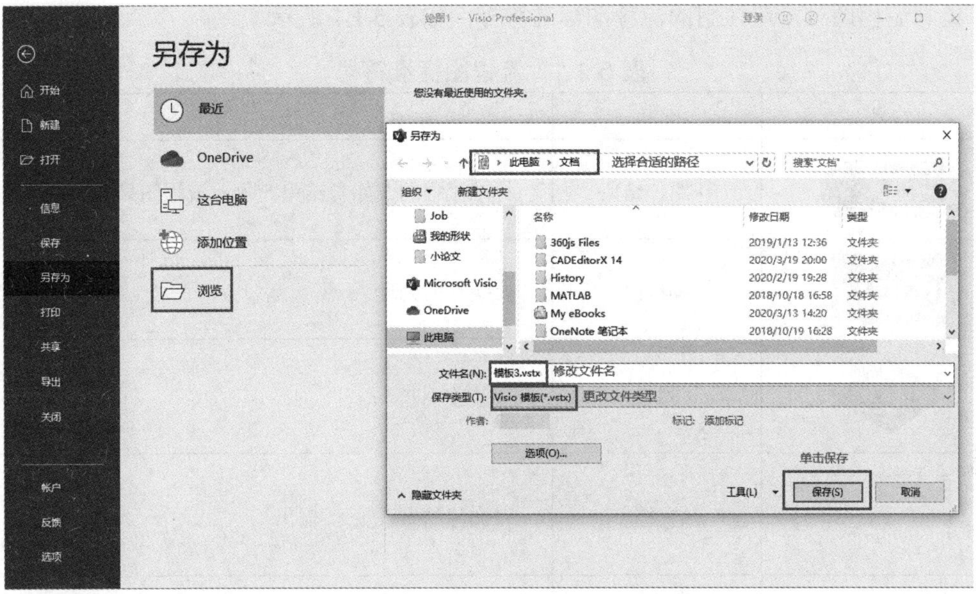

图 5.1.31　创建模板

用户想要打开所创建的模板，只需点击文件→打开，转至保存“模板 3”模板的位置，单击以打开它。并且在保存模板时处于打开状态的所有模具都将重新打开，如图 5.1.32 所示。

图 5.1.32　打开所创建模板

5.1.4　应用实例

1. 程序流程图的绘制

绘制流程图时，可使用的流程图标准符号，如表 5.1.1 所示。

表 5.1.1　流程图标准符号

符号	名称	含　　义
	开始、结束	标准流程的开始与结束，每一流程图只有一个起点
	流程	要执行的处理
	判定	决策或判断
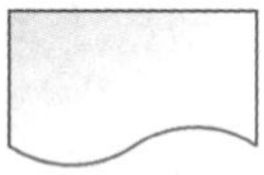	文档	以文件的方式输入/输出
	流向	表示执行的方向与顺序
	数据	表示数据的输入/输出
	页面内引用	同一流程图中从一个进程到另一个进程的引用
	系统内处理框	标准流程的事项在某一个系统内操作时所用的图形
	多文档	某一个操作生成多张单据或报表时使用
	数据库	直接从系统出来的数据标示
	流向	表示执行的方向与顺序，可以双向循环执行时用的连接符
	曲线连接线	两个操作不在一水平线上时，用曲线连接

程序流程图绘制步骤如下：

(1) 新建绘图。点击新建→搜索→流程图→基本流程图，创建一个新的绘图，如图 5.1.33 所示。

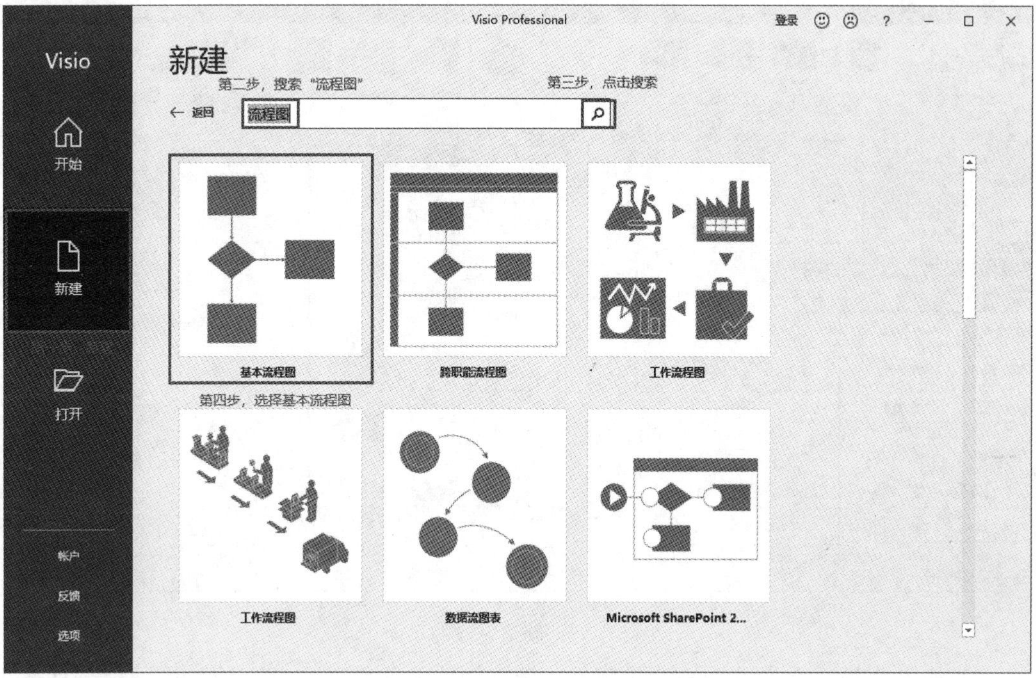

图 5.1.33　新建流程图

单击打开"基本流程图"模板，如图 5.1.34 所示，选择"垂直流程图"。

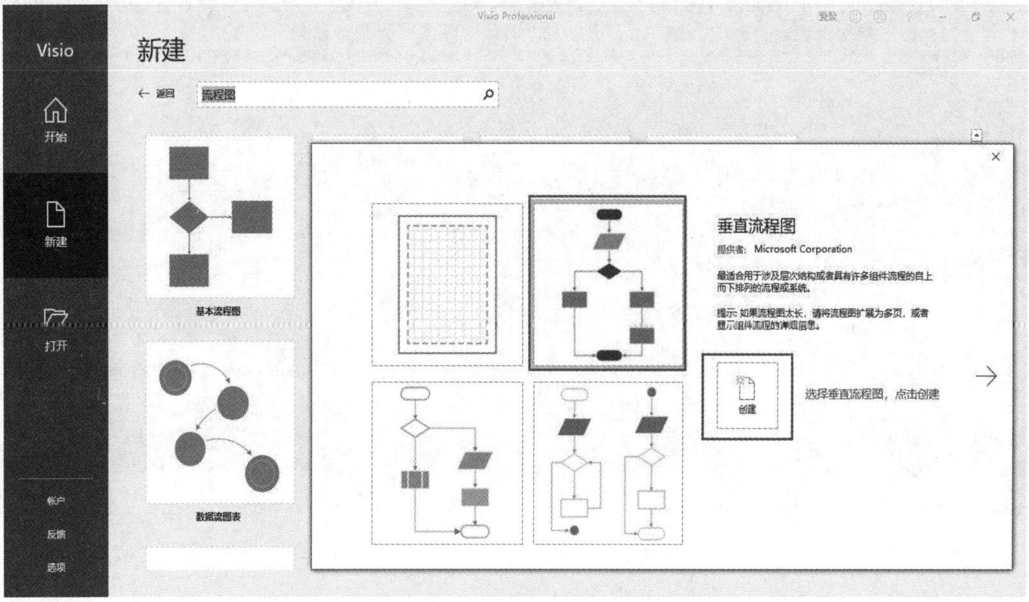

图 5.1.34　选择垂直流程图

创建完成的页面包含垂直流程图基本模板以及相关模具，如“基本流程图形状”“箭头形状”等快捷模具，如图 5.1.35 所示。

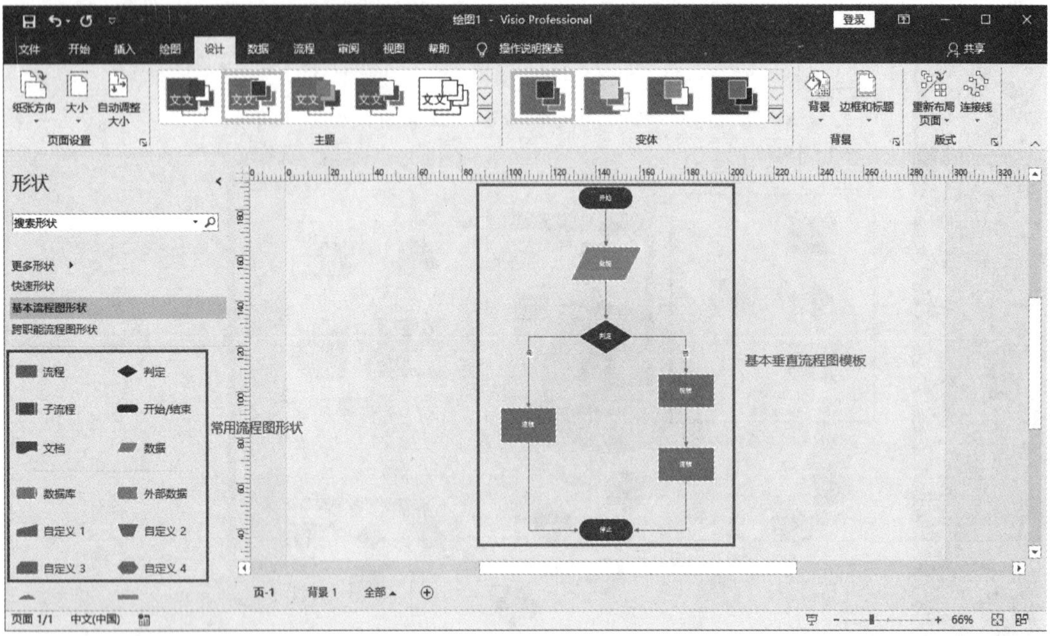

图 5.1.35　创建完成的页面

(2) 加入背景。点击设计→背景模具，选择“实心”背景形状，对绘图页背景格式进行修改，如图 5.1.36 所示。用户可根据绘图需要，自行选择背景形状。

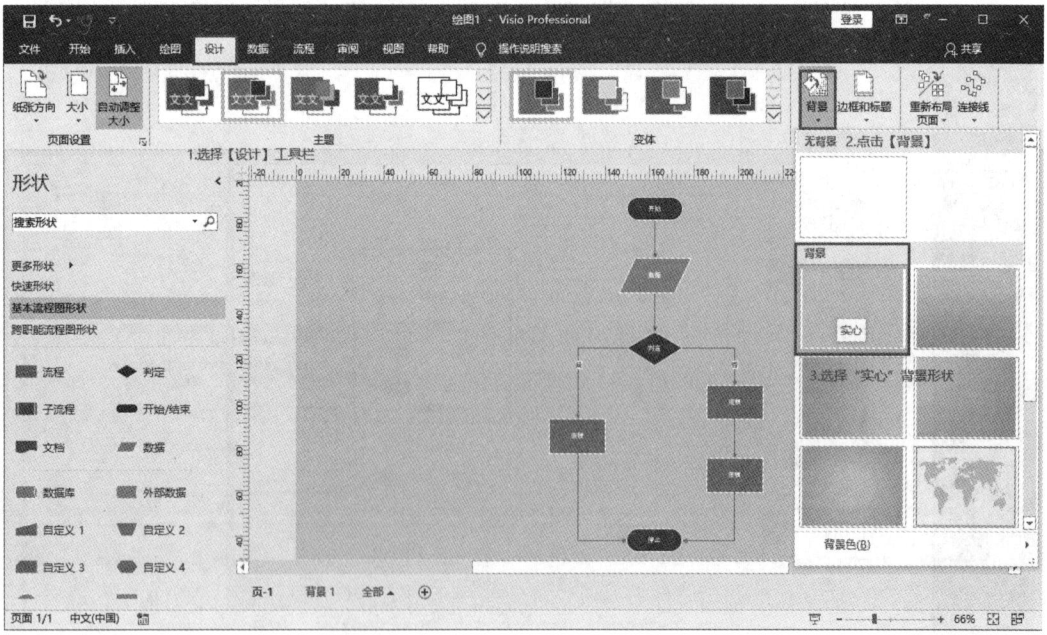

图 5.1.36　加入背景

(3) 加入边框和标题。点击设计→边框和标题，选择“平铺”形状，如图 5.1.37 所示。用户可根据绘图需要，自行选择边框和标题形状。

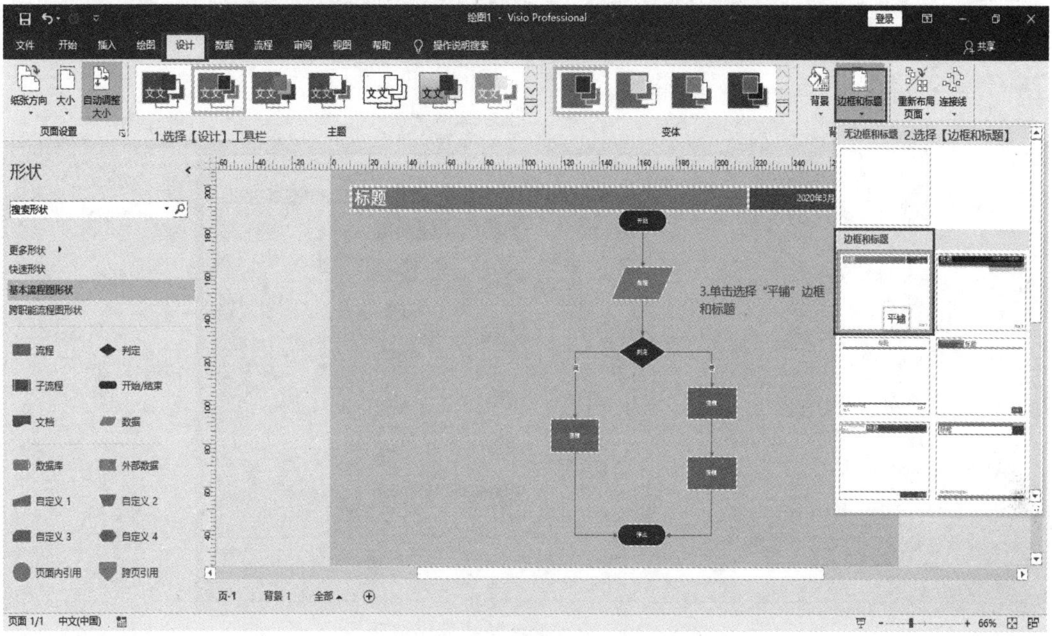

图 5.1.37　加入边框和标题

用户可在绘图页面下方“背景 1”中更改标题名称和创建时间，如图 5.1.38 所示。

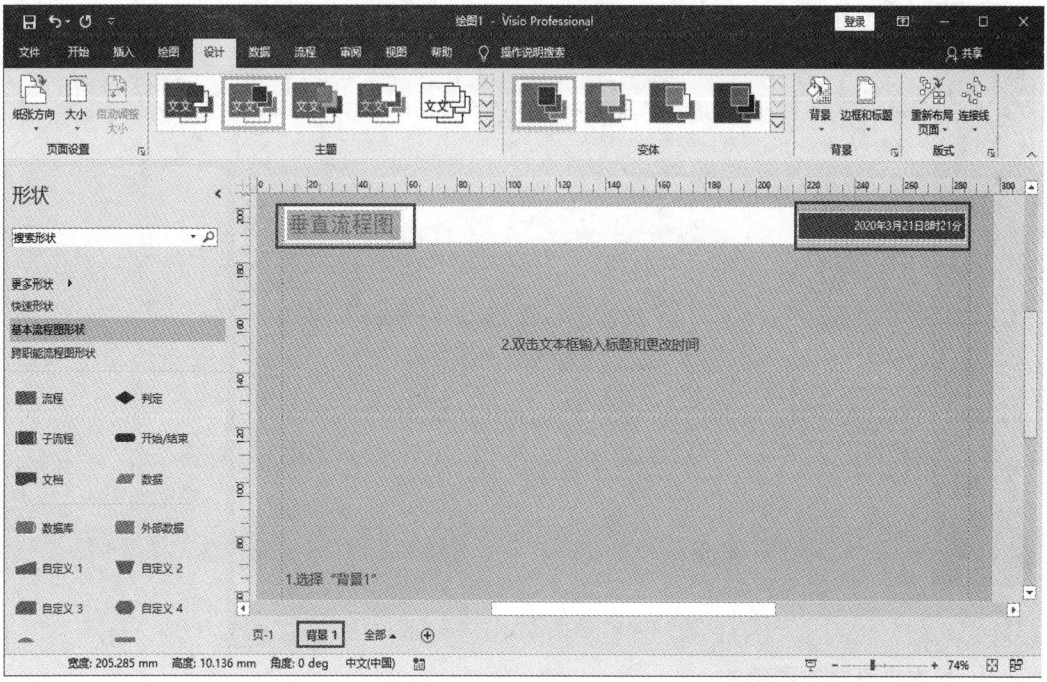

图 5.1.38　更改标题

(4) 绘制程序流程图。在“垂直流程图”模板上添加程序块、流程块等来绘制数据转发程序流程图，如图 5.1.39 所示。

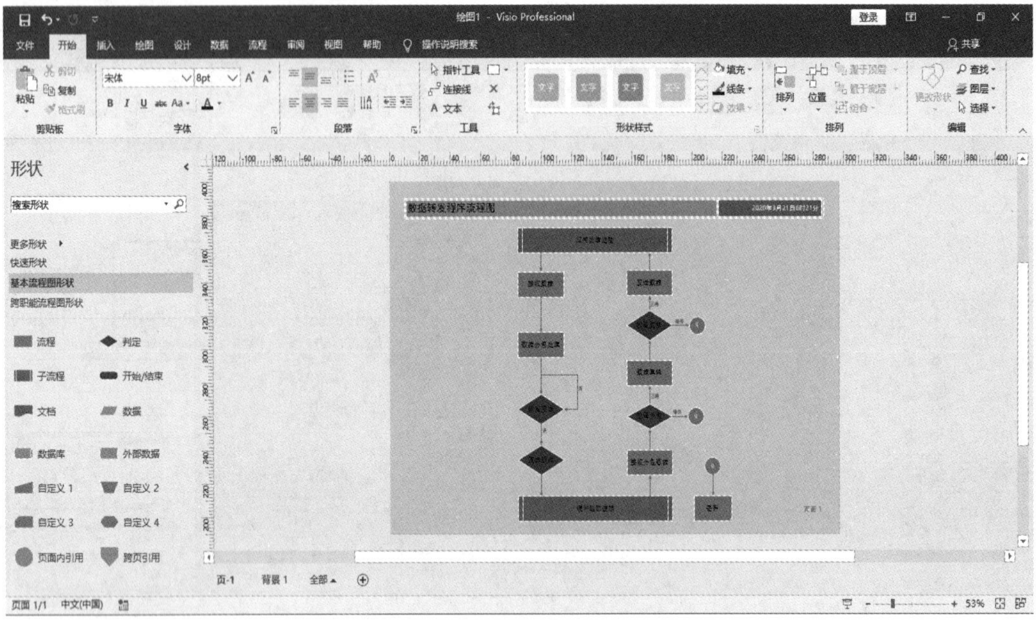

图 5.1.39　绘制数据转发程序流程图

(5) 保存文件。执行文件→另存为命令，将绘制好的图形文件以“数据转发程序流程图”为名称保存在文档中，如图 5.1.40 所示。

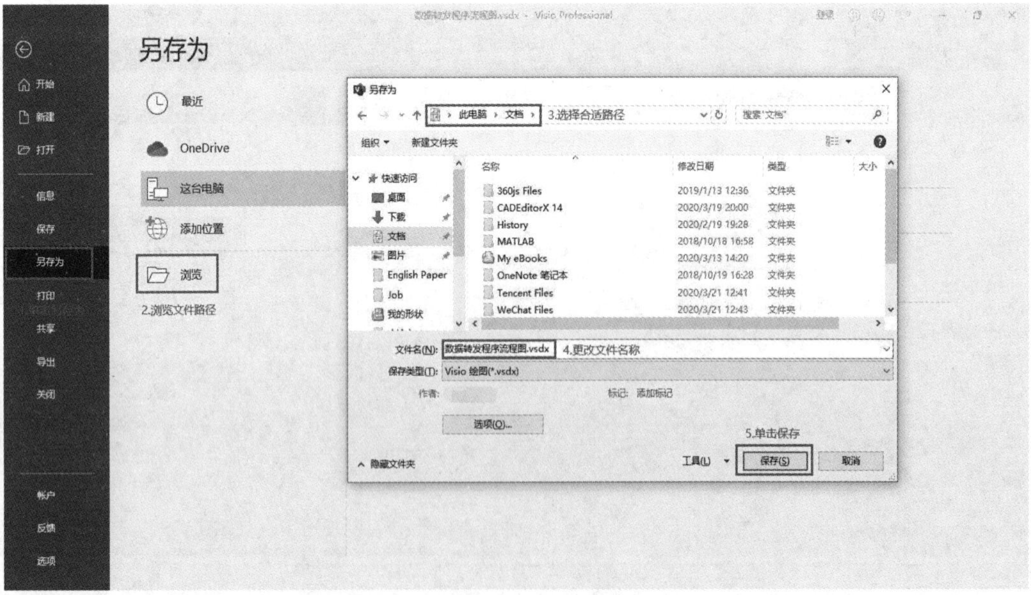

图 5.1.40　数据转发程序流程图保存

2. 基本电气电路图绘制

(1) 新建绘图。点击新建→搜索→电气图→基本电气命令，建立一个新的绘图，如图

5.1.41 所示。创建完成的页面，包含“基本项”“限定符号”“半导体和电子管”“开关和继电器”“传输路径”等模具，如图 5.1.42 所示。

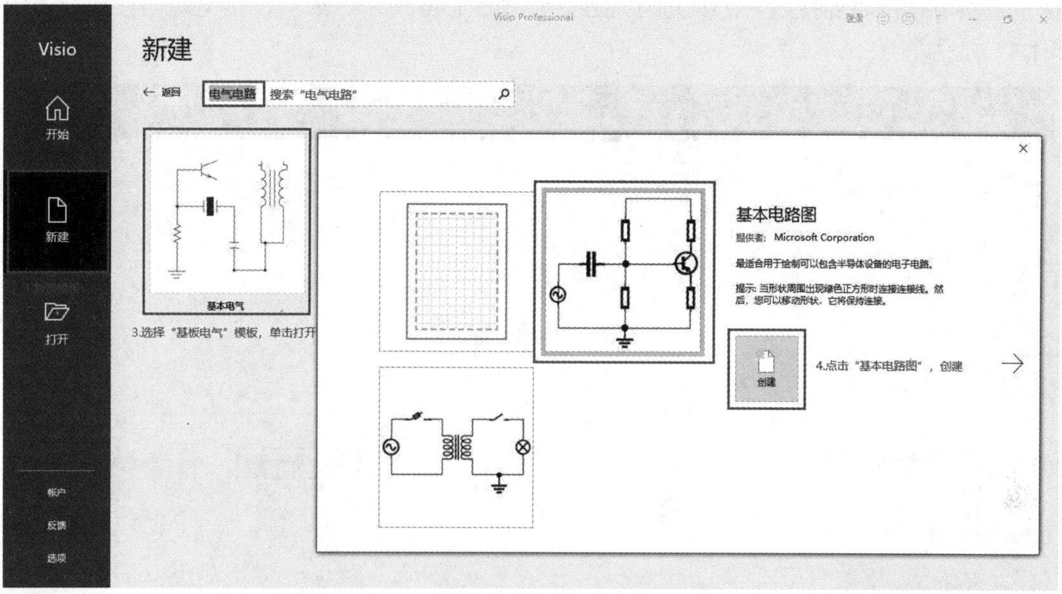

图 5.1.41　新建基本电路图

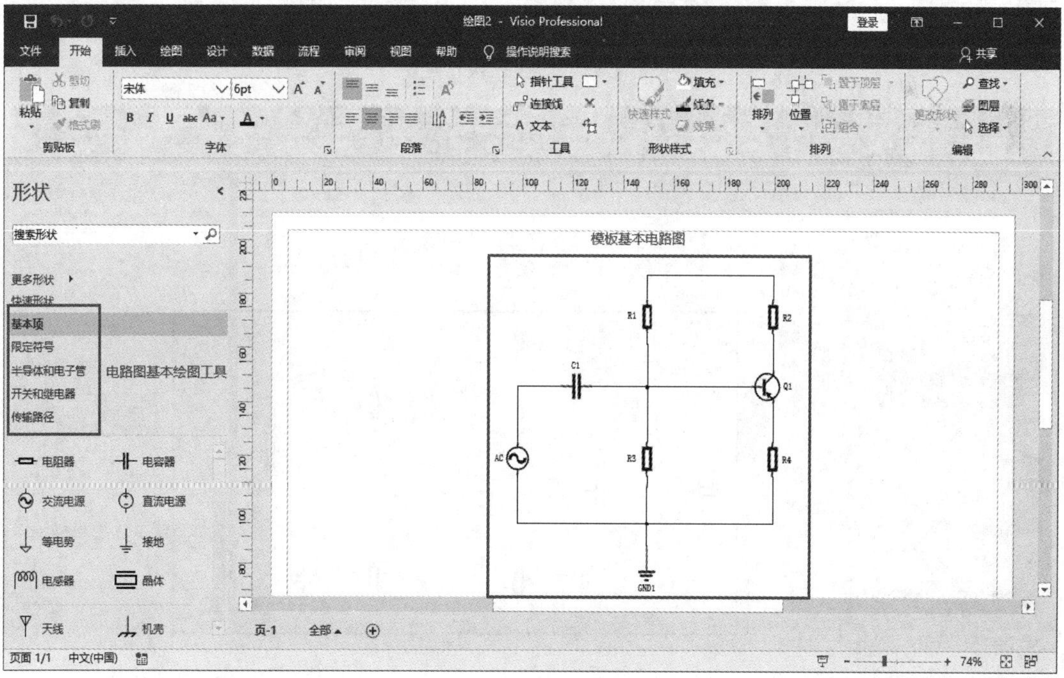

图 5.1.42　创建完成的页面

(2) 绘制电路图。在基本电路图基础上修改增添电阻、电容等元器件，创建偏置电路图。绘制过程中，用户需注意基本电路图模板中三极管为 PNP 型，根据绘图需要更改为

NPN 型。“指针工具”选中三极管，右击快捷菜单，“设置为 NPN 型”即可，如图 5.1.43 所示。绘制过程中，先拖放所需的元器件，如图 5.1.44 所示，再修改元器件名称，如图 5.1.45 所示。接着使用“连接线”工具进行连线，如图 5.1.46 所示。最后，接电源与接地，如图 5.1.47 所示。

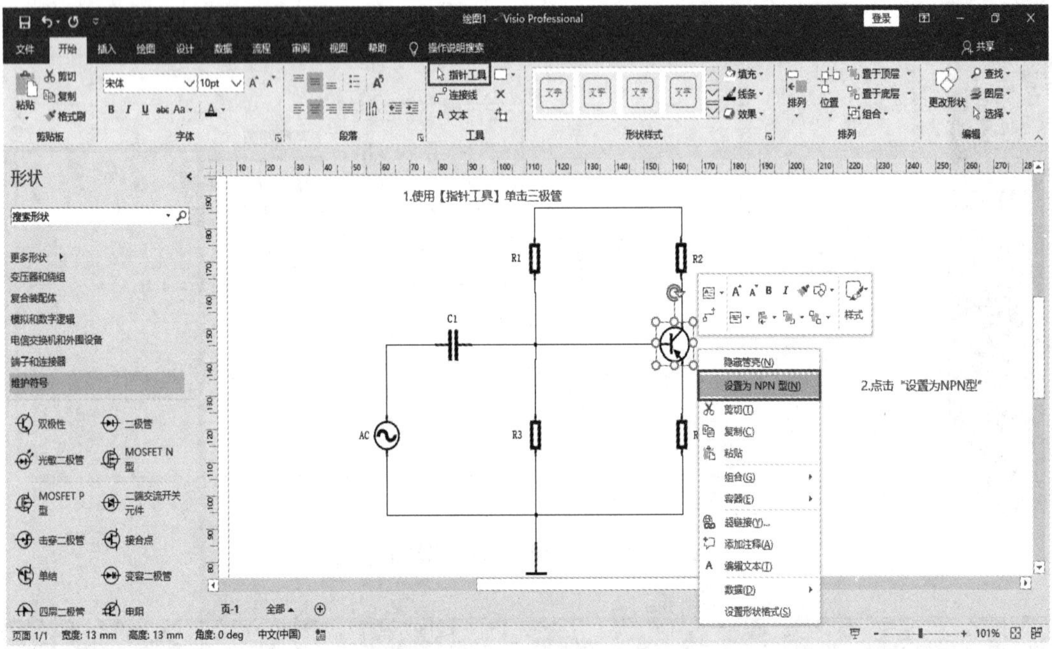

图 5.1.43　切换三极管类型

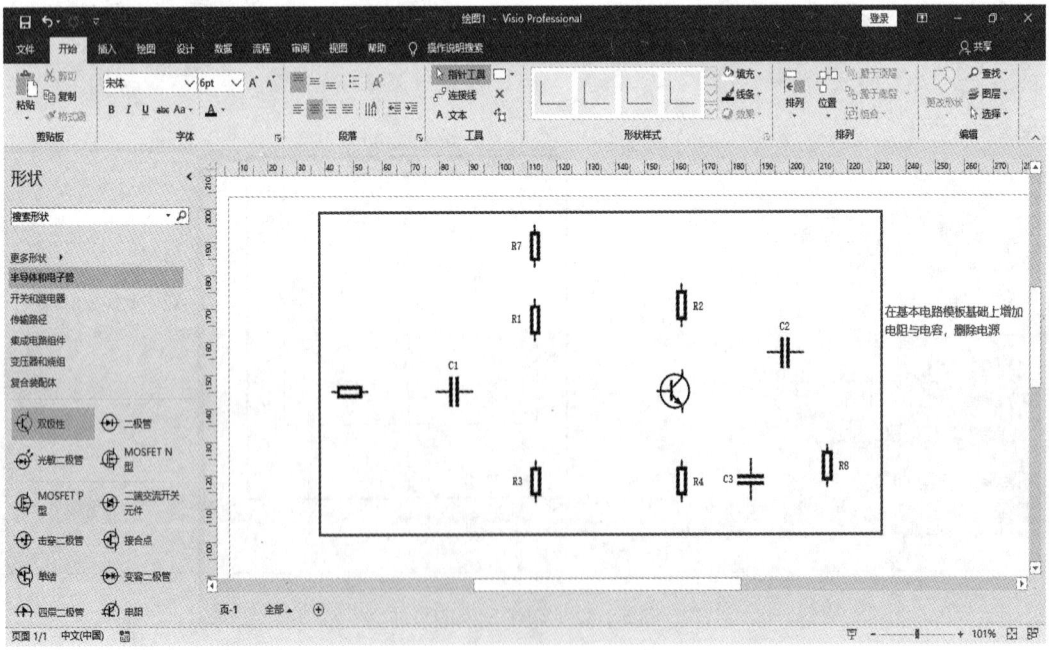

图 5.1.44　拖放元器件

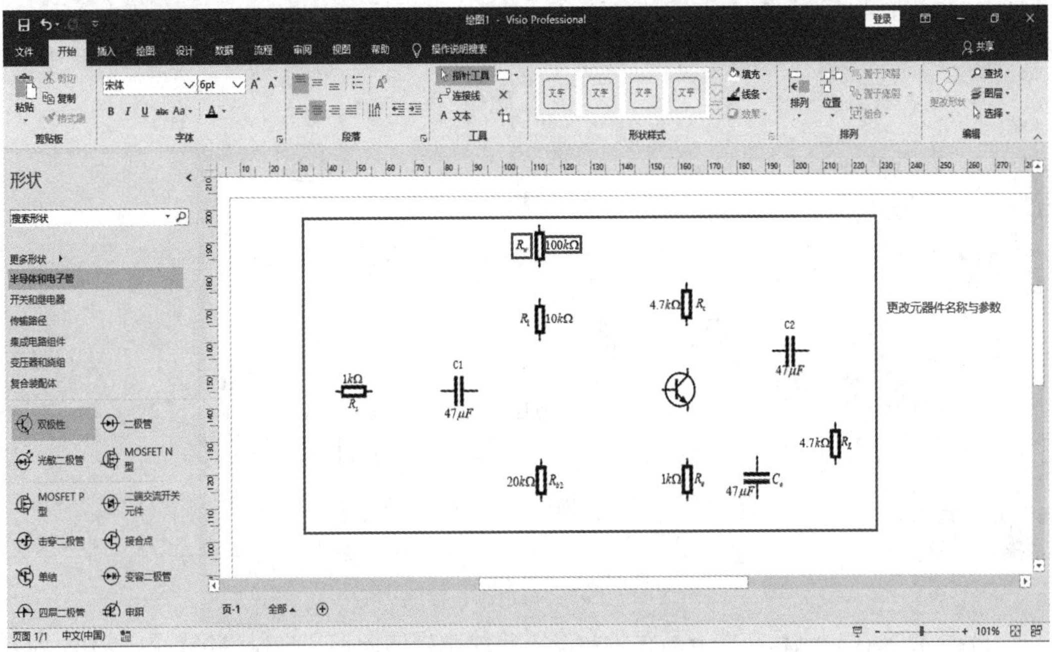

图 5.1.45　修改元器件名称及参数

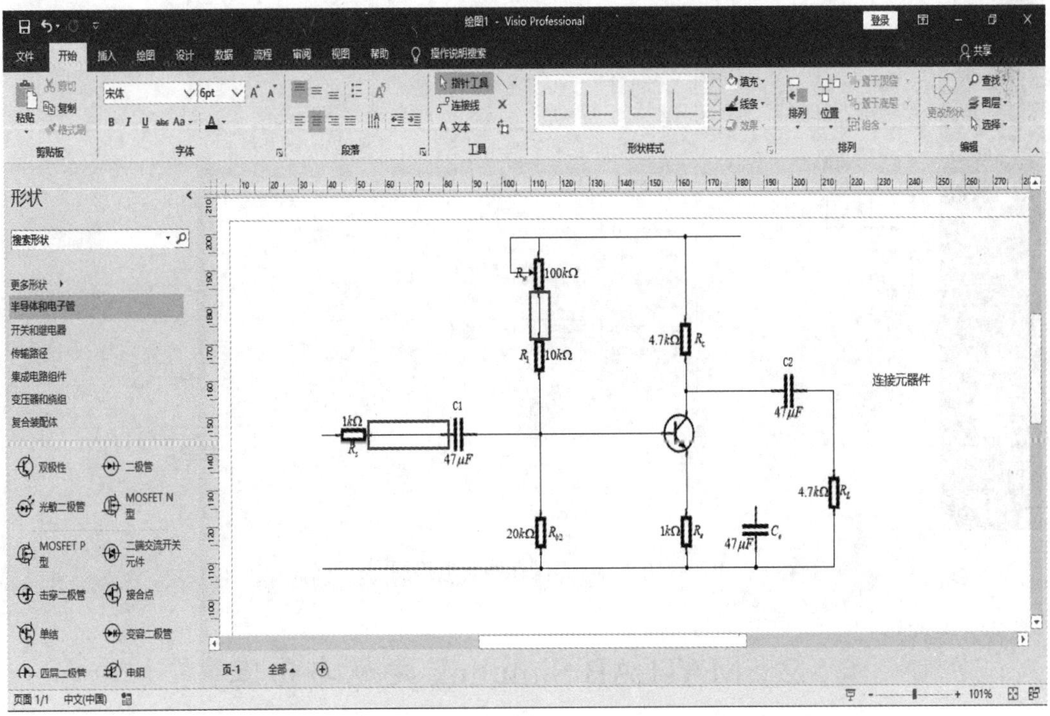

图 5.1.46　连接元器件

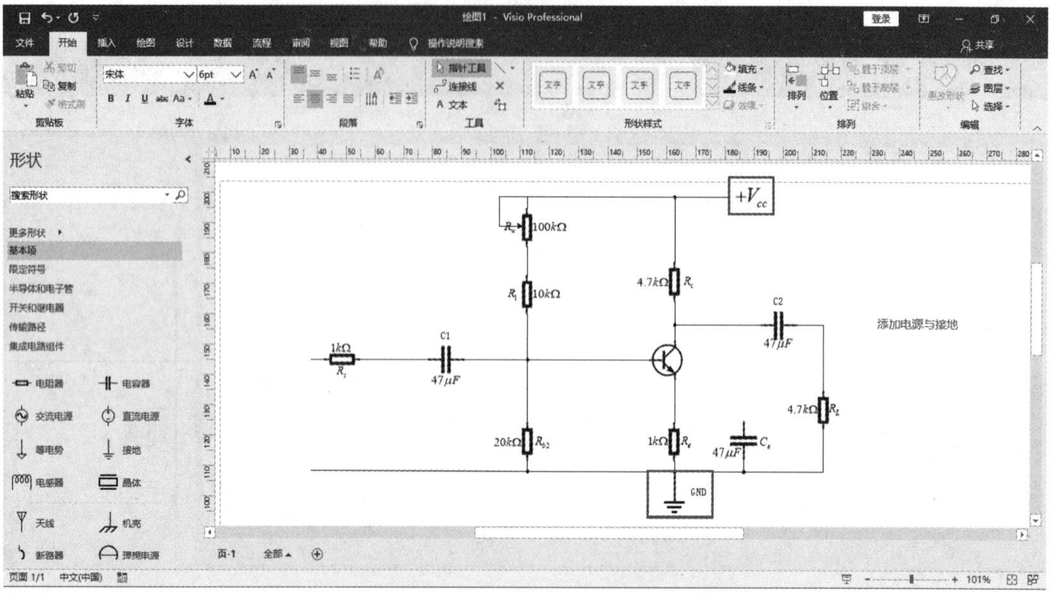

图 5.1.47　接电源与接地

(3) 保存文件。执行文件→另存为命令，将绘制好的图形文件以“偏置电路图”为名称保存在文档中，如图 5.1.48 所示。

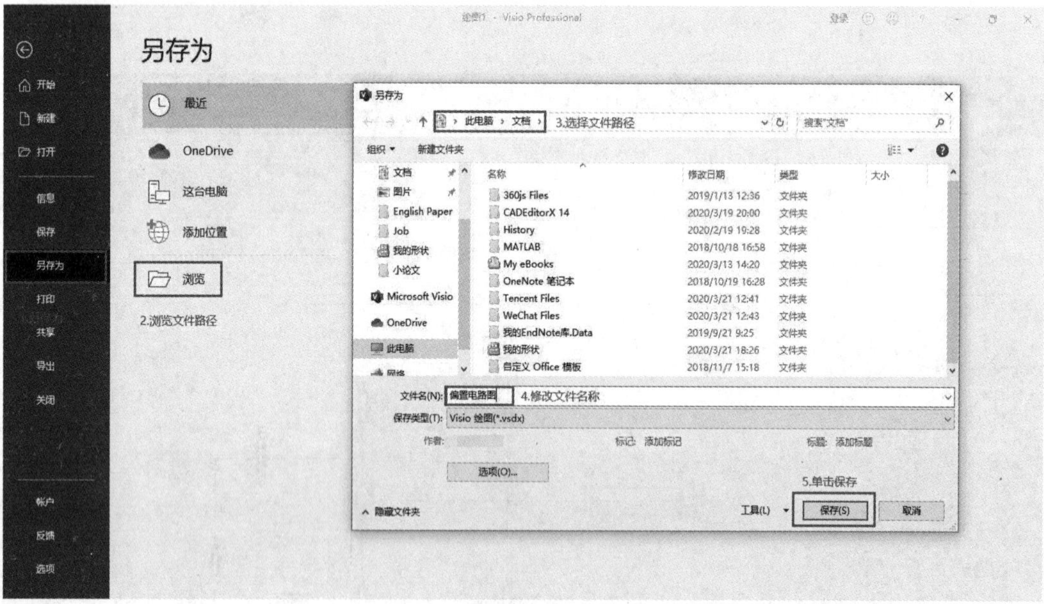

图 5.1.48　保存偏置电路图

5.2　MATLAB Simulink 建模与仿真

MATLAB Simulink 是实现动态系统建模和仿真的集成环境，其主要功能是对动态系统进行仿真和分析，预先模拟实际系统特性和响应，根据设计及使用要求，对系统进行修改和优化，以提高系统的性能、实现高效开发系统的目标。它支持线性和非线性系统、连续时间和离散时间系统、多进程系统。它提供了友好的图形用户界面，模型由模块组成的框图表示，用户建模通过简单的单击和拖动鼠标的动作就能完成。它的模块库为用户提供了多种多样的功能模块。基本功能模块有连续系统(Continuous)、离散系统(Discrete)、数学运算模块(Math)、输入源模块(Sources)和接收模块(Sinks)等。

本节以 RLC 电路为例，介绍 Simulink 建模与仿真方法。

5.2.1　RLC 电路

RLC 电路如图 5.2.1 所示。

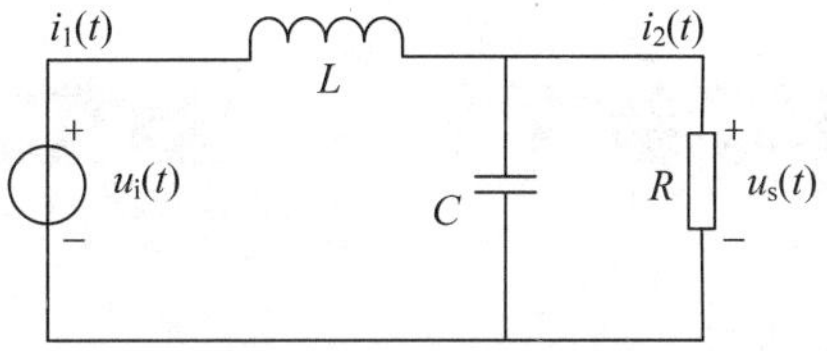

图 5.2.1　RLC 电路

将图 5.2.1 所示电路经拉氏变换变为 s 域模型后，用节点法和回路电压法分别列写 s 域的电流电压方程，解得

$$I_2(s)=\frac{RCs}{RLCs^2+Ls+R}U_1(s) \tag{5.2.1}$$

转移导纳的系统函数 $H_2(s)$ 为

$$H_2(s)=\frac{RCs}{RLCs^2+Ls+R} \tag{5.2.2}$$

电路的阶跃响应为

$$h(t)=L^{-1}[H_2(s)] \tag{5.2.3}$$

$$s(t)=L^{-1}\left[\frac{1}{s}\cdot H_2(s)\right] \tag{5.2.4}$$

5.2.2　基于 Simulink 的 RLC 电路分析与仿真

现使用 Simulink 对 RLC 电路进行建模与仿真。

1. 启动 Simulink

单击 MATLAB Command 窗口工具条上的“Simulink”图标，或者在 MATLAB 命令窗口输入“Simulink”，即弹出图 5.2.2 所示的 Simulink 启动界面(Simulink Start Page)。

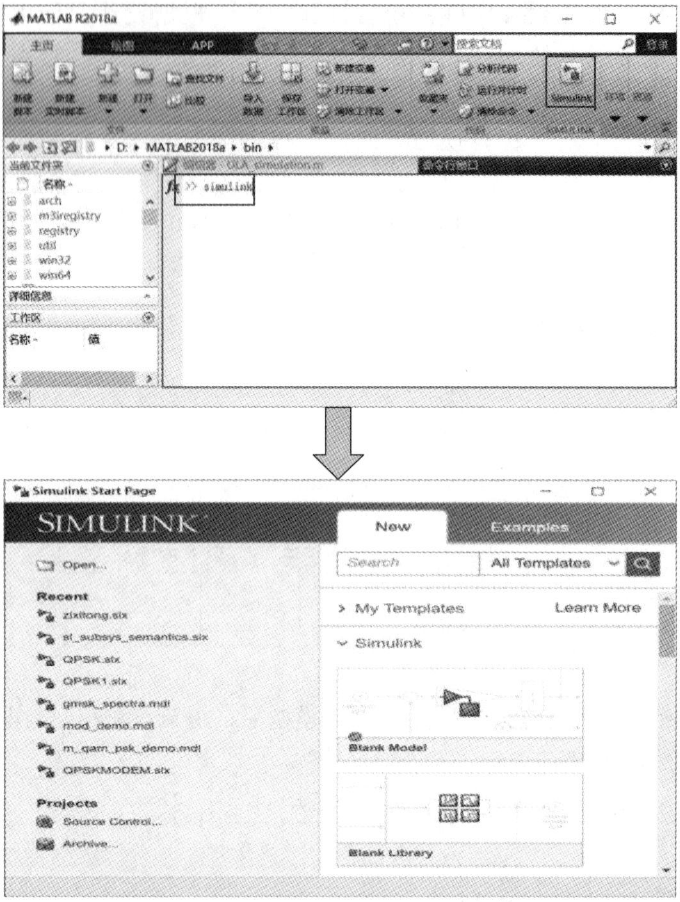

图 5.2.2　MATLAB 界面启动 Simulink

2. 打开 Simulink 仿真模型窗口，建立系统的仿真模型

在启动界面，单击“Blank Model”图标，得新建仿真模型窗口，如图 5.2.3 所示。

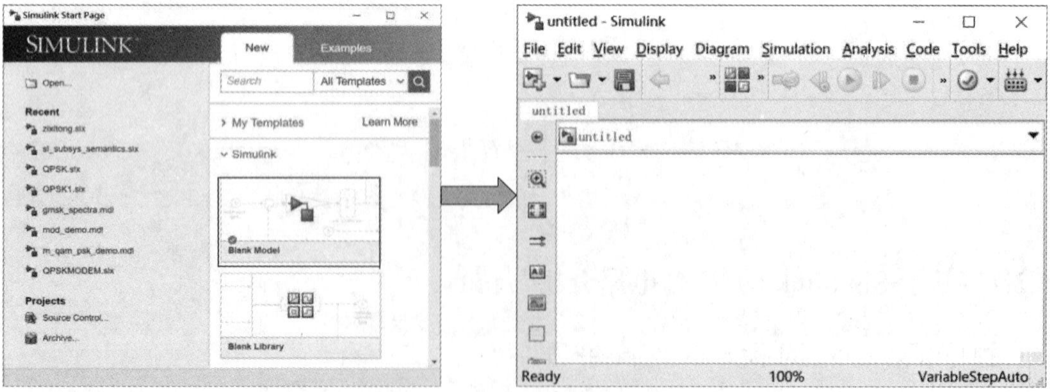

图 5.2.3　打开空白窗口模型

3. 子模块的拷贝、调整及删除

建立 Simulink 仿真系统时，需要使用到相应的子模块。在仿真模型窗口上方菜单栏中

“View”选项里，点击“Library Browser”可打开库浏览器，调用需要使用的子模块，如图 5.2.4 所示。

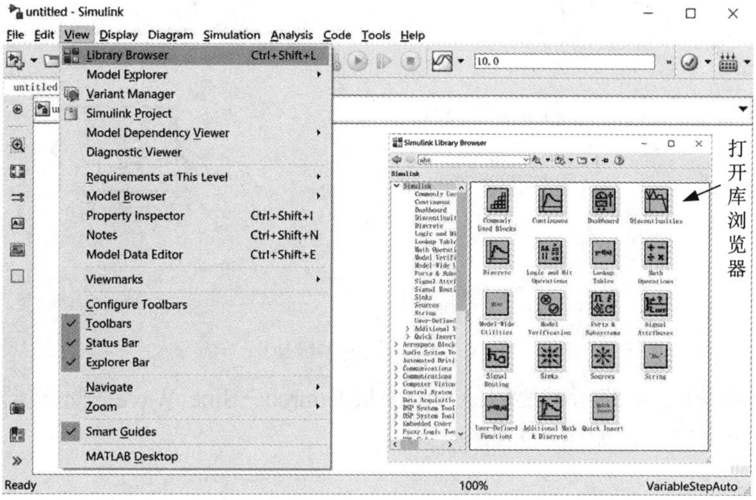

图 5.2.4　打开库浏览器

常用的子模块库有 Sources(信号源)、Sink(显示输出)、Continuous(线性连续系统)、Discrete(线性离散系统)、Function & Table(函数与表格)、Math(数学运算)、Discontinuities(非线性)、Demo(演示)等。每个子模块库中包含同类型的标准模型，可直接用于建立系统的 Simulink 框图模型。点击打开后的库浏览器中的子库图标或左侧的菜单选项，库浏览器右边的窗口就会显示出该子模块库包含的全部标准模块。下面以 RLC 电路需要用到的转移函数模块为例，展示如何拷贝调整子模块。

1) 拷贝子模块

在打开后的库浏览器中双击“Continous”模块库图标，如图 5.2.5(a)所示，库浏览器显示该模块库所包含的所有子模块，选择所需要的 Transfer Fcn 模块图标，如图 5.2.5(b)所示，鼠标右击选择添加模块选项，如图 5.2.5(c)所示，便可将该模块拷贝到模型窗口，如图 5.2.5(d)所示。

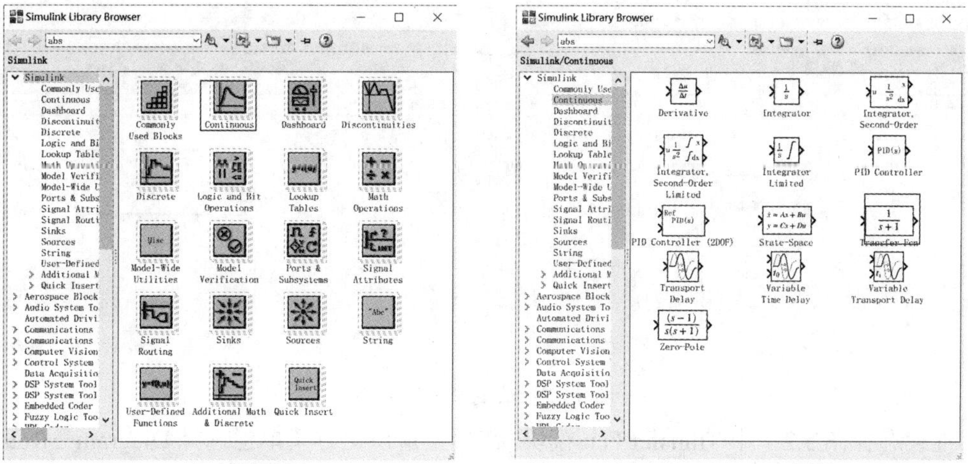

（a）库浏览器界面　　（b）Continous模块库

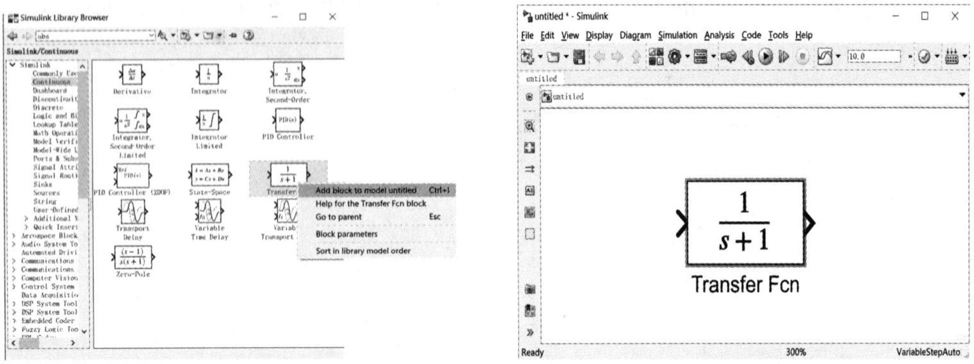

(c) 选择 Transfer Fcn　　　　(d) 模块拷贝到模型窗口

图 5.2.5　拷贝子模块

同理，可将 RLC 电路所需要的信号源模块(Source→Sine Wave)与示波器模块(Sinks→Scope)添加到模型窗口，如图 5.2.6 所示。

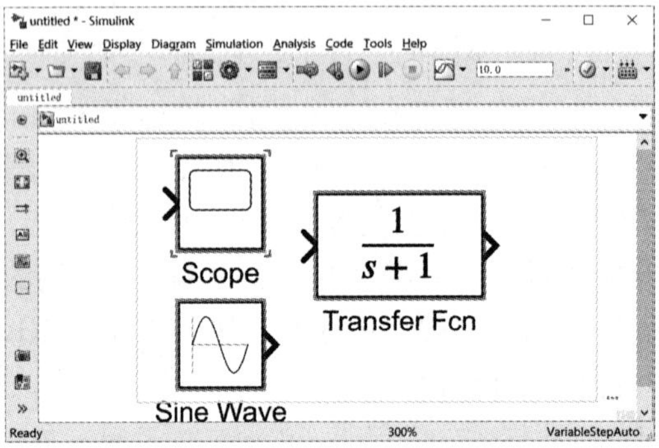

图 5.2.6　添加正弦信号源与示波器模块

2) 调整子模块大小和方向

鼠标点击选择窗口中的图标，拖动图标的边角部位即可改变模块大小，或者利用鼠标滑轮放大缩小窗口界面也可达到改变模块大小的目的，如图 5.2.7 所示。

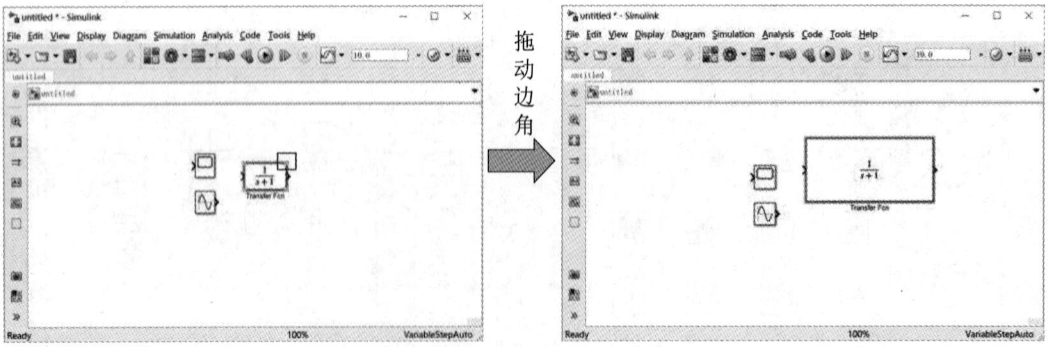

图 5.2.7　改变子模块大小

继续选择图 5.2.7 中 Transfer Fcn 模块，在模型窗口上方菜单栏选择 Diagram→Rotate& flip，选择其中的逆时针或顺时针旋转即可改变子模块的方向，如图 5.2.8 所示。

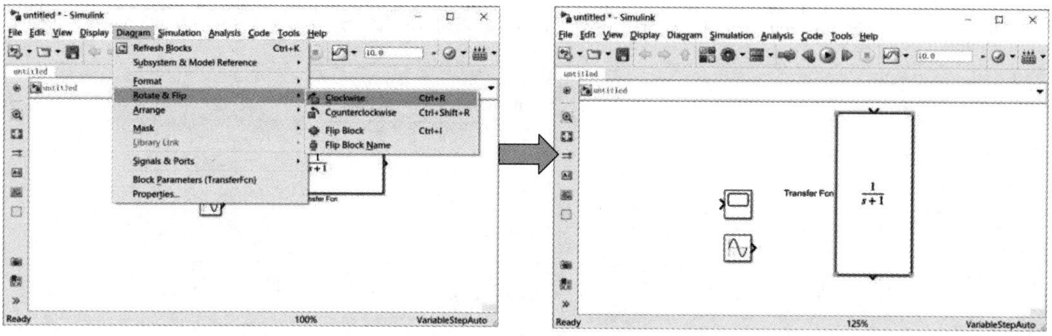

图 5.2.8　将模块方向顺时针改变 90°

3) 子模块删除

将鼠标选中需要删除的子模块，按 Delete 键即可实现删除。

4. 模块连接及参数设置

1) 模块连接与生成

模块连接指用连接线将一个模块的输出端与另一模块的输入端连接起来，也可用分支线把一个模块的输出端与几个模块的输入端连接起来。连接线生成是将鼠标置于某模块的输出端口(显一个十字光标)，按下鼠标左键拖动鼠标置另一模块的输入端口即可。分支线则是将鼠标置于分支点，按下鼠标右键，其余同上。操作流程如图 5.2.9 所示。

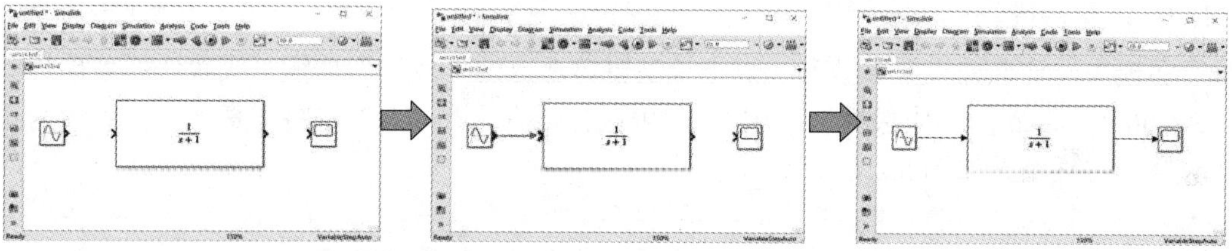

图 5.2.9　模块连接

2) 参数设置

用鼠标双击指定模块图标，打开模块对话框，根据对话框栏目中提供的信息进行参数设置或修改。在 RLC 电路中需对传递函数模块的参数进行设置，双击模型窗口的传递函数模块，在弹出图 5.2.10 所示的对话框中，分别输入分子、分母多项式的系数(假设 R，L，C 皆为 1)，点击“OK”键，便可完成该模块的设置。

图 5.2.10　Transfer Fcn 模块参数设置

正弦信号源与示波器模块均采用默认设置，其设置界面分别如图 5.2.11 与图 5.2.12 所示。

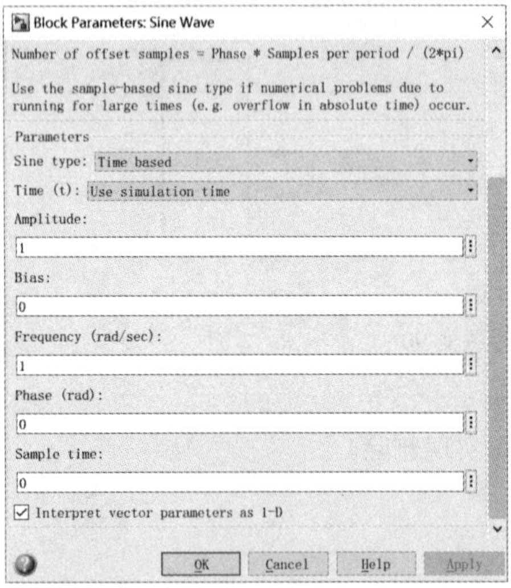

图 5.2.11　正弦信号源模块设置界面

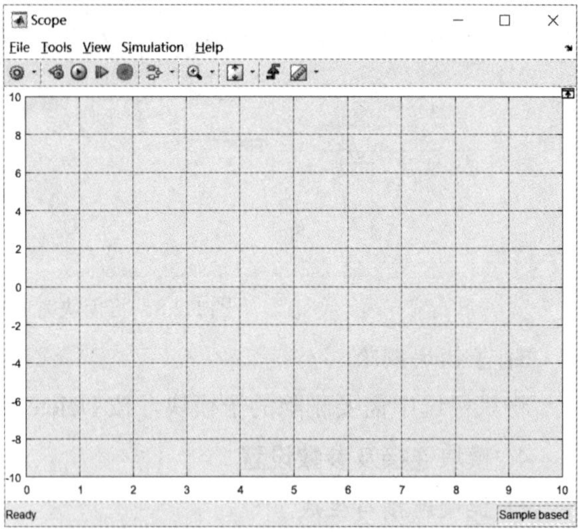

图 5.2.12　示波器模块显示界面

说明：模块的修改、调整、连接通常只能在仿真模型窗口中进行，不要直接对模块库中的模块进行修改或调整。

5. 仿真运行

各模块间连接并设置参数后，点击模型窗口上方的“运行”按钮，或者选择菜单栏中“Simulink：Run”选项(快捷键 Ctrl+T)即可进行仿真。在 RLC 电路仿真中，信号源为正弦信号，仿真结果如图 5.2.13 所示。

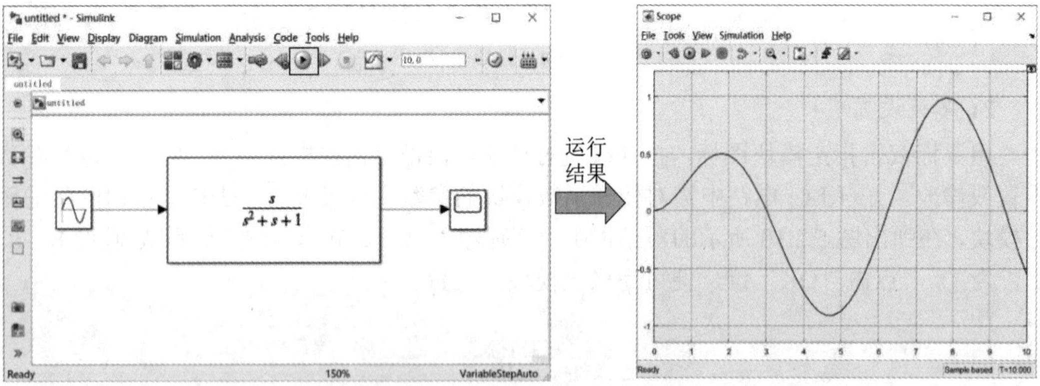

图 5.2.13　RLC 电路仿真运行及结果

6. Simulink 中 LTI Viewer

在 Simulink 中建立的仿真模型可直接输入到 LTI Viewer 进行分析，具体方法如下：

(1) 选择设置好参数的 Transfer Fcn 模块，点击 Simulink 模型窗中的“Analysis：Control Design：Linear analysis”，或者鼠标右击模块，选择“Linear Analysis：Linearize Block”，即可出现线性分析工具界面，如图 5.2.14 所示。

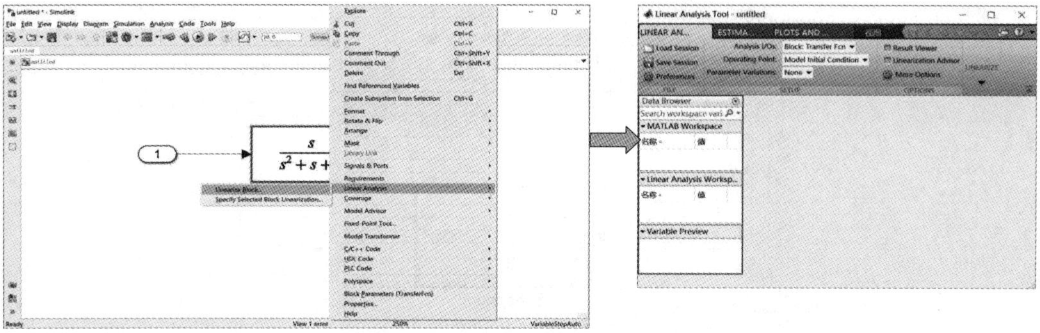

图 5.2.14　打开线性系统分析工具

(2) 在线性分析工具上方菜单栏中选择如图 5.2.15 红色方框中信号源，即可画出该模块线性分析结果图，对 RLC 电路输入 Step 信号源后的结果如图 5.2.16 所示。

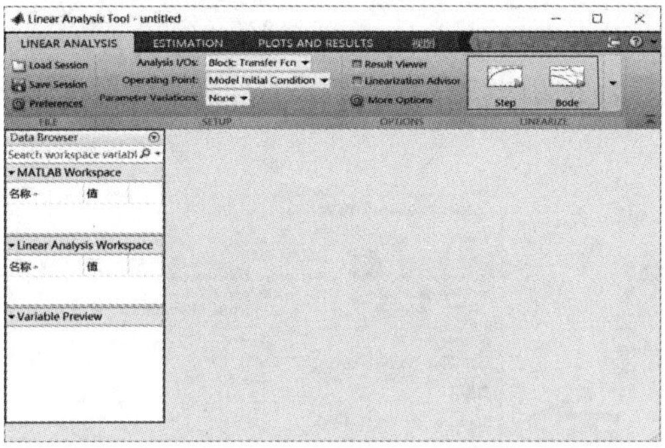

图 5.2.15　选择信号源进行线性分析

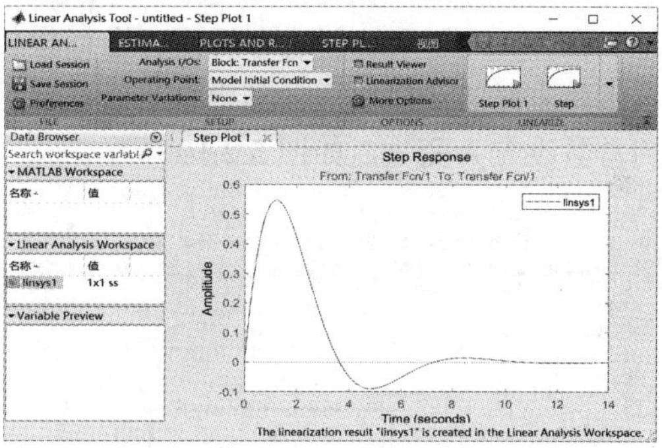

图 5.2.16　RLC 电路线性分析结果

7. 创建子系统及封装

前文中假设 R、L 与 C 值均为 1，若需改变其值，则需打开子模块设置并一一改动，这在搭建的系统较为复杂时，十分烦琐。为解决此问题，可将搭建系统构建为子模块并封装，具体流程如下：

1) 将 RLC 电路系统组成子系统

在 RLC 仿真系统里加入输入端与输出端，鼠标右键点击“Transfer Fcn”模块，选择“Create Subsystem from Selection”选项，便可将选中模块组成子系统，如图 5.2.17 所示。组成的子系统如图 5.2.18 所示。

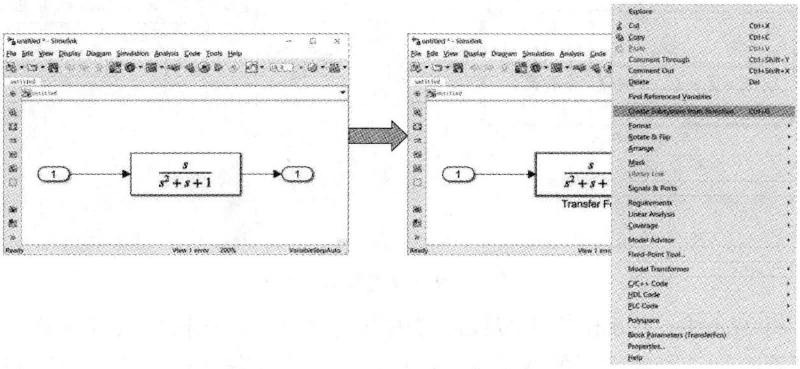

图 5.2.17　选择模块组建子系统

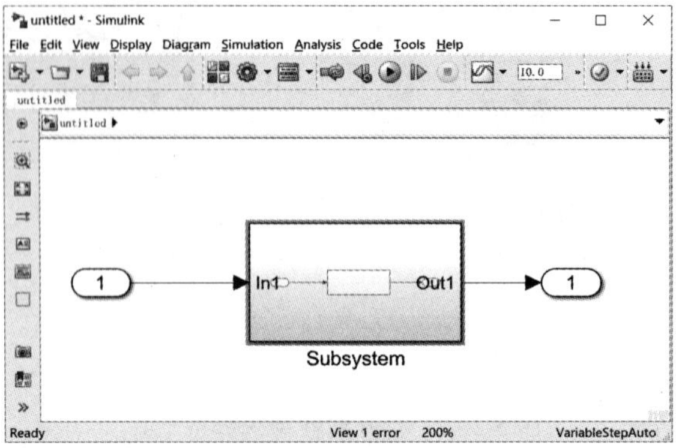

图 5.2.18　子系统建立

2) 子系统封装

在 RLC 子系统创建之后便可进行封装，以便更为简洁方便地对参数进行设置。首先双击建立好的子模块进入其内部系统，然后根据 RLC 电路系统函数将 Transfer Fcn 模块中的常数设置为变量，如图 5.2.19 所示。

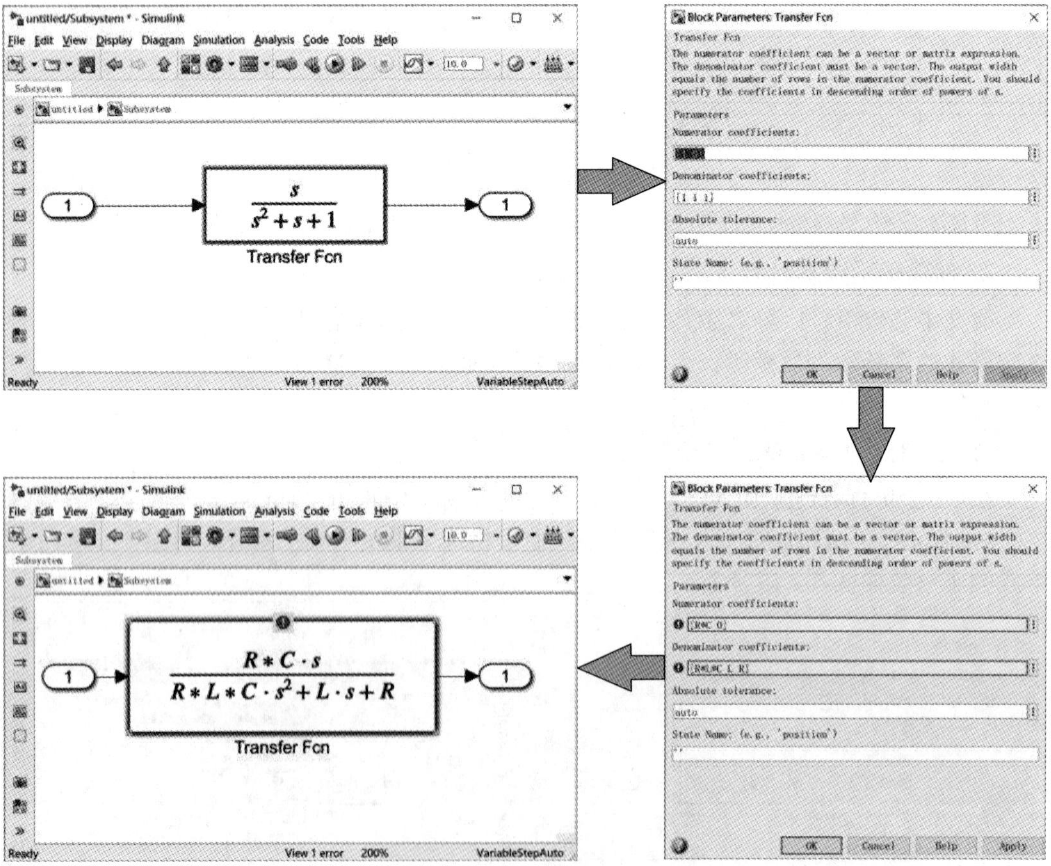

图 5.2.19　设置参数变量

可见，将 Transfer Fcn 模块中常数设置为参数变量后，在模块设置界面与设置后的模块中出现了感叹号，表示设置的变量 R、L 与 C 在仿真系统中未定义，参数变量不合法。

因此，需对参数变量进行定义。

对子系统鼠标右键点击，选择“Mask：Creat Mask”选项，即可打开封装设置界面，如图 5.2.20 所示。打开后的封装设置界面如图 5.2.21 所示。

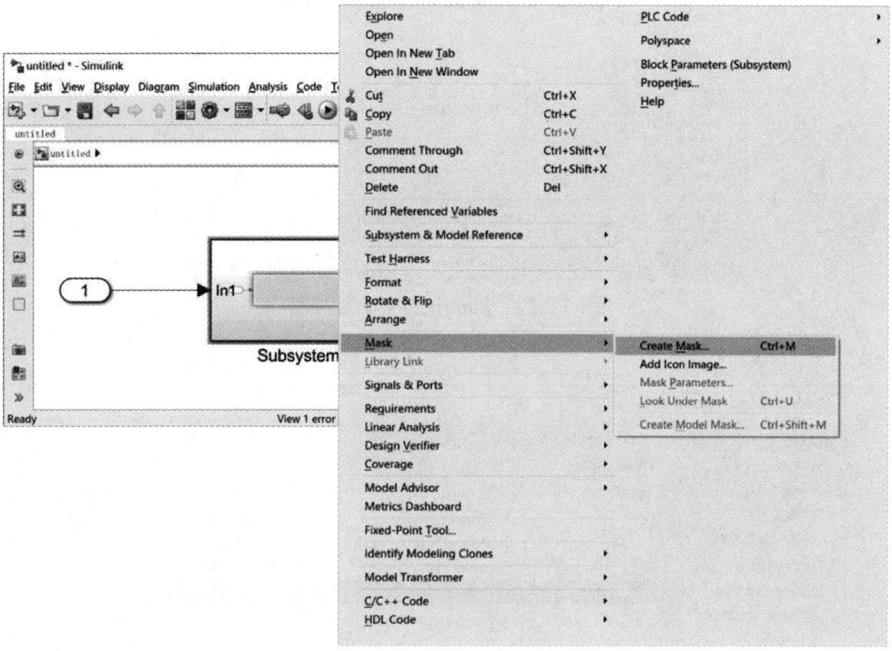

图 5.2.20　封装子系统

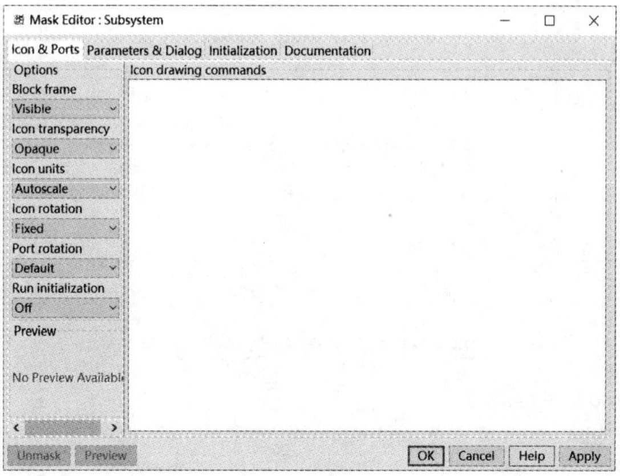

图 5.2.21　封装设置界面

打开后的编辑器分为四页(MATLAB 2018a 版)：Icon&Ports(图标)页、Parameters&Dialog 页(参数页)、Initialiation(初始化)页、Documentation(文档)页。其中，对于子系统封装，最关键的是 Parameters 项，用于设置参数变量及其类型等，如图 5.2.22 所示。

在该页面按照如图 5.2.23 所示步骤设置 R、L 和 C 三个参数变量。

按上图步骤对 RLC 电路参数变量设置后，Parameters 界面如图 5.2.24 所示。

封装完成后，子系统内部的红色感叹号便会消失，双击子系统即可出现 RLC 电路的子系统设置界面，而不需要进入子系统内部对各模块进行设置，如图 5.2.25 所示。

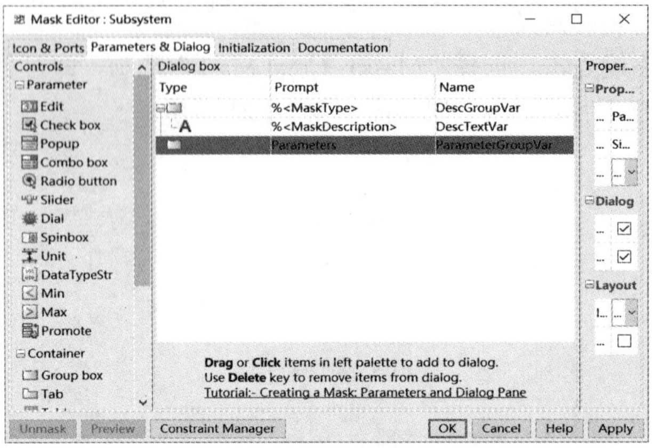

图 5.2.22　Parameters 设置界面

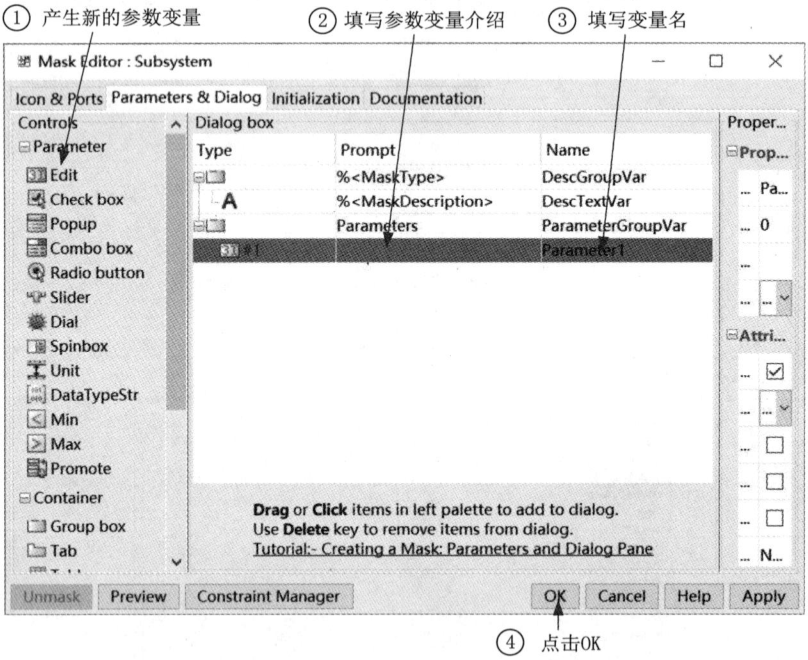

图 5.2.23　设置参数变量步骤

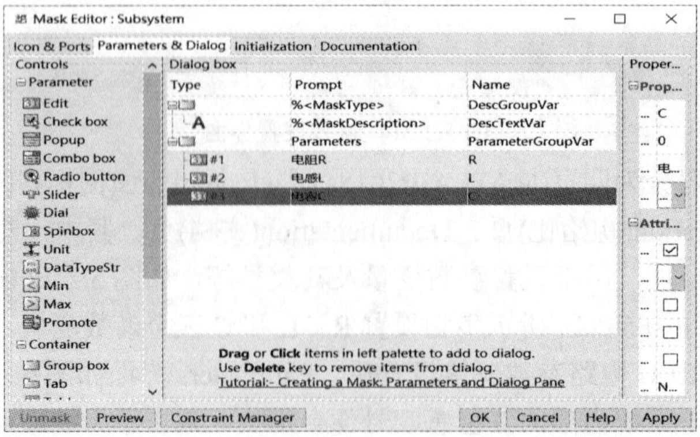

图 5.2.24　RLC 电路参数变量设置后的 Parameters 界面

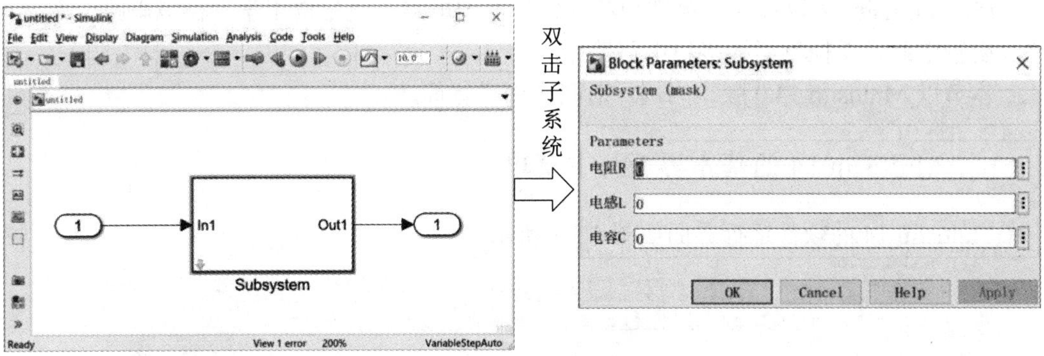

图 5.2.25　封装后子系统参数设置

8. RLC 电路模块文件保存

选择模型窗口菜单 File→Save as 后弹出一个“Save as”对话框，输入模型文件名，保存即可，如图 5.2.26 所示。

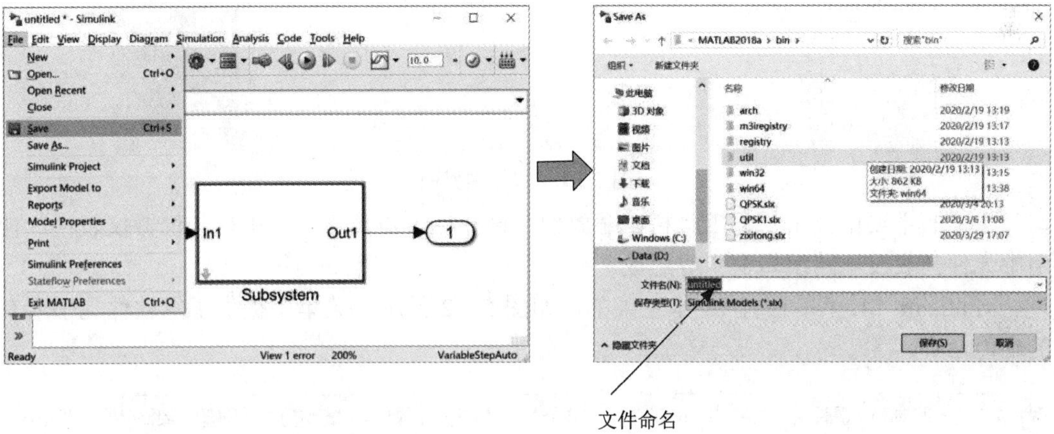

图 5.2.26　文件保存与命名

5.3　Multisim 仿真技术

Multisim 是美国国家仪器公司(NI National Instruments)推出的一款优秀的电子仿真软件。它是以 Windows 为基础的仿真工具，适用于板级的模拟/数字电路板的设计工作，易学易用。它包含了电路原理图的图形输入、电路硬件描述语言输入方式，具有丰富的仿真分析能力，主要功能如下：

(1) Multisim 是一个原理电路设计、电路功能测试的虚拟仿真软件。

(2) Multisim 的元器件库提供数千种电路元器件。

(3) Multisim 的虚拟测试仪器仪表种类齐全，有通用仪器和专用仪器。

(4) Multisim 有较为详细的电路分析功能，可以完成电路的瞬态和稳态、时域和频域、器件的线性和非线性、电路的噪声和失真、离散傅里叶变换、电路零极点、交直流灵敏度等电路分析方法，以帮助设计人员分析电路的性能。

(5) Multisim 可以设计、测试和演示各种电子电路，包括电工学、模拟电路、数字电路、射频电路及微控制器和接口电路等。

本节以 Multisim 14.0 版本为例，对其应用进行简述。

5.3.1　Multisim 14 的基本界面与主菜单

Multisim 14 的软件运行界面如图 5.3.1 所示。

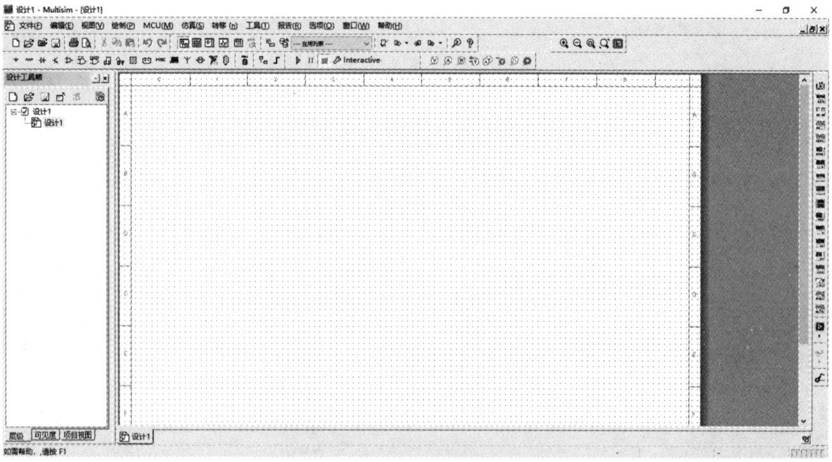

图 5.3.1　软件主界面

主界面主要由菜单栏、工具栏、缩放栏、设计栏、仿真栏、工程栏、仪器仪表栏、使用中元件列表及电路编辑窗口等组成。

Multisim 14 菜单栏有 12 个主菜单，如图 5.3.2 所示，菜单中提供了本软件几乎所有的功能命令。

图 5.3.2　菜单栏

1) 文件菜单

文件菜单提供文件操作命令，如打开、保存和打印等，文件菜单中的命令及功能如图 5.3.3 所示。

2) 编辑菜单

编辑菜单在电路绘制过程中提供对电路和元器件进行剪切、粘贴、旋转等操作命令，编辑菜单中的命令及功能如图 5.3.4 所示。

3) 视图菜单

视图菜单提供用于控制仿真界面上显示的操作命令。视图菜单中的命令及功能如图 5.3.5 所示。

4) 绘制菜单

绘制菜单提供在电路工作窗口内放置元器件、连接点、总线和文字等命令。绘制菜单中的命令及功能如图 5.3.6 所示。

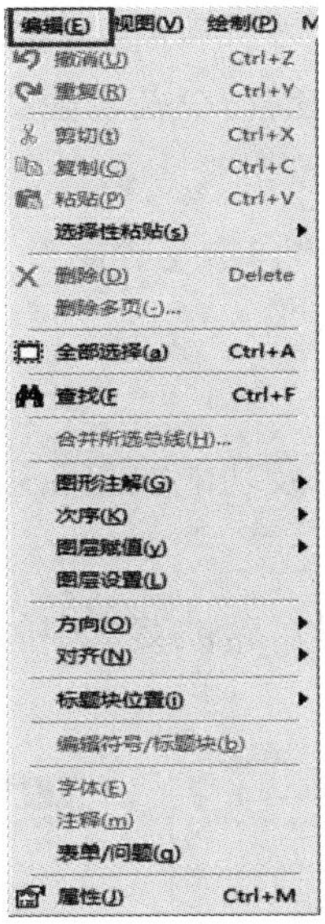

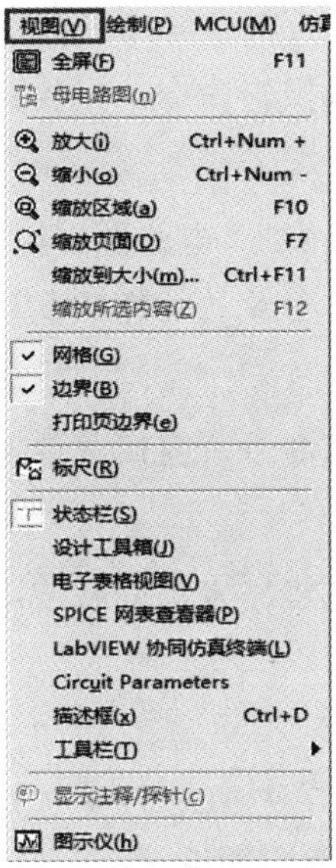

图 5.3.3　文件菜单　　图 5.3.4　编辑菜单　　图 5.3.5　视图菜单　　图 5.3.6　绘制菜单

5) MCU(微控制器)菜单

MCU 菜单提供在电路工作窗口内 MCU 的调试操作命令。MCU 菜单中的命令及功能如图 5.3.7 所示。

6) 仿真菜单

仿真菜单提供电路仿真设置与操作命令。仿真菜单中的命令及功能如图 5.3.8 所示。

7) 转移菜单

转移菜单提供传输命令。转移菜单中的命令及功能如图 5.3.9 所示。

8) 工具菜单

工具菜单提供元器件和电路编辑或管理命令。工具菜单中的命令及功能如图 5.3.10 所示。

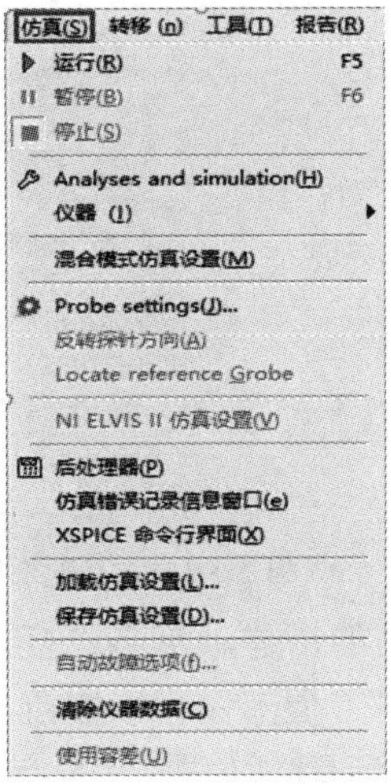

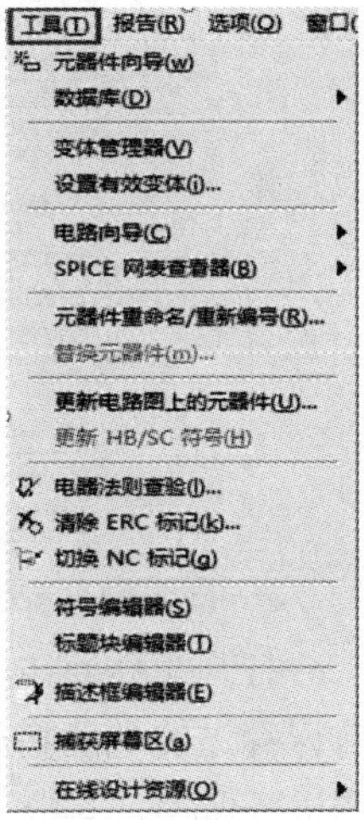

图 5.3.7　MCU 菜单　　图 5.3.8　仿真菜单　　图 5.3.9　转移菜单　　图 5.3.10　工具菜单

9) 报告菜单

报告菜单提供材料清单报告命令。报告菜单中的命令及功能如图 5.3.11 所示。

10) 选项菜单

选项菜单包含“全局偏好”“电路图属性”及“自定义界面”，可以对电路的某些功能进行设定。选项菜单中的命令及功能如图 5.3.12 所示。

11) 窗口菜单

窗口菜单提供窗口操作命令。窗口菜单的命令及功能如图 5.3.13 所示。

12) 帮助菜单

帮助菜单为用户提供在线技术帮助和使用指导。帮助菜单中的命令及功能如图 5.3.14 所示。

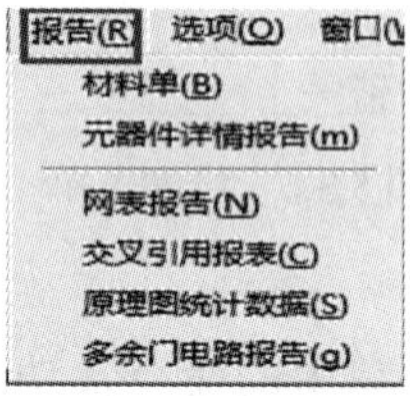

图 5.3.11 报告菜单

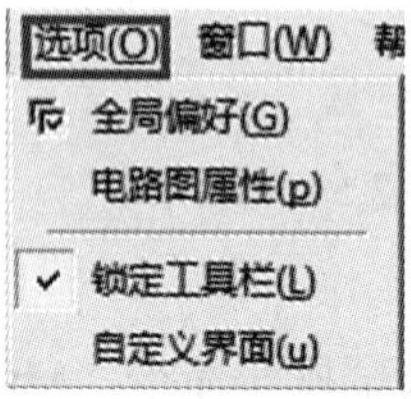

图 5.3.12 选项菜单

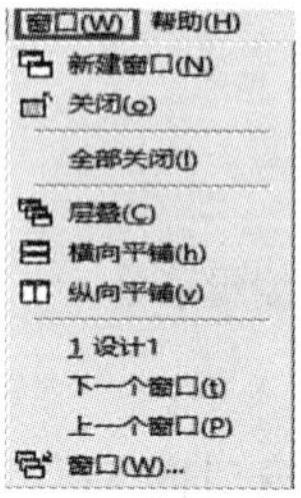

图 5.3.13 窗口菜单

图 5.3.14 帮助菜单

5.3.2 Multisim 14 **文件菜单和仿真菜单**

Multisim 14 常用的工具栏有文件菜单和仿真菜单，如图 5.3.15 和图 5.3.16 所示。

图 5.3.15 文件菜单用到的功能

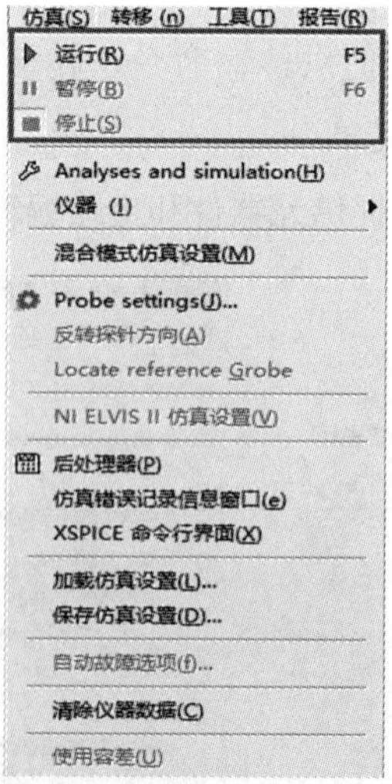

图 5.3.16 仿真菜单用到的功能

打开文件点击“设计”按钮，即可进行电路的搭建，点击“打开”按钮，可以打开以前保存过的电路搭建图，点击“保存”“另存为”“全部保存”按钮，可以将搭建好的电路图进行保存。其中，“保存”按钮是将电路图保存到默认位置；“另存为”按钮是将电路图保存到指定位置；“全部保存”按钮是将搭建好的多个电路图一起保存到指定位置。“最近设计”

和“最近项目”显示最近设计的电路图和最近建立的项目。点击“退出”按钮将软件关闭。

实验电路搭建完毕，通过点击“运行”按钮进行仿真，需要记录数据时，点击“暂停”按钮后观察和记录数据，全部实验都完成后，点击“停止”按钮将实验停止。

5.3.3　Multisim 14 元器件基本操作

Multisim 14 提供了丰富的元器件库，元件工具栏如图 5.3.17 所示。工具栏图标名称依次为：电源/信号源库、基本元器件库、二极管库、晶体管库、模拟集成电路库、TTL 数字集成电路库、CMOS 数字集成电路库、其他数字集成电路库、混合集成电路库、指示器件库、功率元器件库、其他元器件库、高级外设库、RF 元器件库、机电器件库、NI 元器件库、芯片库和微控制器库等。

图 5.3.17　元件工具栏

Multisim 14 提供了很多虚拟仪器仪表，可用来测量电路参数或观测图形图像。这些仪器的设置、使用和数据读取都和真实仪表一样，面板、按钮和开关也与真实仪器相同。

在仪器库中，虚拟仪器有：数字万用表、函数信号发生器、瓦特表、双踪示波器、四通道示波器、波特图示仪、频率计数器、字发生器、逻辑分析仪、逻辑转换器、Ⅳ分析仪、失真分析仪、频谱分析仪、网络分析仪、安捷伦函数信号发生器、安捷伦数字万用表、安捷伦示波器和动态测试探针等。

虚拟仪表工具条，如图 5.3.18 所示。它是进行虚拟电子实验和电子设计仿真的最快捷而又形象的特殊工具。仪表的功能名称与仿真菜单下的虚拟仪表相同，如图 5.3.19 所示。

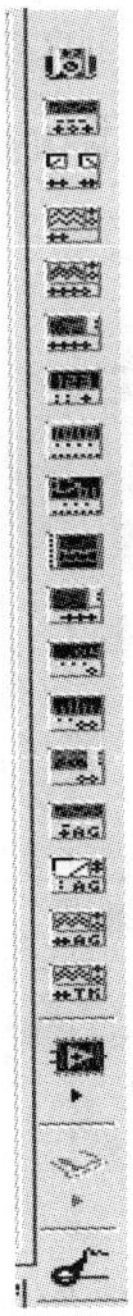

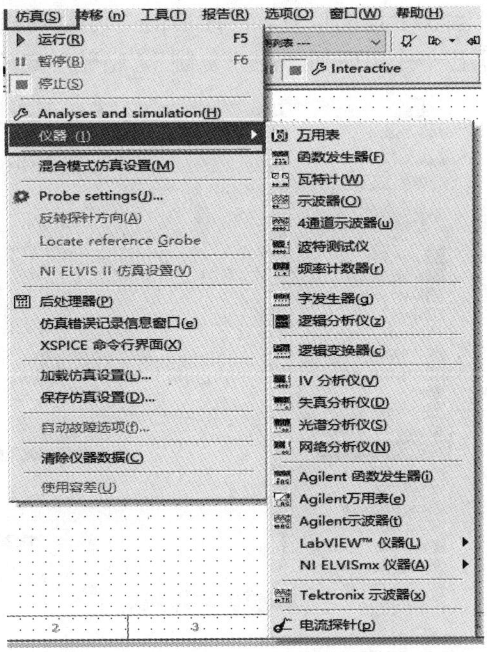

图 5.3.18　虚拟仪表工具条　　　图 5.3.19　仪表工具条中仪表名称

下面以测量图 5.3.20 所示共发射极单管放大电路的静态工作点为例，说明元器件的基本操作方法。

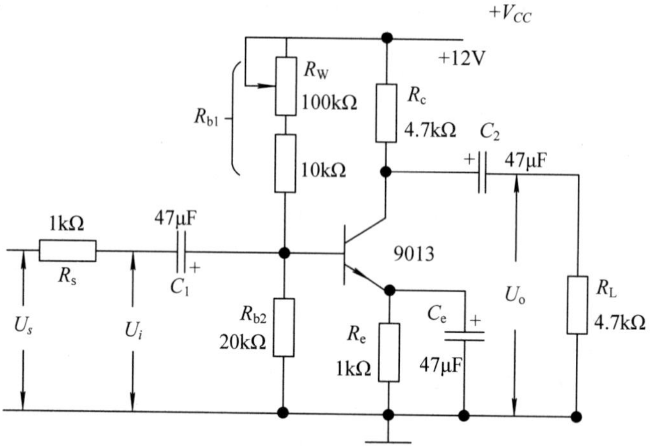

图 5.3.20　共发射极单管放大电路

在 Multisim 14 仿真平台上，放置如图 5.3.20 中所示电阻、电位器、电容、晶体管、电源和地线等元件。再放置信号发生器、交流毫伏表、万用表、示波器等仪器仪表，按图 5.3.20 连接元器件并进行测试。

1. 放置电阻与电位器

1) 放置电阻

单击元件工具栏中的“Basic”按钮，弹出“选择元器件”对话框，如图 5.3.21 所示。在“所有系列”里选择“RESISTOR”系列，在“元器件”里选择“1k”，单击“确认”，将电阻拖到电子平台上合适的位置。继续单击“确认”按钮，拖出电路所需要的所有固定电阻。也可采用调出一个电阻后，用“复制”“粘贴”来放置其他电阻的方法。

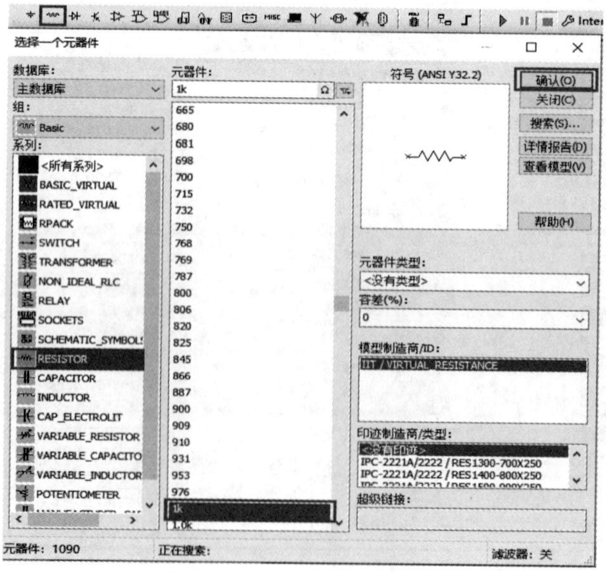

图 5.3.21　选择电阻

双击其中任意一个电阻，弹出“电阻”对话框，单击“电阻(R)”栏右侧的下拉箭头，拉动滚动条选取“10k”，或者将“1k”拖黑，直接修改为“10k”，单击对话框下方“确认”按钮退出，就可以将电阻 R 由原来的“1kΩ”修改为“10kΩ”，如图 5.3.22 所示。单击“标签”将参考标识“R1”修改为所要求的电阻名称，如“R2”，如图 5.3.23 所示。

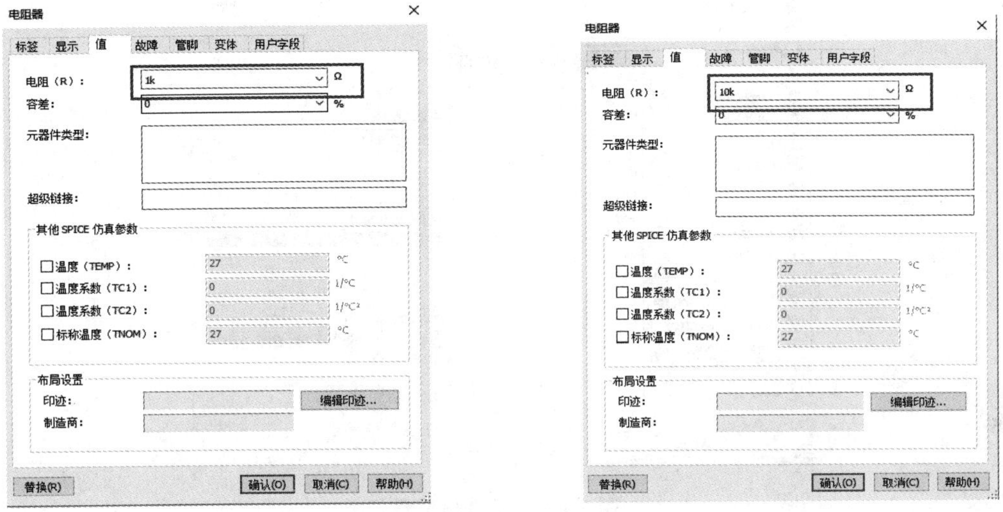

(a) 修改前　　　　(b) 修改后

图 5.3.22　修改电阻值

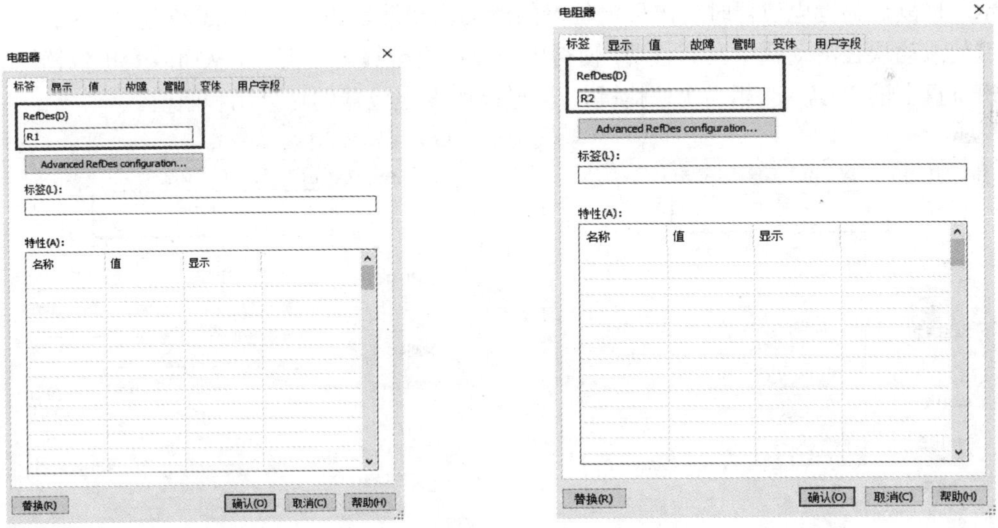

(a) 修改前　　　　(b) 修改后

图 5.3.23　修改电阻的标签

2) *放置电位器*

单击元件工具栏中的“Basic”按钮，弹出“选择元器件”对话框。在“系列”里选择“POTENTIOMETER”系列，在“元器件”里选择任意一个阻值，单击“确认”，将电位器拖到电子平台上合适的位置，如图 5.3.24 所示。

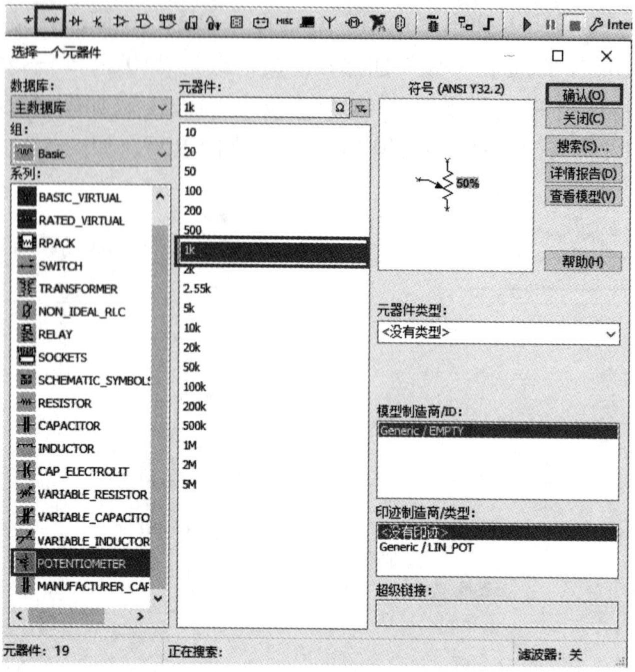

图 5.3.24　选择电位器

双击电位器图标，弹出电位器对话框，将电位器参数修改为“100 kΩ”，如图 5.3.25 所示。单击“标签”将参考标识“R_1”修改为电路图中电位器的名称，如“R_w”，如图 5.3.26 所示。将鼠标移近电位器时将出现电位器的滑动槽和滑动块，如图 5.3.27 所示。按住鼠标左键使滑动块在滑动槽中左右移动，使得电位器的百分比随之变化，从而改变电位器阻值。敲击键盘上的“A”键(相当于快捷键)，同样能改变电位器的百分比和阻值。

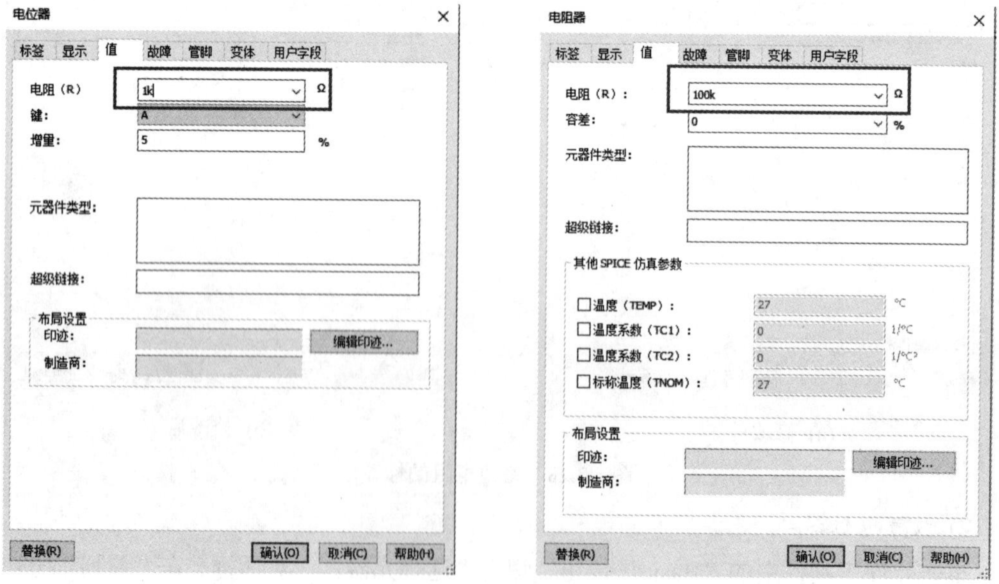

(a) 修改前　　　　(b) 修改后

图 5.3.25　修改电位器值

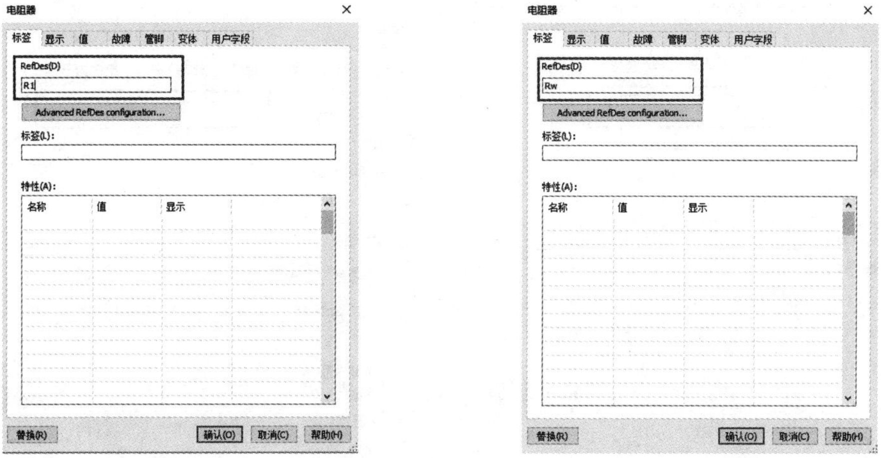

(a) 修改前　　　　(b) 修改后

图 5.3.26　修改电阻器的标签

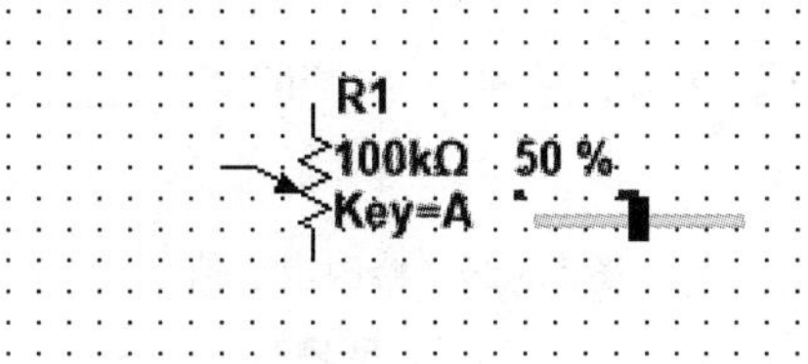

图 5.3.27　用鼠标控制电位器

2. 放置电容

单击元件工具栏中的“Basic”按钮，弹出“选择元器件”对话框，如图 5.3.28 所示。在“系列”里选择“CAPACITOR”系列，在“元器件”里选择“1μ”，单击“确认”，将电容拖到电子平台上合适的位置。双击电容 C_1 弹出电容对话框，如图 5.3.29 所示，在“电容(C)”栏将“1μF”修改为“47 μF”，同时，将电容标签由“C1”修改为“C2”，如图 5.3.30 所示。

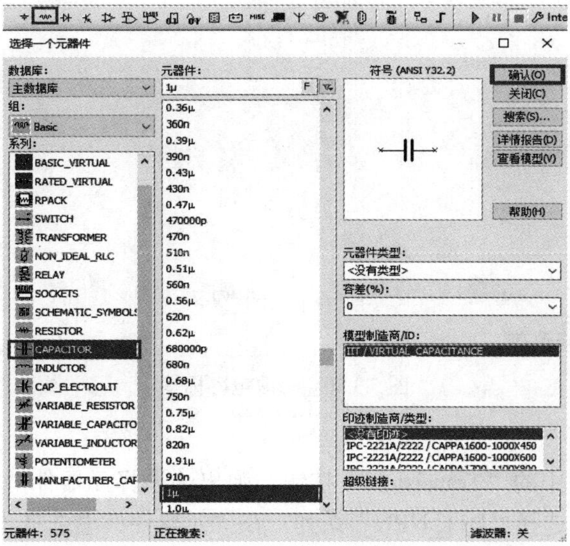

图 5.3.28　选择元器件

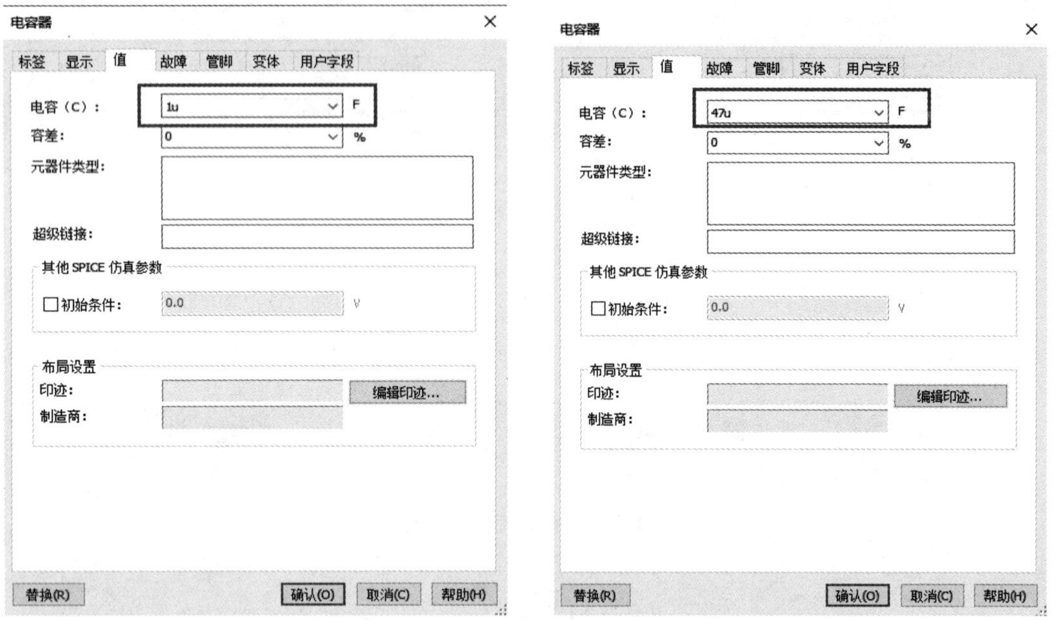

(a) 修改前　　(b) 修改后

图 5.3.29　修改电容值

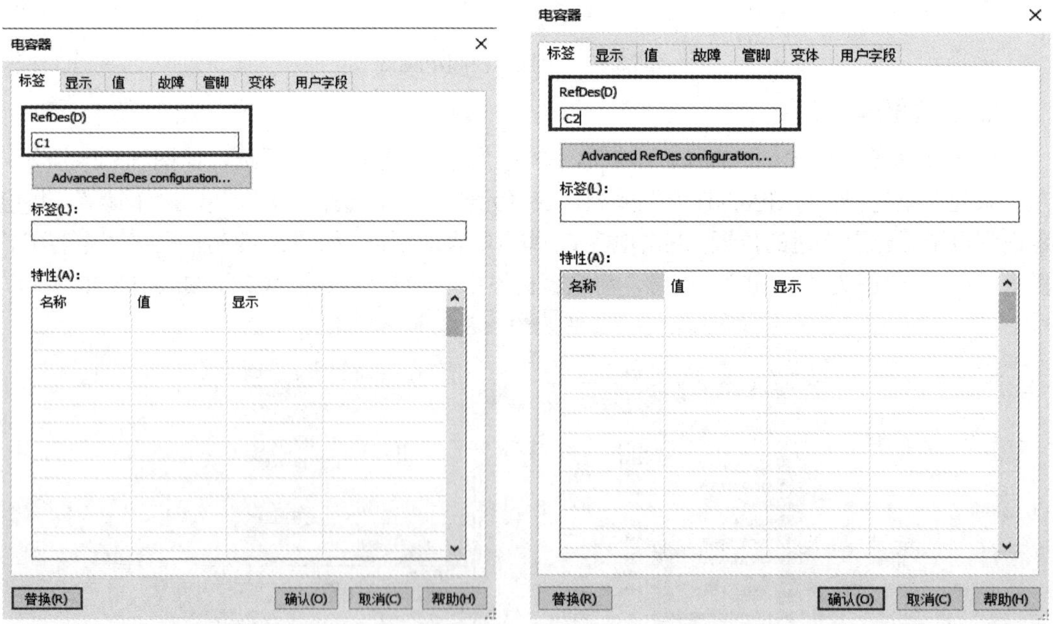

(a) 修改前　　(b) 修改后

图 5.3.30　修改电容标签

3. 放置三极管

单击元件工具栏中的“Transistors”按钮，弹出“选择元器件”对话框，如图 5.3.31 所示。在“系列”里选择“BJT_NPN”系列，在“元器件”里选择“2N2222”，单击“确认”，将三极管拖到电子平台上合适的位置。

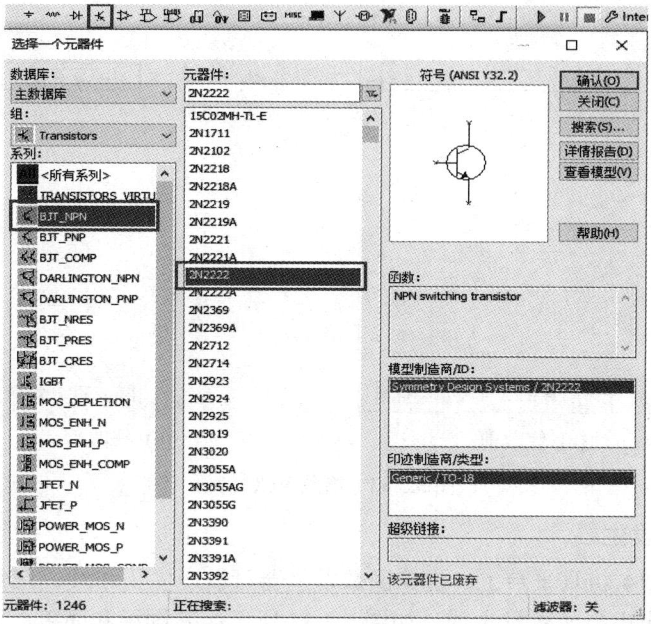

图 5.3.31　选择元器件对话框

4. 放置电源和地线

单击元器件工具栏中的“Sources”按钮，弹出“选择元器件”对话框，如图 5.3.32 所示，在“系列”里选择“POWER_SOURCES”，在“元器件”里选择“GROUND”，单击“确认”，将地线拖到电子平台上合适的位置。同样，可放置电源“VCC”，单击“VCC”图标，打开“VCC”对话框选择“参数”，将“电压(V)”由“5V”修改为“12 V”，如图 5.3.33 所示。

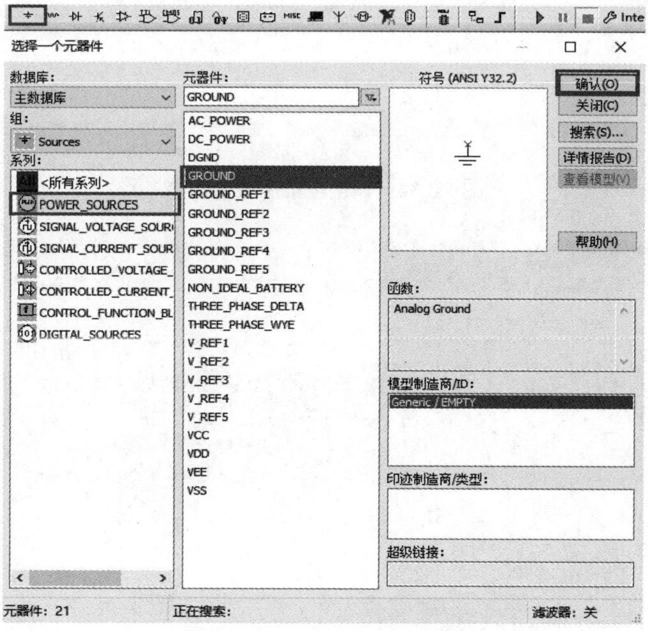

图 5.3.32　选择电源和地线

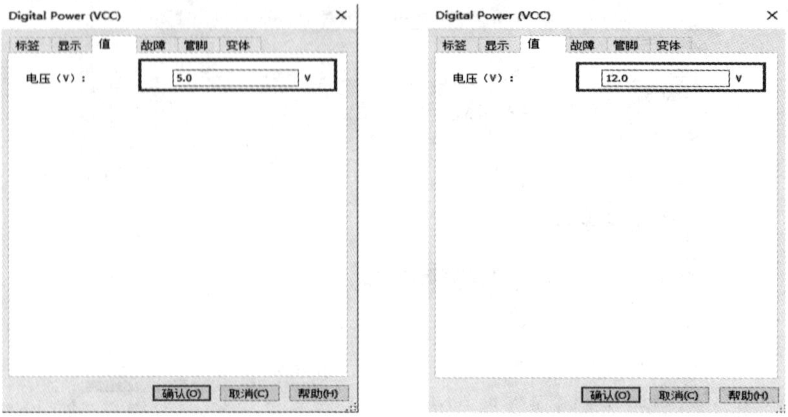

(a) 修改前　　(b) 修改后

图 5.3.33　修改 VCC 的值

5. 调取函数发生器

在 Multisim 14 仿真平台上，虚拟函数发生器可以产生正弦波、三角波和矩形波。从仪器仪表栏中调出虚拟函数发生器，如图 5.3.34 所示；其图标和面板，如图 5.3.35 所示。

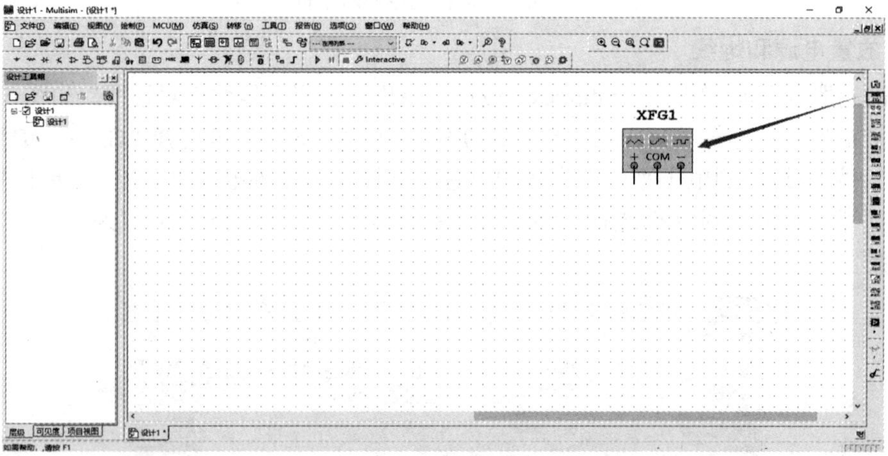

图 5.3.34　调出虚拟函数发生器

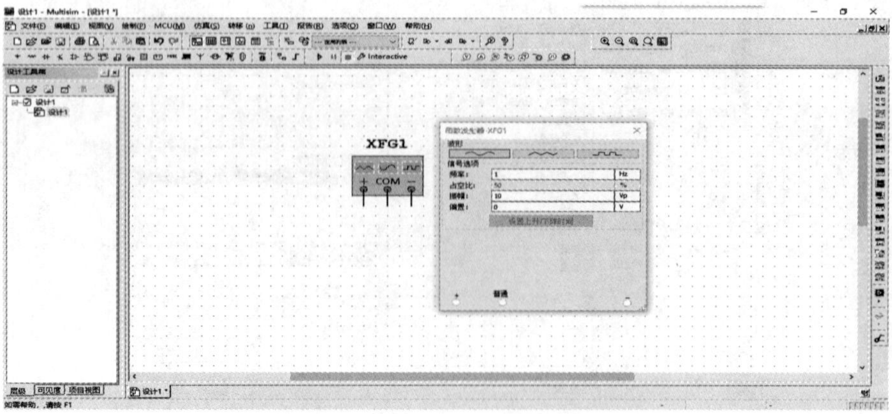

图 5.3.35　虚拟函数发生器的图标和面板

6. 调取万用表

在 Multisim 14 仿真平台上，从仪器仪表栏中调出虚拟万用表，如图 5.3.36 所示，其图标和面板，如图 5.3.37 所示。图标上“+”和“−”两个引线端接被测端点，连接电路的方法与实际万用表一样，测电压和电阻时并联，测电流时串联。双击打开面板，可以选择测量内容和设置参数。

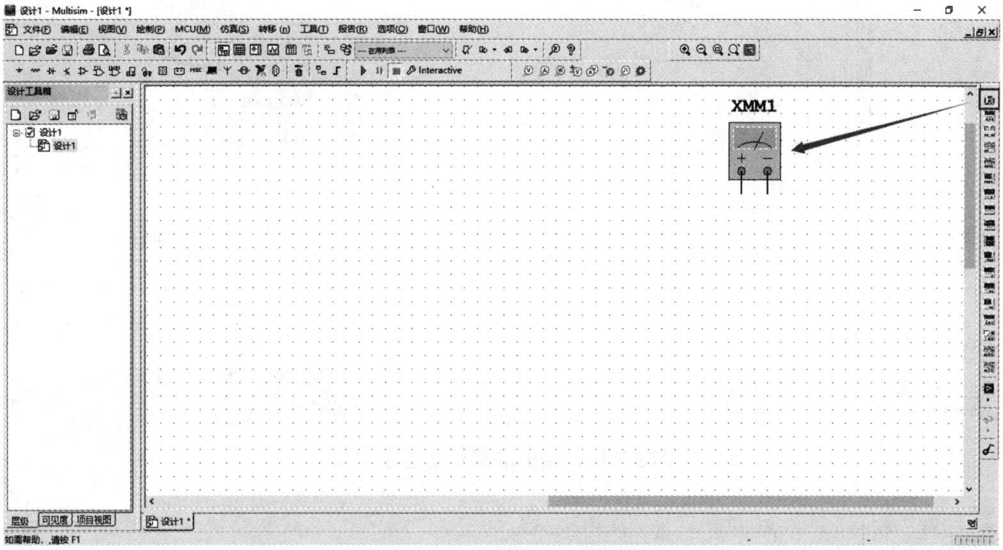

图 5.3.36　调出万用表

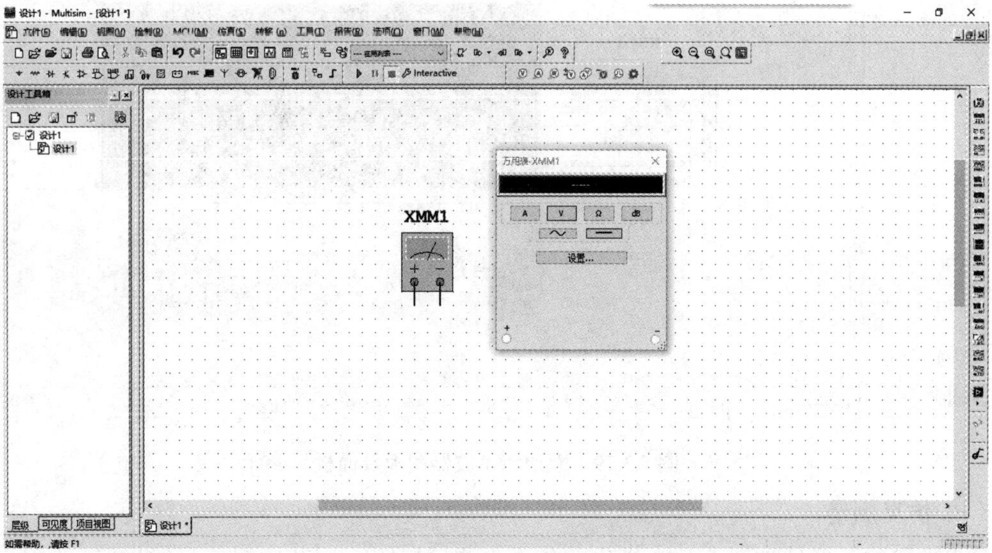

图 5.3.37　虚拟万用表的图标和面板

7. 调取示波器

在 Multisim 14 仿真平台上，从仪器仪表栏中调出虚拟双通道示波器，如图 5.3.38 所示，其图标和面板，如图 5.3.39 所示。示波器图标有 4 个连接点：A 通道输入、B 通道输入、外触发端 T 和接地端 G。双击图标打开示波器的控制面板，可进行参数设置和读取输出信号值。

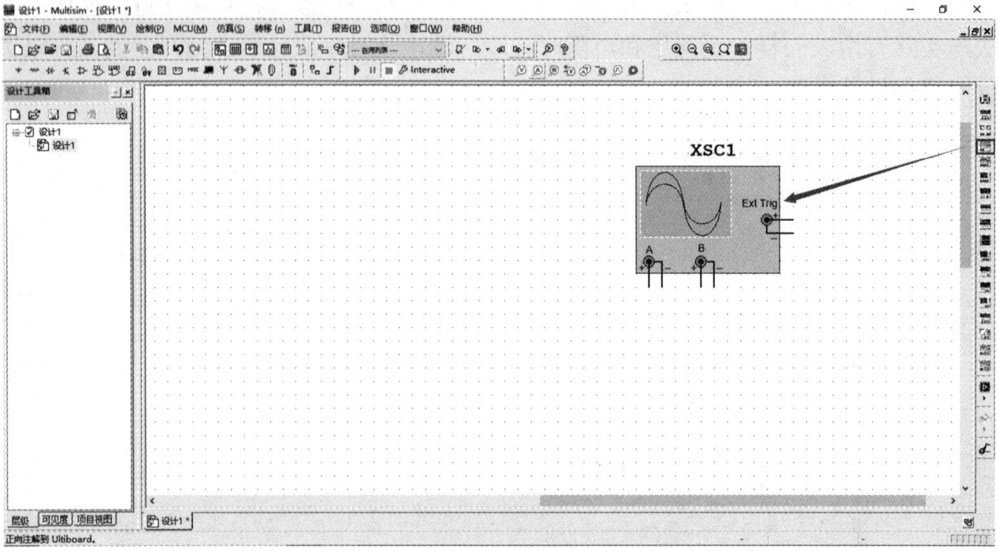

图 5.3.38　调出虚拟双通道示波器

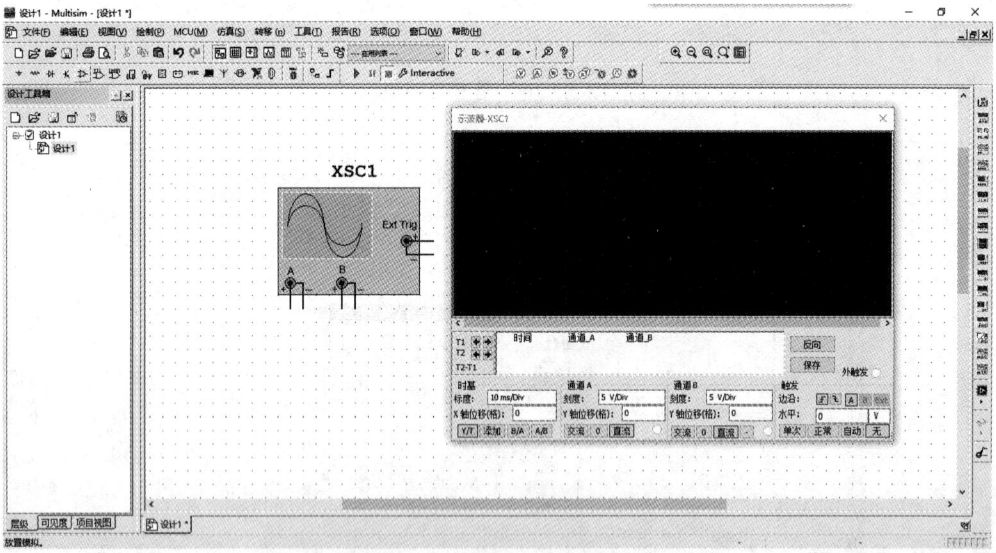

图 5.3.39　双通道示波器图板及面板

8. 仿真测量

将调取的元器件按图 5.3.20 搭建的仿真来测试电路。调节虚拟信号发生器，使 U_i 为 5 mV(用虚拟万用表电压挡测量)，f 为 1 kHz。在 R_L 为∞时，用虚拟示波器观察输出端 U_o 的波形，反复调节 R_{b1}(R_{b1} 为 65 kΩ)以改变静态工作点的位置，得到输出波形既无饱和失真又无截止失真的最大不失真状态(饱和失真刚好消失)，如图 5.3.40 所示。断开虚拟输入信号，用虚拟万用表测量静态参数，如图 5.3.41 及表 5.3.1 所示。

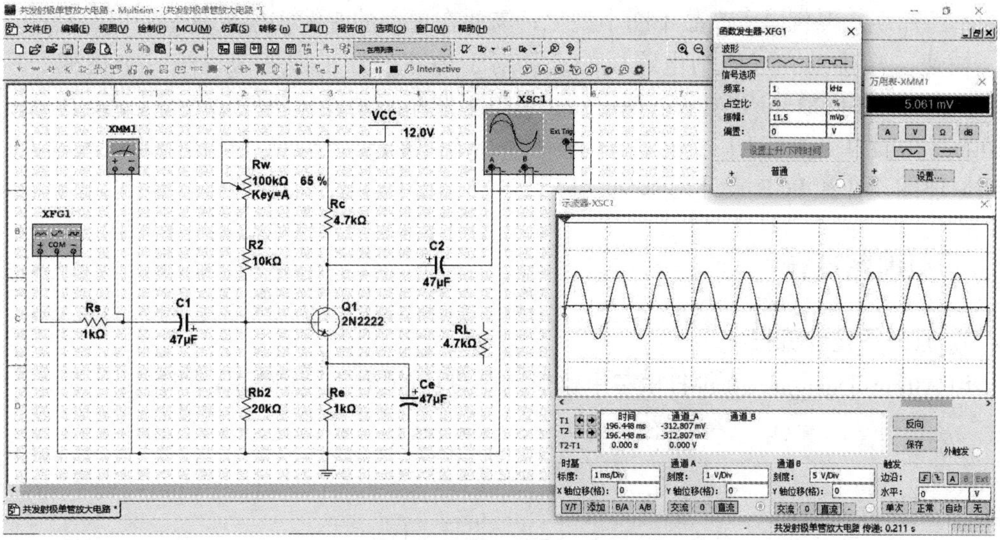

图 5.3.40　设置最大不失真参数

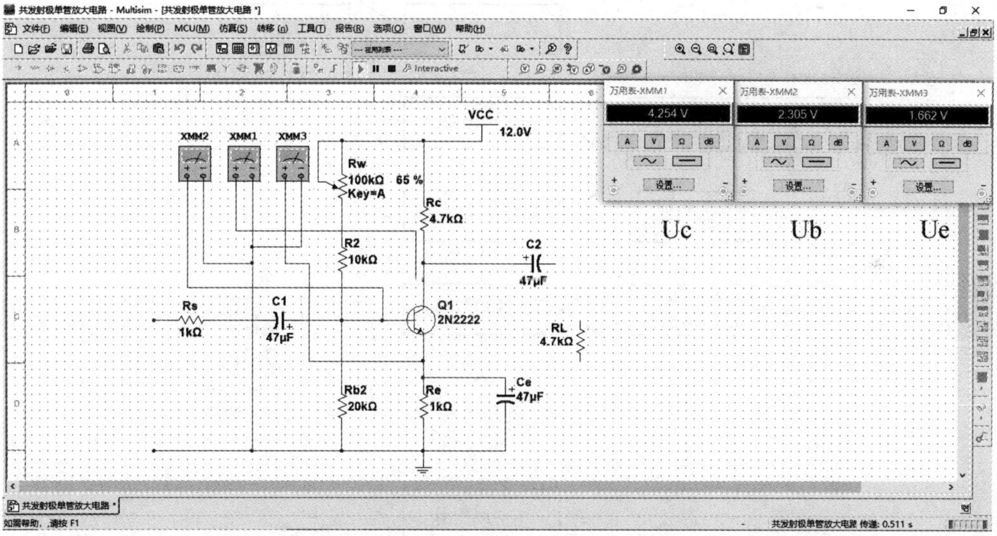

图 5.3.41　静态工作点各端电压

表 5.3.1　静态工作点的仿真测量

偏置电阻	仿真测量值			仿真测算值	
R_{b1}/kΩ	U_{BE}/V	U_C/V	U_E/V	U_{CE}/V	I_C/mA
75	2.6	2.3	1.7	0.6	1.7

5.4　Altium Designer 20 电路设计

随着电子技术的飞速发展、印制电路板加工工艺不断提高、大规模和超大规模集成电路的不断涌现、现代电子产品不断小型化，需要在更小的空间实现更复杂的电路功能。因此，快速、准确地完成印制电路板的设计对于电路设计工作者来说是一个挑战。所以Cadence、Power PCB 以及 Altium Designer 等电子线路辅助设计软件应运而生。其中，Altium Designer 在国内使用最为广泛。本节将介绍 Altium Designer 20 设计印制电路板流程，主要介绍原理图设计和 PCB 设计两部分。

5.4.1　原理图设计

1. 原理图设计流程

用 Altium Designer 20 进行电子电路原理图设计的流程，如图 5.4.1 所示。

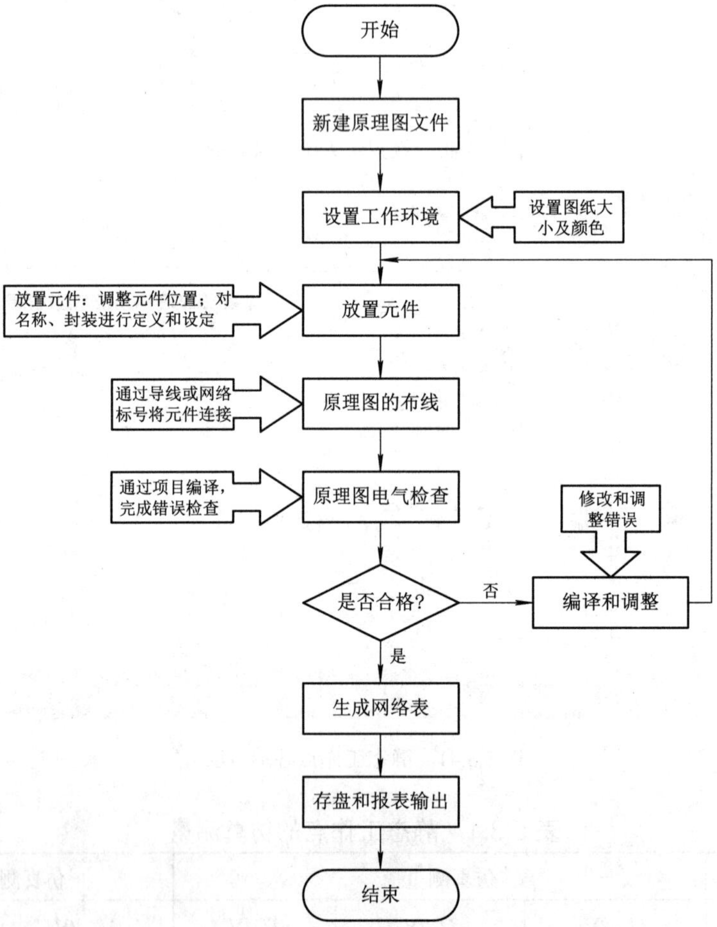

图 5.4.1　原理图设计流程

2. 原理图设计操作步骤

以设计两级放大电路为例，说明操作流程，如图 5.4.2 所示。

注意：原理图文件需加载到项目文件中，且保存到同一文件夹下，建议先建立好 PCB 工程(项目)文件后再进行原理图的绘制工作。

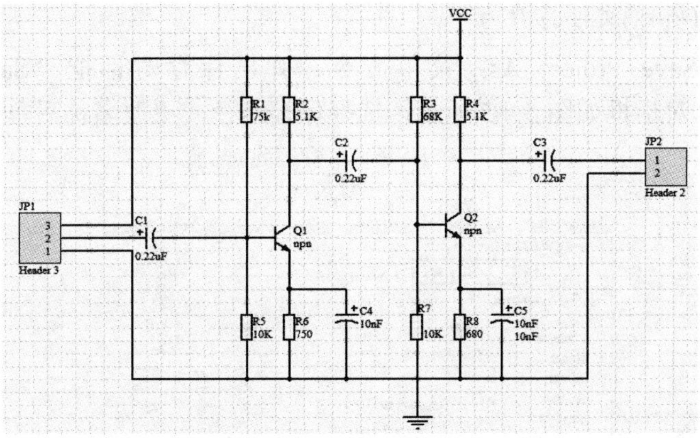

图 5.4.2　两级放大电路

1) 创建 PCB 工程(项目)文件

打开 Altium Designer 20 后，选择菜单 File→New→Project 命令，新建工程对话框，如图 5.4.3 所示。

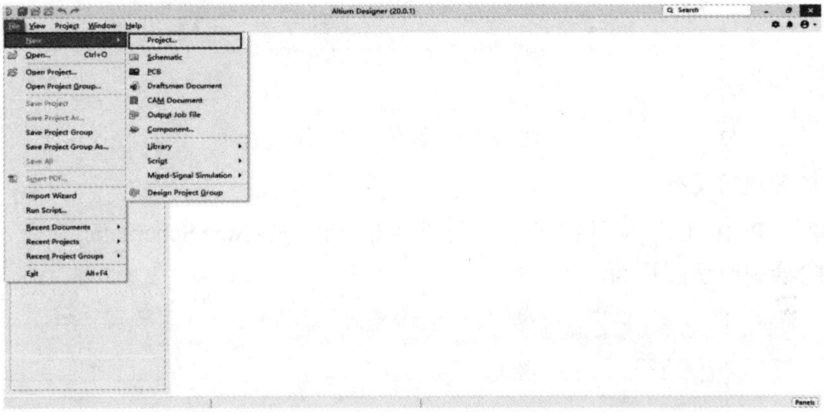

图 5.4.3　新建工程对话框

打开图 5.4.4 所示的对话框，工程文件类型选择 PCB，其余条件一般情况下无需更改，更改文件名称，选择工程文件路径，单击“创建”，创建新的 PCB 工程(项目)。

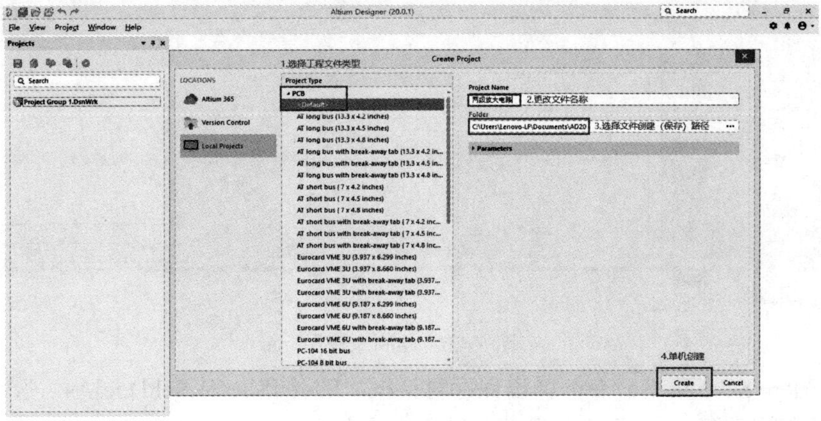

图 5.4.4　创建 PCB 工程(项目)

2) PCB 工程(项目)文件另存为

选择 File→Save Project As...菜单命令，弹出保存对话框“Save [两级放大电路.PrjPCB]As…”对话框如图 5.4.5 所示，选择保存路径，更改名称后单击保存。

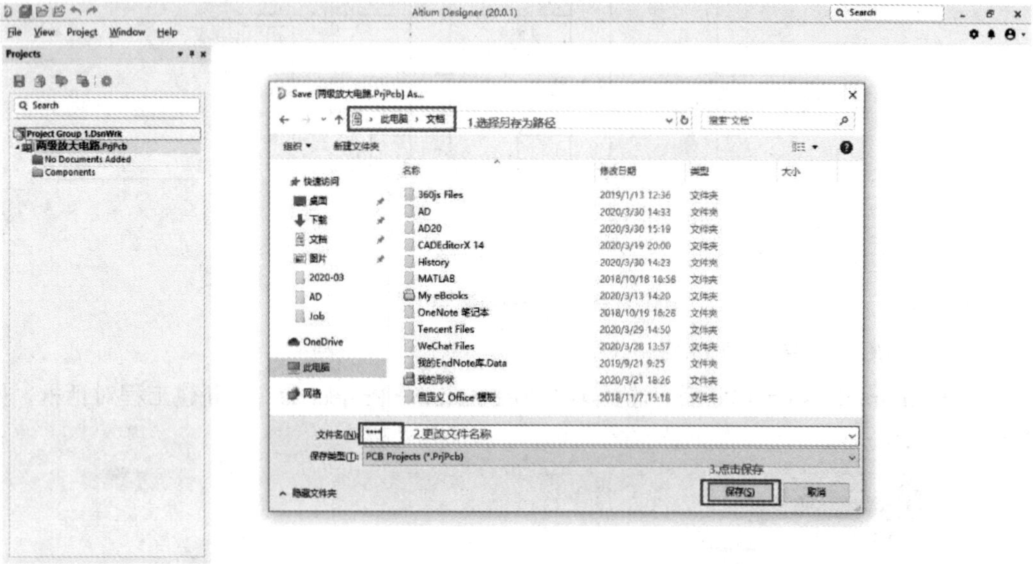

图 5.4.5　保存工程文件

3) 创建原理图文件

在新建的 PCB 工程(项目)文件下，选择菜单 File→New→Schematic 命令，出现如图 5.4.6 所示的绘制原理图页面。

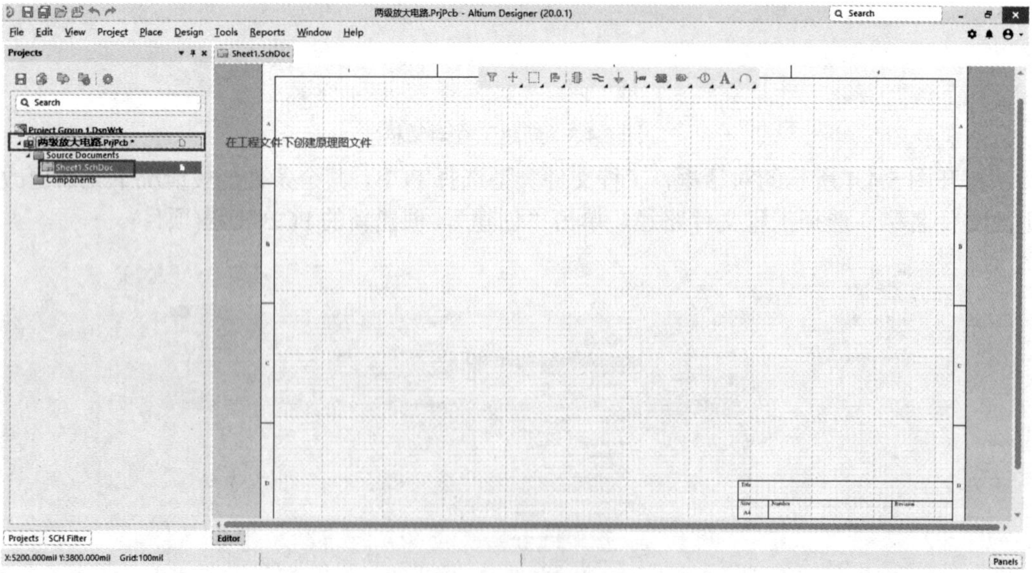

图 5.4.6　绘制原理图

选择 File→Save 菜单命令，弹出保存对话框“Save [Sheet1.SchDoc]As...”，如图 5.4.7 所示，选择保存路径(与工程文件路径一致)，单击保存。

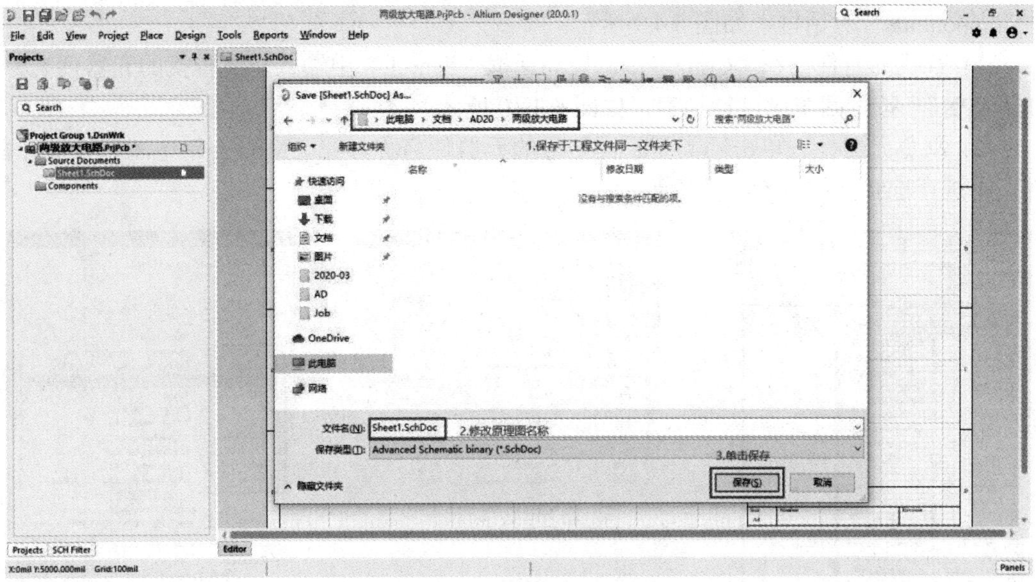

图 5.4.7　保存原理图文件

4) 设置工作环境

注意：建议初学者保持默认工作环境，暂时不需要设置，等到具有一定水平后再进行设置。

选择 Project→Project Options…菜单命令，在系统弹出的“Options for PCB Project 两级放大电路.PrjPcb”中进行设置，如图 5.4.8 所示。

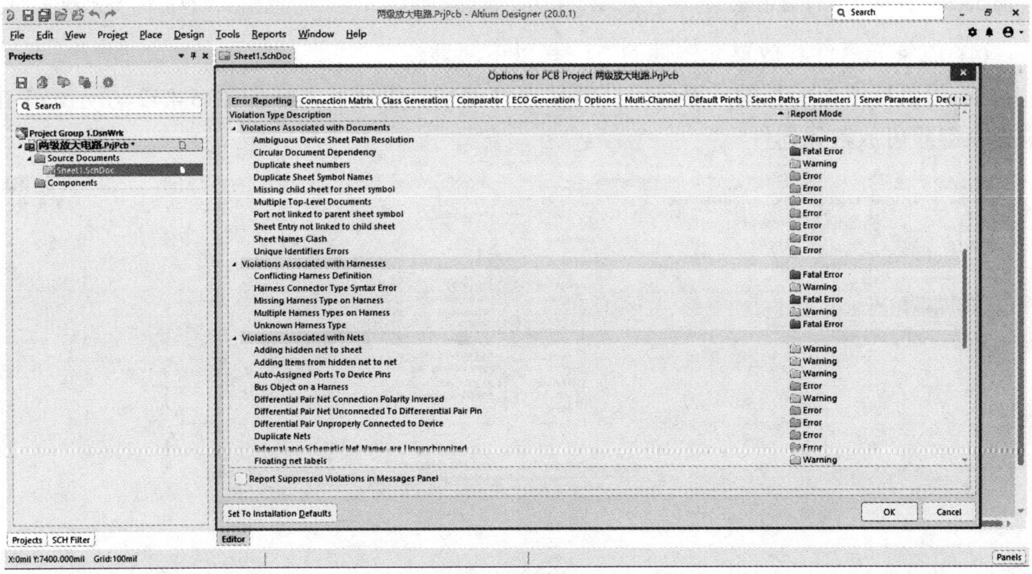

图 5.4.8　工作环境

5) 放置元件

在不知道某个需要用的元件在哪一个库的情况下，可以采用搜索元件的方式进行元件放置，提高绘图效率。以图 5.4.2 的两级放大电路为例，操作步骤如下：

(1) 调出放置元器件对话框。具体操作方法为选择 Place→Part…菜单命令，弹出

“Components”对话框，如图 5.4.9 所示。

(2) 查找元器件。在“Components”对话框“Search”中输入想要查找的元器件名称，如“NPN”，按下回车键进行搜索，如图 5.4.10 所示。

(3) 浏览元器件。单击同类型不同型号的元器件名称，在“Models”中浏览合适元器件，再进行选择，如图 5.4.11 所示。

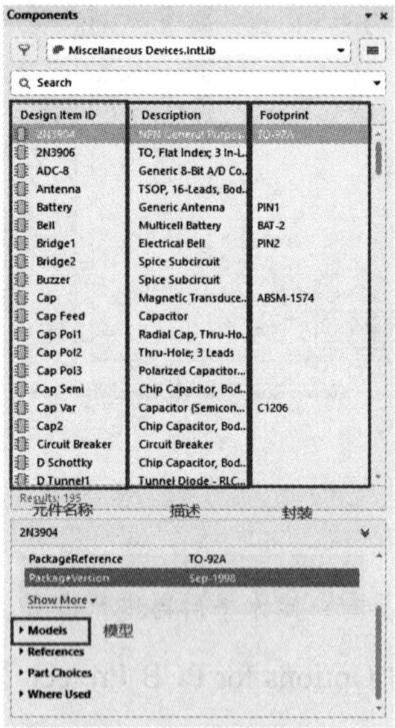

图 5.4.9　放置元器件对话框

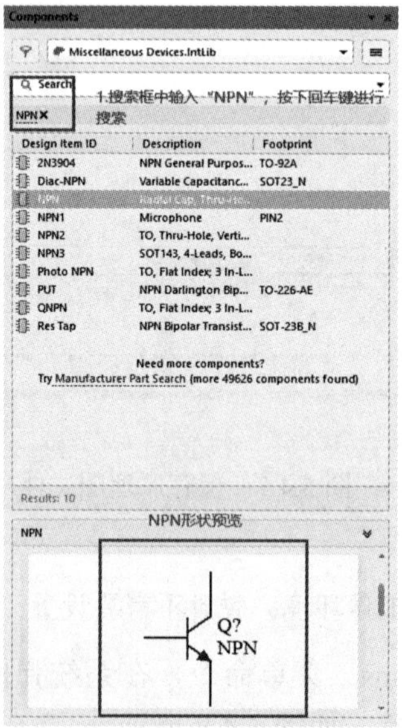

图 5.4.10　查找元器件

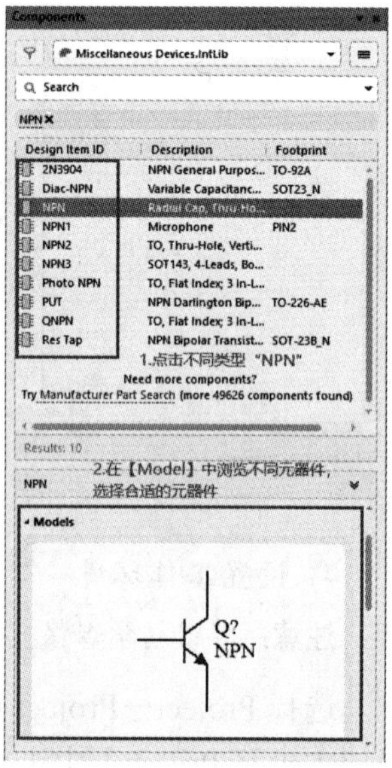

图 5.4.11　浏览元器件

(4) 放置元器件。放置元器件的方法有以下两种。

① 用鼠标双击所需的元器件，此时元器件就粘到了鼠标上，如图 5.4.12 所示，单击鼠标左键即可放置元器件。

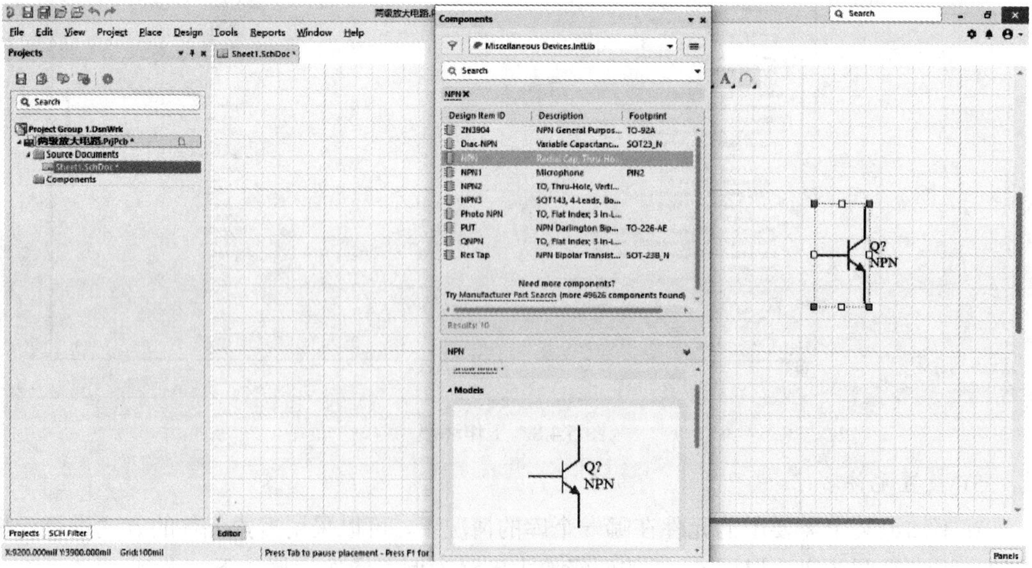

图 5.4.12　放置元器件

② 用鼠标单击元器件名称，按住不放，拖动到绘图界面，松开鼠标即可，如图 5.4.13 所示。

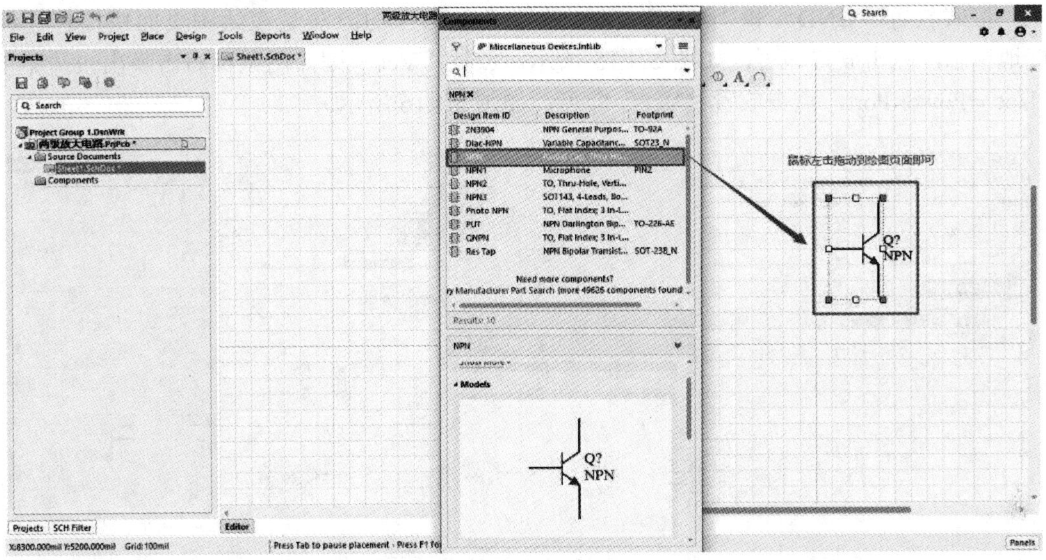

图 5.4.13　放置元器件

以图 5.4.2 的两极放大电路为例，剩余元器件的搜索、浏览、放置方法同上。“电阻”搜索名称为“Res”，“电容”搜索名称为“Cap”，“头”搜索名称为“Header”。搜索结果如图 5.4.14 所示。

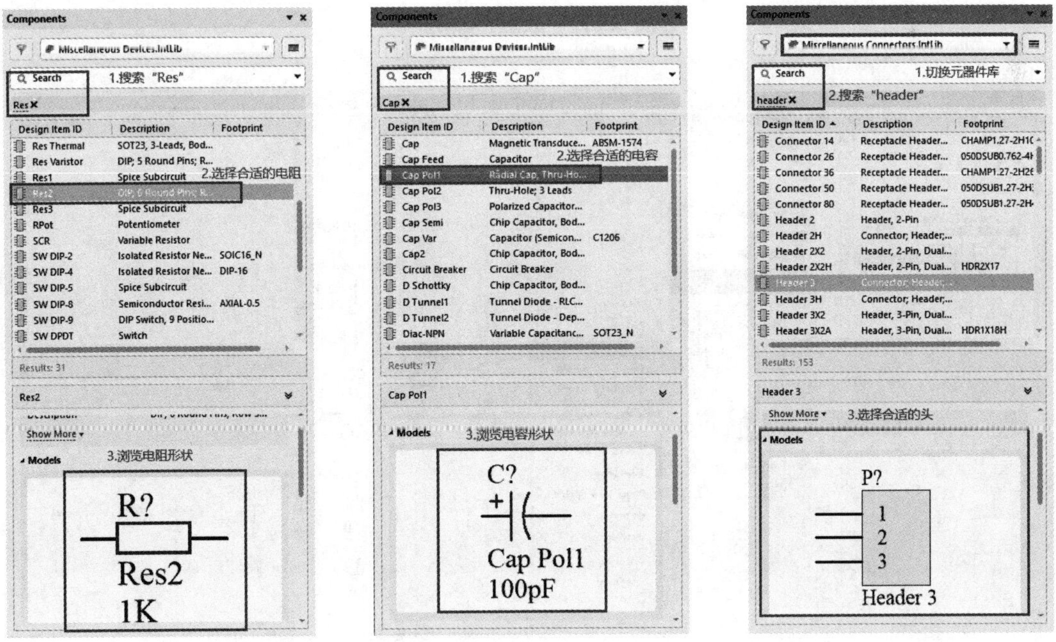

(a) 电阻　　(b) 电容　　(c) 头

图 5.4.14　剩余元器件搜索

注意：搜索“Header”时用户记得切换元器件库，用户若想调整元器件方向，只需点击选中元器件再按键盘“空格键”即可调整方向。

接着放置“GND”和“Vcc”，其中放置“GND”的方法是在绘图页面快捷栏选择接地标志，点击放置即可，如图 5.4.15 所示。放置“Vcc”则需用鼠标右击唤出快捷菜单 Place→Power Port，点击放置“Vcc”即可，如图 5.4.16 所示。

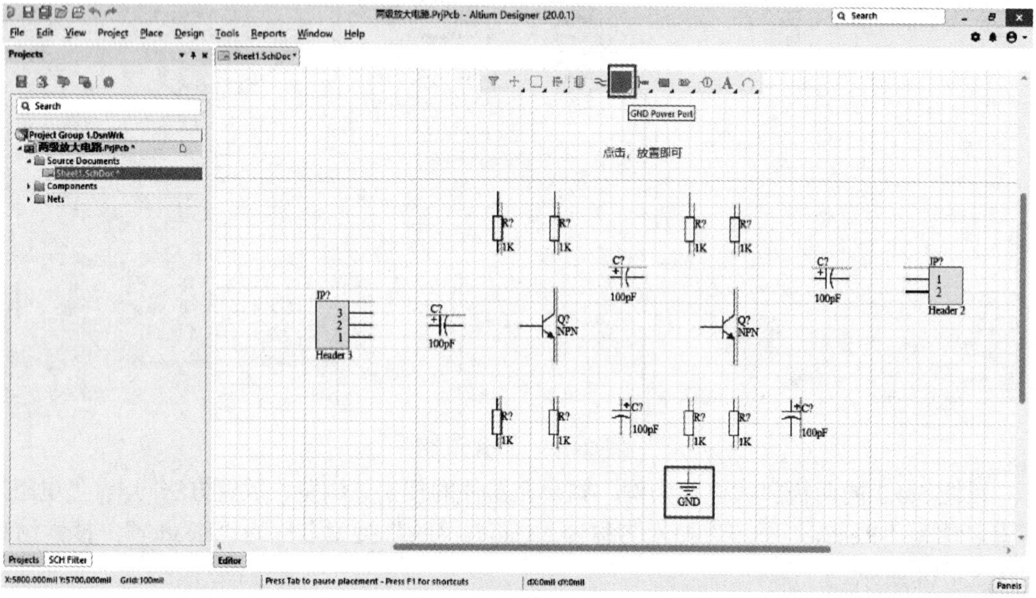

图 5.4.15　放置“GND”

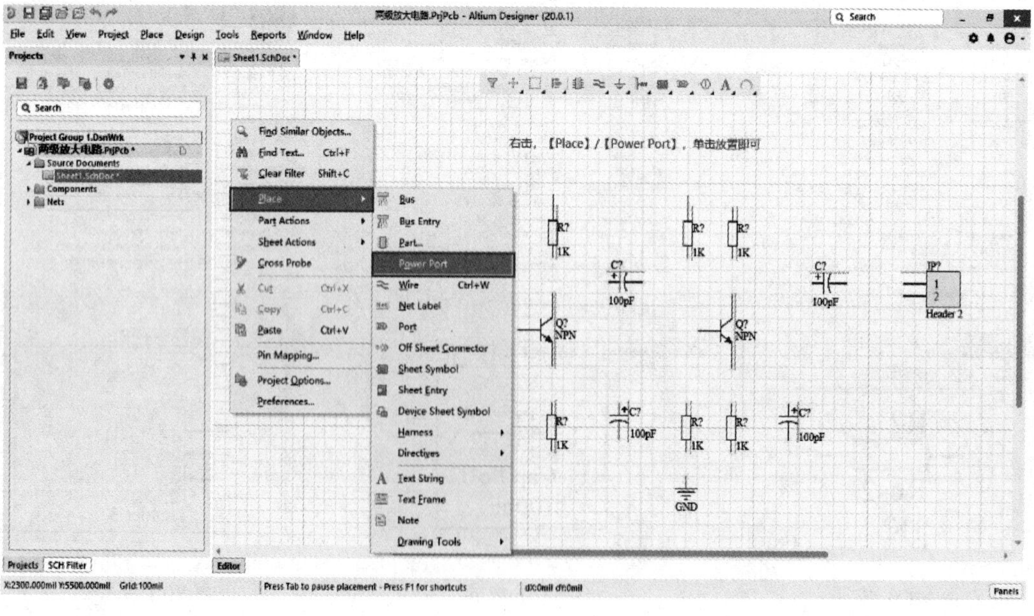

图 5.4.16　放置“Vcc”

将搜索到的元器件按照图 5.4.2 所示，放于绘图页面，如图 5.4.17 所示。

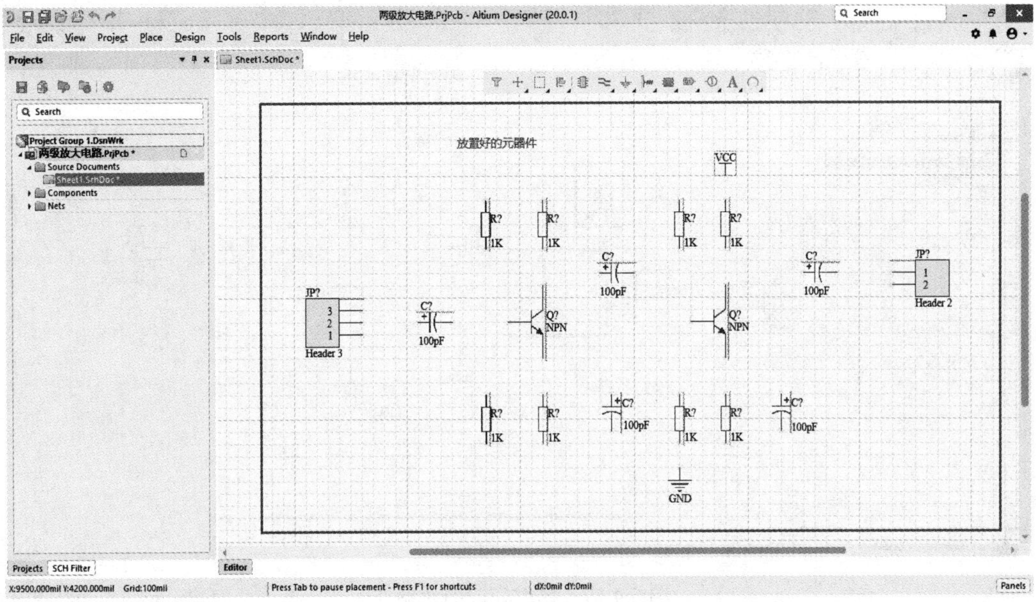

图 5.4.17　放置元器件

(5) 修改元器件参数。以电容为例，分别双击电容名称和数值小框，在如图 5.4.18 所示的对话框中，修改“Value”。

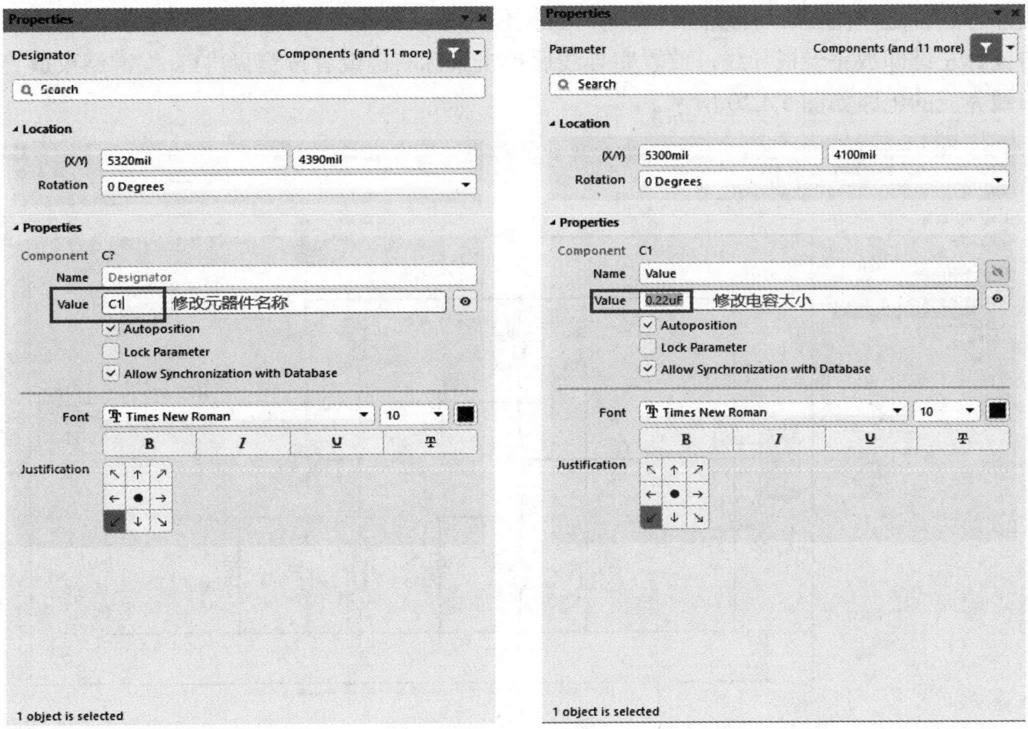

图 5.4.18　修改电容器参数

修改完成的元器件放置在绘图页面，如图 5.4.19 所示。

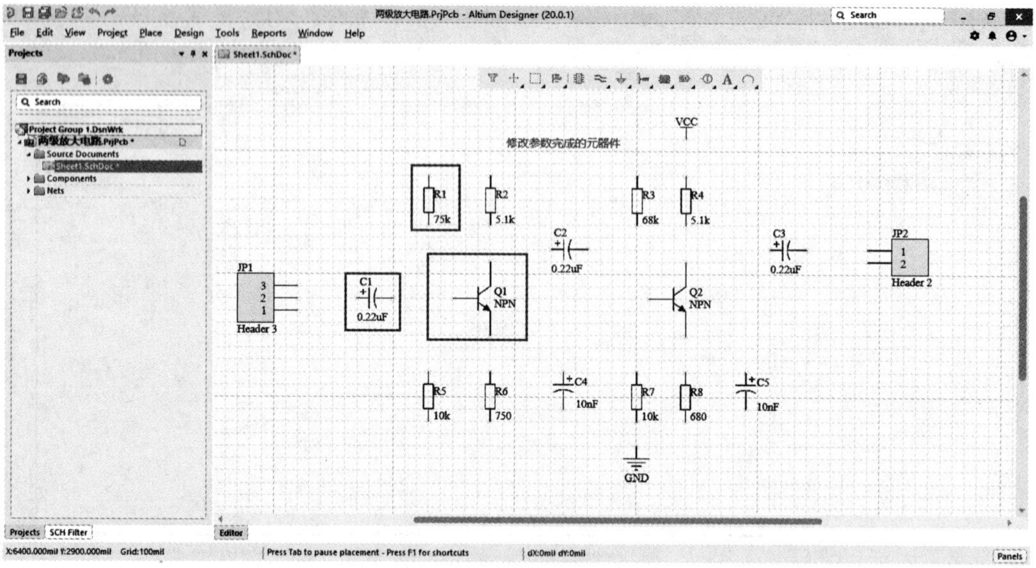

图 5.4.19　修改完成的元器件

6) 原理图布线

在放好元件位置后即可对原理图进行布线操作。

选择 Place→Wire 工具菜单，此时将带十字型的光标放到元件引脚位置并单击鼠标左键即可进行连线(注意：拉线过程无需一直按住鼠标左键不放)。将导线拉到另一引脚上单击鼠标左键即放完一根导线，放置完导线后单击鼠标右键或者按键盘“Esc”键结束放置，布线完成的电路如图 5.4.20 所示。

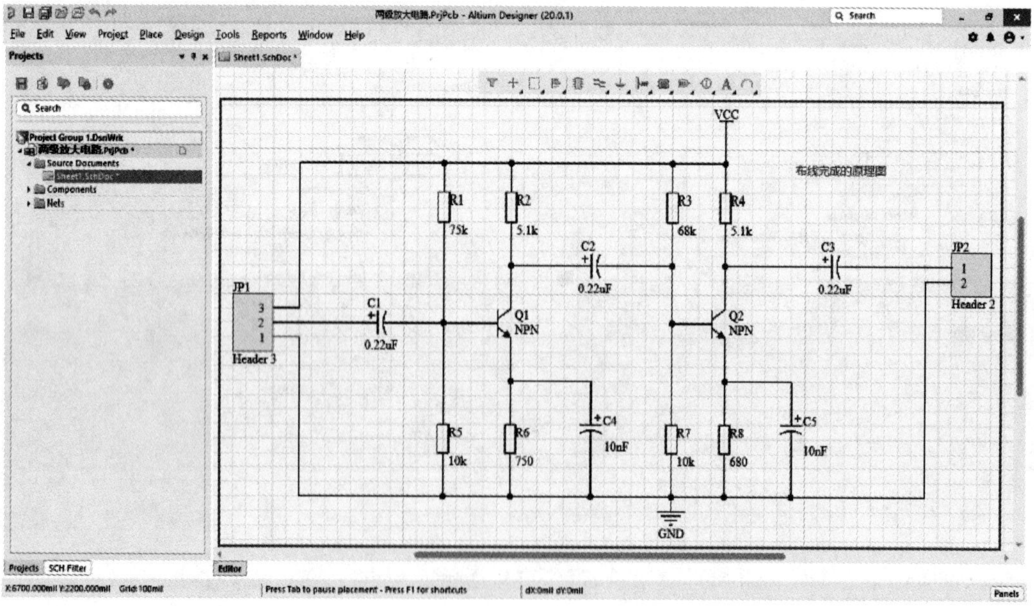

图 5.4.20　原理图布线

7) 原理图电气规则检查

选择 Project→Compile PCB Project[两级放大电路]，如图 5.4.21 所示。若无错误提示，即通过电器规则检查；若有错误，则需找到错误位置进行修改调整(注意：电气检查规则建议初学者不要更改，待熟练后再更改)。

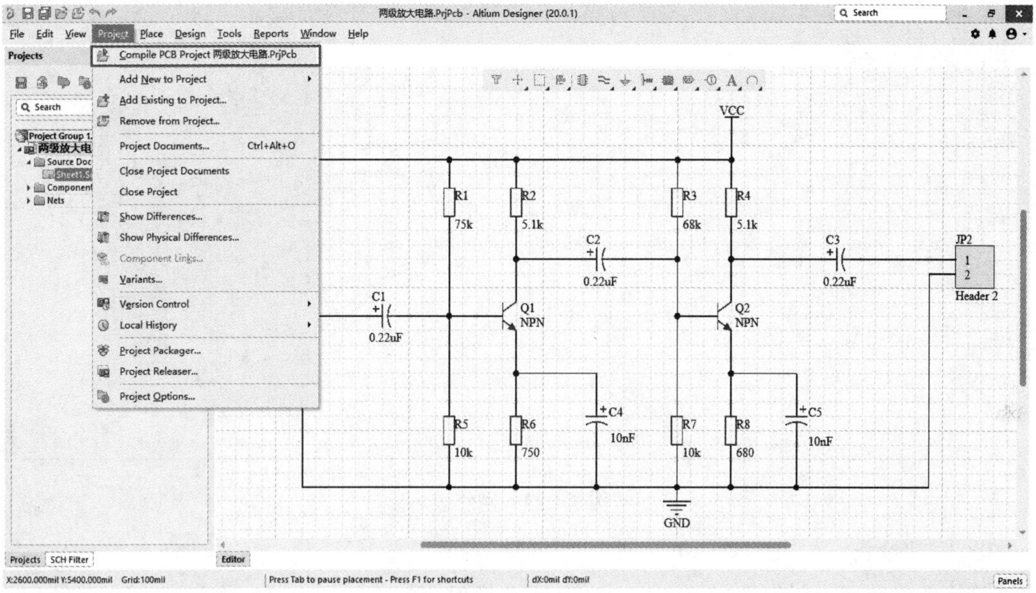

图 5.4.21　原理图电气规则检查

8) 生成网络表

电路通过编译后，选择 Design→Netlist for Project→Protel，即可进行网络表生成，如图 5.4.22 所示。生成的网络表，如图 5.4.23 所示。

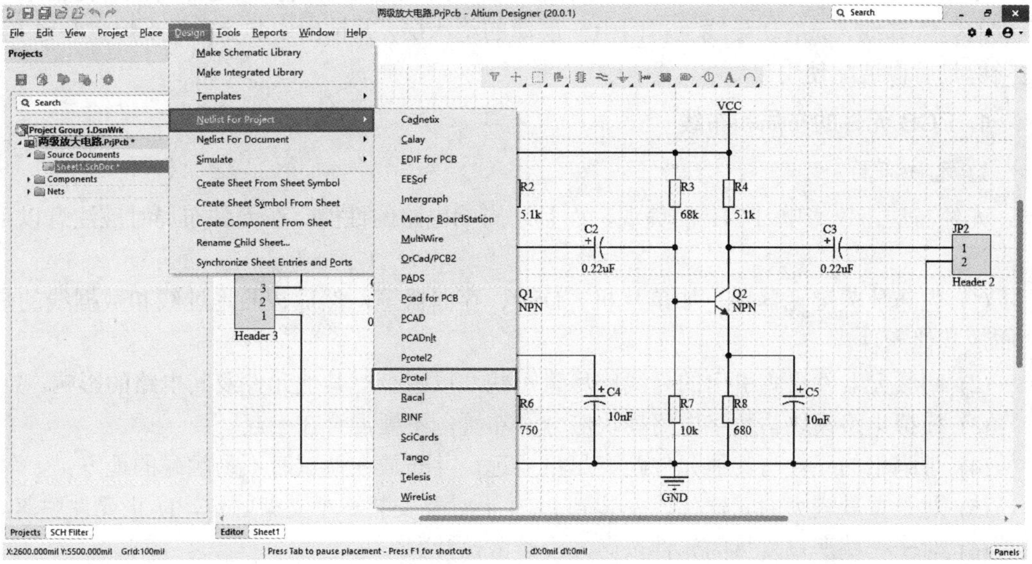

图 5.4.22　生成网络表

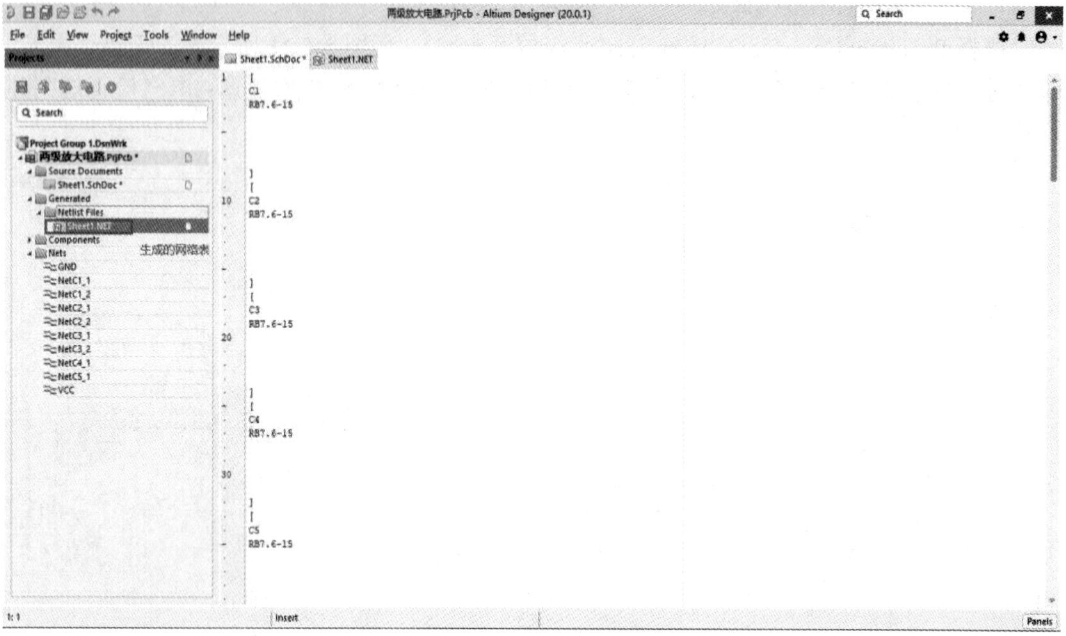

图 5.4.23　网络表

9) *保存输出*

选择 File→Save (或者 Save As...)就可以进行保存。

5.4.2　PCB 设计流程

PCB(Printed Circuit Board，印制电路板)，是通过在绝缘程度非常高的基材上覆盖一层导电性良好的铜膜，采用刻蚀工艺，根据 PCB 的设计在敷铜板上进行腐蚀后保留铜膜形成的电气导线。一般在导线上再附上一层薄的绝缘层，并钻出安装定位孔、焊盘和过孔，适当剪裁后供装配使用。

1. PCB 元件的布局和布线

1) *元件布局*

元件布局不仅影响 PCB 的美观，而且还影响电路的性能。在元件布局时应注意以下几点：

(1) 先布放关键元器件，如单片机、DSP、存储器等，然后按照地址线和数据线的走向布放其他元件。

(2) 高频元器件引脚引出的导线应尽量短些，以减少对其他元件及其电路的影响。

(3) 模拟电路模块与数字电路模块应分开布置，不要混合在一起。

(4) 带强电的元件与其他元件距离尽量要远，并布放在调试时不易触碰的地方。

(5) 对于重量较大的元器件，安装到 PCB 上时要安装一个支架固定，防止元件脱落。

(6) 对于一些严重发热的元件，必须安装散热片。

(7) 电位器、可变电容等元件应布放在便于调试的地方。

2) PCB 布线

布线时应遵循以下基本原则：

(1) 输入端导线与输出端导线应尽量避免平行布线，以免发生耦合。

(2) 在布线允许的情况下，导线的宽度尽量取大些，一般不低于 20 mil。

(3) 导线的最小间距是由线间绝缘电阻和击穿电压决定的，在允许布线的范围内应尽量大些，一般不小于 12 mil。

(4) 微处理器芯片的数据线和地址线应尽量平行布线。

(5) 布线时尽量少转弯，若需要转弯，转弯角度一般取 45 度走向或圆弧形。在高频电路中，转弯时不能取直角或锐角，以防止高频信号在导线转弯时发生信号反射现象。

(6) 电源线和地线的宽度要大于信号线的宽度。

2. PCB 设计流程

PCB 设计流程图如图 5.4.24 所示。

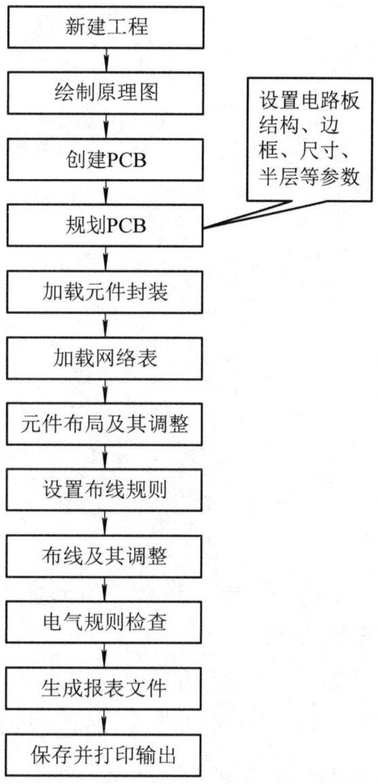

图 5.4.24　PCB 设计流程图

3. 设计步骤

1) 创建 PCB 工程(项目)文件

如果在原理图绘制阶段已经新建，则无需新建；如果在原理图绘制阶段没有新建，则在启动 Altium Designer 20 后，选择菜单 File→New→Project 命令进行新建。

2) PCB 工程(项目)文件另存为

选择 File→Save Project As…菜单命令，弹出保存对话框“Save[文件名称.PrjPCB]AS…”对话框，选择保存路径、更改名称后单击保存。

3) 绘制原理图

整个原理图绘制过程参见上述原理图设计部分，此处不再赘述。

4) 创建 PCB 文件文档

使用菜单命令创建，步骤如下：

(1) 通过原理图部分的介绍方法创建好工程文件。

(2) 在创建好的工程文件中创建 PCB：选择 File→New→PCB 菜单命令。

(3) 保存 PCB 文件：选择 File→Save 菜单命令。

5) 规划 PCB

(1) 板层设置。执行菜单命令：Design→Layer Stack Manager，在弹出的对话框中进行设置，如图 5.4.25 所示。

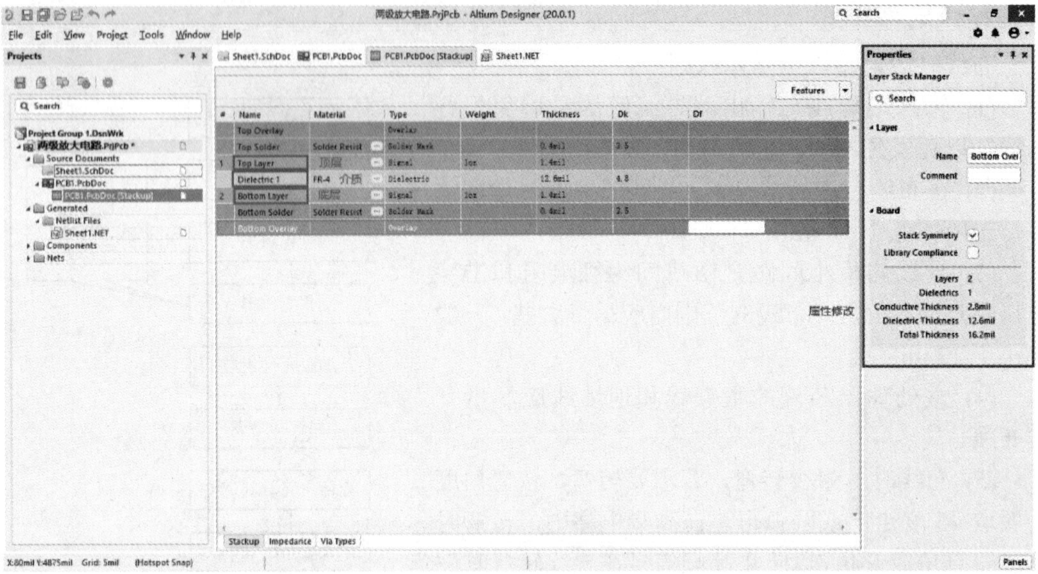

图 5.4.25　板层设置

注意：一般根据自己所画的电路板的性质来进行修改，平时自己做板子一般只保留顶层和底层。

(2) 工作面板的颜色和属性。执行屏幕右下角 Panels→View Configuration 菜单命令，在弹出的对话框中进行设置，如图 5.4.26 所示。

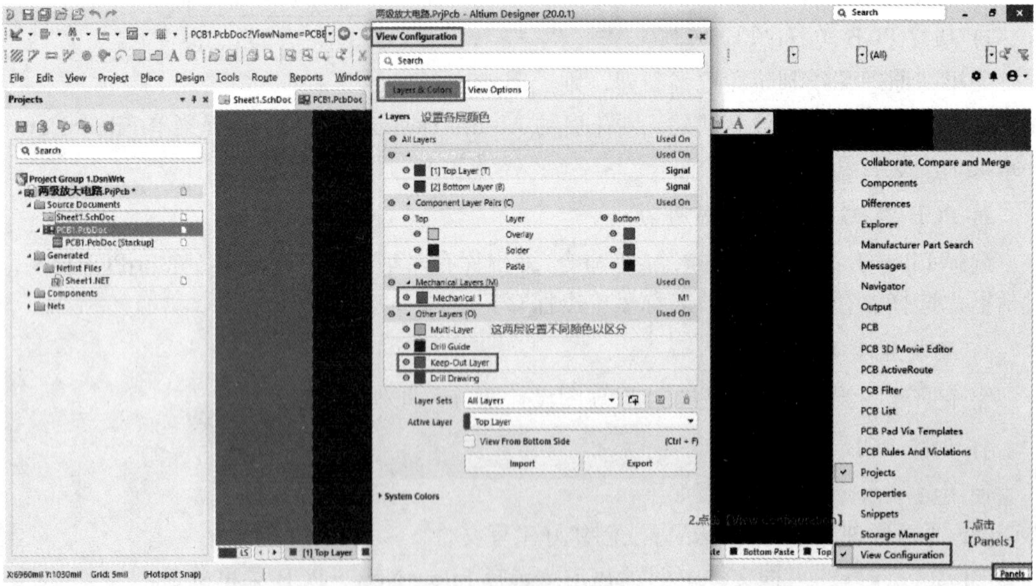

图 5.4.26　板层颜色设置

(3) PCB 物理边框设置。单击工作窗口下面的 Mechanical 1 标签，切换到 Mechanical 1 工作层上，如图 5.4.27 所示。

选择 Place→Line 菜单命令，根据自己的需要，绘制一个物理边框，如图 5.4.28 所示。

图 5.4.27　切换工作层

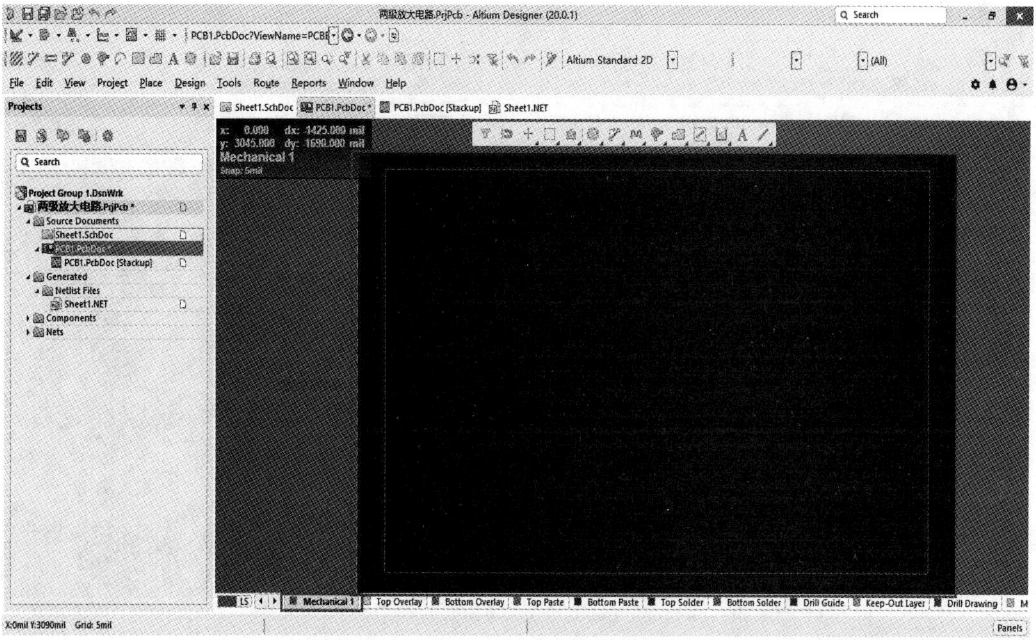

图 5.4.28　绘制物理边框

(4) PCB 布线框设置。单击工作窗口底层中 Keep-Out Layer 标签，切换到 Mechanical 1 工作层上，执行 Place→Line 菜单命令，根据物理边框的大小设置一个紧靠物理边框的电气边界，如图 5.4.29 所示。

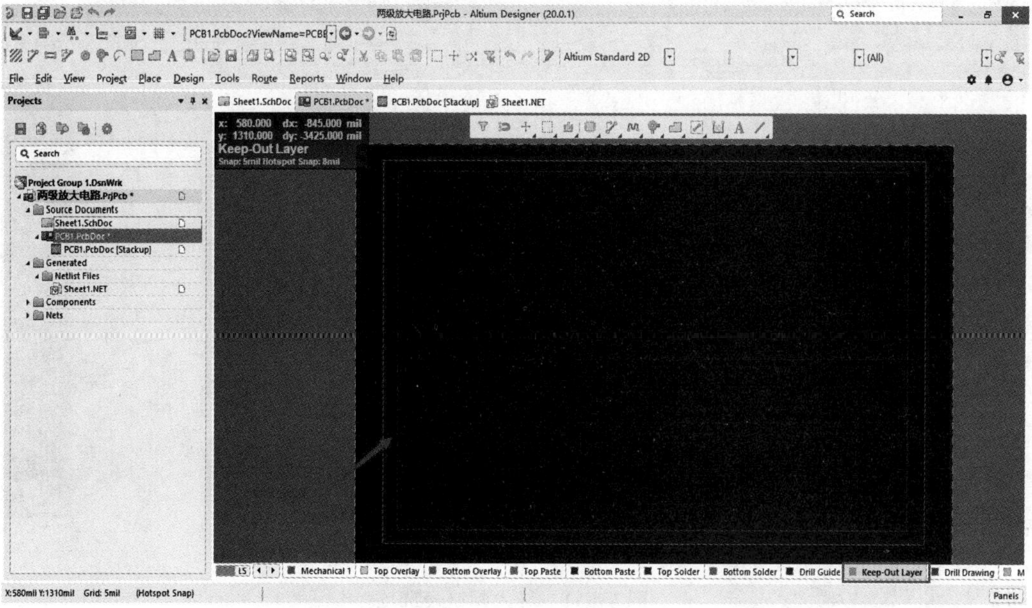

图 5.4.29　设置布线框

6) 导入网络表

激活 PCB 工作面板，执行 Design→Import Changes From[两级放大电路].PrjPcb 菜单命令，如图 5.4.30 所示。

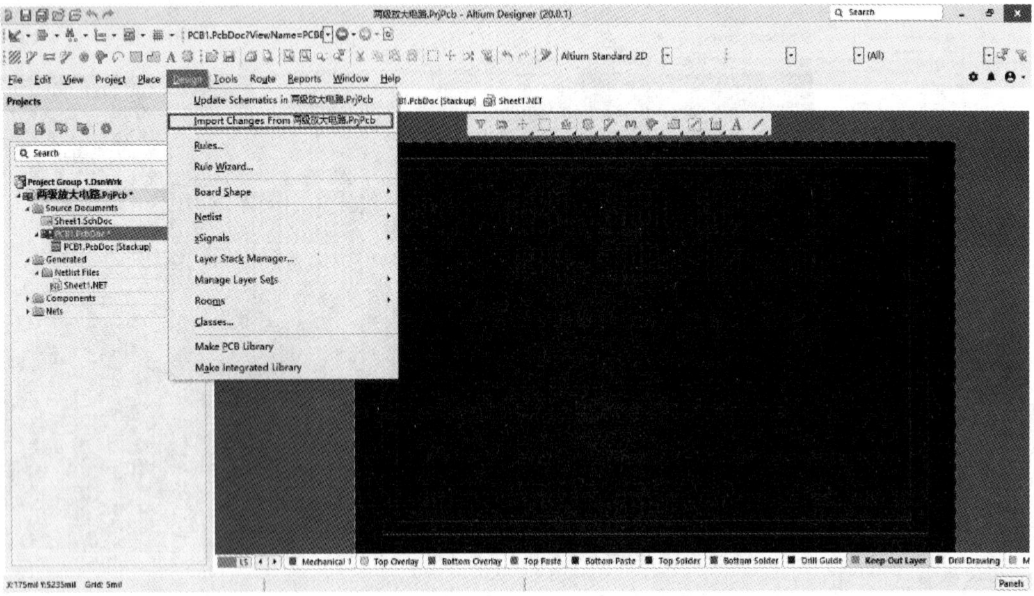

图 5.4.30　导入网络表

执行上述命令以后，弹出如图 5.4.31 所示的对话框，先单击“Validate Change”使变化生效，然后单击“Execute Changes”执行变化。

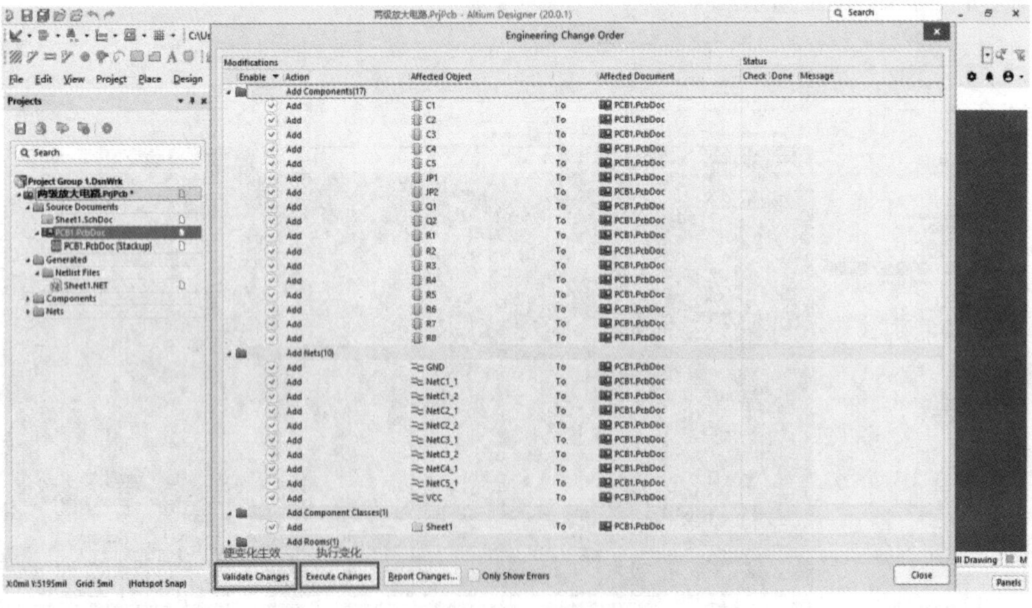

图 5.4.31　导入网络表选项

由此将“两级放大电路”原理图自动导入至 PCB 中，出现如图 5.4.32 所示的 PCB 图。

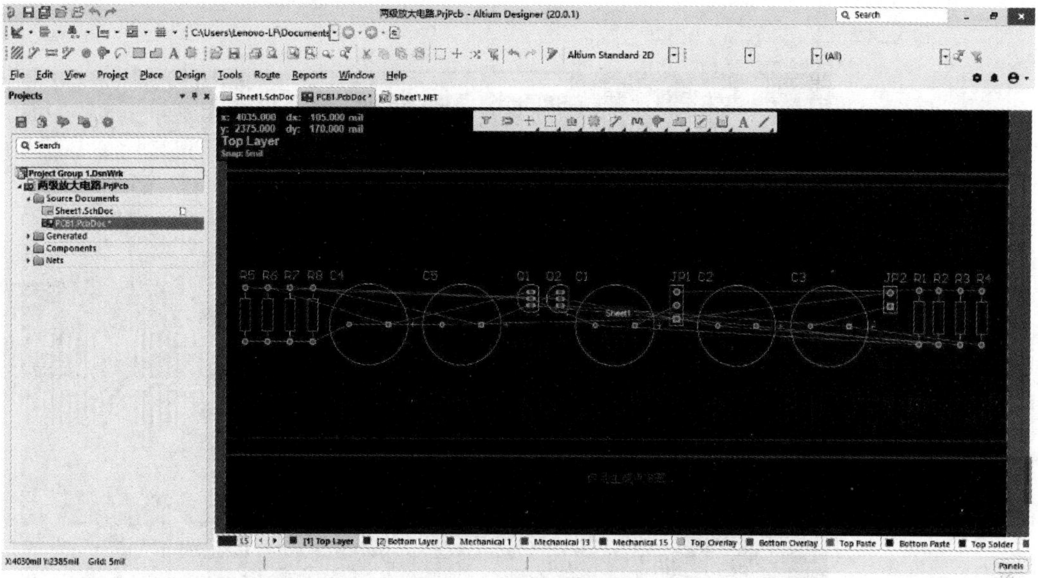

图 5.4.32　原理图导入

7) PCB 设计规则设计

可以通过规则编辑器设置各种规则以方便后面的设计，选择菜单 Design→Rules…，出现如图 5.4.33 所示界面。

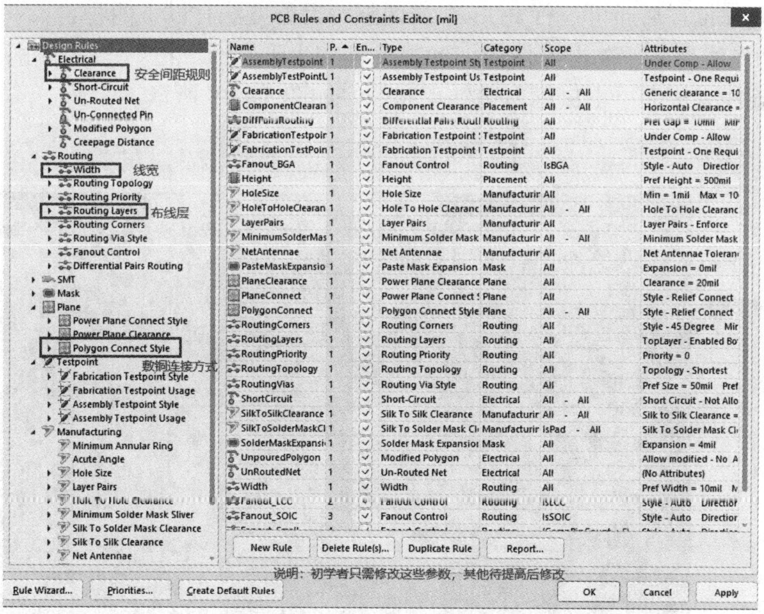

图 5.4.33　规则设计对话框

8) PCB 布局

通过移动、旋转元器件，将元器件移动到电路板内合适的位置，使电路的布局最合理。以图 5.4.2 的两极放大电路为例，将 PCB 板中的元器件对照图 5.4.2 原理图放置，如图 5.4.34 所示，具体方法需要多做实践才有体会。

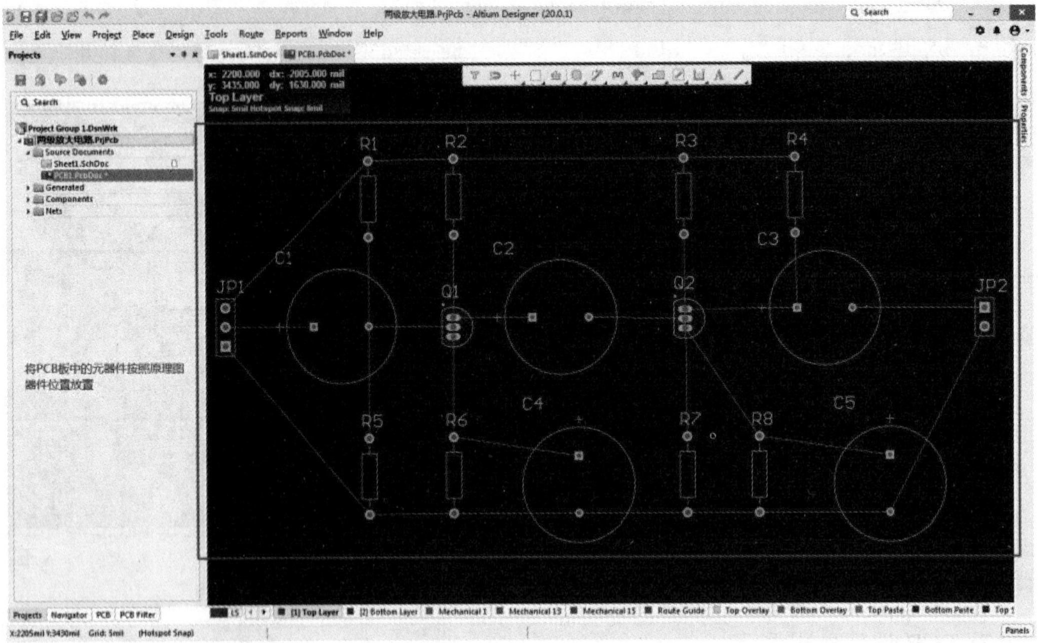

图 5.4.34　PCB 元件布局

9) PCB 布线调整

调整好元件位置后即可进行 PCB 布线调整。调整方法有以下两种。

(1) 手动布线调整。单击图标，此时鼠标变为十字形，在单盘处单击鼠标左键即可开始连线，连线完成后单击鼠标右键结束布线，如图 5.4.35 所示。

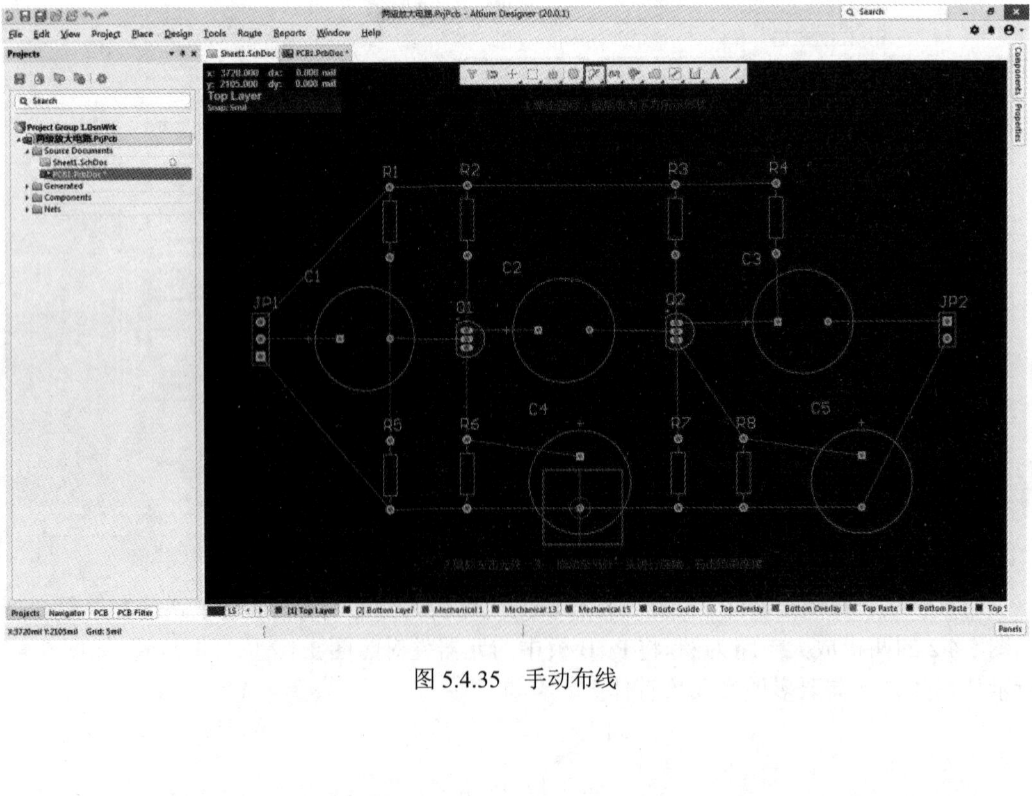

图 5.4.35　手动布线

(2) 自动布线调整。单击绘图页面右下角 Panels→PCB ActiveRoute，出现如图 5.4.36 所示的对话框。

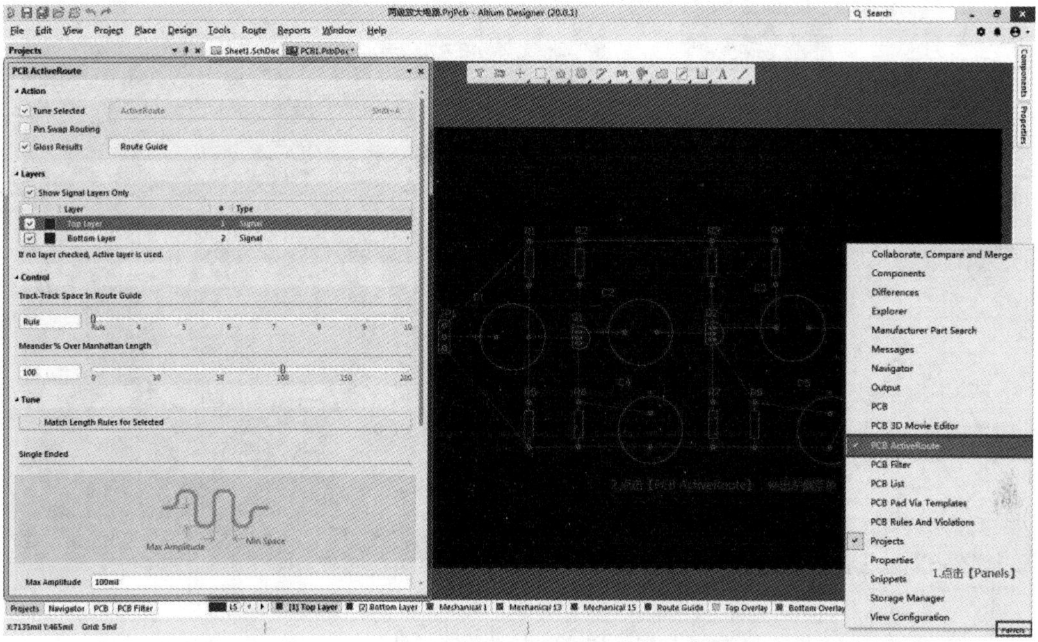

图 5.4.36　自动布线对话框

按住键盘上“Alt”按键，鼠标选择所要自动布线的元器件，如图 5.4.37 所示。

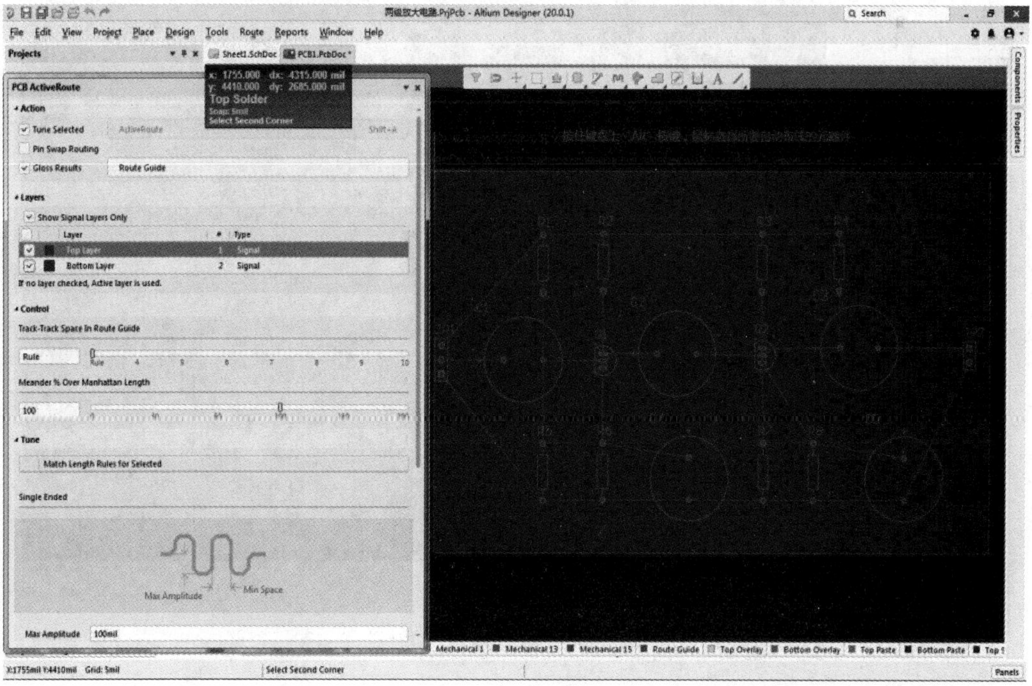

图 5.4.37　选中元器件

选择所需布线的层数，选取布线等长，最后点击自动布线，如图 5.4.38 所示。

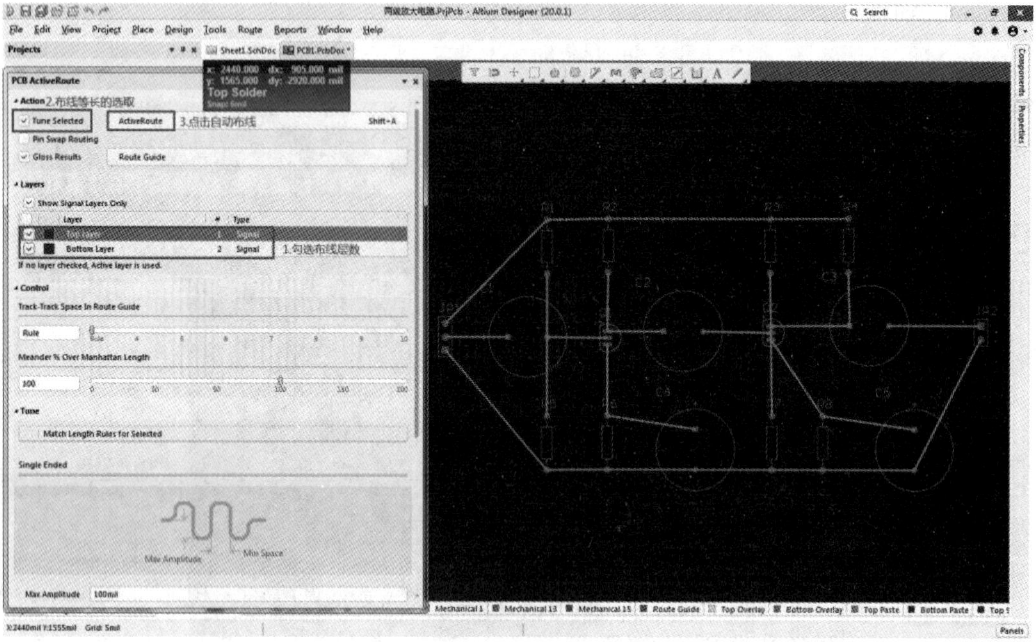

图 5.4.38 自动布线设置

自动布线完成的 PCB 板，如图 5.4.39 所示。

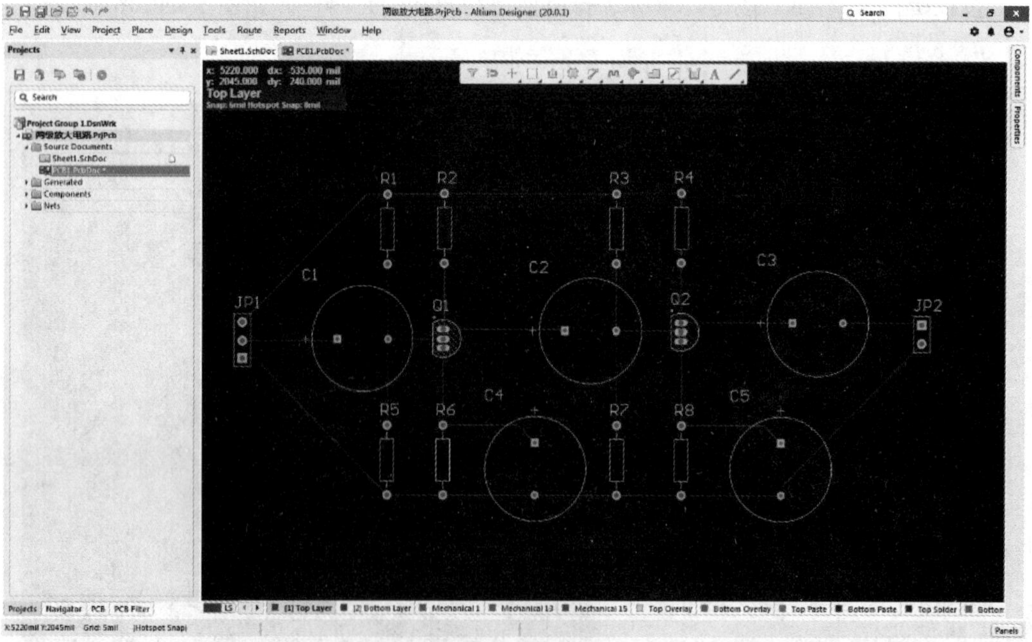

图 5.4.39 PCB 板自动布线

第 6 章　新工科类专业毕业设计(论文)的智能算法类专题

【教学内容与要求】

本章主要内容涉及自适应滤波算法(含最小均方差(LMS，least mean square)滤波器、递归最小二乘(RLS，recursive least squares)滤波器)、神经网络、遗传算法及卷积神经网络等智能处理算法。本章着重阐述这几类智能算法的原理，详细分析将这几类智能算法应用于实际的切入点，并结合实例说明各种算法的应用过程；所述内容可根据教学和毕业设计(论文)任务需要加以选择，通过本章的教学，有助于学生找到将智能算法应用于解决实际问题的办法。

6.1　自适应滤波原理与算法

自适应滤波理论于 1967 年由 Widrow B 提出，它能自动调整滤波系统参数，从而使系统达到最佳状况，基于自适应理论的系统称为自适应系统，这种滤波器就称为自适应滤波器。自适应滤波器有线性和非线性、时变和非时变之分。自适应系统的非线性特性主要是由系统在不同的信号环境中实现自身参数的调整来确定的；自适应系统的时变特性主要是由其自适应响应或自适应学习过程来确定的，当自适应过程结束、系统不再进行时，有一类自适应系统可成为线性系统，被称为线性自适应系统。本节主要介绍线性自适应滤波器中的最小均方差滤波器、递归最小二乘滤波器，它们由参数可调的数字滤波器和调整滤波器系数的自适应算法两部分构成，是一种能够自动调整本身参数的特殊维纳滤波器，具有稳定的自适应行为且算法简单，收敛性能良好。

6.1.1　自适应滤波原理

所谓自适应滤波，就是利用前一时刻已获得的滤波器参数，自动调节现时刻的滤波器参数，以适应信号和噪声未知的或随时间变化的统计特性，从而实现最优滤波。自适应滤波器的一般结构如图 6.1.1 所示。

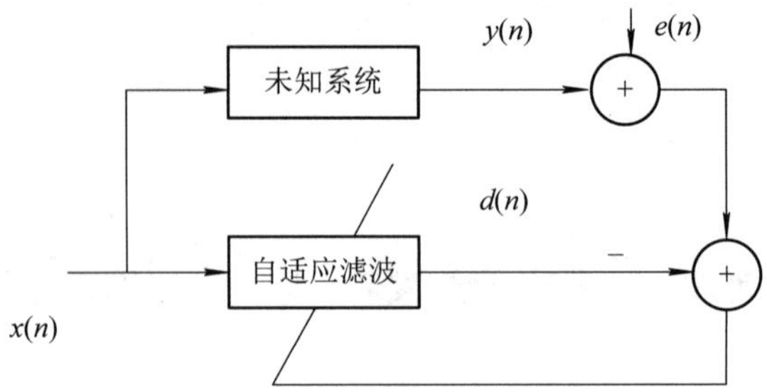

图 6.1.1　自适应滤波器的一般结构

图 6.1.1 中，$x(n)$ 为输入信号，$y(n)$ 为输出信号，$d(n)$ 为参考信号或期望信号，$e(n)$ 是误差信号。自适应滤波器主要有自适应 FIR 滤波器结构和自适应 IIR 滤波器结构。前者是一种横向滤波器，也称为抽头延迟线结构，不采用反馈环节，输出信号 $y(n)$ 是滤波器系数的线性组合，产生具有唯一最优解的二次均方误差函数；后者多采用标准直接形式结构，算法是根据预先确定的准则自适应地调整滤波器系数，其选择直接影响滤波性能。

6.1.2　LMS 自适应滤波算法

当滤波器输入信号的统计特性未知，或者输入信号的统计特性变化时，滤波器能够自动迭代调节滤波器参数，以满足某种准则的要求，从而实现最优滤波。因此，自适应滤波器具有“自我调节”和“跟踪”能力。自适应滤波算法有两类基本算法：最小均方误差(LMS)算法和递归最小二乘(RLS)算法。前者是基于最小均方误差准则设计的，后者是基于最小二乘准则设计的。

1. 算法原理

LMS 算法是按最小均方误差准则使滤波器的输出信号与期望输出信号之间的均方误差最小，并且根据这个准则来调整滤波器系数。

令 N 阶 FIR 滤波器的抽头系数为 $f_i(n)$，其输入和输出分别为 $x(n)$ 和 $y(n)$，则有

$$y(n)=\sum_{i=1}^{N} f_i(n)x(n-i) \tag{6.1.1}$$

将误差信号定义为

$$e(n)=d(n)-y(n)=d(n)-\sum_{i=1}^{N} f_i(n)x(n-i) \tag{6.1.2}$$

用向量形式表示为

$$e(n)=d(n)-\boldsymbol{f}^{\mathrm{T}}(n)\boldsymbol{x}(n)=d(n)-\boldsymbol{x}^{\mathrm{T}}(n)\boldsymbol{f}(n) \tag{6.1.3}$$

误差平方为

$$e^2(n)=d^2(n)-2d(n)\boldsymbol{x}^{\mathrm{T}}(n)\boldsymbol{f}(n)+\boldsymbol{f}^{\mathrm{T}}(n)\boldsymbol{x}(n)\boldsymbol{x}^{\mathrm{T}}(n)\boldsymbol{f}(n) \tag{6.1.4}$$

均方误差为

$$E[e^2(n)]=E[d^2(n)]-2E[d(n)\boldsymbol{x}^{\mathrm{T}}(n)]\boldsymbol{f}(n)+\boldsymbol{f}^{\mathrm{T}}(n)E[\boldsymbol{x}(n)\boldsymbol{x}^{\mathrm{T}}(n)]\boldsymbol{f}(n) \tag{6.1.5}$$

互相关矩阵为

$$\boldsymbol{R}_{xd}^{\mathrm{T}}=\{E[d(n)\boldsymbol{x}^{\mathrm{T}}(n)]\} \tag{6.1.6}$$

自相关矩阵为

$$\boldsymbol{R}_{xx}=E[\boldsymbol{x}(n)\boldsymbol{x}^{\mathrm{T}}(n)] \tag{6.1.7}$$

所以均方误差可表示为

$$E[e^2(n)]=E[d^2(n)]-2\boldsymbol{R}_{xd}^{\mathrm{T}}\boldsymbol{f}+\boldsymbol{f}^{\mathrm{T}}\boldsymbol{R}_{xx}\boldsymbol{f} \tag{6.1.8}$$

式(6.1.8)表明，均方误差是权系数向量 $\boldsymbol{f}$ 的二次函数，它是一个凹的抛物形曲面，是具有唯一最小值的函数。调节权系数使均方误差为最小，相当于沿抛物形曲面下降方向找全局极小值(可以用梯度法来求该极小值)。

将式(6.1.8)对权向量 $\boldsymbol{f}$ 求导数，得均方误差函数的梯度为

$$\nabla(n)=\nabla E[e^2(n)]=\left[\frac{\partial E[e^2(n)]}{\partial f_1},\ \dots,\ \frac{\partial E[e^2(n)]}{\partial f_N}\right]^{\mathrm{T}}=-2\boldsymbol{R}_{xd}+2\boldsymbol{R}_{xx}\boldsymbol{f} \tag{6.1.9}$$

令 $\nabla(n)=0$，即可以求出最佳权向量为

$$\boldsymbol{f}_{\mathrm{opt}}(n)=\boldsymbol{R}_{xx}^{-1}\boldsymbol{R}_{xd} \tag{6.1.10}$$

将 $\boldsymbol{f}_{\mathrm{opt}}(n)$ 代入式(6.1.8)，得最小均方误差为

$$E[e^2(n)]_{\min}=E[d^2(n)]-\boldsymbol{R}_{xd}^{\mathrm{T}}\boldsymbol{f}_{\mathrm{opt}}(n) \tag{6.1.11}$$

利用式(6.1.10)求最佳权向量的精确解需要知道 $\boldsymbol{R}_{xx}$ 和 $\boldsymbol{R}_{xd}$ 的先验统计值，还需要进行矩阵求逆等运算。而 Widrow 和 Hoff 提出了一种在这些先验统计知识未知时求 $\boldsymbol{f}_{\mathrm{opt}}(n)$ 的近似值的方法，习惯上称之为 Widrow-Hoff LMS 算法。根据最速下降法，“下一时刻”权系数向量 $\boldsymbol{f}(n+1)$ 等于“现时刻”权系数向量 $\boldsymbol{f}(n)$ 加上一个负均方误差梯度($-\nabla(n)$)的比例项，即

$$\boldsymbol{f}(n+1)=\boldsymbol{f}(n)-\mu\nabla(n) \tag{6.1.12}$$

式中，μ 是一个控制收敛速度与稳定性的常数，称之为收敛因子。

不难看出，LMS 算法有两个关键点：梯度 $\nabla(n)$ 的计算以及收敛因子 μ 的选择。

精确计算梯度 $\nabla(n)$ 是十分困难的。在实际应用中，直接取 $e^2(n)$ 代替 $E\left[e^2(n)\right]$ 的估计值进行梯度运算，即

$$\hat{\nabla}=\nabla\left[e^2(n)\right]=2e(n)\nabla\left[e(n)\right] \tag{6.1.13}$$

式中，

$$\nabla\left[e(n)\right]=\nabla\left[d(n)-\boldsymbol{f}^{\mathrm{T}}(n)\boldsymbol{x}(n)\right]=-\boldsymbol{x}(n) \tag{6.1.14}$$

将式(6.1.14)代入式(6.1.13)中，得梯度估值为

$$\hat{\nabla}(n) = -2e(n)\boldsymbol{x}(n) \tag{6.1.15}$$

于是，Widrow-Hoff LMS 算法为

$$\boldsymbol{f}(n+1) = \boldsymbol{f}(n) + 2\mu e(n)\boldsymbol{x}(n) \tag{6.1.16}$$

2. 算法讨论

在 LMS 算法中，输出信号 $y(n)$、输出误差 $e(n)$ 及权系数向量 $\boldsymbol{f}(n)$ 间的关系式为

$$\begin{aligned} y(n) &= \boldsymbol{f}(n)\boldsymbol{x}^{\mathrm{T}}(n) \\ e(n) &= d(n) - y(n) \\ \boldsymbol{f}(n+1) &= \boldsymbol{f}(n) + 2\mu(n)\boldsymbol{x}(n) \\ x(n) &= s(n) + w(n) \end{aligned} \tag{6.1.17}$$

式中，n 为迭代次数，$\boldsymbol{x}(n)$ 为第 n 时刻的输入向量，且

$$\boldsymbol{x}(k) = [x(n), x(n-1), \ldots, x(k-M+1)] \tag{6.1.18}$$

$y(n)$，$e(n)$，$\boldsymbol{f}(n)$分别表示第 n 时刻的输出信号、输出误差和权系数向量。其中

$$\boldsymbol{f} = [f(0), f(1), \ldots, f(M-1)] \tag{6.1.19}$$

μ 表示 LMS 算法步长收敛因子，收敛条件为

$$0 \leqslant \mu \leqslant \frac{1}{\lambda_{\max}} \tag{6.1.20}$$

式中，$\lambda_{\max}$ 是输入信号自相关矩阵 $\boldsymbol{R}_{xx}$ 的最大特征值。μ 控制算法的稳定性和自适应速度，μ 的选取既要使算法有较快的收敛速度，又要使稳态误差最小。如果 μ 很小，收敛速度会很慢；如果 μ 很大，稳态误差会很大，也会加重算法的失调。所谓失调，是指由于梯度估计偏差的存在，在算法收敛后，均方误差并不无穷趋近于全局极小值，而是呈现出在全局极小值附近随机的波动特性，而权值亦不无穷趋近于最优权值，而是在最优权值附近呈现随机的波动。

需要注意： $\boldsymbol{R}_{xx}$ 的相关性对算法收敛性能有影响。若 $\boldsymbol{R}_{xx}$ 的特征值分布范围较大，即最大特征值和最小特征值之比较大，或相关性强，则算法的收敛速度将会变得比较慢。

3. 变换域自适应滤波算法

对强相关信号，LMS 算法的收敛性能差，这是由于输入信号自相关矩阵的特征值发散程度大。研究表明，对输入信号做某种正交变换后，输入信号自相关矩阵的特征值发散程度会变小。这种对输入信号做某些正交变换的自适应滤波算法，就称为变换域自适应滤波算法，其基本思想是把时域信号转变为变换域信号，在变换域中采用自适应算法。变换域自适应滤波算法的一般步骤如下。

(1) 选择正交变换，把时域信号转变为变换域信号。

输入信号 $\boldsymbol{x}(n) = [x(n), x(n-1), \ldots, x(n-N+1)]^{\mathrm{T}}$ 经过正交变换，变为

$$\boldsymbol{X}(n) = \boldsymbol{T}[\boldsymbol{x}(n)] \tag{6.1.21}$$

式中，$\boldsymbol{T}$ 是 $N \times N$ 正交变换矩阵，常用的正交变换有离散余弦变换、离散傅里叶变换、离散 Hartly 变换、Walsh-Hadamard 变换、正交小波变换，等等。

(2) 变换后的信号用其能量的平方根归一化，再采用某一自适应算法进行滤波。

自适应滤波器权向量定义为

$$\boldsymbol{F}(n)=\boldsymbol{T}[\boldsymbol{f}(n)]$$

滤波器的输出信号为

$$y(n)=\boldsymbol{F}^{\mathrm{T}}(n)\boldsymbol{X}(n)$$

误差信号为

$$e(n)=d(n)-y(n)$$

权向量的更新公式为

$$\boldsymbol{F}(n+1)=\boldsymbol{F}(n)+2ue(n)\boldsymbol{P}^{-1}(n)\boldsymbol{X}(n) \tag{6.1.22}$$

$$\boldsymbol{P}(n)=\mathrm{diag}[P(n,0),\ P(n,1),\ldots,P(n,N-1)] \tag{6.1.23}$$

$$P(n,l)=\beta P(n-1,l)+(1-\beta)\boldsymbol{X}^{\mathrm{T}}(n,l)\cdot\boldsymbol{X}(n,l),\ \ l=0,1,2,\ldots,N-1 \tag{6.1.24}$$

若令 $\boldsymbol{A}^2=\boldsymbol{P}(n)$，则权向量的更新公式为

$$\boldsymbol{F}(n+1)=\boldsymbol{F}(n)+2ue(n)\boldsymbol{A}^{-2}\boldsymbol{X}(n) \tag{6.1.25}$$

6.1.3 RLS 自适应滤波算法

最小二乘(LS，Least-square)算法旨在使期望信号与模型滤波器输出之差的平方和 $\sum_{i=1}^{n}\lambda^{n-i}\left|e(i)\right|^2$ 最小。其中 λ 为遗忘因子，且 $0<\lambda\leqslant1$。当每次迭代中接收到输入的新采样值时，可以采用递归形式求解最小二乘问题，得到 RLS 算法。即使输入信号相关矩阵的特征值发散程度较大，RLS 算法也能快速收敛，但会以增加计算复杂度和稳定性为代价。

1. 算法原理

自适应滤波器通过调节滤波器参数 $\boldsymbol{f}_i$，使基于过去的观测样本而得到的观测信号 $\hat{s}(n)$ 在某种意义上最逼近真实信号 $s(n)$。此时，恢复误差定义为

$$\eta(n)=s(n)-\boldsymbol{f}^{\mathrm{T}}(n)\boldsymbol{X}(n) \tag{6.1.26}$$

另一方面，可以将 $\boldsymbol{f}^{\mathrm{T}}(n)\boldsymbol{X}(n)$ 视作对 $x(n)$ 的预测。因此，预测误差定义为

$$e(n)=x(n)-\boldsymbol{f}^{\mathrm{T}}(n)\boldsymbol{X}(n) \tag{6.1.27}$$

由于真实信号 $s(n)$ 未知，故 $\eta(n)$ 是不可观测的或无法计算的。与此相反，预测误差 $e(n)$ 是可观测的，它与恢复误差的关系为

$$e(n)=\eta(n)+w(n) \tag{6.1.28}$$

又由于 $\eta(n)$ 与 $w(n)$ 是相互独立的，因此不可观测的恢复误差 $\eta(n)$ 的最小化等价于可观测的预测误差 $e(n)$ 的最小化，即代价函数的最小化

$$J(n,\boldsymbol{f})=\sum_{i=1}^{n}\lambda^{n-i}\left|e(i)\right|^2 \tag{6.1.29}$$

式中，λ 为遗忘因子，通常取 $0 \leqslant \lambda \leqslant 1$ 。由

$$\frac{\partial J(n,\boldsymbol{f})}{\partial \boldsymbol{f}}=\frac{\partial}{\partial \boldsymbol{f}}\sum_{i=1}^{n}\lambda^{n-i}\left[x(i)-\boldsymbol{f}^{\mathrm{T}}(n)\boldsymbol{X}(i)\right]^{2}=-2\sum_{i=1}^{n}\lambda^{n-i}\left[x(i)-\boldsymbol{f}^{\mathrm{T}}(n)\boldsymbol{X}(i)\right]\boldsymbol{X}(i)=0 \quad (6.1.30)$$

得

$$\sum_{i=1}^{n}\lambda^{n-i}\boldsymbol{X}(i)\boldsymbol{X}^{\mathrm{T}}(i)\boldsymbol{f}(n)=\sum_{i=1}^{n}\lambda^{n-i}x(i)\boldsymbol{X}(i) \quad (6.1.31)$$

令

$$\boldsymbol{R}(n)=\sum_{i=1}^{n}\lambda^{n-i}\boldsymbol{X}(i)\boldsymbol{X}^{\mathrm{T}}(i) \quad (6.1.32)$$

$$\boldsymbol{U}(n)=\sum_{i=1}^{n}\lambda^{n-i}x(i)\boldsymbol{X}(i) \quad (6.1.33)$$

则式(6.1.31)可简写为

$$\boldsymbol{R}(n)\boldsymbol{f}(n)=\boldsymbol{U}(n) \quad (6.1.34)$$

假定 $\boldsymbol{R}(n)$ 是非奇异的，则

$$\boldsymbol{f}(n)=\boldsymbol{R}^{-1}(n)\boldsymbol{U}(n) \quad (6.1.35)$$

这就是滤波器滤波参数的公式，之所以记作 $\boldsymbol{f}(n)$ ，是因为 $\boldsymbol{f}(n)$ 是随着时间而改变的。式(6.1.33)叫作最佳滤波器系数的 Yule-Walker 方程。依据式(6.1.35)来调整滤波器参数需要进行矩阵求逆及矩阵乘法等运算，因而计算量大。$\boldsymbol{f}(n)$ 与预测误差 $e(n)$ 之间也未建立任何关系，不能达到根据预测误差 $e(n)$ 来调整滤波器参数的要求。

对于非平稳或时变情况，预测误差 $e(n)$ 定义为

$$e(n)=x(n)-\boldsymbol{f}^{\mathrm{T}}(n-1)\boldsymbol{X}(n) \quad (6.1.36)$$

利用此公式，可以将式(6.1.33)的 $\boldsymbol{U}(n)$ 改写为

$$\boldsymbol{U}(n)=\sum_{i=1}^{n}\lambda^{n-i}\boldsymbol{X}(i)\boldsymbol{X}^{\mathrm{T}}(i)\boldsymbol{f}(i-1)+\sum_{i=1}^{n}\lambda^{n-i}\boldsymbol{X}^{\mathrm{T}}(i)e(i) \quad (6.1.37)$$

用 $\boldsymbol{R}^{-1}(n)$ 乘上式，得

$$\boldsymbol{f}(n)=\boldsymbol{R}^{-1}(n)\sum_{i=1}^{n}\lambda^{n-i}\boldsymbol{X}(i)\boldsymbol{X}^{\mathrm{T}}(i)\boldsymbol{f}(i-1)+\boldsymbol{R}^{-1}(n)\sum_{i=1}^{n}\lambda^{n-i}\boldsymbol{X}^{\mathrm{T}}(i)e(i)=\boldsymbol{f}_1(n)+\boldsymbol{f}_2(n) \quad (6.1.38)$$

为了简化第一项 $\boldsymbol{f}_1(n)$ 并建立 $\boldsymbol{f}(n)$ 与 $\boldsymbol{f}(n-1)$ 之间的关系，一个合理的假设是 $n-1$ 时刻及其以前时刻的滤波器参数相同，即

$$\boldsymbol{f}(0)=\boldsymbol{f}(1)=\ldots=\boldsymbol{f}(n-1)$$

这样，利用式(6.1.32)及上述假定，有

$$\boldsymbol{f}_1(n)=\boldsymbol{R}^{-1}(n)\sum_{i=1}^{n}\lambda^{n-i}\boldsymbol{X}(i)\boldsymbol{X}^{\mathrm{T}}(i)\boldsymbol{f}(n-1)=\boldsymbol{f}(n-1) \quad (6.1.39)$$

为了简化 $\boldsymbol{f}_2(n)$ 的表达，一种合理的假设是遗忘因子 $\lambda=0$。这相当于只将本时刻的结果记

忆下来，而将以前各时刻的结果全部遗忘。从而有

$$\boldsymbol{f}_2(n)=\boldsymbol{R}^{-1}(n)\sum_{i=1}^{n}0^{n-i}\boldsymbol{X}^{\mathrm{T}}(i)e(i)=\boldsymbol{R}^{-1}(n)\boldsymbol{X}^{\mathrm{T}}(n)e(n) \tag{6.1.40}$$

将式(6.1.39)和(6.1.40)代入(6.1.38)，得

$$\boldsymbol{f}(n)=\boldsymbol{f}(n-1)+\boldsymbol{R}^{-1}(n)\boldsymbol{X}^{\mathrm{T}}(n)e(n) \tag{6.1.41}$$

式(6.1.41)称作递归最小二乘(RLS)算法。

为了实现递推计算，还要解决逆矩阵 $\boldsymbol{R}^{-1}(n)$ 的递推计算问题。为此，先引入一个矩阵求逆引理。

矩阵求逆引理：若 A 是非奇异的，则

$$(\boldsymbol{A}+\boldsymbol{B}\boldsymbol{C}^{\mathrm{T}})^{-1}=\boldsymbol{A}^{-1}-\boldsymbol{A}^{-1}\boldsymbol{B}(\boldsymbol{I}+\boldsymbol{C}^{\mathrm{T}}\boldsymbol{A}^{-1}\boldsymbol{B})^{-1}\boldsymbol{C}^{\mathrm{T}}\boldsymbol{A}^{-1}$$

由式(6.1.32)，有

$$\boldsymbol{R}(n)=\boldsymbol{R}(n-1)+\boldsymbol{X}(n)\boldsymbol{X}^{\mathrm{T}}(n) \tag{6.1.42}$$

对它应用矩阵求逆引理，得

$$\boldsymbol{R}^{-1}(n)=\boldsymbol{R}^{-1}(n-1)-\frac{\boldsymbol{R}^{-1}(n)\boldsymbol{X}(n)\boldsymbol{X}^{\mathrm{T}}(n)\boldsymbol{R}^{-1}(n-1)}{1+\boldsymbol{X}^{\mathrm{T}}(n)\boldsymbol{R}^{-1}(n-1)\boldsymbol{X}(n)} \tag{6.1.43}$$

2. 算法分析

RLS 算法的优点是收敛速度快，其收敛性能与输入信号的频谱特性无关，但其缺点是计算复杂度很高，对于 N 阶滤波器，RLS 算法的计算量为 $O(N^2)$。为了对非平稳信号进行跟踪，RLS 算法引入了加权遗忘因子 λ。该遗忘因子的引入使 RLS 算法能够对非平稳信号进行跟踪。

这里讨论 RLS 算法收敛特性如下两个方面的问题：

(1) 从均值的意义上讨论 $\hat{\boldsymbol{f}}(n)$ 的收敛性。

(2) 从均方值的意义上讨论误差 $e(n)$ 的收敛性。

考虑随机回归模型：

$$d(n)=\sum_{i=1}^{M}f_0x(n-i+1)+V(n) \tag{6.1.44}$$

式中，$x(n)$ 是零均值过程，$V(n)$ 是均值为零、方差为 σ_V^2 的高斯白噪声序列。

现讨论 $E[\hat{\boldsymbol{f}}(n)]$ 的收敛性。

对 $d(n)=\boldsymbol{X}^{\mathrm{T}}(n)\boldsymbol{f}_0+V(n),\ \boldsymbol{f}_0=[f_{01},\dots,f_{0M}]^{\mathrm{T}}$，有

$$q(n)=\sum_{i=1}^{n}\lambda^{n-i}\boldsymbol{X}(i)[\boldsymbol{X}^{\mathrm{T}}(i)\boldsymbol{f}_0+V(i)] \tag{6.1.45}$$

当 $J(n)$、$\hat{\boldsymbol{f}}(n)$ 满足：

$$\hat{\boldsymbol{f}}(n)=\left[(\boldsymbol{A}^{\mathrm{T}}(n)\boldsymbol{\Lambda}(n)\boldsymbol{A}(n))\right]^{-1}\boldsymbol{A}^{\mathrm{T}}(n)\boldsymbol{\Lambda}(n)b(n)=\boldsymbol{R}_X^{-1}(n)q(n) \tag{6.1.46}$$

将其写为

$$\boldsymbol{R}_x(n)=\boldsymbol{r}_x(n)+\delta\lambda^n\boldsymbol{I} \tag{6.1.47}$$

式中

$$\boldsymbol{r}_x(n)=\sum_{i=1}^{n}\lambda^{n-i}\boldsymbol{X}(i)\boldsymbol{X}^{\mathrm{T}}(n) \tag{6.1.48}$$

将式(6.1.45)和式(6.1.47)代入式(6.1.46)，得

$$\hat{\boldsymbol{f}}(n)=[\boldsymbol{r}_x(n)+\delta\lambda^n\boldsymbol{I}]^{-1}[\boldsymbol{r}_x(n)\boldsymbol{f}_0+\sum_{i=1}^{n}\lambda^{n-i}\boldsymbol{X}(i)V(i)] \tag{6.1.49}$$

故

$$\begin{aligned}E[\hat{\boldsymbol{f}}(n)]&=[\boldsymbol{r}_x(n)+\delta\lambda^n\boldsymbol{I}]^{-1}\boldsymbol{r}_x(n)\boldsymbol{f}_0\\&=[\boldsymbol{r}_x^{-1}(n)-\boldsymbol{r}_x^{-1}(n)\delta\lambda^n\boldsymbol{I}\boldsymbol{r}_x^{-1}(n)]\boldsymbol{r}_x(n)\boldsymbol{f}_0\\&=\boldsymbol{f}_0-\boldsymbol{r}_x^{-1}(n)\delta\lambda^n\boldsymbol{f}_0\end{aligned} \tag{6.1.50}$$

假定输入过程呈各态历经的平稳随机过程，对 $\lambda=1$ 的情况，当 n 很大时，有

$$\boldsymbol{R}_x\approx\frac{1}{n}\sum_{i=1}^{n}\boldsymbol{x}(i)\boldsymbol{x}^{\mathrm{T}}(i)=\frac{\boldsymbol{r}_x(n)}{n} \tag{6.1.51}$$

式中，$\boldsymbol{R}_x$ 表示输入向量 $\boldsymbol{x}(i)$ 的 $M\times M$ 联合平稳相关矩阵，所以

$$E[\hat{\boldsymbol{f}}(n)]=\boldsymbol{f}_0-\frac{\delta}{n}\boldsymbol{R}_x^{-1}\boldsymbol{f}_0 \tag{6.1.52}$$

可见，当 $n\to\infty$ 时，$E[\hat{\boldsymbol{f}}(n)]=\boldsymbol{f}_0$，故滤波器权向量估计是无偏的。

现在讨论 $E[e^2(n)]$ 的收敛性。

$$\begin{aligned}e(n)&=d(n)-\hat{\boldsymbol{f}}^{\mathrm{T}}(n)\boldsymbol{x}(n)\\&=d(n)-\boldsymbol{f}_0^{\mathrm{T}}\boldsymbol{x}(n)+(\boldsymbol{f}_0-\hat{\boldsymbol{f}}(n))^{\mathrm{T}}\boldsymbol{x}(n)\\&=V(n)+[\boldsymbol{f}_0-\hat{\boldsymbol{f}}(n)]^{\mathrm{T}}\boldsymbol{x}(n)\end{aligned}$$

由于 $\boldsymbol{x}(n)$ 与 $V(n)$ 不相关，因此有

$$E[e^2(n)]=\sigma_V^2+E[(\boldsymbol{f}_0-\hat{\boldsymbol{f}}(n))^{\mathrm{T}}\boldsymbol{x}(n)\boldsymbol{x}^{\mathrm{T}}(n)(\boldsymbol{f}_0-\hat{\boldsymbol{f}}(n))]$$

根据矩阵迹的性质，加权向量的均方误差又可写为

$$E[e^2(n)]-\sigma_V^2=\mathrm{tr}\{E[\hat{\boldsymbol{C}}(n)\hat{\boldsymbol{C}}^{\mathrm{T}}(n)]\boldsymbol{R}_x\} \tag{6.1.53}$$

式中，$\hat{\boldsymbol{C}}(n)=\boldsymbol{f}_0-\hat{\boldsymbol{f}}(n),\boldsymbol{R}_x=E[\boldsymbol{x}(n)\boldsymbol{x}^{\mathrm{T}}(n)]$。

由于 $\hat{\boldsymbol{f}}(n)=(\boldsymbol{A}^{\mathrm{T}}(n)\boldsymbol{A}(n)\boldsymbol{A}(n))^{-1}\boldsymbol{A}^{\mathrm{T}}(n)\boldsymbol{A}(n)b(n)$，$\boldsymbol{V}(n)=[v(1),\ldots,(n)]^{\mathrm{T}}$，则

$$\boldsymbol{V}(n)=\boldsymbol{b}(n)-\boldsymbol{A}(n)\boldsymbol{f}_0 \tag{6.1.54}$$

将式(6.1.54)代入式(6.1.53)，得

$$\hat{\boldsymbol{f}}(n)=[\boldsymbol{A}^{\mathrm{T}}(n)\boldsymbol{\varLambda}(n)\boldsymbol{A}(n)]^{-1}\boldsymbol{A}^{\mathrm{T}}(n)\boldsymbol{\varLambda}(n)[\boldsymbol{V}(n)+\boldsymbol{A}(n)\boldsymbol{f}_0]$$

$$\hat{\boldsymbol{C}}(n)=\boldsymbol{f}_0-\hat{\boldsymbol{f}}(n)=-[\boldsymbol{A}^{\mathrm{T}}(n)\boldsymbol{\varLambda}(n)\boldsymbol{A}(n)]^{-1}\boldsymbol{A}^{\mathrm{T}}(n)\boldsymbol{\varLambda}(n)\boldsymbol{V}(n)$$

因 $\boldsymbol{x}(n)$ 与 $\boldsymbol{V}(n)$ 不相关，故有

$$\begin{aligned}E[\hat{\boldsymbol{C}}(n)\hat{\boldsymbol{C}}^{\mathrm{T}}(n)]&=E\{[\boldsymbol{A}^{\mathrm{T}}(n)\boldsymbol{\varLambda}(n)\boldsymbol{A}(n)]^{-1}\boldsymbol{A}^{\mathrm{T}}(n)\boldsymbol{\varLambda}(n)\boldsymbol{V}(n)\boldsymbol{V}^{\mathrm{T}}(n)\boldsymbol{\varLambda}(n)\boldsymbol{A}(n)[\boldsymbol{A}^{\mathrm{T}}(n)\boldsymbol{\varLambda}(n)\boldsymbol{A}(n)]^{-1}\}\\&=E[\boldsymbol{V}(n)\boldsymbol{V}^{\mathrm{T}}(n)]E\{[\boldsymbol{A}^{\mathrm{T}}(n)\boldsymbol{\varLambda}(n)\boldsymbol{A}(n)]^{-1}\boldsymbol{A}^{\mathrm{T}}(n)\boldsymbol{\varLambda}^2(n)\boldsymbol{A}(n)[\boldsymbol{A}^{\mathrm{T}}(n)\boldsymbol{\varLambda}(n)\boldsymbol{A}(n)]^{-1}\}\\&=\sigma_V^2E\{[\boldsymbol{A}^{\mathrm{T}}(n)\boldsymbol{\varLambda}(n)\boldsymbol{A}(n)]^{-1}\boldsymbol{A}^{\mathrm{T}}(n)\boldsymbol{\varLambda}^2(n)\boldsymbol{A}(n)[\boldsymbol{A}^{\mathrm{T}}(n)\boldsymbol{\varLambda}(n)\boldsymbol{A}(n)]^{-1}\}\end{aligned}\tag{6.1.55}$$

当 $n\to+\infty$ 时，有

$$\begin{aligned}&\boldsymbol{A}^{\mathrm{T}}(n)\boldsymbol{A}(n)\approx n\boldsymbol{R}_x\\&\boldsymbol{A}^{\mathrm{T}}(n)\boldsymbol{\varLambda}(n)\boldsymbol{A}(n)\approx\boldsymbol{R}_x\sum_{j=1}^{n}\lambda^{n-j}\\&\boldsymbol{A}^{\mathrm{T}}(n)\boldsymbol{\varLambda}^2(n)\boldsymbol{A}(n)\approx\boldsymbol{R}_x\sum_{j=1}^{n}(\lambda^{n-j})^2\end{aligned}\tag{6.1.56}$$

由式(6.1.53)知

$$\begin{aligned}E[e^2(n)]-\sigma_V^2&=\mathrm{tr}\{E[\hat{\boldsymbol{C}}(n)\hat{\boldsymbol{C}}^{\mathrm{T}}(n)]\boldsymbol{R}_x\}\\&=\mathrm{tr}\left\{\sigma_V^2\frac{\sum_{j=1}^{n}(\lambda^{n-j})^2}{(\sum_{j=1}^{n}\lambda^{n-j})^2}\boldsymbol{I}\right\}\end{aligned}\tag{6.1.57}$$

根据自适应滤波器失调量定义，有

$$\psi=\frac{E[e^2(n)]-\sigma_V^2}{\sigma_V^2}=\mathrm{tr}\left\{\frac{\sum_{j=1}^{n}(\lambda^{n-j})^2}{(\sum_{j=1}^{n}\lambda^{n-j})^2}\boldsymbol{I}\right\}=M\frac{\sum_{j=0}^{n-1}\lambda^{2j}}{(\sum_{j=0}^{n-1}\lambda^{j})^2}\tag{6.1.58}$$

在无加权的情况下，$\lambda=1$，有

$$\psi=\frac{M}{n}\tag{6.1.59}$$

在加权情况下，有

$$\psi=M\frac{1-\lambda}{1+\lambda}\tag{6.1.60}$$

由此可见，在无加权的情况下，失调量随时间增加而趋于 0，这意味着输出的均方误差随时间的增长而趋于理论最小值 σ_V^2。在加权情况下，失调量 μ 渐进为

$$E[\hat{\boldsymbol{C}}(n)\hat{\boldsymbol{C}}^{\mathrm{T}}(n)]=\sigma_V^2\frac{\sum_{j=1}^{n}(\lambda n-j)^2}{(\sum_{j=1}^{n}\lambda n-j)^2}\boldsymbol{R}_x^{-1}\tag{6.1.61}$$

显然，λ 值越小，失调量越大，从而收敛性变差。

在 RLS 算法中引入 λ 很有意义。统计量的计算是从零时刻开始的，如果不引入遗忘因子，所有采样点数据对当前估计量估计的贡献是相等的，在时变条件下，这显然不合理，因为离当前时刻比较远的数据，其信道与当前信道时域相关度越低，而通过引入 $\lambda(0<\lambda<1)$，可以使离当前时刻越远的采样数据对统计量估计的贡献越小，由此可以实现对时变信道的有效跟踪。另外，通过调节 λ 的大小，可以使算法适用于不同的信道时变环境。例如，信道时变速率较慢时可选用较大的 λ，反之则选用较小的 λ。

6.2 神经网络

人工神经网络(Artificial Neural Networks，ANN)，也简称为神经网络(NN)或称作连接模型(Connectionist Model，CM)，是对人脑或自然神经网络(Natural Neural Network，NNN)若干基本特性的抽象和模拟，是由人工建立的以有向图为拓扑结构的动态系统。该系统将输入与输出之间的未知过程看成一个“网络”，通过不断地对这个网络进行“训练”，该网络就会根据输入和输出不断地调节自己各节点之间的权值。这样，当训练结束后，给定一个输入，网络便会根据自己已调节好的权值计算出一个输出，这就是神经网络的简单原理。

1. 神经网络结构

神经网络的基本结构如图 6.2.1 所示。

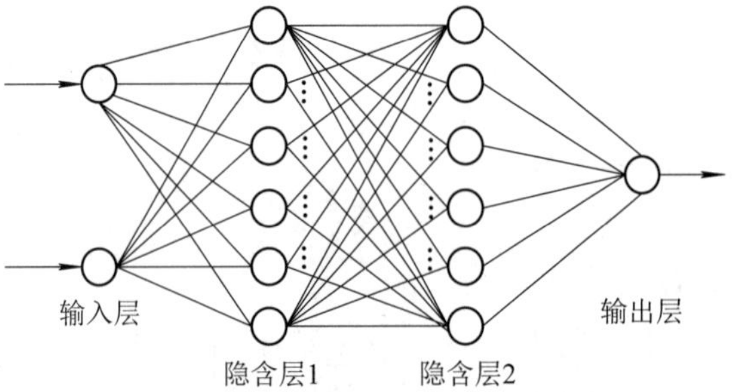

图 6.2.1　神经网络的基本结构

神经网络一般分为输入层、输出层和若干隐含层。层数越多，计算结果越精确，但所需的时间也就越长，网络中每一个节点叫作一个人工神经元，对应于人脑中的神经元。人脑神经元的工作机理可通过构造人工神经元的数学模型来模拟和简化，如图 6.2.2 所示。

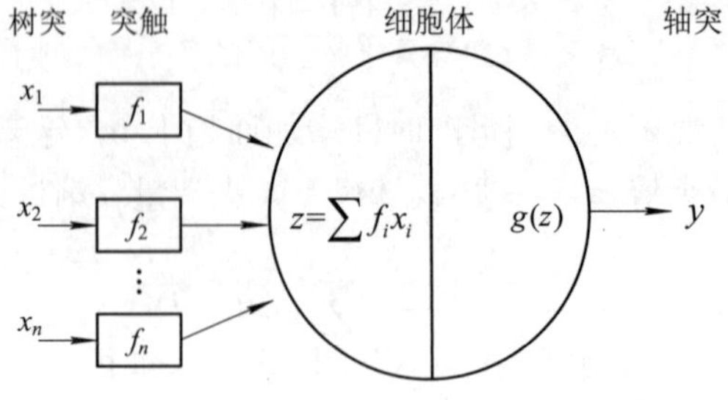

图 6.2.2　McCulloch-Pitts 网络

图中，f_i 表示神经元对信息 x_i 的感知能力，称为关联权，$g(z)$ 称为输出函数或激活函数，采用激活函数的人工神经网络也称阈网络。McCulloch–Pitts 输出函数定义为

$$y = g(z) = \operatorname{sgn}\left(\sum_{i=1}^{n} f_i x_i - \theta\right) \tag{6.2.1}$$

式中，$\operatorname{sgn}(\cdot)$ 为符号函数，θ 称为阈值。式(6.2.1)表明，当 f_i 确定时，任给一组输入 $x_i\ (i=1, 2,\ldots,n)$，就可以得到输出。而现在的目标是：对给定的输入，确定权系数 f_i，通过式(6.2.1)计算得到的输出尽可能与实际值吻合，这就是学习的过程，也称为训练的过程。而这种训练分为有指导训练和无监督训练。在正确输入输出数据条件下，调整和确定权系数的方法称为有指导训练；而在只知道输入数据不知道输出结果的前提下，确定权系数的方法称为无监督训练。人工神经网络的主要工作就是通过训练，建立模型和确定 f_i。

神经网络按照网络结构和激活函数的不同可分为许多种，本节只对感知机、BP 网络及 Hopfield 神经网络进行阐述。

2. 感知机

单层前向神经网络模型结构如图 6.2.3 所示。

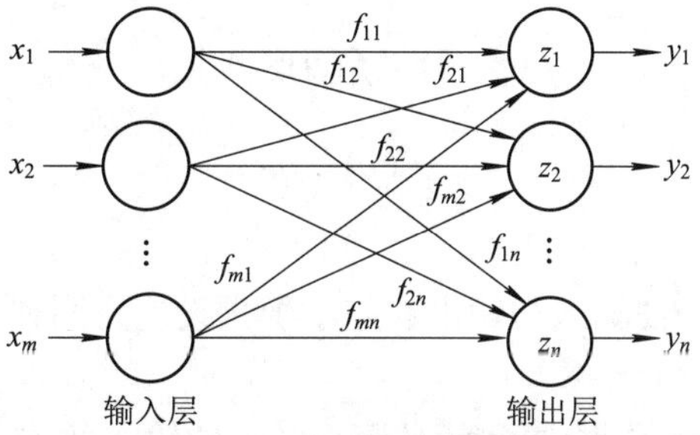

图 6.2.3　单层前向神经网络模型结构

图中，输入输出间的关系可用矩阵表示为

$$\boldsymbol{y} = g(\boldsymbol{f}^{\mathrm{T}}\boldsymbol{x} - \boldsymbol{\theta}) \tag{6.2.2}$$

式中，$\boldsymbol{f} = (f_{ij})_{m\times n}$ 为权系数向量，$\boldsymbol{x}$、$\boldsymbol{y}$、$\boldsymbol{\theta}$ 分别为输入向量、输出向量及阈值向量。确定权系数 f_{ij} 的基本思想是修正 f_{ij}，使得输入输出偏差尽可能小。权系数向量的修正公式为

$$\boldsymbol{f}(t+1) = \boldsymbol{f}(t) + \Delta\boldsymbol{f}(t) \tag{6.2.3a}$$

$$\Delta\boldsymbol{f}(t) = (\Delta f_{ij}(t)) \tag{6.2.3b}$$

$$\Delta f_{ij}(t) = \varepsilon_t\left((d_j(t) - y_j(t))x_i(t)\right)_{m\times n} \tag{6.2.3c}$$

式中，$x_i(t)$，$d_j(t)$，$i=1,2,\cdots,m$，$j=1,2,\cdots,n$ 分别表示第 t 组用于训练的输入和期望输出数据；ε_t 称为训练效率，用于控制调整速度。与权系数值修正原理类似，阈值修正公式也可写为

$$\theta(t+1) = \theta(t) + \Delta\theta(t) \tag{6.2.4a}$$

$$\Delta\theta(t) = \varepsilon_t(d_j(t) - y_j(t))_{n\times 1} \tag{6.2.4b}$$

通过更新权系数和阈值可使输入输出偏差趋于零。若将激活函数 $g(\cdot)$ 取为阶跃函数，上述思想即是感知机原理。

由此可知，感知机训练规则的算法步骤如下：

用 t 表示训练步骤的序号，$t=0$ 表示学习前的神经网络的初始状态。

(1) 赋初值。给网络上的权数和阈值赋初值，如 $w_{ij}=0$，$\theta_i=0$。

(2) 计算样本实际输出。选择一个样本作为网络输入，计算样本在目前神经网络中的实际输出。例如，对于第 p 个样本，感知机输出为

$$\boldsymbol{y}(p)=(y_1(p),\ldots,y_n(p)) \tag{6.2.5}$$

式中，$y_i(p)=g(\sum f_{ij}x_j-\theta_i),\ i=1,\ldots,n$。

(3) 计算误差。计算感知机输出的实际结果与期望输出之差：

$$e_t=D(p)-Y(p) \tag{6.2.6}$$

(4) 权系数修正。如果 $e_t=0$，则转步骤(2)，否则调整权系数值：

$$f_i(p+1)=f_i(p)+\Delta f_i(p) \tag{6.2.7}$$

$$\Delta f_i(p)=\eta e_t x_i \tag{6.2.8}$$

式中，η 为迭代步长。

(5) 若训练样本已完全使输入与输出误差小于预设值，则训练结束；否则，转步骤(2)继续训练。

如果对给定的两类样本数据(通常就是用于学习的输入数据)，在空间中可以用一条直线或平面将其分开，则称该样本数据是线性样本，否则称为非线性样本，对样本进行分类或识别属于人工神经网络的重要应用之一。感知机可以识别二值逻辑加问题，但是不能识别异或问题。对于非线性问题，可以用反向传播(BP)模型解决。

3. BP 网络

BP 网络一般有多层，上一层的输出是下一层的输入，输出层所在的层数就是神经网络的层数。一般的多层前向神经网络结构如图 6.2.4 所示。

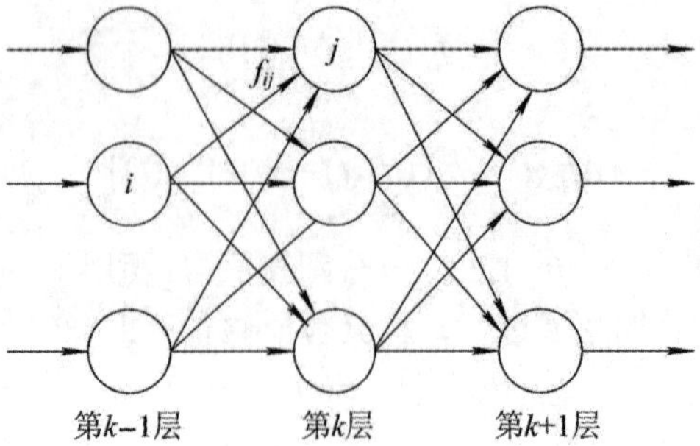

图 6.2.4　多层前向神经网络结构

在实际应用中，BP 网络的激活函数一般采用 S 型函数：

$$f(z)=\frac{1}{1+\mathrm{e}^{-z}} \tag{6.2.9}$$

S 型函数有很好的函数特性，其效果又近似于符号函数，现讨论基于 S 型函数的多层前向神经网络训练方法。

假设有一个 K 层的神经网络，从第 0 层到第 1 层的原始输入向量、权矩阵、第 1 层神经元接收向量和第 1 层输出向量以及它们之间的关系为

$$\boldsymbol{x}=\begin{bmatrix} x_1 \\ x_2 \\ \vdots \\ x_{n_0} \end{bmatrix} \tag{6.2.10}$$

$$\boldsymbol{f}_1=(f_{ij}^1)_{n_0\times n_1} \tag{6.2.11}$$

$$\boldsymbol{z}_1=\begin{bmatrix} z_1^1 \\ z_2^1 \\ \vdots \\ z_{n_1}^1 \end{bmatrix}=\boldsymbol{f}_1^{\mathrm{T}}\boldsymbol{x} \tag{6.2.12}$$

$$\boldsymbol{y}_1=\begin{bmatrix} y_1^1 \\ y_2^1 \\ \vdots \\ y_{n_1}^1 \end{bmatrix}=g(\boldsymbol{z}_1) \tag{6.2.13}$$

第 $k-1$ 层到第 k 层的权系数矩阵、神经元输入向量和输出向量以及它们之间的关系分别为

$$\boldsymbol{f}_k=(f_{ij}^k)_{n_{k-1}\times n_k} \tag{6.2.14}$$

$$\boldsymbol{z}_k=\begin{bmatrix} z_1^k \\ z_2^k \\ \vdots \\ z_{n_k}^k \end{bmatrix}=\boldsymbol{f}_k^{\mathrm{T}}\boldsymbol{y}_{k-1} \tag{6.2.15}$$

$$\boldsymbol{y}_k=\begin{bmatrix} y_1^k \\ y_2^k \\ \vdots \\ y_{n_k}^k \end{bmatrix}=g(\boldsymbol{z}_k) \tag{6.2.16}$$

式中，$y_i^k=g(z_i^k)$。

单样本训练规则是确定 $\boldsymbol{f}$，使

$$F(\boldsymbol{f})=(\boldsymbol{D}-\boldsymbol{y}_K)^{\mathrm{T}}(\boldsymbol{D}-\boldsymbol{y}_K) \tag{6.2.17}$$

最小，其中 $\boldsymbol{D}=(d_1, d_2,\dots,d_{n_K})^{\mathrm{T}}$ 为理想输出。

采用 S 型函数的前向多层神经网络的反推学习(BP)算法步骤如下：

(1) 选定学习的数组 $\{x(t), D(t)\}$，$t=1,2,\cdots,T$，随机确定初始权矩阵 $\boldsymbol{f}(0)$。

(2) 用学习数据 $x(t)$，计算 $y_1(t), y_2(t),\cdots, y_k(t)$。

(3) 计算：

①

$$\left(\frac{\partial F(\boldsymbol{f})}{\partial f_{ij}^{k}}\right)_{n_{k-1}\times n_k}=-2\begin{bmatrix} y_1^{k-1} \\ y_2^{k-1} \\ \vdots \\ y_{n_{k-1}}^{k-1} \end{bmatrix}(\boldsymbol{B}_k)^{\mathrm{T}} \tag{6.2.18}$$

$$\boldsymbol{B}_k=\mathrm{diag}\left[\frac{\mathrm{d}y_1^k}{\mathrm{d}z_1^k},\frac{\mathrm{d}y_2^k}{\mathrm{d}z_2^k},\dots,\frac{\mathrm{d}y_{n_k}^k}{\mathrm{d}z_{n_k}^k}\right]\boldsymbol{f}_{k+1}\boldsymbol{B}_{k+1} \tag{6.2.19}$$

式中，

$$\boldsymbol{B}_{k+1}=\left[d_1-y_1^k,d_2-y_2^k,\dots,d_{n_k}-y_{n_k}^k\right]^{\mathrm{T}},\boldsymbol{f}_{k+1}=\boldsymbol{I} \tag{6.2.20}$$

②

$$\left(\frac{\partial F(\boldsymbol{f})}{\partial f_{ij}^{k-1}}\right)_{n_{k-2}\times n_{k-1}}=-2\begin{bmatrix} y_1^{k-2} \\ y_2^{k-2} \\ \vdots \\ y_{n_{k-1}}^{k-2} \end{bmatrix}(\boldsymbol{B}_{k-2})^{\mathrm{T}} \tag{6.2.21}$$

$$\boldsymbol{B}_{k-1}=\mathrm{diag}\left[\frac{\mathrm{d}y_1^{k-1}}{\mathrm{d}z_1^{k-1}},\frac{\mathrm{d}y_2^{k-1}}{\mathrm{d}z_2^{k-1}},\dots,\frac{\mathrm{d}y_{n_{k-1}}^{k-1}}{\mathrm{d}z_{n_{k-1}}^{k-1}}\right]\boldsymbol{f}_k\boldsymbol{B}_k \tag{6.2.22}$$

③ $k\leqslant K-2$时，

$$\left(\frac{\partial F(\boldsymbol{f})}{\partial f_{ij}^{k}}\right)_{n_{k-1}\times n_k}=-2\begin{bmatrix} y_1^{k-1} \\ y_2^{k-1} \\ \vdots \\ y_{n_{k-1}}^{k-1} \end{bmatrix}(\boldsymbol{B}_k)^{\mathrm{T}} \tag{6.2.23}$$

式中，

$$\boldsymbol{B}_k=\mathrm{diag}\left[\frac{\mathrm{d}y_1^k}{\mathrm{d}z_1^k},\frac{\mathrm{d}y_2^k}{\mathrm{d}z_2^k},\dots,\frac{\mathrm{d}y_{n_k}^k}{\mathrm{d}z_{n_k}^k}\right]\boldsymbol{f}_{k+1}\boldsymbol{B}_{k+1} \tag{6.2.24}$$

(4) 反向修正 $\boldsymbol{f}(t)$，修正公式为

$$\boldsymbol{f}_k(t+1)=\boldsymbol{f}_k(t)+\Delta\boldsymbol{f}_k(t),\ \ k=K,K-1,\ldots,1 \tag{6.2.25}$$

式中

$$\delta\boldsymbol{f}_k(t)=-\frac{1}{2}\varepsilon_t\left(\frac{\partial F(\boldsymbol{f}(t))}{\partial f_{ij}^k}\right)_{n_{k-1}\times n_k}=\varepsilon_t\begin{bmatrix} y_1^{k-1}(t)\\ y_2^{k-1}(t)\\ \vdots \\ y_{n_{k-1}}^{k-1}(t)\end{bmatrix}(\boldsymbol{B}_k(t))^{\mathrm{T}} \tag{6.2.26}$$

(5) 循环利用 T 个学习样本，重复步骤(2)～(4)，对网络权数进行调整，直到整个训练集误差最小，网络达到稳定状态。

当激活函数 $f(x)=\dfrac{1}{1+\mathrm{e}^{-x}}$ 时，有

$$\frac{\mathrm{d}y_j^k}{\mathrm{d}z_j^k}=g(z_j^k)\left[1-g(z_j^k)\right],\ \ j=1,\ldots,n_k \tag{6.2.27}$$

将其代入步骤(3)的公式中，使计算简化。

BP 网络的用途十分广泛，可用于以下方面：

(1) 函数逼近，即用输入向量和相应的输出向量训练一个网络逼近一个函数。

(2) 模式识别，即用一个特定的输出向量将它与输入向量联系起来。

(3) 分类，即把输入向量以所定义的合适方式进行分类。

(4) 数据压缩，即减少输出向量维数以便于传输或存储。

4. Hopfield 神经网络

Hopfield 网络是一种单层反馈循环神经网络，具有简单、联想、记忆的功能。从输出到输入有反馈连接。在输入的激励下，会不断地产生状态变化。

反馈网络有稳定的，也有不稳定的，对于一个 Hopfield 网络来说，判别其稳定性的关键在于确定它在稳定条件下的权系数。

Hopfield 网络示意图如图 6.2.5 所示。其中第 0 层是输入，不是神经元；第 1 层是神经元。

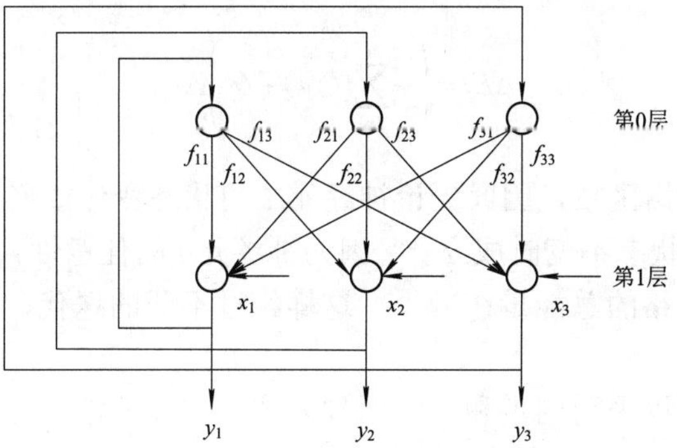

图 6.2.5　Hopfield 网络示意图

Hopfield 神经网络分为离散 Hopfield 网络(DHNN)和连续 Hopfield 网络(CHNN)。

1) 离散 Hopfield 网络

离散 Hopfield 网络神经元的输出为离散值 0 和 1，分别代表神经元抑制和激活的状态，若神经元的输出值小于阈值，则神经元输出值为 0；反之，输出值为 1。对于有 n 个神经元的离散 Hopfield 神经网络，其权系数矩阵为 $n \times n$ 维对称阵，每个神经元都有一个阈值，故有一个 n 维的阈值向量，权数矩阵和阈值向量就定义了唯一一个有 n 个神经元的离散 Hopfield 神经网络。

Hopfield 网络中的神经元公式可表示为

$$y_i(0) = x_i \tag{6.2.28}$$

$$h_i(t) = \sum_{j=1}^{n} w_{ji} y_i(t) \tag{6.2.29}$$

$$y_i(t+1) = f(h_i(t) - \theta_i) \tag{6.2.30}$$

式中，$y_i(0)$ 表示神经元 i 的初始状态，$y_i(t+1)$ 表示神经元 i 在 $t+1$ 时刻的状态，同时也是神经元 i 在 $t+1$ 时刻的输出，θ_i 表示神经元 i 的阈值。一个包含 n 个神经元的离散 Hopfield 网络在 t 时刻的状态可以用一个 n 维向量表示为

$$\boldsymbol{y}(t) = [y_1(t), y_2(t), \ldots, y_n(t)]^{\mathrm{T}} \tag{6.2.31}$$

若采用符号激活函数，将 Hopfield 网络的能量函数定义为

$$E = -\frac{1}{2}\sum_{i=1}^{n}\sum_{j=1}^{n} f_{ij} y_i y_j + \sum_{i=1}^{n} \theta_i y_i \tag{6.2.32}$$

则任意神经元的能量函数为

$$E_i = -\frac{1}{2}\sum_{j=1}^{n} f_{ij} y_i y_j + \sum_{i=1}^{n} \theta_i y_i \tag{6.2.33}$$

从 t 时刻到 $t+1$ 时刻的能量变化量为

$$\Delta E_i = \left(-\sum_{j=1}^{n} f_{ij} y_j + \theta_i\right)\Delta y_i \tag{6.2.34}$$

由于采用了符号激活函数，因此无论神经元 i 的状态变化如何，显然有 $\Delta E_i \leqslant 0$，其中等号仅在神经元 i 的状态不变时成立。又因为神经元 i 的任意性，所以当网络按某一规则进行状态更新后，网络的总能量在减少。这样经过不断的迭代，网络最终将达到稳定状态。

在算法的构造上可以采用同步和异步两种方式。异步算法就是每次只调节一个神经元，其他神经元保持不变；同步算法就是同一时刻对所有神经元同时进行调整。

下面给出 Hopfield 网络异步算法的基本步骤，读者可参照异步算法的步骤自己列出同

步算法的步骤。

Hopfield 网络异步算法步骤如下：

(1) 初始化。任选一个初始状态 $y(0)=\{0,1\}^n$。

(2) 更新状态。随机选取一个神经元，进行状态更新，即

$$\begin{cases} y_i(t+1)=\text{sgn}\left(\sum_{j=1}^{n} f_{ij}y_j(t)-\theta_i\right) \\ y_j(t+1)=y_j(t),\ \ j\neq i \end{cases} \tag{6.2.35}$$

(3) 检验。检验 $y(t)$ 是否为网络的平衡点。若是，转步骤(4)；否则，转步骤(2)。

(4) 输出。输出 $y(t)$。

一个 DHNN 的网络状态是输出神经元信息的集合。对于一个输出层是 n 个神经元的网络，其 t 时刻的状态为一个 n 维向量，即

$$\boldsymbol{y}(t)=[y_1(t), y_2(t),..., y_n(t)]^{\mathrm{T}} \tag{6.2.36}$$

因为 $y_1(t)$ 可以取值为 1 或 0，故 n 维向量 $\boldsymbol{y}(t)$ 有 2^n 种状态，即网络有 2^n 种状态。

如果 Hopfield 网络是一个稳定网络，有 3 个神经元，则有 8 种状态，如图 6.2.6 所示。图 6.2.6 表明，若在网络的输入端上加入一个输入向量，则网络的状态会发生变化，即从超立方体的一个顶点转向另一个顶点，并且最终稳定于一个特定的顶角。

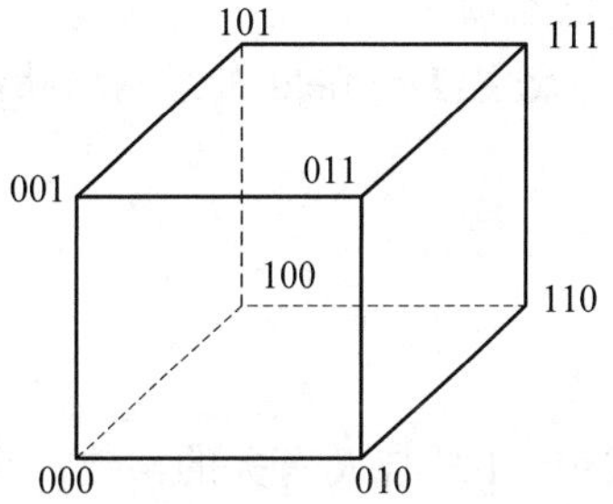

图 6.2.6　3 个神经元 8 种状态的立方体模型

对于一个 DHNN，如果对任何 Δt，当神经网络从 $t=0$ 开始，有初始状态 $y(0)$，经过有限时刻 t，有 $y(t+\Delta t)=y(t)$，则称该网络是稳定的。Hopfield 网络稳定的充分条件为权系数矩阵 f 是对称矩阵，并且对角线元素为 0。无自反馈的权系数对称 Hopfield 网络是稳定的，如图 6.2.7 所示。

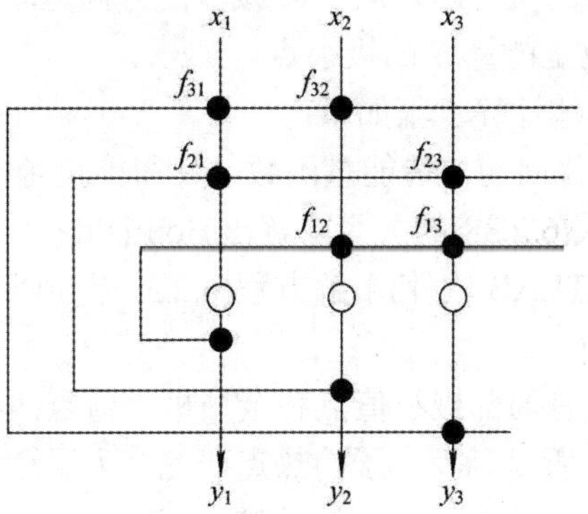

图 6.2.7　稳定的 Hopfield 网络

离散 Hopfield 网络的一个功能是可用于联想记忆，也就是联想存储器。这是人类的智能特点之一。人类所谓的“触景生情”，就是见到一些类似过去接触的景物，容易产生对

过去情景的回忆。对于 Hopfield 网络，用它作联想记忆时，首先通过一个学习训练过程确定网络中的权系数，使所记忆的信息在网络的 n 维超立方体的某一个顶角的能量最小。当网络的权系数确定之后，只要向网络给出输入向量，即使这个向量可能是局部数据，即不完全或部分不正确的数据，但网络仍然可以产生所记忆信息的完整输出。

2) 连续 Hopfield 神经网络

Hopfield 利用模拟电子线路功能构造了反馈型神经网络的电路模型，建立的能量函数表达式为

$$E(y)=-\frac{1}{2}\sum_{i=1}^{n}\sum_{j=1}^{n}f_{ij}y_iy_j-\sum_{i=1}^{n}I_iy_i+\sum_{i=1}^{n}\frac{1}{R_i}\int_0^{y_i}g_i^{-1}(x)\mathrm{d}x \tag{6.2.37}$$

式中，$y_i=g_i(z_i)$，f_i 为 Sigmoid 函数，f_{ij} 为神经元 i 和神经元 j 之间的连接权数。$f_{ij}=f_{ji}$，R_i 对应电路中的电阻，y_i 为神经元 i 的接收值，I_i 为外部偏置电流输入值，$\sum_{i=1}^{n}\frac{1}{R_i}\int_0^{y_i}g_i^{-1}(x)\mathrm{d}x$ 为增益项。

连续 Hopfield 神经网络状态变化可用微分方程表示为

$$\begin{cases}\dfrac{\mathrm{d}z_i}{\mathrm{d}t}=-Az_i+\sum\limits_{j=1}^{n}f_{ij}y_j+I_i\\ y_i=g_i(z_i),\ \ i=1,2,\dots,n\end{cases} \tag{6.2.38}$$

式中，A 是与 R_i 有关的常数，当 $R_i=R>0$ 时，$A=1/R$。式(6.2.37)和式(6.2.38)有如下关系：

$$-\frac{\mathrm{d}z_i}{\mathrm{d}t}=\frac{\partial E}{\partial y_i} \tag{6.2.39}$$

容易证明，若 g 为单调增函数，有 $\frac{\mathrm{d}E}{\mathrm{d}t}\leqslant 0$，当且仅当 $\frac{\mathrm{d}z_i}{\mathrm{d}t}=0\ (i=1,2,\dots,n)$ 时，$\frac{\mathrm{d}E}{\mathrm{d}t}=0$。可见，连续 Hopfield 神经网络的状态总是向着 E 减少的方向运动，因此网络总能收敛到稳定状态，网络的稳定点同时也是能量 E 的极小点。

Hopfield 神经网络的具体计算步骤如下：

(1) 针对实际的组合优化问题构造能量函数，使得能量函数有好的稳定性。

(2) 由能量函数，根据式(6.2.38)的关系求解出 Hopfield 神经网络状态变化方程(6.2.39)。

(3) 用数值方法(如 MATLAB 软件)求解方程(6.2.39)得到平衡点，得极小值。

需要注意以下两个方面：

(1) 能量 E 的极小值点有局部极小值点和全局极小值点两类，在具体的数值计算过程中，难免会陷入局部极小，所以有吸引子的热点研究。为了避免局部极小，可以采用多种方法的组合，如与遗传算法、模拟退火算法等结合。

(2) 无论是离散型还是连续型 Hopfield 神经网络，只要权值矩阵是对称阵，网络就是稳定的，但由于 Hopfield 神经网络神经元的连接权值在整个计算过程中不变，因此 Hopfield 神经网络不具有学习能力。

连续型 Hopfield 网络(CHNN)是由一些简单的电子线路连接起来实现的，如图 6.2.8 所示。每个神经元均具有连续时间变化的输出值。采用具有饱和非线性的运算放大器来模拟神经元的 S 型单调输入输出关系，即

$$v_i = g_i(u_i) \tag{6.2.40}$$

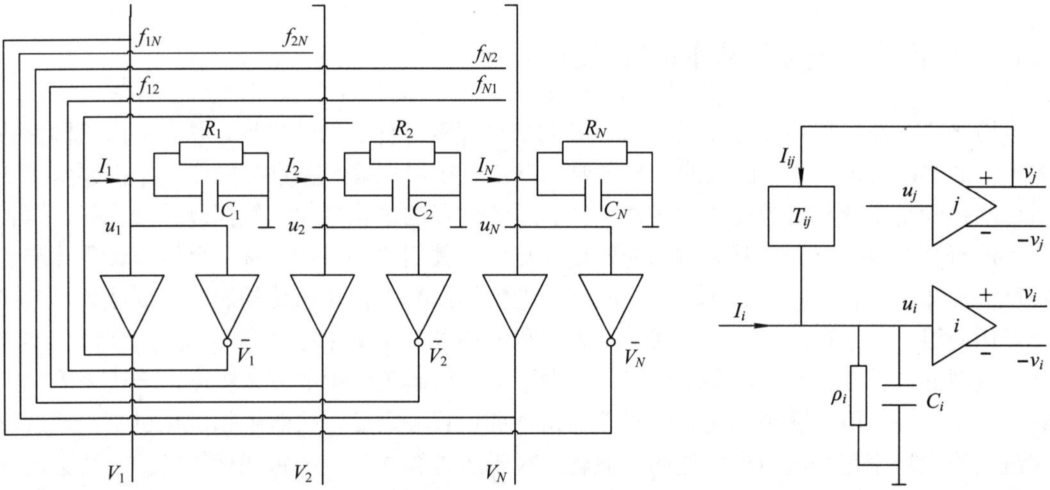

图 6.2.8　电子线路连接的连续型 Hopfield 网络

对于一个有 N 节点的 CHNN 模型来说，其神经元状态变量的动态变化可用非线性微分方程组描述，即

$$\begin{cases} C_i \dfrac{\mathrm{d}u_i}{\mathrm{d}t} = \sum\limits_{j=1}^{N} T_{ij} v_j - \dfrac{u_i}{R_i} + I_i, \quad i = 1,2,\dots,N \\ v_i = g_i(u_i) \end{cases} \tag{6.2.41}$$

能量函数定义为

$$E = -\frac{1}{2}\sum_{i=1}^{N}\sum_{\substack{j=1 \\ j\neq i}}^{N} T_{ij} v_i v_j - \sum_{i=1}^{N} v_i I_i + \sum_{i=1}^{N}\frac{1}{R_i}\int_0^{v_i} g^{-1}(v)\,\mathrm{d}v \tag{5.2.42}$$

CHNN 的能量函数不是物理意义上的能量函数，而在表达形式上与物理意义的能量函数一致，表征网络状态的变化趋势。

应用 Hopfield 神经网络来解决优化计算问题的一般步骤为以下几点：

(1) 分析问题。网络输出与问题的解相对应。

(2) 构造网络能量函数。使其最小值对应问题的最佳解。

(3) 设计网络结构。由能量函数和网络稳定条件设计网络参数，得到动力学方程。

(4) 硬件实现或软件模拟。

6.3　遗传算法

近年来，随着计算科学的发展以及人们对自然界认识的深入，一些研究者提出了一些

用于解决优化问题的生物启发式算法。例如，遗传算法、粒子群算法、人工鱼群算法、果蝇算法、模拟退火算法等。这些启发式算法不需要依赖梯度计算，能较好地找到全局最优解。与传统的数学规划法和准则法相比，启发式算法的主要优势为：在一般情况下，算法能否收敛到全局最优解与初始群体无关；全局搜索能力强；使用范围广，能有效求解不同类型的问题。因此，启发式智能优化算法及其应用是值得研究的问题。

6.3.1　遗传算法概念与基本用语

遗传算法是模拟自然进化过程而形成的一种搜索最优解的随机搜索法，是由美国密执安大学的 Holland 教授提出来的，其主要特点是直接对求解对象进行操作，不需要所求的目标函数满足求导和函数连续性条件，基于适者生存的进化规律求解问题的最优解。遗传算法的研究对象是一个由基因编码的一定数目的个体组成的种群，每个个体是染色体带有特征的实体，代表着需求解问题的可能解。染色体作为生物体遗传物质的主要载体，是多个基因的组合。它有两种表现模式：基因型和表现型。在遗传算法中，一开始就需要实现从表现型到基因型的映射，即编码工作。为了降低编码工作中的复杂程度，一般用简化的编码方法，最常用的就是二进制编码。初始种群设置好之后，按照生物进化机制，通过逐代进化得到越来越好的所求问题的近似解。对于遗传算法进化的每一代，遗传算法会用选择算子选出种群中适应能力强的个体，然后对这些个体进行组合交叉、变异操作，产生下一代种群，它代表着一个新的解集。遗传算法的选择、交叉和变异操作过程会使后生代种群在环境中的适应生存能力强于前一代种群，这样，末代种群中的适应度函数值(简称适应度值)最大的个体经过解码就可以视为求解问题的最优解近似值。

遗传算法会使用一些与自然遗传有关的基础用语，而这些基础用语对于遗传算法研究和应用是很重要的。

1) 染色体(或基因串或个体)

细胞是生物体的基本结构和功能单位，细胞内的细胞核主要由一种微小的丝状染色体构成，而染色体是携带者基因信息的数据结构，是生物遗传信息的主要载体，也可称为基因串或个体，一般用二进制位串来表示。

2) 基因、基因座与等位基因

基因是染色体的一个片段，它是控制生物性状的遗传物质的功能单位和结构单位，通常为单个参数的编码值，多个基因组成一个染色体。每个基因对应的染色体中的位置称作基因座，每个基因所取的值称作等位基因，其中，染色体特征和生物个体性状是由基因和基因座决定的。

3) 基因型和表现型

染色体可用基因型和表现型这两种模式表示。所谓基因型是指个体的内部表现，它由该个体特有的基因组成，该基因与个体的表现型有着密切的联系；而表现型是个体在生存环境中所具有的外部表现，它是个体基因型与生存环境条件相互作用的结果，即在不同的生存环境条件下，同一种基因型的生物个体可以有不同的表现型。

4) 编码操作与译码操作

在执行遗传算法的操作过程中，存在基因型和表现型两者之间相互转化的操作。其中，将表现型转换为基因型称为编码操作，由它实现所求解问题搜索空间中的参数与遗传空间中个体的转换；另一个是译码操作，由它将基因型转换为表现型，实现遗传空间中的个体与搜索空间中的参数或解的转换。

5) 群体规模

在标准的遗传算法中，一定数量的个体组成了种群。在种群中，个体数目的大小称为种群的大小，即群体规模。

6.3.2　遗传算法的基础理论

1. 模式定理

遗传算法是模拟生物个体之间的选择、交叉和变异等遗传操作来逐步搜索问题最优解的过程。在搜索过程中，逐步产生的每一代个体在它的编码串组成结构上与其父代个体之间有一些相似的结构联系。若将个体之间具有相似结构特点的编码串与某些相似模板相联系，则遗传算法中对个体的搜索就是对这些相似模板的搜索，这样，就需要引入模式的概念。模式表示种群中的个体基因串中某些特征位相同的结构，它描述了个体编码串中具有相似结构特征的一个串子集。例如，在二进制编码串中，用 0 和 1 这两个元素所组成的一个编码串来表示个体，用 0,1 和“*”这三个元素所组成的一个编码串来表示模式。其中“*”表示任意字符，既可以为“1”，也可以为“0”。可见，一个模式可以隐含在多个编码串中，不同的编码串之间通过模式相互联系，使遗传算法中编码串的运算转化为模式的运算。为了定量地估计模式运算，我们将模式中具有确定基因值的位置个数称为该模式中的阶。阶数越高，与该模式匹配的样本数就越少，确定性就越高；将模式的长度定义为模式中有确定基因值的基因位从第一个到最后一个之间的距离。因此，在对遗传算法的模式概念进行相关分析后，可以将遗传算法看作一种模式的运算，即一个模式中的各个样本经过相关遗传操作进化成一些新的样本和新的模式，并且那些低阶、短定义长度且平均适应度值高于群体平均适应度值的模式，经过选择、交叉和变异操作后，将呈指数增长，这些正是模式定理所揭示的内容。

从上面分析可知，模式定理在一定程度上证明了遗传算法的有效性，但是它仍存在一些缺陷：

(1) 模式定理只适合二进制编码，没有适合其他编码方案的相关结论。

(2) 模式定理只提供本代包含某个模式的个体数的下限，并不能根据此下限来确定算法的收敛与否。

(3) 模式定理没有解决遗传算法设计中控制参数的选取等问题。

2. 积木块假设

遗传算法是一个随机概率搜索的过程，而不是对搜索空间中每个基因都进行检测和遗传操作，只是将一些较好的模式像堆积木一样拼接在一起，从而使进化出的个体编码串在生存环境中的适应能力越来越强，而这些模式是低阶、短定义长度且平均适应度值高于群体平均适应度值的模式，它们经过选择、交叉和变异操作后，其样本将呈指数增长，我们将符合这些条件的一些模式称为积木块。

模式定理指明了积木块的样本呈指数增长和用遗传算法寻找最优解的可能性，但是没有说明遗传算法一定能够搜索到最优解；而积木块假设能说明遗传算法一定能搜索到最优解。所谓积木块假设就是积木块经过选择、交叉和变异操作后，能够相互结合形成适应度值更大的个体编码串，最后趋近全局最优解。积木块假设说明了用遗传算法求解各类问题的基本思想，在许多领域得到了应用，同时也证明了该假设的有效性。

3. 隐含并行性

由前面的讨论可知，遗传算法的一个编码串中实际上隐含有多种不同的模式，所以遗传算法的实质是模式的运算。在二进制编码串中，若编码串的长度为 l，则该编码串中会隐含有 2^l 种模式，在种群规模为 N 的群体中就有 $2^l \sim N \cdot 2^l$ 种不同模式。随着这些模式的逐代进化，这些模式中一些较长的定义长度的模式将被破坏，而较短的定义长度的模式将被保存下来。由此可见，遗传算法在运行过程中，每代除了处理 N 个个体之外，还并行处理了与 N 的立方成正比的模式数，此处的并行处理过程与一般的并行算法的处理过程不一样，它是一种隐含并行性，是包含在处理过程内部的。

6.3.3　遗传算法的基本操作

1. 编码

遗传算法直接处理的对象不是所求问题中的实际决策变量，而是用某方法将所求问题的可行解转化为遗传算法的编码个体再进行有关的遗传操作，逐代搜索出适应度值较大的个体，并逐渐增加其在种群中的数量，最后寻找出问题最优解的最佳近似解的方法。编码是将求解问题的可行解从其解空间转换到遗传算法所能处理的搜索空间，是遗传算法中的一个关键步骤。编码方法的选择与如何进行群体的遗传进化运算以及遗传进化运算的效率有着密切的关系，不同的编码方法会有不同的结果和计算效率。编码方法应满足三个规范条件：完备性、健全性和非冗余性。针对一个具体的应用问题，如何设计一种编码方案是遗传算法的一个重要的研究方向，迄今为止人们已经提出了许多种不同的编码方案，主要有二进制编码、符号编码和浮点数编码这三种编码方案，可以根据不同的要求来选择编码方法。

(1) 二进制编码。二进制编码是在遗传算法中最常用的一种编码方案，编码符号集是由一定数目的二进制符号 0 和 1 所组成，已编码的个体基因型是一个二进制编码串。二进制编码方法的编解码操作简单、易于实现遗传操作。

(2) 符号编码。符号编码方法是指将一个无数值含义而只有代码含义的符号集，用来表示个体的每个基因值。符号编码方法不仅与积木块编码原则相符合，还便于遗传算法与其他相关的近似算法之间的结合使用。

(3) 浮点数编码。浮点数编码是将个体的每个基因值用某一范围的一个浮点数来表示，个体的编码长度与所求问题决策变量的个数相对应。当遗传算法中个体基因值的表示范围较大时，浮点数编码优于其他的编码方法，也就是当搜索空间较大时，使用浮点数编码能更好地提高遗传算法的运算效率。

2. 初始种群

遗传算法是对一定数目的个体组成的群体进行遗传操作，因此要给种群赋初始值，它是遗传算法的起始搜索点，一般用随机方法产生。而一定数目的个体就构成了种群的规模，种群规模对遗传算法的性能也有一定的影响，种群的规模越大，种群的多样性就越丰富，减小了陷入局部收敛的可能性，但是会增加计算量；种群规模越小，则减小可行解在搜索空间的分布范围，增大了“早熟”收敛的可能性。因此，针对不同的问题要求，种群规模也会不同。

采用二进制编码时，若个体串的长度为 L，则种群规模的最优值为 $2^{\frac{L}{2}}$。

3. 适应度函数

适应度函数就是度量个体适应度的函数。由于遗传算法主要是以个体的适应度值为参量来进行遗传操作的，基本不需要其他信息和适应度函数的连续可导性，因此遗传算法使用适应度值来衡量群体中各个个体被遗传至下一代的可能性大小。个体的适应度值越大，则该个体被选择遗传到下一代的概率就越大，反之，被遗传到下一代的概率越小。因此，适应度函数的选择对于遗传算法搜索效率很重要。一般情况，适应度函数是由目标函数转换而来的，因为遗传算法的每步搜索信息仅通过所求问题的目标函数值就能得到，这样遗传算法在评价个体适应度值时能够体现所求问题的目标函数值的使用。评价个体适应度值的基本过程为：

(1) 通过解码，将个体基因型转化为对应的表现型。

(2) 根据个体的表现型，计算出该个体的目标函数值。

(3) 根据优化问题的类型，将目标函数值转化为个体的适应度值。

最优化问题一般可有两类，一类是求目标函数的最大值，另一类是求目标函数的最小值。将目标函数用 $J(x)$来表示，如果要求 $J(x)$的最小值，则将求最小值问题转化为求最大值问题，从而将函数值非负的适应度函数 $\mathrm{Fit}(x)$表示为

$$\mathrm{Fit}(x)=\frac{1}{J(x)} \tag{6.3.1}$$

反之，适应度函数为

$$\mathrm{Fit}(x)=J(x) \tag{6.3.2}$$

遗传算法中，适应度函数对遗传算法的收敛速度和能否搜索到最优解都有很大的影响。如果对每代的适应度值较大的个体强调过多，则会降低种群的多样性，使算法易陷入早熟的收敛现象；反之，会使算法丢失适应度值较大的个体信息，不能达到合理的收敛。因此，为了提高遗传算法的有效性，适应度函数的设计需要满足下面一些条件：

(1) 适应度函数值必须是连续的非负单值，且有最大值。

(2) 适应度函数的设计应使适应度值对应解的优劣程度。

(3) 适应度函数的设计应尽可能降低复杂度、减少计算量。

(4) 针对某类具体的问题，适应度函数设计应尽可能通用。

4. 选择算子

遗传算法使用选择算子确定如何从上一代个体中选取个体遗传到下一代，该操作是以群体中各个个体的适应度评价为基础的，它能够避免某些基因的缺失，提高算法的全局收

敛性。

常用的选择算子的操作方法有：

(1) 比例选择算子。比例选择算子即轮盘选择，它体现出各个个体被遗传到下一代的概率与该个体适应度值的大小成正比，即个体的适应度值越大，则它被选择遗传到下一代的概率越大。设种群规模大小为 N，个体 i 的适应度为 Fit_i，则个体 i 被选择遗传的概率为

$$p_i = \frac{\mathrm{Fit}_i}{\sum_{i=1}^{N} \mathrm{Fit}_i} \tag{6.3.3}$$

(2) 最优保存策略。在遗传算法进化过程中，优良个体会随着进化代数的增加而增多，但进化过程中选择、交叉、变异等操作是一些随机的遗传操作，它们有可能破坏当前群体中适应度值最大的个体，从而降低群体的平均适应度值，影响遗传算法的运行效率和收敛速度。为了降低适应度值最大的个体被破坏的可能性，在优胜劣汰操作中引入最优保存策略，即当前群体中适应度值最大的个体不参与交叉、变异运算，并且还替换本代群体中经过遗传操作后所产生的适应度值最小的个体。该方法能保证最优个体不被破坏，但它也容易使得某个局部最优个体不易被淘汰而降低算法的全局搜索能力。因此，该方法一般是与其他的一些选择操作方法联合使用的。

(3) 排序选择方法。排序选择方法主要着眼点是个体适应度值之间的大小关系，首先对群体中所有个体按其适应度值大小进行降序排序，然后根据具体求解问题，设计一个概率分配表，将各个概率值按上述排列次序分配给各个个体，各个个体将以所分配到的概率值作为其能够被遗传到下一代的概率。该方法是基于概率的选择操作，且选择操作是要事先确定的，所以会产生较大的选择概率。

(4) 随机遍历抽样。随机遍历抽样法提供了零偏差和最小个体的扩展。首先设定需要选择的个体数目，然后用选择指针等距离地选择个体，其中选择指针的距离用需要选择的个体数目的倒数表示。

以上是几种常用的选择方法，它们对遗传算法性能的影响都不同，在实际应用时，应根据所求问题的特点选择适合的选择方法。

5. 交叉算子

交叉运算是指两个相互配对的个体通过某种方式相互交换部分基因来形成两个新的个体，它是遗传算法区别于其他进化算法的重要特征，它在遗传算法中起着关键作用，能使上一代群体中优良个体的特性具有一定程度的保持，同时，又是产生新个体的主要方法，对于增强遗传算法的全局搜索能力很重要。常用的交叉运算方法如下：

(1) 单点交叉。单点交叉是最常用和最基本的交叉操作算子，它是指对群体中的个体进行两两配对，对每一对相互配对的个体随机设置一个交叉点，然后在该交叉点相互交换部分染色体。

(2) 多点交叉。多点交叉也被称为广义交叉，操作过程与单点交叉相似，不同的是它在个体编码串中随机设置了多个交叉点，但该交叉方法有可能破坏一些好的模式，甚至随着交叉点数的增加，个体结构被破坏的可能性也逐渐增大，使特性好的模式更容易破坏，影响遗传算法的性能，因此一般使用不多。多点交叉如图 6.3.1 所示。

A:1100 0101 1111 $\xrightarrow{\text{交叉}}$ A:1100 0101 0000

B:1111 0101 0000　　　　B:1111 0101 1111

图 6.3.1　交叉操作

(3) 算术交叉。算术交叉是指两个个体进行线性组合并产生两个新的个体，它一般用于实数编码的求解问题中。

设算术交叉的两个个体为 A_t、B_t，则交叉产生的两个新个体 A_{t+1}、B_{t+1} 为

$$A_{t+1} = \alpha B_t + (1-\alpha)A_t \tag{6.3.4}$$

$$B_{t+1} = \alpha A_t + (1-\alpha)B_t \tag{6.3.5}$$

式中，a 是一个比例因子。

除了上述的三种交叉方法外，还有均匀交叉、循环交叉，顺序交叉等。

6. 变异算子

变异运算是指将个体编码串中的某些基因变换为这些基因对应的等位基因，从而形成一个新的个体。变异运算改变的是个体编码串中的部分基因值，它是产生新个体的辅助方法，它与遗传算法的局部搜索能力相关联，与交叉算子相结合，实现遗传算法的全局搜索和局部搜索，提高了遗传算法的搜索性能。常用的变异算子有以下几种。

(1) 基本位变异。基本位变异是指以变异概率随机指定个体编码串中某几位基因座，并将这些基因座上的基因值转化为与其相应的等位基因值。该操作方法的对象只是个体编码串中的个别几个基因座上的基因值，且变异概率小，变异产生的作用不明显，如图 6.3.2 所示。

A:1100 0101 1111 $\xrightarrow{\text{变异}}$ A:1100 0101 1101

图 6.3.2　变异操作

(2) 均匀变异。均匀变异是通过变异概率将个体编码串中的每个基因座指定变异点，并将每一变异点原有的基因值转化为其对应的取值范围内的一个随机数。该方法使得算法能在整个搜索空间内自由搜索，能增加群体多样性，比较适合在算法的初始运行阶段，不适合于某一重点区域的局部搜索。

(3) 实值变异。一般情况下，较小的变异步长可以使变异操作较容易成功，但有时变异步长大又会加快优化速度。为了解决这个矛盾，引入实值变异，定义为

$$X' = X \pm 0.5\gamma\Delta t \tag{6.3.6}$$

式中，γ 为变量的取值范围；X 为变异前变量取值；X' 为变异后变量取值；$\Delta t=\sum_{i=0}^{m-1}\frac{a(i)}{2^i}$，式中，$a(i)$ 取值为 1 或 0，且取 1 的概率为 $\frac{1}{m}$，取 0 的概率为 $1-\frac{1}{m}$。

总之，遗传算法的基本要素包括染色体编码方法、适应度函数、遗传操作和运行参数。其中染色体编码方法是指个体编码方法，适应度函数是指根据进化目标编写的计算个体适应度值的函数，通过适应度函数计算每个个体的适应度值，提供给选择算子进行选择。遗

传操作是指选择、交叉和变异操作。运行参数是遗传算法在初始化时确定的参数，主要包括群体大小 M、遗传代数 G、交叉概率 Pc 和变异概率 Pm。

6.3.4 遗传算法的参数选择

遗传算法中的参数对算法性能有着重要影响。其中主要参数如下：

1. 编码串长度

编码串长度与编码方法的选择有关。例如，二进制编码的编码串长度与所求问题要求的精度有关；而实数编码的编码串长度则等于决策变量的个数。

2. 交叉概率

交叉操作对遗传算法中新个体的产生起着主要作用。交叉概率大，开辟新的搜索空间的能力强，但交叉概率过大，会破坏群体的优良模式，影响算法的优化性能；反之，交叉概率小，产生新个体的数量少，降低了群体多样性，可能使遗传算法的搜索陷入迟钝状态。一般建议交叉概率取值范围是 0.4～0.99。

3. 变异概率

变异操作可以改善遗传算法的局部搜索能力，保持群体多样性，防止早熟。变异概率大，产生的新个体多，但变异概率过大则可能破坏群体的优良模式；反之，变异操作产生新个体少且抑制早熟能力差。一般建议变异概率的取值范围是 0.0001～0.1。

4. 终止代数

终止代数作为遗传算法运行结束的一个条件，当遗传算法运行到预先设置好的代数之后就会停止运行，并将最后一代群体中的最佳个体作为所求问题的最优解输出。一般建议终止代数的取值范围是 100～1000。

6.3.5 模拟退火遗传算法

模拟退火算法 SA(Simulated Annealing Algorithm) 是一种求解大规模组合优化问题的随机方法，是源于统计物理学中模拟固体退火过程并对 Metropolis 算法进行迭代的组合优化算法。模拟退火算法接受的试探点有使适应度值变大的试探点和使适应度值变小的试探点，其中后者是以一定的概率被接受，并且此概率会随温度的下降而减小。这种搜索策略有利于减小搜索过程陷入局部最优的可能性，提高了获得全局最优的可靠性。

设组合优化问题的一个解为 i，其目标函数为 $J(i)$，它们分别等价于固体的微观状态 i 及其能量 E_i，且 t 为控制参数，它等价于固体退火过程中的温度 T。在固体模拟退火过程中，它不停地进行“产生新解—判断—接受(舍弃)”的迭代过程，当控制参数 t 每取一个值时，固体模拟退火的迭代过程就会与固体在某一恒定温度下趋于热平衡的过程相对应，即以某一状态为初始状态，通过计算系统的时间演化过程，求出系统最终达到的状态。与此相似，模拟退火算法首先设置所求问题的某个初始解，并对它进行大量的解变换，可以得到给定控制参数下的组合优化问题的相对最优解，然后使控制参数 t 的值逐渐减小，重复执行 Metropolis 算法，最终在控制参数 t 趋于零时，得到组合优化问题的全局最优解。由于固体退火是在慢慢降温条件下使固体在每一温度达到热平衡，并最终趋于固体能量最小的基态，因此模拟退火算法的控制参数 t 在搜索过程中也是缓慢衰减，从而确保算法最终能收敛于组合优化问题的全局最优解。对于模拟退火算法的接受概率可以用统计物理学中的 Metropolis 接受准则来确定。例如，从当前解 i 到新解 j 转移的概率为

$$p_{\mathrm{k}}(i \Rightarrow j)=\begin{cases} 1, & J(i)<J(j) \\ \exp\left[-\dfrac{J(j)-J(i)}{J(j)}\right], & J(i)\geqslant J(j) \end{cases} \tag{6.3.7}$$

在算法执行的初始阶段，控制参数 t 的取值较大，在进行足够多的状态转移后，其值缓慢降低，此过程反复进行，直至满足某个停止准则才会停止。因此，模拟退火算法可以看作控制参数 t 不断递减的 Metropolis 算法的迭代过程，具体求解步骤为：

(1) 初始化退火温度 T_0。

(2) 随机产生初始解 X_0。

(3) 在温度 $T(k)$ 时执行以下步骤：

① 在解 x 的可行域中产生新的可行解 x'。

② 计算新的可行解的评价函数 $J(x')$ 和原来的可行解的评价函数 $J(x)$ 的差值。

$$\Delta J = J(x') - J(x) \tag{6.3.8}$$

③ 依概率 $\exp\left(\dfrac{-\Delta J}{T(k)}\right)$ 接收新的解，若此时的新解达到温度 $T(k)$ 的平衡状态则转至下一步，否则转回①。

(4) 以一定方式来降低温度，如

$$T(k+1) = aT(k),\quad a\in[0, 1] \tag{6.3.9}$$

(5) 若满足收敛准则，则退火过程结束；否则转至第三步。

通过以上分析可知，模拟退火过程以退火温度 T 来引导求解过程向最小值的优化方向进行，并以概率 $\exp[-\Delta J / T(k)]$ 来接收不良解，从而使算法跳出局部极值点，并当初始温度足够高时，退火过程就会足够慢，最终使算法收敛到全局最优解。

6.4 神经网络与遗传算法应用设计流程与实例

6.4.1 神经网络应用设计流程与实例

本节以地震级预测为例，来说明应用神经网络解决实际问题的思路与方法。

学习样本集及内符结果如表 6.4.1 所示。现选取某地区 20 组地震数据(每组数据有诸如频次、蠕变、能量、B 值、缺震、η 值等具有代表性的六个指标)作为输入，目的是预测震级，因此选择输入层为六个节点，输出层为一个节点，隐层为两个节点。用 sim 函数作为激活函数，建立神经网络模型，对地震样本数据采用 BP 算法进行学习，以期对地震级进行有效预测。

表 6.4.1　学习样本集及内符结果

频次	B 值	η 值	缺震	蠕变	能量	期望输出	实际输出	震级 ΔM
0.270	0.60	0.9954	0.8796	0.1093	0.1472	3.9	4.0	0.1
0.176	0.66	0.9703	0.8205	0.6402	0.2217	4.8	4.9	0.1
0.124	0.76	0.6857	0.7605	0.3802	0.1798	4.9	4.8	−0.1
0.074	0.85	0.7933	0.636	0.9409	0.4263	4.0	4.3	0.3
0.192	0.63	0.8507	0.8353	0.7605	0.3703	4.1	4.3	0.2
0.235	0.71	1	0.8048	0.5440	0.2215	4.0	4.1	0.1
0.212	0.70	0.8234	0.8212	0.7357	0.3905	4.4	4.7	0.3
0.125	0.74	0.7037	0.7583	0.3739	0.1798	5.0	4.9	−0.1
0.210	0.68	0.8277	0.8234	0.7453	0.3833	4.3	4.7	0.4
0.074	0.83	0.7943	0.652	0.9420	0.4265	4.0	4.3	0.3
0.093	0.57	0.9106	0.8237	0.5707	0.1721	3.9	4.0	0.1
0.161	0.55	0.9003	0.8596	0.8526	0.131	3.9	4.1	0.2
0.136	0.72	0.8743	0.7437	0.2861	0.5106	4.1	4.0	−0.1
0.178	0.75	0.9003	0.7236	0.2802	0.3107	3.9	4.2	0.3
0.161	0.69	0.7843	0.7882	0.5773	0.5586	5.5	5.1	−0.4
0.143	0.70	0.601	0.7785	0.5881	0.2942	4.0	4.4	0.4
0.153	0.43	0.8093	1	0.4003	0.2320	4.1	4.0	−0.1
0.186	0.67	0.9651	0.8117	0.6396	0.8650	4.8	5.0	0.2
0.127	0.75	0.7134	0.7383	0.2942	0.5905	3.7	4.3	0.6
0.231	0.69	1	0.8003	0.5339	0.2178	4.0	4.1	0.1

需要注意的是，在隐层节点确定的情况下，训练次数过大会使测试误差增大，影响网络的外推能力。故在训练过程中每经过一定训练次数后，要停止训练并测试其测试误差，当发现测试误差开始上升时，网络便达到最佳训练次数，此时网络便具有最佳的外推能力。

根据地震预测的要求，需要根据每组数据中特有的六个数据指标解决地震震级的预测问题。通过对问题的分析得出算法的基本流程，如图 6.4.1 所示。

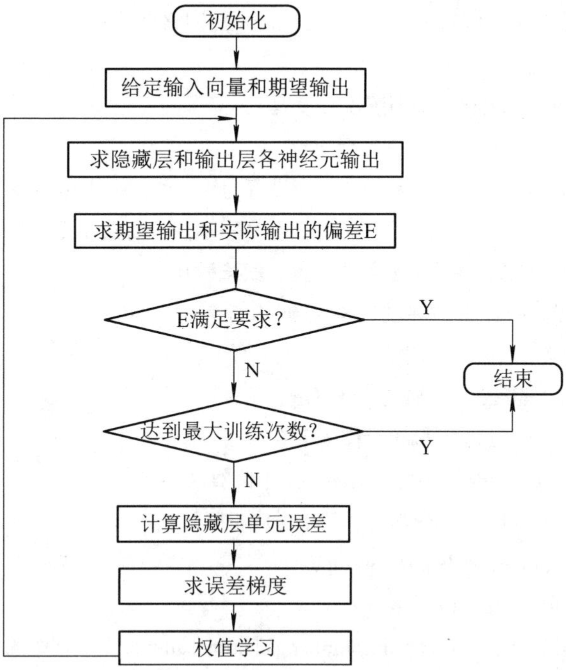

图 6.4.1　神经网络算法流程

现根据图 6.4.1 和表 6.4.1 给出的学习样本设计以下程序，使用梯度下降学习算法对表中的 20 组数据进行训练和测试，算法通过对每组数据的六个指标进行训练来学习对建立的网络进行参数训练。对表 6.4.1 进行训练的程序代码如下：

```
clc
clear all
close all
%bp 神经网络的预测代码
%载入数据
[num,txt,raw]=xlsread('学习样本集存储地址');
%载入输入和标签数据
input=num(:,1:6);
label=num(:,7);
%赋值给输出 p 和输入 t
p=input';
t=label';
%10%的数据作为测试数据，一般是使用函数 dividerand，其一般的使用方法如下：
%[trainInd,valInd,testInd] = dividerand(Q,trainRatio,valRatio,testRatio)
[trainsample.p,valsample.p,testsample.p] =dividerand(p,0.8,0.1,0.1);
[trainsample.t,valsample.t,testsample.t] =dividerand(t,0.8,0.1,0.1);
%建立反向传播算法的 BP 神经网络，使用 newff 函数，其一般的使用方法如下
TF1='tansig';TF2='purelin';
```

```
net=newff(minmax(p),[2,1],{TF1 TF2},'traingdm');%网络创建
%网络参数的设置
net.trainParam.epochs=500；%训练次数设置
net.trainParam.goal=1e-7；%训练目标设置
net.trainParam.lr=0.01；%学习率设置，应设置为较少值，太大虽然会在开始加快收敛速度，但
                        临近最佳点时，会产生动荡，而致使无法收敛
net.trainParam.mc=0.9；%动量因子的设置，默认为 0.9
net.trainParam.show=1；%显示的间隔次数
% 指定训练参数
% net.trainFcn = 'traingd'；%梯度下降算法
% net.trainFcn = 'traingdm'；%动量梯度下降算法
% net.trainFcn = 'traingda'；%变学习率梯度下降算法
net.trainFcn = 'traingdm'；%变学习率动量梯度下降算法
[net,tr]=train(net,trainsample.p,trainsample.t);
%计算仿真，其一般用 sim 函数
[trainoutput,trainPerf]=sim(net,trainsample.p,[],[],trainsample.t)；%训练的数据，根据 BP 得到的结果
[validateoutput,validatePerf]=sim(net,valsample.p,[],[],valsample.t)；%验证的数据，经 BP 得到的结果
[testoutput,testPerf]=sim(net,testsample.p,[],[],testsample.t)；%测试数据，经 BP 得到的结果
%将所得的结果进行反归一化，得到其拟合的数据
% trainoutput=mapminmax('reverse',normtrainoutput,ts);
% validateoutput=mapminmax('reverse',normvalidateoutput,ts);
% testoutput=mapminmax('reverse',normtestoutput,ts);
%正常输入的数据的反归一化的处理，得到其正式值
% trainvalue=mapminmax('reverse',trainsample.t,ts)；%正常的验证数据
% validatevalue=mapminmax('reverse',valsample.t,ts)；%正常的验证的数据
% testvalue=mapminmax('reverse',testsample.t,ts)；%正常的测试数据
trainvalue=trainsample.t；%正常的验证数据
validatevalue=valsample.t；%正常的验证的数据
testvalue=testsample.t；%正常的测试数据
%做预测，输入要预测的数据 pnew
pnew=p;
pnewn=pnew;
% pnewn=mapminmax(pnew);
anewn=sim(net,pnewn);
% anew=mapminmax('reverse',anewn,ts);
anew=anewn;
%绝对误差的计算
errors=trainvalue-trainoutput;
%plotregression 拟合图
```

```
%figure,plotregression(trainvalue,trainoutput)
%误差图
%figure,plot(1:length(errors),errors,'-b')
%title('误差变化图')
```

为检验该网络对预报震级的效能如何，能否达到要求的精度还必须进行内符检验。内符情况如表 6.4.1 所示，该表表明所构造的用于该地区地震活动预测的神经网络模型基本能识别训练样本，如果取$|\Delta M| \leqslant 0.5$，内符检验正确率为 95%。外推能力检验采用交叉法进行，把同样的训练样本分成 7，7，6 三个子集，每次抽出一个子集不参加训练，用它来测试外推能力。利用神经网络 BP 算法对地震进行训练和分析的结果如表 6.4.2 所示。表 6.4.2 表明，最大预测震级与实际震级之差为 0.7，如果限定$|\Delta M| \leqslant 0.5$为预报正确，则预报震级的准确率为 85%。

表 6.4.2　预测效能分析

编　号	实际震级	检验震级	震级差 ΔM
1	3.9	3.3	−0.6
2	4.0	4.3	0.3
3	4.1	3.6	−0.5
4	4.3	4.6	0.3
5	3.8	4.0	0.2
6	4.4	4.1	0.3
7	4.0	3.7	−0.3
8	5.0	4.6	−0.4
9	3.9	4.6	0.7
10	5.1	5.4	0.3
11	4.0	3.6	−0.4
12	3.8	3.6	−0.2
13	5.5	5.4	−0.1
14	3.9	4.1	−0.2
15	3.9	3.5	−0.4
16	4.6	5.2	0.6
17	3.9	4.0	0.4
18	4.9	4.8	−0.1
19	3.9	4.3	0.4
20	4.4	4.0	−0.4

将样本分为三组，每次抽出其中一组进行测试，程序代码如下：

```
clc
clear all
close all
%bp 神经网络的预测代码
%载入数据
[num,txt,raw]=xlsread('C:\Users\ASUS\Desktop\prediction\data.xlsx');
%载入输入和标签数据
```

```
input=num(:,1:6);
label=num(:,7);
%赋值给输出 p 和输入 t
p=input;
t=label;
indices = crossvalind('Kfold', 20, 3); %将数据样本随机分割为 3 部分
for i = 1:3  %循环 3 次，分别取出第 i 部分作为测试样本，其余两部分作为训练样本
    test1 = (indices == i);
    train1 = ~test1;
    trainsample.p = p(train1, :)';
    trainsample.t = t(train1, :)';
    testsample.p = p(test1, :)';
    testsample.t = t(test1, :)';
TF1='tansig';TF2='purelin';
net=newff(minmax(p'),[2,1],{TF1 TF2},'traingdx'); %网络创建
%网络参数的设置
net.trainParam.epochs=500; %训练次数设置
net.trainParam.goal=1e-7; %训练目标设置
net.trainParam.lr=0.01; %学习率设置，应设置为较少值，太大虽然会在开始加快收敛速度，但
                        临近最佳点时，会产生动荡，而致使无法收敛
net.trainParam.mc=0.9; %动量因子的设置，默认为 0.9
net.trainParam.show=1; %显示的间隔次数
[net,tr]=train(net,trainsample.p,trainsample.t);
%计算仿真，其一般用 sim 函数
[trainoutput,trainPerf]=sim(net,trainsample.p,[],[],trainsample.t); %训练的数据，根据 BP 得到的结果
[testoutput,testPerf]=sim(net,testsample.p,[],[],testsample.t); %测试数据，经 BP 得到的结果
trainvalue=trainsample.t; %正常的验证数据
% validatevalue=valsample.t; %正常的验证的数据
testvalue=testsample.t; %正常的测试数据
%绝对误差的计算
errors=testvalue-testoutput;
fprintf('true is%6.1f\n',testvalue)
fprintf('prediction is%6.1f\n',testoutput)
fprintf('error is%6.1f\n',errors)
end
```

6.4.2 遗传算法优化 BP 神经网络

遗传算法优化 BP 神经网络过程分为确定 BP 神经网络结构、遗传算法优化和 BP 神经

网络预测三个部分。其中，BP 神经网络结构由拟合函数输入输出参数个数确定(本节要拟合的函数(https://www.jianshu.com/p/c9c437391a7d)，如图 6.4.2 所示)，进而确定遗传算法个体的长度。用遗传算法优化 BP 神经网络的权值和阈值时，种群中的每个个体都包含了一个网络所有权值和阈值，个体通过适应度函数计算个体适应度值，遗传算法通过选择、交叉和变异操作找到最优适应度值对应个体。BP 神经网络预测用遗传算法得到的最优个体对网络初试权值和阈值赋值，网络经训练后预测函数输出。

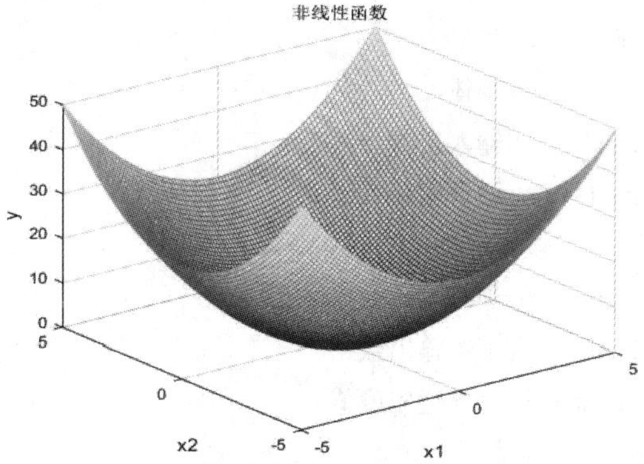

图 6.4.2　拟合函数($y = x_1^2 + x_2^2$)

图 6.4.2 表明，要拟合的非线性函数有两个输入参数、一个输出参数，故需将 BP 神经网络结构设定为 2-5-1，即输入层有两个节点，从非线性函数中随机得到 2000 组输入输出数据，从中随机选择 1900 组作为训练数据，用于网络训练，100 组作为测试数据。把训练数据预测误差绝对值之和作为个体适应度值。个体适应度值越小，该个体越优。

用遗传算法优化 BP 神经网络的算法流程(https://www.jianshu.com/p/af3398abbb28)如图 6.4.3 所示。

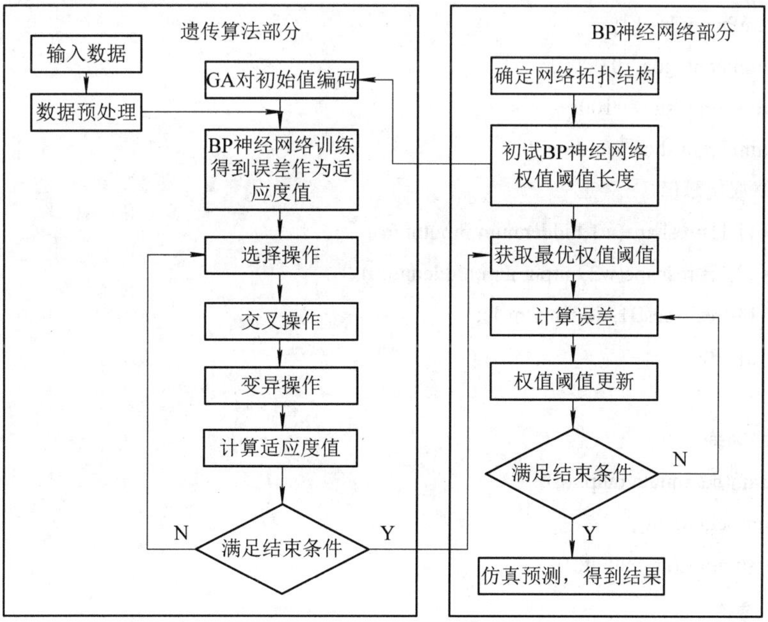

图 6.4.3　算法流程

根据遗传算法和 BP 神经网络理论，在遗传算法优化 BP 神经网络非线性系统算法中，遗传算法参数设置为：种群规模为 10，进化次数为 50 次，交叉概率为 0.4，变异概率为 0.2。MATLAB 程序代码中涉及遗传算法的选择操作、交叉操作和变异操作如下所示。

1. 适应度函数

用训练数据训练 BP 神经网络，并将训练数据预测误差作为个体适应度值。

```
function error = fun(x,inputnum,hiddennum,outputnum,net,inputn,outputn)
%该函数用来计算适应度值
%x            input      个体
%inputnum     input      输入层节点数
%outputnum    input      隐含层节点数
%net          input      网络
%inputn       input      训练输入数据
%outputn      input      训练输出数据
%error        output     个体适应度值
%提取
w1=x(1:inputnum*hiddennum);
B1=x(inputnum*hiddennum+1:inputnum*hiddennum+hiddennum);
w2=x(inputnum*hiddennum+hiddennum+1:inputnum*hiddennum+hiddennum+hiddennum*outputnum);
B2=x(inputnum*hiddennum+hiddennum+hiddennum*outputnum+1:inputnum*hiddennum+hiddennum+
    hiddennum*outputnum+outputnum);
%网络进化参数
net.trainParam.epochs=20;
net.trainParam.lr=0.1;
net.trainParam.goal=0.00001;
net.trainParam.show=100;
net.trainParam.showWindow=0;
%网络权值赋值
net.iw{1,1}=reshape(w1,hiddennum,inputnum);
net.lw{2,1}=reshape(w2,outputnum,hiddennum);
net.b{1}=reshape(B1,hiddennum,1);
net.b{2}=B2;

%网络训练
net=train(net,inputn,outputn);
an=sim(net,inputn);
error=sum(abs(an-outputn));
```

2. 选择操作

选择操作采用轮盘赌法从种群中选择适应度好的个体组成新种群。

```
function ret=select(individuals,sizepop)
%本函数对每一代种群中的染色体进行选择，以进行后面的交叉和变异
%individuals      input  ：种群信息
%sizepop          input  ：种群规模
%ret              output ：经过选择后的种群

%根据个体适应度值进行排序
fitness1=10./individuals.fitness;

sumfitness=sum(fitness1);
sumf=fitness1./sumfitness;
index=[];
for i=1:sizepop   %转 sizepop 次轮盘
    pick=rand;
    while pick==0
        pick=rand;
    end
    for j=1:sizepop
        pick=pick-sumf(j);
        if pick<0
            index=[index j];
            break；%寻找落入的区间，此次转轮盘选中了染色体 i，注意：在转 sizepop 次轮
                    盘的过程中，有可能会重复选择某些染色体
        end
    end
end
individuals.chrom=individuals.chrom(index,:);
individuals.fitness=individuals.fitness(index);
ret=individuals;
```

3. 交叉操作

交叉操作从种群中选择两个个体进行随机交叉操作得到新个体。

```
function ret=Cross(pcross,lenchrom,chrom,sizepop,bound)
%本函数完成交叉操作
% pcorss          input  ：交叉概率
% lenchrom        input  ：染色体的长度
% chrom           input  ：染色体群
% sizepop         input  ：种群规模
% ret             output ：交叉后的染色体
```

```
for i=1:sizepop   %每一轮 for 循环中，可能会进行一次交叉操作，染色体是随机选择的，交叉位
                    置也是随机选择的，但该轮 for 循环中是否进行交叉操作则由交叉概率决定
                    (continue 控制)
%随机选择两个染色体进行交叉
    pick=rand(1,2);
    while prod(pick)==0
        pick=rand(1,2);
    end
    index=ceil(pick.*sizepop);
    %交叉概率决定是否进行交叉
    pick=rand;
    while pick==0
        pick=rand;
    end
    if pick>pcross
        continue;
    end
    flag=0;
    while flag==0
        %随机选择交叉位
        pick=rand;
        while pick==0
            pick=rand;
        end
        pos=ceil(pick.*sum(lenchrom)); %随机选择进行交叉的位置，即选择第几个变量进行
                                        交叉，注意：两个染色体交叉的位置相同
        pick=rand; %交叉开始
        v1=chrom(index(1),pos);
        v2=chrom(index(2),pos);
        chrom(index(1),pos)=pick*v2+(1-pick)*v1;
        chrom(index(2),pos)=pick*v1+(1-pick)*v2;      %交叉结束
        flag1=test(lenchrom,bound,chrom(index(1),:)); %检验染色体 1 的可行性
        flag2=test(lenchrom,bound,chrom(index(2),:)); %检验染色体 2 的可行性
        if    flag1*flag2==0
            flag=0;
        else flag=1;
        end   %如果两个染色体不是都可行，则重新交叉
    end
end
```

```
ret=chrom;
```

4. 变异操作

变异操作是从种群中随机选择一个个体，按一定概率变异得到新个体。

```
function ret=Mutation(pmutation,lenchrom,chrom,sizepop,num,maxgen,bound)
% 本函数完成变异操作
% pcorss        input  ：变异概率
% lenchrom      input  ：染色体长度
% chrom         input  ：染色体群
% sizepop       input  ：种群规模
% opts          input  ：变异方法的选择
% pop           input  ：当前种群的进化代数和最大的进化代数信息
% bound         input  ：每个个体的上届和下届
% maxgen        input  ：最大迭代次数
% num           input  ：当前迭代次数
% ret           output ：变异后的染色体

for i=1:sizepop  %每一轮 for 循环中，可能会进行一次变异操作，染色体是随机选择的，变异位
                  置也是随机选择的，
    %但该轮 for 循环中是否进行变异操作则由变异概率决定(continue 控制)
    %随机选择一个染色体进行变异
    pick=rand;
    while pick==0
        pick=rand;
    end
    index=ceil(pick*sizepop);
    %变异概率决定该轮循环是否进行变异
    pick=rand;
    if pick>pmutation
        continue;
    end
    flag=0;
    while flag==0
        %变异位置
        pick=rand;
        while pick==0
            pick=rand;
        end
        pos=ceil(pick*sum(lenchrom));  %随机选择了染色体变异的位置，即选择了第 pos 个变
```

```
                    量进行变异
        pick=rand; %变异开始
      fg=(rand*(1-num/maxgen))^2;
      if pick>0.5
          chrom(i,pos)=chrom(i,pos)+(bound(pos,2)-chrom(i,pos))*fg;
      else
          chrom(i,pos)=chrom(i,pos)-(chrom(i,pos)-bound(pos,1))*fg;
      end  %变异结束
      flag=test(lenchrom,bound,chrom(i,:)); %检验染色体的可行性
    end
end
ret=chrom;
```

5. 遗传算法主函数

遗传算法主函数流程如下：

(1) 随机初始化种群。

(2) 计算种群适应度值，从中找出最优个体。

(3) 选择操作。

(4) 交叉操作。

(5) 变异操作。

(6) 判断进化是否结束，若否，则返回步骤(2)。

主函数 MATLAB 代码如下。其中非线性函数的输入输出数据都在 data.mat 文件中，input 矩阵为输入数据，output 矩阵为输出数据。

```
%清空环境变量
clc
clear
%
%%网络结构建立
%读取数据
load data input output

%节点个数
inputnum=2;
hiddennum=5;
outputnum=1;

%训练数据和预测数据
input_train=input(1:1900,:)';
input_test=input(1901:2000,:)';
```

```
output_train=output(1:1900)';
output_test=output(1901:2000)';

%训练样本输入输出数据归一化
[inputn,inputps]=mapminmax(input_train);
[outputn,outputps]=mapminmax(output_train);

%构建网络
net=newff(inputn,outputn,hiddennum);

%%遗传算法参数初始化
maxgen=50;              %进化代数，即迭代次数
sizepop=10;             %种群规模
pcross=[0.4];           %交叉概率选择，0 和 1 之间
pmutation=[0.2];        %变异概率选择，0 和 1 之间

%节点总数
numsum=inputnum*hiddennum+hiddennum+hiddennum*outputnum+outputnum;
lenchrom=ones(1,numsum);                                %个体长度
bound=[-3*ones(numsum,1) 3*ones(numsum,1)];             %个体范围

individuals=struct('fitness',zeros(1,sizepop), 'chrom',[]);   %将种群信息定义为一个结构体
avgfitness=[];                                          %每一代种群的平均适应度
bestfitness=[];                                         %每一代种群的最佳适应度
bestchrom=[];                                           %适应度最好的染色体
%计算个体适应度值
for i=1:sizepop
    %随机产生一个种群
    individuals.chrom(i,:)=Code(lenchrom,bound); %编码(binary 和 grey 的编码结果为一个实数，
                                                   float 的编码结果为一个实数向量)
    x=individuals.chrom(i,:);
    %计算适应度
individuals.fitness(i)=fun(x,inputnum,hiddennum,outputnum,net,inputn,outputn);
%染色体的适应度
end
FitRecord=[];
%找最好的染色体
[bestfitness bestindex]=min(individuals.fitness);
bestchrom=individuals.chrom(bestindex,:);          %最好的染色体
```

```
avgfitness=sum(individuals.fitness)/sizepop；  %染色体的平均适应度
%记录每一代进化中最好的适应度和平均适应度
trace=[avgfitness bestfitness];

%%迭代求解最佳初始阈值和权值
%进化开始
for i=1:maxgen
    %选择
    individuals=Select(individuals,sizepop);
    avgfitness=sum(individuals.fitness)/sizepop;
    %交叉
    individuals.chrom=Cross(pcross,lenchrom,individuals.chrom,sizepop,bound);
    %变异
individuals.chrom=Mutation(pmutation,lenchrom,individuals.chrom,sizepop,i,maxgen,bound);
    %计算适应度
    for j=1:sizepop
        x=individuals.chrom(j,:)；          %个体
        individuals.fitness(j)=fun(x,inputnum,hiddennum,outputnum,net,inputn,outputn);
    end

    %找到最小和最大适应度的染色体及它们在种群中的位置
    [newbestfitness,newbestindex]=min(individuals.fitness);
    [worestfitness,worestindex]=max(individuals.fitness);

    %最优个体更新
    if bestfitness>newbestfitness
        bestfitness=newbestfitness;
        bestchrom=individuals.chrom(newbestindex,:);
    end
    individuals.chrom(worestindex,:)=bestchrom;
    individuals.fitness(worestindex)=bestfitness;

    %记录每一代进化中最好的适应度和平均适应度
    avgfitness=sum(individuals.fitness)/sizepop;
    trace=[trace;avgfitness bestfitness];
    FitRecord=[FitRecord;individuals.fitness];
End
```

6. 遗传算法优化的 BP 神经网络函数拟合

把遗传算法得到的最优个体赋予 BP 神经网络，用该网络拟合非线性函数，代码如下。

```
%%把最优初始阈值权值赋予网络预测
%%用遗传算法优化的 BP 网络进行值预测
w1=x(1:inputnum*hiddennum);
B1=x(inputnum*hiddennum+1:inputnum*hiddennum+hiddennum);
w2=x(inputnum*hiddennum+hiddennum+1:inputnum*hiddennum+hiddennum+hiddennum*outputnum);
B2=x(inputnum*hiddennum+hiddennum+hiddennum*outputnum+1:inputnum*hiddennum+hiddennum+
    hiddennum*outputnum+outputnum);

net.iw{1,1}=reshape(w1,hiddennum,inputnum);
net.lw{2,1}=reshape(w2,outputnum,hiddennum);
net.b{1}=reshape(B1,hiddennum,1);
net.b{2}=B2;

%% BP 网络训练
%网络进化参数
net.trainParam.epochs=100;
net.trainParam.lr=0.1;
%net.trainParam.goal=0.00001;

%网络训练
[net,per2]=train(net,inputn,outputn);

%% BP 网络预测
%数据归一化
inputn_test=mapminmax('apply',input_test,inputps);
an=sim(net,inputn_test);
test_simu=mapminmax('reverse',an,outputps);
error=test_simu-output_test;
```

7. 结果分析

%%遗传算法结果分析

```
figure(1)
[r c]=size(trace);
plot([1:r]',trace(:,2),'b--');
title(['适应度曲线   ' '终止代数＝' num2str(maxgen)]);
xlabel('进化代数');ylabel('适应度');
legend('平均适应度','最佳适应度');
disp('适应度变量');

%% GA 优化 BP 网络预测结果分析
```

```
figure(2)
plot(test_simu,':og')
hold on
plot(output_test,'-*');
legend('预测输出','期望输出')
title('GA 优化 BP 网络预测输出','fontsize',12)
ylabel('函数输出','fontsize',12)
xlabel('样本','fontsize',12)
%预测误差
error=test_simu-output_test;

figure(3)
plot(error,'-*')
title('GA 优化 BP 神经网络预测误差','fontsize',12)
ylabel('误差','fontsize',12)
xlabel('样本','fontsize',12)

figure(4)
plot((test_simu-output_test)./output_test,'-*');
title('GA 优化 BP 神经网络预测误差百分比')
errorsum=sum(abs(error));
```

遗传算法优化过程中最优个体适应度值变化如图 6.4.4 所示。

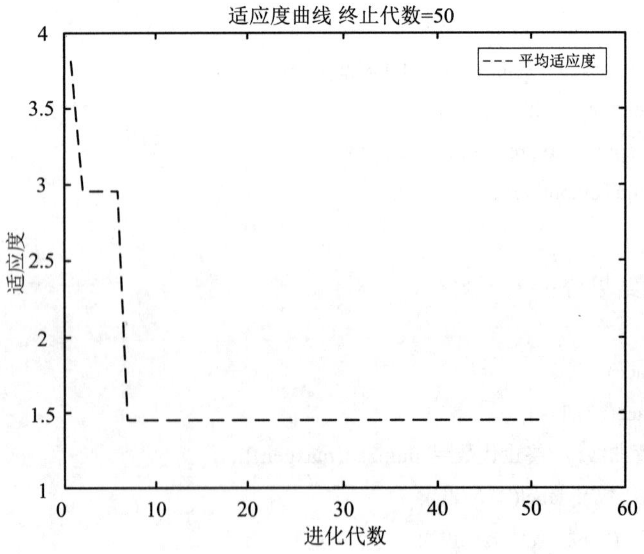

图 6.4.4　最优个体适应度值

遗传算法优化得到的 BP 神经网络最优初试权值和阈值如表 6.4.3 所示。

表 6.4.3　最优初试权值和阈值

输入层与隐含层间权值	−1.48645	0.01437	1.325959	0.931597	0.014515	−0.02407	−0.89026	0.021629	0.01508	−0.8911
隐含层节点阈值	−0.62548	1.270774	1.74142	−1.38909	−1.26868	—	—	—	—	—
隐含层与输出层间权值	0.282902	−2.7057	−1.67068	2.675545	2.695108	—	—	—	—	—
输出层节点阈值	7.701428	—	—	—	—	—	—	—	—	—

把最优初始权值和阈值赋给神经网络，用训练数据训练 100 次后预测非线性函数输出，预测输出和预测误差及误差百分比分别如图 6.4.5～图 6.4.7 所示。

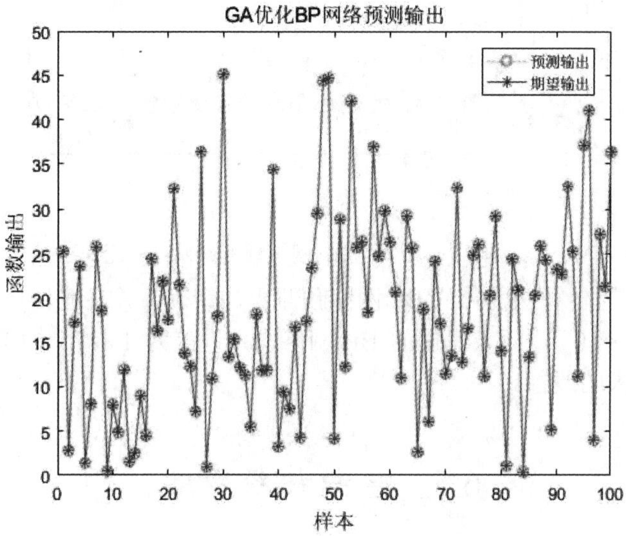

图 6.4.5　GA 优化 BP 网络预测输出

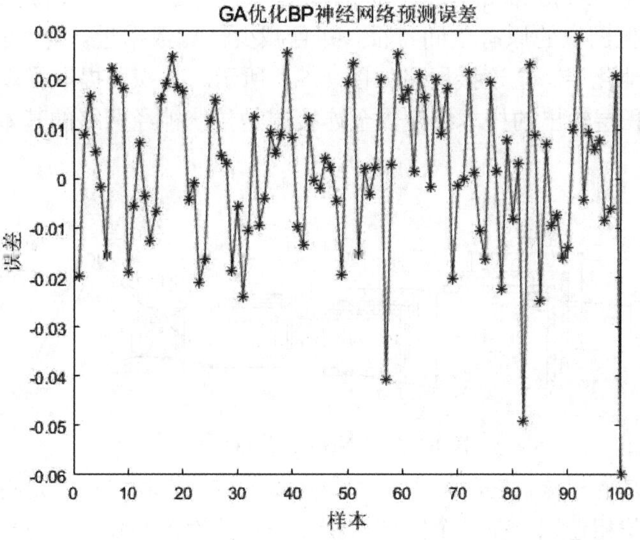

图 6.4.6　GA 优化 BP 网络预测误差

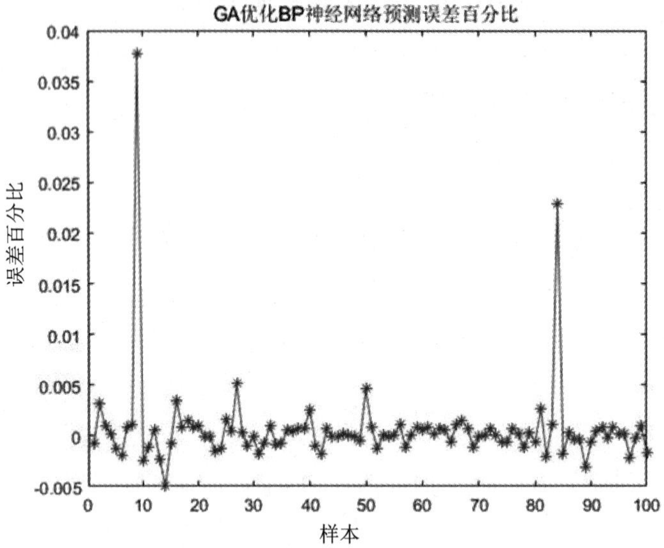

图 6.4.7　GA 优化 BP 网络预测误差百分比

图 6.4.7 表明，遗传算法优化的 BP 网络预测更加精确，并且遗传算法优化 BP 网络的均方误差为 5.3704×10^{-5}，而未优化的 BP 网络均方误差为 1.8876×10^{-4}，由此可见预测均方误差得到了很大的改善。

6.5　卷积神经网络

6.5.1　卷积神经网络原理

卷积神经网络(Convolutional Neural Network，CNN)之所以在图像领域表现突出，是因为其能保留数字化图像的原有空间特征，并且减少计算数据量。典型的 CNN 由三个部分组成：卷积层、池化层、全连接层，如图 6.5.1 所示。卷积层提取样本中的局部特征，池化层可以降低卷积层输出的样本维度，全连接层是传统神经网络的基本结构，用来输出结果。

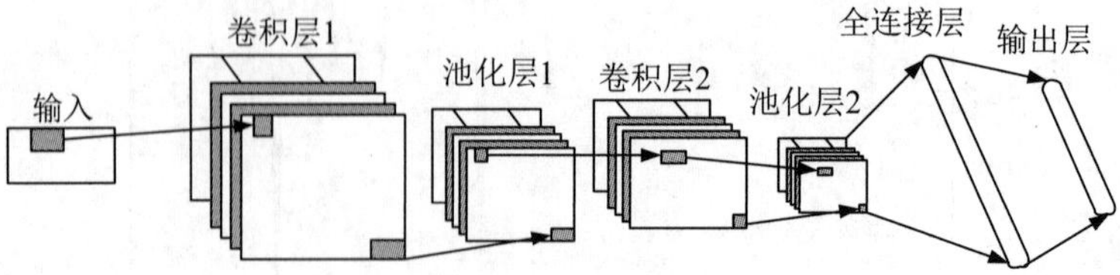

图 6.5.1　CNN 结构示意图

卷积层的核心是卷积核，它将输入样本和卷积核进行卷积，也就是将样本的区域数值和卷积核的权重矩阵相卷积。在一个区域卷积完毕后按设置的步长向下一个区域移动，卷积核的个数决定输出特征图的个数。单通道卷积运算过程如图 6.5.2 所示。

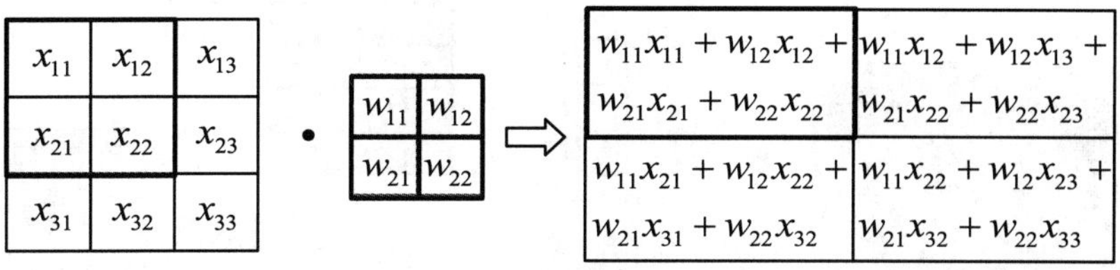

图 6.5.2　单通道卷积运算过程

图 6.5.2 中，左侧是维度为 3 × 3 的输入样本，中间是维度为 2 × 2 的卷积核。图中，首先卷积的部分是粗线框内的数据，它对应输出结果中粗线框中的计算步骤。在不同区域多次卷积后得到维度为 2 × 2 的卷积结果，如图右侧矩阵所示。在具体的卷积层设置中，可以根据输入样本的大小，设置卷积核的大小、卷积步长和卷积核的数量。卷积层的输出可表示为

$$\boldsymbol{X}'_m = f\left(\sum_n \boldsymbol{W}_m^n * \boldsymbol{X}^n + \boldsymbol{b}_m\right) \tag{6.5.1}$$

式中，$\boldsymbol{X}'_m$ 表示第 m 个输出特征图，$\boldsymbol{W}_m^n$ 表示卷积核权重系数，$*$ 表示卷积计算，$\boldsymbol{X}^n$ 表示输入样本特征，$\boldsymbol{b}_m$ 表示卷积层的偏置。另外，$f(g)$ 表示当层卷积层的激活函数，常用的非线性激活函数包括 Sigmoid 函数和 ReLU(Rectified Linear Unit)函数等。其中 Sigmoid 函数为

$$f(z) = \frac{1}{1+\mathrm{e}^{-z}} \tag{6.5.2}$$

ReLU 函数为

$$y = \begin{cases} x, & x \geqslant 0 \\ 0, & x \leqslant 0 \end{cases} \tag{6.5.3}$$

图 6.5.3 所示的激活函数 Sigmoid 与 Tanh 曲线可能会出现过饱和的现象，容易在训练时产生梯度弥散和爆炸问题。与之相比，ReLU 函数能够更有效地完成梯度下降以及反向传播。

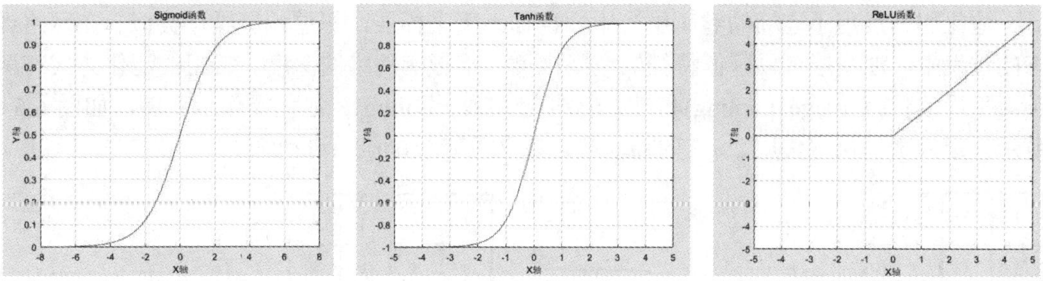

(a) Sigmoid 函数　(b) Tanh 函数　(c) ReLU 函数

图 6.5.3　激活函数

当输入图像为多维图像或者特征图时，卷积核也要设计为多通道，且通道数要与输入图像一致以满足多通道同时卷积，而输出特征图的通道数目要与卷积核的个数相等。图 6.5.4 显示三通道 6 × 6 的输入图像与两个三通道 3 × 3 卷积核通过卷积运算过程，输出为二通道 4 × 4 的特征图。

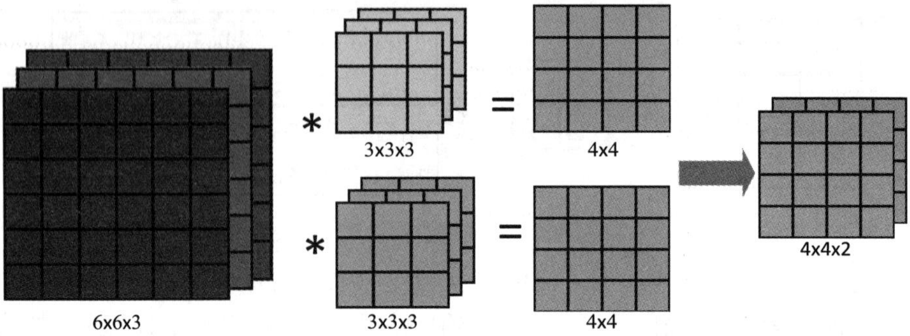

图 6.5.4　多通道卷积过程

卷积层除了具有多卷积核的空间位置排列操作，还有稀疏连接和权值共享等特点。

卷积神经网络的稀疏连接特性，与生物视觉皮层神经感知外界局部信息的方式非常相似，即某层的神经元与上一层局部区域连接，该局部区域尺寸大小与卷积核的大小相同，被称为感受野(receptive field)。区别于全连接前馈神经网络中神经元之间采用的全连接方式，这种局部连接避免了神经元之间一一对应交互，可以减少大量学习参数数量，降低时间复杂度，提高训练效率，这种连接被称为稀疏连接。全连接和稀疏连接如图 6.5.5 所示。

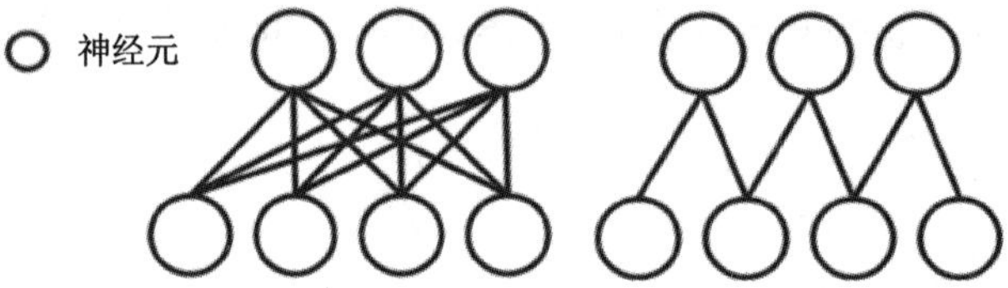

(a) 全连接　　(b) 稀疏连接

图 6.5.5　神经网络不同连接方式

权值共享指图像中各个部分的统计特性都存在同一性，图像某一部分的学习特征可以作用于图像其他所有位置。因此使用同一个卷积核去过滤整张图像，整个特征提取过程中，只有该卷积核上的参数(权重)与神经元连接，也就实现了权值共享。当再处理高维的输入特征时，权重共享能大幅度减少学习参数。

池化层一般用于连续的卷积层当中，也称为下采样层，与卷积层操作类似。在网络训练的过程中，池化层可以降低特征的空间维度，不影响网络的深度。常用的池化方式有两种：平均池化(Average pooling)和最大值池化(Max pooling)。池化操作示意图，如图 6.5.6 所示，示例中池化层采用 2 × 2 的卷积核，以 2 位步长(stride)滑动。

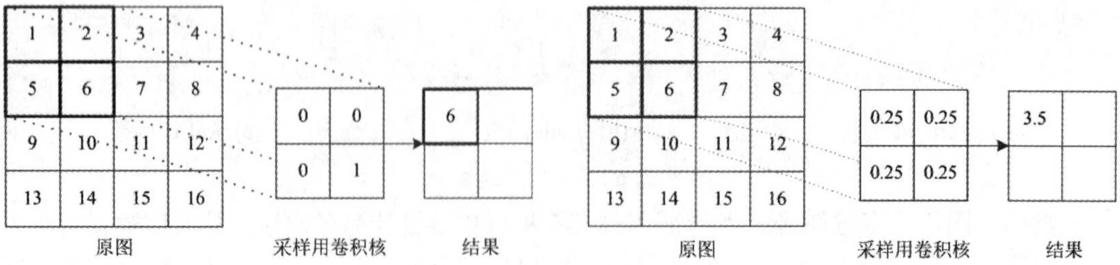

(a) 最大值池化　　(b) 平均池化

图 6.5.6　池化操作

图 6.5.6(a)为最大值池化操作，图 6.5.6(b)为平均池化操作，它是用计算区域内所有数值的平均值作为本层的输出。池化层主要的作用是在保持特征尺度不变的情况下，提取最能表达样本的特征。另外，池化层的作用就是之前提到的降维，即去除冗余信息。

6.5.2　CNN 训练过程

卷积神经网络，包括由它延伸出的深度神经网络的训练过程都由两个部分组成：前向传播和反向传播。

假设网络共有 L 层，其中卷积层的卷积核个数为 K，卷积核的尺寸为 F，padding 的尺寸为 P，上述卷积步长为 S。前向传播的步骤为

(1) 根据 padding 尺寸 P 填充样本维度。

(2) 初始化网络层的权重 W 和偏置 b。

(3) 第一层为输入层，则前向传播从第二层 $l=2$ 开始到 $L-2$ 层结束。

若 l 层为卷积层，则该层的输出为

$$a^l = f(z^l) = f(a^{l-1} * W^l + b^l) \tag{6.5.4}$$

若 l 层为池化层，则该层输出为

$$a^l = \mathrm{Pool}(a^{l-1}) \tag{6.5.5}$$

若 l 层为全连接层，则该层输出为

$$a^l = \sigma(z^l) = \sigma(W^l a^{l-1} + b^l) \tag{6.5.6}$$

(4) 网络最后层激活函数为 Softmax，所以第 L 层的输出为

$$a^L = \mathrm{Softmax}(\mathrm{z}^L)=\mathrm{Softmax}(W^L a^{L-1} + b^L) \tag{6.5.7}$$

以上是 CNN 前向传播的过程，为了防止过拟合，在网络设置时，会设置 Dropout 参数。该参数作用是使网络中神经元随机失活，即神经元强迫置零，来达到防止过拟合的目的。

在反向传播中，最终网络损失函数为交叉熵损失函数(Categorical Crossentropy Loss)，它刻画的是网络输出概率与实际输出概率的距离，即交叉熵越小，两者概率分布越接近。假设该目标函数为 $J(\boldsymbol{W},\boldsymbol{b})$，学习率为 η。反向传播中 l 层的权重和偏置量更新公式为

$$\boldsymbol{W}^l = \boldsymbol{W}^l - \eta \frac{\partial}{\partial \boldsymbol{W}^l} J(\boldsymbol{W},\boldsymbol{b}) \tag{6.5.8}$$

$$\boldsymbol{b}^l = \boldsymbol{b}^l - \eta \frac{\partial}{\partial \boldsymbol{b}^l} J(\boldsymbol{W},\boldsymbol{b}) \tag{6.5.9}$$

在反向传播中，网络会随着迭代次数的增加不断调优权重和偏置，使得交叉熵损失函数最小，直到它不再变化或达到迭代次数停止。

第7章　新工科类毕业设计(论文)的嵌入式系统开发类专题

【教学内容与要求】

本章主要内容涉及嵌入式系统硬件资源、开发环境和开发方法。包括MCS-51系列和MSP430系列单片机、ARM cortex-m4系列、FPGA、DSP核心板及其开发环境开发方法和开发流程等。所述内容可根据教学和毕业设计(论文)任务需要加以选择。通过本章的教学，可以使学生学会将新技术应用于解决实际问题的方法。

7.1　嵌入式系统开发设计方法

7.1.1　嵌入式系统

1. 嵌入式计算机

嵌入式计算机是指嵌入到专用系统中的计算机，该计算机(或处理器)是作为某个专用系统中的一个部件而存在的，其本身的存在并非目的，而只是手段。

2. 嵌入式系统

嵌入式系统就是嵌入到目标体系中的专用计算机系统，融合了计算机软/硬件技术、通信技术和微电子技术，是一个技术密集、资金密集、高度分散、不断创新的知识集成系统。嵌入性、专用性与计算机系统是它的三个基本要素，它以应用为中心，以计算机技术为基础，软硬件均可裁剪，对功能、实时性、可靠性、成本、体积、功耗有严格要求。利用嵌入式系统进行设计开发需要有专用的开发环境和开发工具。

与嵌入式系统相关的另一个概念是嵌入式设备，它是指内部有嵌入式系统的产品和设备，如内含单片机的家用电器、仪器仪表、工控单元、机器人、手机、PDA等。

随着工业4.0、医疗电子、智能家居、物流管理和电力控制等系统快速的发展和推进，嵌入式系统利用自身的技术特点，逐渐成为众多行业的标配产品，在工业、航空航天、消费电子、网络以及军事国防等领域有着非常广泛应用，如图7.1.1所示。

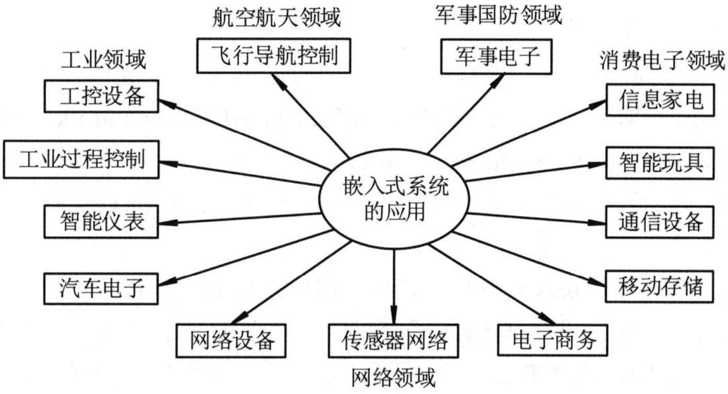

图 7.1.1　嵌入式系统的应用领域

7.1.2　嵌入式系统组成

嵌入式系统的组成如图 7.1.2 所示。因为嵌入式系统是一种专用的计算机应用系统，所以还需要应用中的执行机构，用于实现其对其他设备的控制、监视或管理。

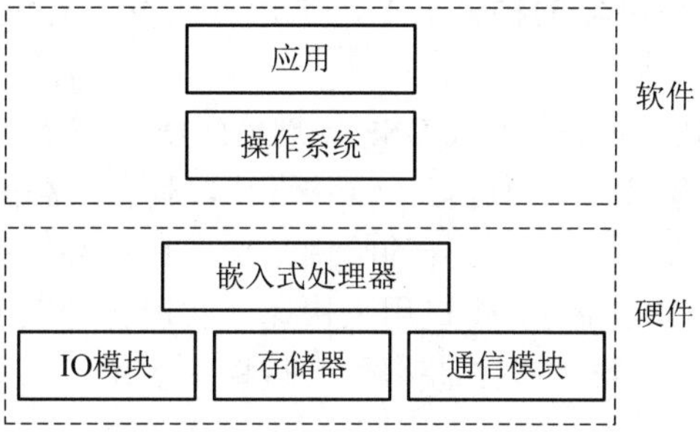

图 7.1.2　嵌入式系统组成

1. 嵌入式系统的硬件

嵌入式系统的硬件由电源模块、嵌入式处理器、存储器(程序存储器和数据存储器)模块、通信模块、各种 I/O 接口、总线以及外部设备和插件等组成，如图 7.1.3 所示。嵌入式系统的硬件特点有以下几个方面。

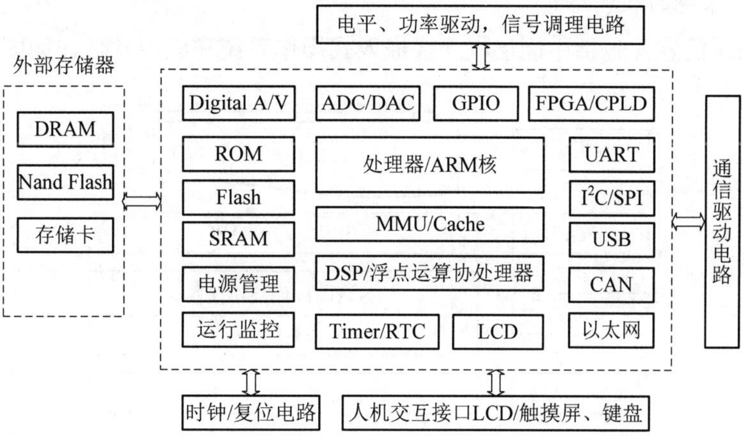

图 7.1.3　嵌入式系统的硬件

1) 以嵌入式处理器为核心

嵌入式处理器是控制、辅助系统运行的硬件单元，主要有：嵌入式微处理器(Embedded Microcomputer Unit，EMPU)、嵌入式微控制器(Embedded Microcontroller Unit，EMCU)、嵌入式数字信号处理器(Embedded Digital Sigal Processor，EDSP)、嵌入式片上系统(System On Chip，SOC)和嵌入式可编程片上系统(System On a Programmabl Chip，SOPC)五类。现介绍前三类。

(1) 嵌入式微处理器。嵌入式微处理器(EMPU)是由通用计算机中的 CPU 演变而来的。与计算机处理器不同，它只保留与嵌入式应用紧密相关的功能硬件。与工业控制计算机相比，它体积小、重量轻、成本低、可靠性高。嵌入式处理器类型较多，其中 ARM 应用最广、最具代表性。

(2) 嵌入式微控制器。嵌入式微控制器(EMCU)的典型代表是单片机，其内部集成ROM/EPROM、RAM、总线、总线逻辑、定时/计数器、看门狗、I/O、串行口、脉宽调制输出、A/D、D/A、Flash RAM、EEPROM 等各种必要功能和外设。与嵌入式微处理器相比，它的最大特点是单片化、体积小、功耗低、成本下降、可靠性提高，是目前嵌入式系统工业的主流。嵌入式微控制器的种类很多，比较有代表性的包括 51 系统、MSP430 系列等。

(3) 嵌入式数字信号处理器。嵌入式 DSP 处理器(EDSP)是专门用于信号处理方面的处理器，其在系统结构和指令算法方面进行了特殊设计，具有很高的编译效率和指令执行速度。DSP 芯片的内部采用程序和数据分开的哈佛结构，具有专门的硬件乘法器，广泛采用流水线操作，提供特殊的 DSP 指令，可以用来快速地实现各种数字信号处理算法。在数字滤波、FFT、谱分析等各种仪器上 DSP 获得了大规模的应用。

2) 接口丰富

有些应用场合要求具有 USB 接口、I^2C 总线接口、SPI 接口、CAN 总线接口、以太网接口以及 A/D、D/A、PWM 等接口，因此，嵌入式系统的硬件要根据实际应用进行选择或裁剪，以最少成本满足应用系统的要求。

2. 嵌入式系统的软件

1) 嵌入式系统的软件结构

嵌入式系统的软件包括中间层程序、嵌入式操作系统和应用软件，如图 7.1.4 所示。

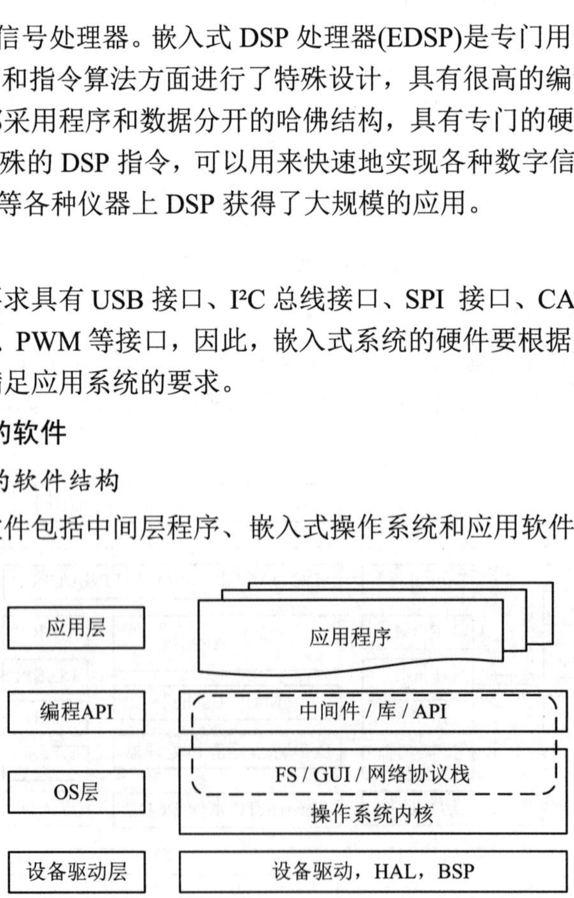

图 7.1.4　嵌入式系统的软件结构

对于简单的嵌入式系统，可以没有嵌入式操作系统，仅存在设备驱动程序和应用软件。

(1) 中间件程序。目前在一些复杂的嵌入式系统中也开始采用中间件技术，主要包括嵌入式 CORBA、嵌入式 Java、嵌入式 DCOM 和面向应用领域的中间件软件。如基于嵌入式 CORBA 的应用于软件无线电台的应用中间件 SCA(Software Core Architecture)等。

(2) 嵌入式操作系统。嵌入式操作系统层包括嵌入式内核、嵌入式 TCP/IP 网络系统、嵌入式文件系统、嵌入式 GUI 系统和电源管理等部分。其中，嵌入式内核是基础和必备的部分，其他部分要根据嵌入式系统的需要来确定。

(3) 应用软件。应用层软件主要由多个相对独立的应用任务组成。每个应用任务完成特定的工作，如 I/O 任务、计算任务、通信任务等，由操作系统调度各个任务的运行。

2) 嵌入式软件运行流程

嵌入式软件运行流程如图 7.1.5 所示。

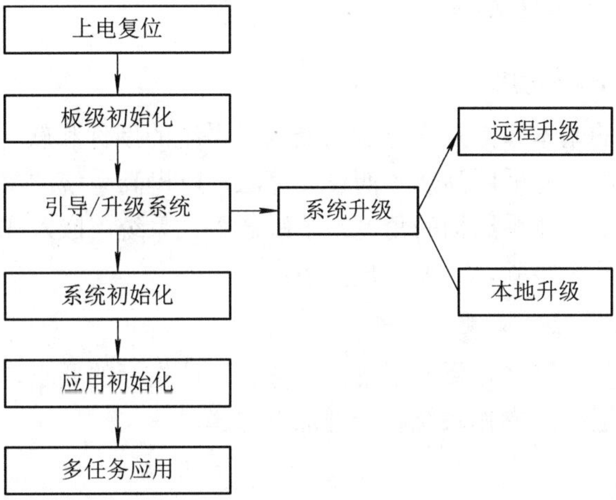

图 7.1.5　嵌入式软件运行流程

(1) 上电复位、板级初始化阶段。嵌入式系统上电复位后需要完成板级初始化工作。板级初始化程序具有完全的硬件特性，一般采用汇编语言实现。不同的嵌入式系统，板级初始化时要完成的工作不尽相同，但以下工作一般是必须完成的：

① CPU 中堆栈指针寄存器的初始化。

② BSS(Block Storage Space 表示未被初始化的数据)段的初始化。

③ CPU 芯片级的初始化，包括中断控制器、内存等的初始化。

(2) 系统引导/升级阶段。根据需要分别进入系统软件引导阶段或系统升级阶段。软件可通过测试通信端口数据或判断特定开关的方式分别进入不同阶段。

① 系统引导阶段。系统引导阶段可将系统软件从 NOR Flash 中读取出来加载到 RAM 中运行，这种方式可以解决成本问题及 Flash 速度比 RAM 慢的问题。软件可压缩存储在 Flash 中，不需要将软件引导到 RAM 中而是让其直接在 NorFlash 上运行来进入系统初始化阶段。将软件从外存(如 NandFlash、CF 卡、MMC 等)中读取出来加载到 RAM 中运行，这种方式的成本更低。

② 系统升级阶段。进入系统升级阶段后系统可通过网络进行远程升级或通过串口进行本地升级。远程升级一般支持TFTP、FTP、HTTP等方式；本地升级可通过Console口使用超级终端或特定的升级软件进行。

(3) 系统初始化阶段。在系统初始化阶段进行操作系统等系统软件各功能部分必需的初始化工作，如根据系统配置初始化数据空间、初始化系统所需的接口和外设等。

系统初始化阶段需要按特定顺序进行，如首先完成内核的初始化，然后完成网络、文件系统等的初始化，最后完成中间件等的初始化工作。

(4) 应用初始化阶段。在应用初始化阶段进行应用任务的创建，信号量、消息队列的创建和与应用相关的其他初始化工作。

(5) 多任务应用运行阶段。各种初始化工作完成后，系统进入多任务状态，操作系统按照已确定的算法进行任务的调度，各应用任务分别完成特定的功能。

7.1.3 嵌入式系统的设计方法

1. 嵌入式系统的总体考虑

嵌入式系统设计的基本原则是充分利用嵌入式系统的硬件和软件资源，物尽其用、量体裁衣、去除冗余，尽可能采用高效率的设计算法，以提高系统的整体性能。作为嵌入式系统的设计人员，需要从体系结构的角度来了解嵌入式系统。嵌入式系统的设计通常根据硬、软件的任务分成几个步骤，主要表现如下：

1) 选择嵌入式微处理器及操作系统

嵌入式微处理器品种繁多，要根据设计任务和设计指标的要求，结合嵌入式微处理器的应用领域及其上可运行的操作系统，合理加以选择。

2) 选择开发工具

嵌入式系统设计的开发工具种类繁多，不仅各种操作系统有各自的开发工具，而且在同一系统下开发的不同阶段也可使用不同的开发工具。例如，在目标板开发初期，需要硬件仿真器来调试硬件系统和基本的驱动程序；在调试应用程序阶段，可以使用交互式的开发环境进行软件调试；在测试阶段，需要专门的测试工具软件进行功能和性能的测试；在生产阶段，需要固化程序及出厂检测等。一般每一种工具都要从不同的供应商处购买，都需要单独去学习和掌握，这无疑增加了开发的支出和管理的难度。

3) 观察与控制目标系统

由于嵌入式硬件系统千差万别，软件模块和系统资源多种多样，因此要使系统能正常工作，软件开发者必须要对目标系统具有完全的观察和控制能力。例如，要观察与控制硬件的各种寄存器、内存空间及操作系统的信号量、消息队列、任务、堆栈等。

2. 嵌入式系统的设计步骤

嵌入式系统设计一般由系统定义、可行性研究、需求分析、体系结构设计、硬件软件设计、执行机构设计、系统集成及系统测试等几个阶段组成，如图7.1.6所示。各个阶段之间往往要求不断地反复和修改，直至完成最终设计目标。

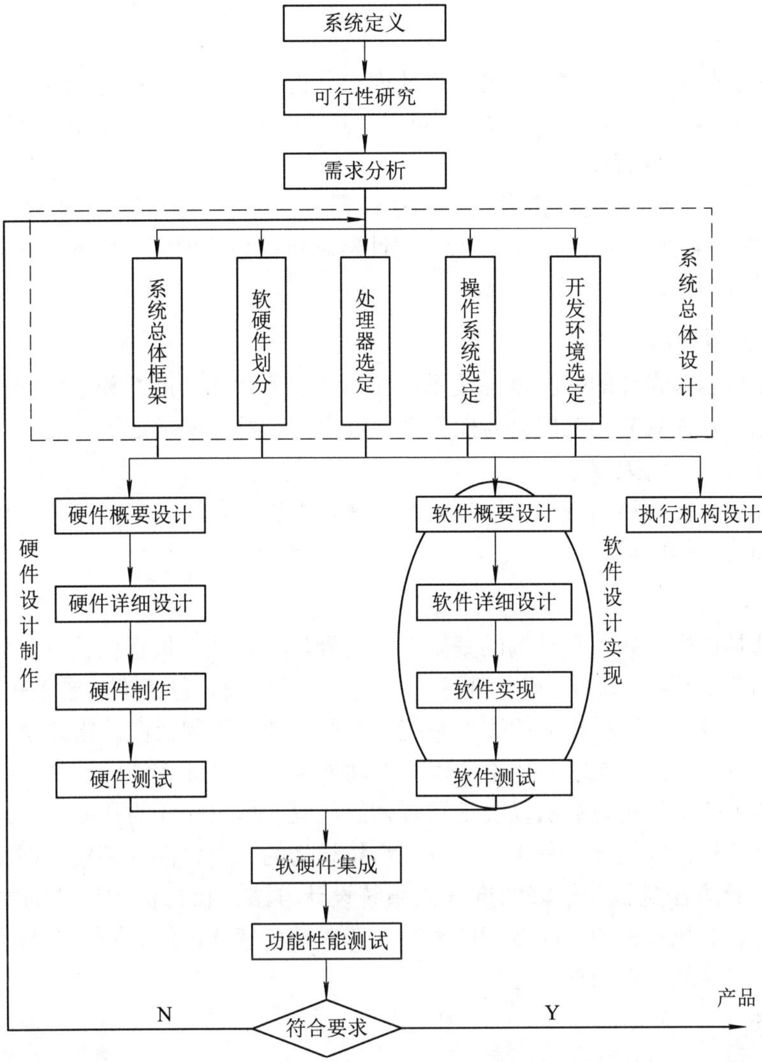

图 7.1.6　嵌入式系统的设计步骤

1) 系统定义

系统定义阶段的总体任务是根据用户的具体要求解决系统“做什么”的问题。首先，进行有关信息的收集、分析，明确用户提出的要求。然后，把用户的要求准确、完整地描述下来。通过描述产生的结果就是问题描述书。

2) 可行性研究

可行性研究要回答“用户提出的问题是否可解”以及“可解的价值如何”，通过研究产生的结果是可行性报告。

系统开发可行性研究主要从技术、经济和操作性上进行分析。技术上可行性一般要从知识储备、技术基础和软硬件条件上进行可行性分析。经济可行性侧重于考虑成本效益、投入与产出问题。操作上可行性是指该系统研发成功后，操作人员需什么样的知识层次，是面向大众，还是面向专业人员等。

3) 系统需求分析

在前两个步骤完成后，将着手进行系统需求分析。该阶段结束时，要产生软件计划、需求说明书等文档。对于小型软件来说，可以不进行可行性研究，相应的文档也可以省去，但需求说明书是不可少的。

系统的需求一般分功能性需求及非功能性需求两方面。功能性需求是系统的基本功能，如输入/输出信号、操作方式等；非功能性需求包括系统性能、成本、功耗、体积、重量及环境要求等因素。

4) 系统总体设计

嵌入式系统总体设计的任务是描述系统如何实现所述的功能性和非功能性需求，包括总体框架规划、软件划分、处理器与操作系统选定、开发环境确定等。这一步是嵌入式系统总体设计成功与否的关键。

总体设计是系统整体结构的一个规划和描述，不包含系统的实现方式，它只说明系统做什么以及功能有哪些。

5) 详细设计

详细设计是在嵌入式体系结构的基础上，对硬件、软件、执行机构进行的具体设计。为了缩短产品开发周期，软件、硬件往往并行设计。硬件设计包括确定嵌入式处理器型号、外围接口及外部设备、绘制相应的硬件系统的电原理图和印制板图。软件设计是从软件需求规格说明书出发，根据需求分析阶段确定的功能来设计软件系统的整体结构、划分功能模块、确定每个模块的实现算法以及编写具体的代码，形成软件的具体设计方案。在整个嵌入式系统硬件软件的设计过程中，嵌入式系统设计的工作大部分都集中在软件设计上。硬软件协同设计方法是目前较好的嵌入式系统设计方法。执行机构设计的主要任务是选型，即选择合适的执行机构，配置相应的驱动器以及传感器，放大器、信号变换电路等，并考虑与嵌入式系统硬件的连接方法。

6) 系统集成

系统集成就是把系统的硬件、软件和执行装置集成在一起进行调试，发现并改进单元设计过程中的错误。

7) 系统测试

系统测试的任务就是对设计好的系统进行全面测试，看其是否满足规格说明书中给定的功能要求。针对系统不同的复杂程度、不同的设计对象，可采用不同的设计方法。目前系统设计方法主要有自顶向下、自底向上、螺旋设计方法、逐步细化设计方法及并行设计方法等。

应指出的是，上述几个步骤不能严格区分，有些步骤是并行的，有些步骤是相互交叉，相互渗透的。

3. 嵌入式系统的设计方法

1) 嵌入式系统设计的一般方法

嵌入式系统设计的开发流程，如图 7.1.7 所示。

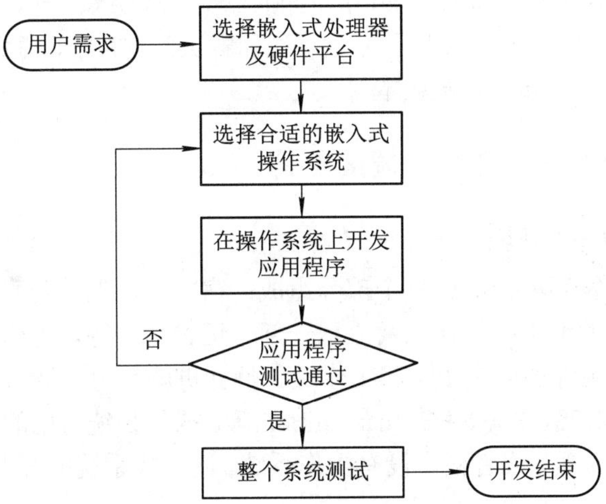

图 7.1.7　嵌入式系统的开发流程

嵌入式系统开发的特点有以下两点。

(1) 由于每一个处理器的硬件平台都是通用的、固定的、成熟的，所以开发过程中减少了硬件系统错误的引入机会，可以把主要的精力放在编写特定的应用程序上。

(2) 由于嵌入式操作系统屏蔽掉了底层硬件的很多复杂信息，使得开发者通过操作系统提供的 API 函数可以完成大部分工作，因此大大地简化了开发过程，提高了系统的稳定性。

2) 嵌入式系统的软硬件设计方法

嵌入式系统的软硬件设计有两种方法：一种是嵌入式系统的软硬件分开设计，如图 7.1.8(a)所示；一种是嵌入式系统的软硬件协同设计，如图 7.1.8(b)所示。

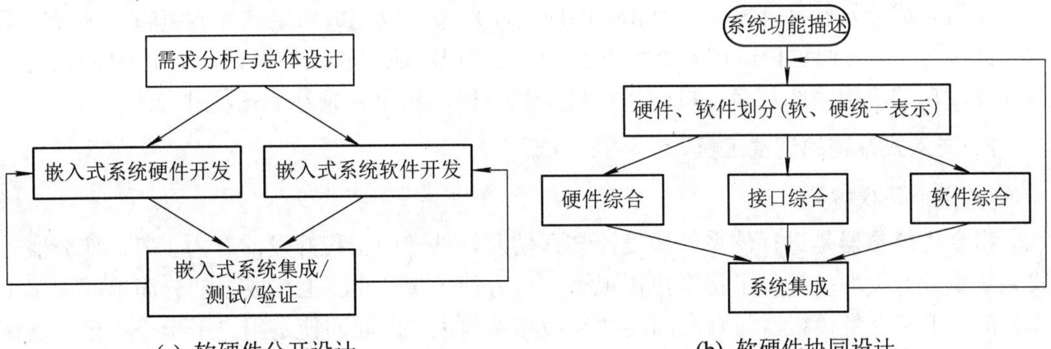

(a) 软硬件分开设计　　(b) 软硬件协同设计

图 7.1.8　嵌入式系统设计方法

嵌入式系统的软硬件分开设计方法，是由软件设计人员和硬件设计人员按照拟定的设计流程分别完成。该方法只能改善软、硬件各自的性能，不一定能使系统综合性能达到最佳；又由于软硬件各自部分的修改和缺陷难以定位，甚至对它们的修改往往会涉及整个软件结构或硬件配置的改动，因此很容易导致系统集成时出现错误。

嵌入式系统的软硬件协同设计方法，在描述软件、硬件时使用统一的表示形式，软件、硬件划分灵活多样，选择余地大，直到满足要求为止。该方法是在协同设计(Co design)、协同测试(Co es)和协同验证(Corverifcatin)的基础上，充分考虑了软、硬件的关系，并在设计的每个层次上进行测试验证，有利于尽早发现和解决问题，有效避免了灾难性错误出现，提高了系统开发效率，降低了开发成本。

7.1.4 嵌入式系统的开发环境与调试工具

1. 嵌入式系统的开发环境

嵌入式系统的开发环境一般由三个部分组成：宿主机、调试仿真器和目标机。其中，宿主机可完成源代码的编辑、编译以及显示一部分运行结果等，操作系统可以是 UNIX、Linux 和 Windows，硬件可以是 PC 和工作站。目标机就是用户嵌入式程序的运行环境，CPU 可以是 ARM、MIPS、PowerPC、dangonBall 等，操作系统常用的有 Linux、μC/OS-Ⅱ、Windows CE、Vxworks 等，或者根本没有操作系统。嵌入式系统的开发与调试环境示意图，如图 7.1.9 所示。

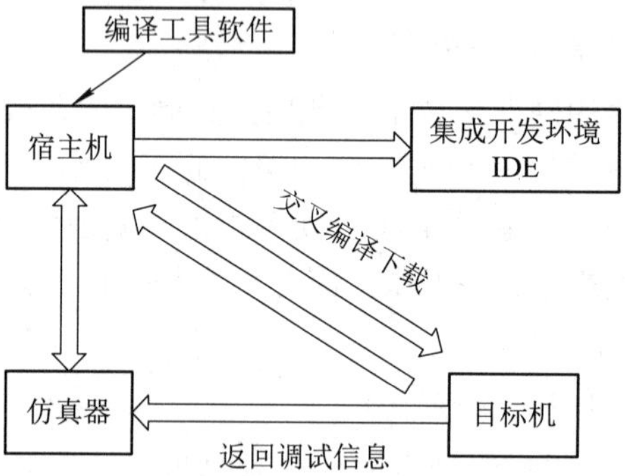

图 7.1.9 嵌入式系统的开发与调试环境

使用集成开发软件开发基于 ARM 的应用软件，可以完成系统软件的编辑、编译、汇编和链接等工作。通过调试仿真器可以在 PC 上实现对应用软件的调试，再使用烧写软件，将开发成功的应用系统从宿主机向目标机下载移植，从而完成整个开发过程。

2. 嵌入式系统的调试工具

1) 指令集模拟器

指令集模拟器是进行体系结构设计与评估及软件逆向工程开发的有力工具。部分嵌入式系统集成开发环境提供了指令集模拟器，可方便用户在 PC 上完成一部分简单的调试工作。但由于指令集模拟器与真实的硬件环境相差很大，因此即使是用户用指令集模拟器调试通过的程序也有可能无法在真实的硬件环境下运行，用户最终必须在硬件平台上完成整个应用的开发。

2) 驻留监控软件

驻留监控软件(Resident Monitor)是一段运行在目标板上的程序，集中开发环境中的调试软件通过以太网口、并行端口、串行端口等通信端口与驻留监控软件进行交互，由调试软件发布命令，通知驻留监控软件控制程序执行、读/写储存器、读/写寄存器和设置断点。

驻留监控软件是一种比较低廉有效的调节方式，不需要任何其他的硬件调试和仿真设备，但它的不便之处在于它对硬件设备的要求比较高，一般在硬件稳定之后才能进行应用软件的开发，同时它占用了目标板上的一部分资源，而且不能对程序的全速运行进行完全仿真，所以在要求严格的情况下不是很适合。

3) JTAG 仿真器

JTAG 仿真器也称为 JTAG 调试器，是通过 ARM 芯片的 JTAG 边界扫描口进行调试的设备。JTAG 仿真器比较便宜，连接比较方便，通过现有的 JTAG 边界扫描口与 ARM CPU 核通信，属于完全非插入式(不使用片上资源)调试。它无需目标储存器，不占用目标端口的任何端口，而这些是驻留监控软件所必需的。另外，由于 JTAG 调试的目标程序是在目标板上执行的仿真，更接近于目标硬件，因此，许多接口问题，如高频操作限制、AC 和 DC 参数不匹配、电线长度的限制等问题被最小化了。使用集成开发环境配合 JTAG 仿真器进行开发是目前采用最多的一种调节方式。

4) 在线仿真器

在线仿真器使用仿真头来完全取代目标板上的 CPU，可以完全仿真 ARM 芯片的行为，提供更加深入的调试功能。但这类仿真器为了能够全速仿真时钟速度高于 100 MHz 的处理器，通常必须采用极其复杂的设计和工艺，因而价格比较昂贵。在线仿真器常用在 ARM 的硬件开发中，在软件的开发中使用较少，其价格昂贵也是在线仿真器难以普及的原因。

7.1.5　嵌入式应用软件的开发

嵌入式软件开发同通用计算机软件开发一样，分为需求分析、软件概要设计、软件详细设计、软件实现和软件测试。其中，嵌入式软件的需求分析与硬件的需求分析合二为一，故没有分开画出。只不过嵌入式设备有三个特点：第　，嵌入式应用软件对硬件的依赖很强；第二，开发环境与运行环境需专门设定；第三，嵌入式设备往往有资源限制。

嵌入式软件的开发工具根据不同的开发过程而划分。例如，在需求分析阶段，可以选择 IBM 的 Rational Rose 等软件；在程序开发阶段，可以采用 CodeWarrior；在调试阶段，用 Multi-ICE 等。同时，不同的嵌入式操作系统往往会有配套的开发工具，如 VxWorks 有集成开发环境 Tornado，Windows CE 的集成开发环境为 WindowsCE Platform 等。此外，不同的处理器可能还有对应的开发工具，如 ARM 的常用集成开发工具为 ADS、IAR 和 RealView 等。

嵌入式系统的软件开发与其他系统的软件开发的区别主要在于软件实现部分，其中又可以分为编译和调试两部分，下面分别对这两部分进行阐述。

1. 交叉编译

所谓交叉编译，是指在一个平台上生成可以在另一个平台上执行的代码，如图 7.1.10 所示。编译最主要的工作就是将程序转化成运行该程序的 CPU 所能识别的机器代码，由于不同的体系结构有不同的指令系统，因而交叉编译就如同翻译一样，是把相同的程序代码翻译成不同 CPU 对应的可执行二进制文件。嵌入式的交叉编译包括交叉编译、交叉链接等过程，如图 7.1.11 所示。通常 ARM 的交叉编译器(本身就是程序)为 ARM-elf-gcc、ARM-linux-gcc 等，交叉链接器为 ARM-elf-ld、ARM-linux-ld 等。

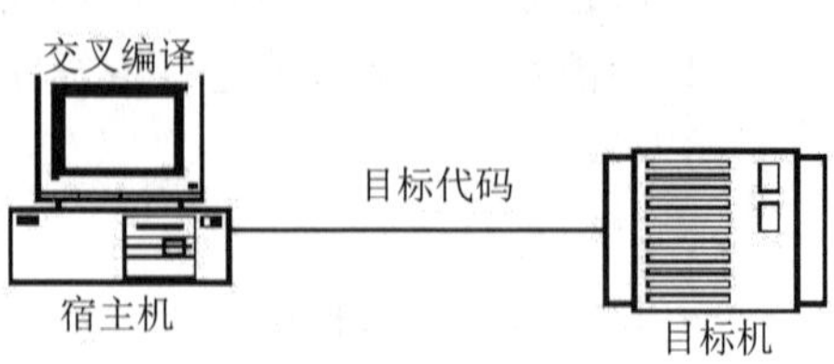

图 7.1.10　交叉编译环境

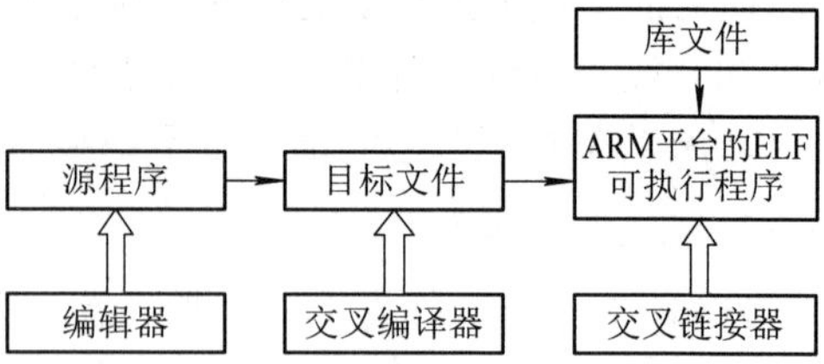

图 7.1.11　嵌入式交叉编译过程

图 7.1.10 中，将进行交叉编译的主机称为宿主机，借助宿主机(通用计算机)来编译出目标机的可执行代码；将程序实际的运行环境称为目标机，也就是嵌入式系统环境。

2. 交叉调试

嵌入式软件经过编译和链接后即进入交叉调试阶段，调试是在宿主机和目标机(在目标机上一般会具备某种形式的调试代理，可能是某种形式的系统仿真器)之间交叉进行的调试。调试器运行在宿主机的通用操作系统之上，被调试的进程运行在基于特定硬件平台的嵌入式操作系统中。调试器通过某种通信方式(串口、并口、网络、JTAG 等)控制被调试进程，可以读取被调试进程的当前状态，并能够改变被调试进程的运行状态。

嵌入式系统的交叉调试有多种方法，主要可分为软件方式和硬件方式两种。

1) 软件方式

软件调试主要是通过插入调试桩的方式来进行的。调试桩方式调试是通过在目标操作系统和调试器内分别加入某些功能模块，二者互通信息来进行调试。该方式的典型调试器有 gdb 调试器。

gdb 的交叉调试器分为 GdbServer 和 GdbClient，其中 GdbServer 作为调试桩安装在目标板上，GdbClient 是驻于本地的 gdb 调试器，如图 7.1.12 所示。

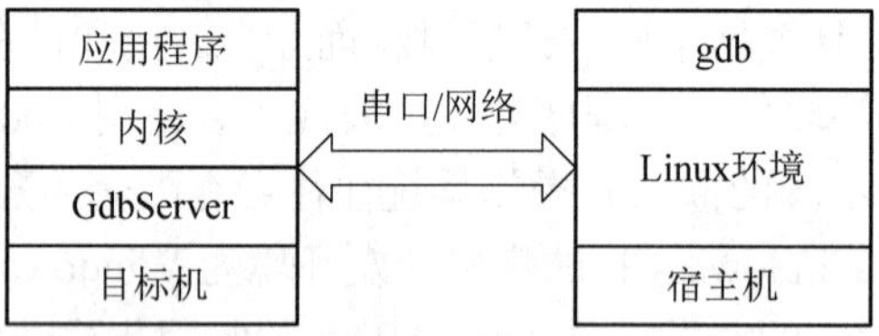

图 7.1.12　gdb 远程调试原理

gdb 调试的工作流程如下：

(1) 建立调试器(本地 gdb)与目标操作系统的通信连接，可通过串口、网卡、并口等多种方式。

(2) 在目标机上开启 GdbServer 进程，并监听对应端口。在宿主机上运行调试器 gdb，gdb 就会自动寻找远端的通信进程，也就是 GdbServer 的所在进程。

(3) 在宿主机上的 gdb 通过 GdbServer 请求对目标机上的程序发出控制命令。这时，GdbServer 将请求转化为程序的地址空间或目标平台的某些寄存器的访问路径，这对于没有虚拟存储器的简单的嵌入式操作系统而言，是十分容易的。

(4) GdbServer 把目标操作系统的所有异常处理转向通信模块，并告知宿主机上 gdb 当前有异常。

(5) 宿主机上的 gdb 向用户显示被调试程序产生了哪一类异常。

这样就完成了 gdb 调试的整个过程。这个方案的实质是用软件接管目标机的全部异常处理及部分中断处理，并在其中插入调试端口通信模块，与主机的调试器进行交互。但它只能在目标机系统初始化完毕、调试通信端口初始化完成后才能起作用，因此，一般只能用于调试运行于目标操作系统之上的应用程序，而不宜用来调试目标操作系统的内核代码及启动代码。而且，它必须改变目标操作系统，因此，也就多了一个不用于正式发布的 gdb 调试版。

2) 硬件调试

相对于软件调试而言，使用硬件调试器可以获得更强大的调试功能和更优秀的调试性能。硬件调试器的基本原理是通过仿真硬件的执行过程，让开发者在调试时可以随时了解到该系统的当前执行情况。目前嵌入式系统开发中最常用到的硬件调试器是 ROM Monitor、ROM Emulator、In-Circuit Emulator 和 In-Circuit Debugger。

采用 ROMMonitor 方式进行交叉调试需要在宿主机上运行调试器，在目标机上运行 ROM 监视器(可以是一段运行在目标机 ROM 上的可执行程序，也可以是一个专门的硬件调试设备)和被调试程序，宿主机通过调试器与目标机上的 ROM 监视器按照远程调试协议建立通信连接，如图 7.1.13 所示。在这种调试方式中，首先将被调试程序通过 ROM 监视器下载到目标机，然后在 ROM 监视器的监控下完成调试。

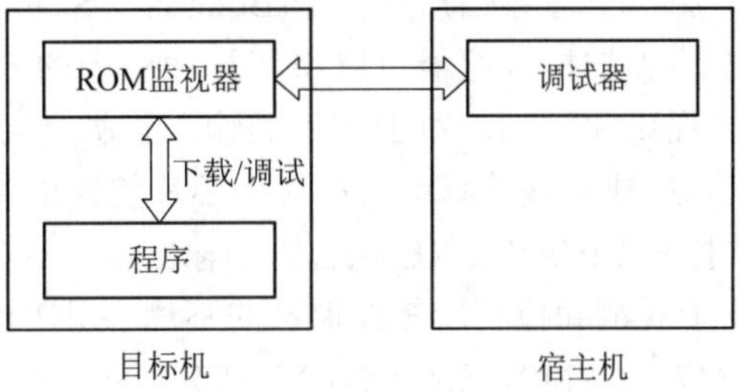

图 7.1.13　ROM Monitor 调试方式

采用 ROM Emulator 方式进行交叉调试时需要使用 ROM 仿真器，并且它通常被插入到目标机上的 ROM 插槽中，专门用于仿真目标机上的 ROM 芯片，如图 7.1.14 所示。在这种调试方式中，首先将被调试程序下载到 ROM 仿真器(ROM 芯片)中，然后在 ROM 仿真器中完成对目标程序的调试。采用该方式进行调试的优点是避免了每次修改程序后都必须重新烧写到目标机的 ROM 中。但 ROM 仿真器本身比较昂贵，功能相对来讲又比较单一，因此只适应于某些特定场合。

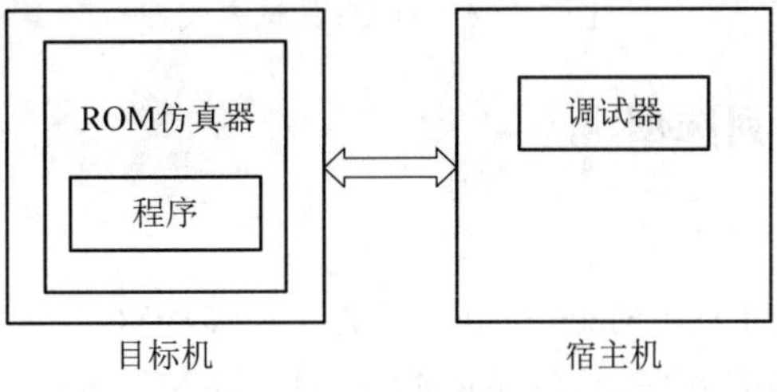

图 7.1.14　ROMEmulator 调试方式

采用 In-Circuit Emulator(ICE)方式进行交叉调试时需要使用在线仿真器，它是仿照目标机上的 CPU 而专门设计的硬件，可以完全仿真处理器芯片的行为。仿真器与目标机可以通过仿真头连接，与宿主机可以通过串口、并口、网线或 USB 口等方式连接。由于仿真器自成体系，所以调试时既可以连接目标机，也可以不连接目标机。使用在线仿真器进行调试时，可以按顺序单步执行，也可以倒退执行，还可以实时查看所有需要的数据，从而给调试过程带来了很多的便利，如图 7.1.15 所示。

图 7.1.15　ICE 调试方式

采用 In-Circuit Debugger(ICD)方式进行交叉调试时需要使用在线调试器。由于 ICE 的价格非常昂贵，并且每种 CPU 都需要一种与之对应的 ICE，使得开发成本非常高。一个比较好的解决办法是让 CPU 直接在其内部实现调试功能，并通过在开发板上引出的调试端口发送调试命令和接收调试信息来完成调试过程，如使用非常广泛的 ARM 处理器的 JTAG 端口。JTAG 标准所采用的主要技术为边界扫描技术，它的基本思想就是在靠近芯片的输入输出管脚上增加一个边界扫描寄存器(Boundary-Scan Register Cell)。当芯片处于调试状态的时候，这些边界扫描寄存器可以将芯片和外围的输入输出隔离开，可以实现对芯片输入输出信号的观察和控制。对于芯片的输入管脚，可通过与之相连的边界扫描寄存器单元把信号(数据)加载到该管脚中去；对于芯片的输出管脚，可以通过与之相连的边界扫描寄存器单元“捕获”(CAPTURE)该管脚的输出信号。这样，边界扫描寄存器就提供了一个便捷的方式用于观测和控制所需要调试的芯片。现在较为高档的微处理器都带有 JTAG 接口，包括 ARM7、ARM9、StrongARM、DSP 等，通过 JTAG 接口可以方便地对目标系统进行测试，同时还可以实现 Flash 编程。该方式的优点是连接简单、成本低，缺点是受制于芯片厂商。JTAG 调试方式的原理如图 7.1.16 所示。

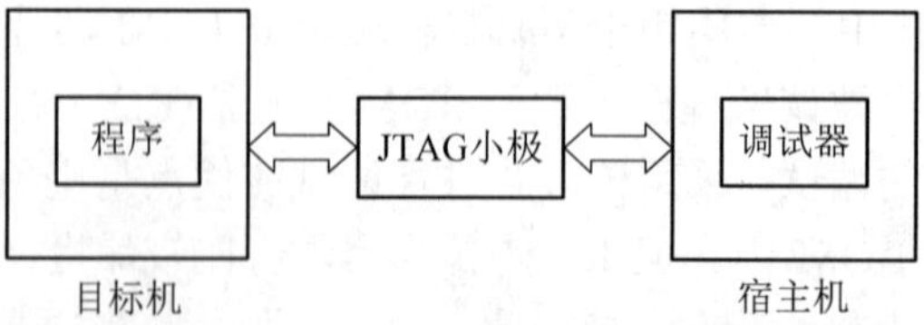

图 7.1.16　JTAG 调试方式

7.1.6　ARM cortex 系列选型

1. ARM 系列产品

英国ARM(Advanced RISC Machines)公司是嵌入式RISC处理器的知识产权IP供应商。目前基于 ARM 体系结构的处理器有：ARM7 系列、ARM9 系列、ARM9E 系列、ARM10E 系列、ARM11 系列、Secu Core 系列、Optimo DE 系列、Strong ARM 系列、XScale 系列、

Cortex-A8 系列和 Cortex-M4 系列。ARM 系列从 ARM11 系列之后的系列就命名为 cortex，并且性能上大幅度提升。cortex 分为三个系列，A 系列，R 系列，M 系列。

ARM7 和 M3、M4 是同一类型。ARM7 是最早的 ARM 产品，M3 是 cortex M 系列的过渡产品，其低端市场被 cortex M0 的高端产品市场替代，其高端市场又被 cortex M4 的低端产品市场取代。现在的 M 系列为 M4 内核。

ARM9 和 cortex A8 是一个类型，都是运行操作系统的产品。现在的高端智能手机，如三星、HTC 等，都是用 cortex A8、cortex A9 内核芯片作 CPU。

ARM7、ARM9、ARM9E 及 ARM10E 为四个通用嵌入式微处理器系列，每个系列提供一套相对独特的性能来满足不同应用领域的要求。这四个系列有多个生产厂家：SecurCore 系列是专门为安全性要求较高的场合设计的；Strong ARM 系列是 Intel 公司生产的用于便携式通信产品和消费电子产品的理想嵌入式微处理器，已应用于多家掌上电脑系列产品；XScale 系列是 Intel 公司推出的高安全性能、高性价比、低功耗的嵌入式微处理器，应用于数字移动电话、个人数字助理、网络产品等场合。

2. STM32 系列选型

1) 通用资源

STM32 系列支持的通用资源如下：

通信外设：USART、SPI、I2C;

定时器：Multiple general-purpose timers;

直接内存存取：Multiple DMA;

看门狗和实时时钟：2x watchdogs、RTC;

PLL 和时钟电路：Integrated regulator PLL and clock circuit;

数模转换：Up to 3x 12-bit DAC;

模数转换：Up to 4x 12-bit ADC(Up to 5 MSPS);

振荡器：Main oscillator and 32kHz oscillator;

内部振荡器：Low-speed and High-speed internal RC oscillator;

工作温度范围：-40℃ to +85℃ and up to 125℃ operating temperature range;

低电压：Low voltage 2.0 to 3.6 Vor 1.65/1.7 to 3.6 Vor (depending on series);

温度传感器：Temperature sensor;

2) 各类别的区别

高性能类别：高度的集成和丰富的连接。

STM32F7：极高性能的 MCU 类别，支持高级特性，基于 Cortex®-M7 内核以及 512KB 到 1MB 的 Flash；

STM32F4：支持访问高级特性的高性能 DSP 和 FPU 指令，基于 Cortex®-M4 内核以及 128KB 到 2MB 的 Flash；

STM32F2：性价比极高的中档 MCU 类别，基于 Cortex®-M3 内核以及 128KB 到 1MB 的 Flash；

主流型类别：灵活、扩展的 MCU，支持极为宽泛的产品应用。

STM32F3：升级 F1 系列各级别的先进模拟外设，基于 Cortex®-M4 内核以及 16KB 到

512KB 的 Flash；

STM32F1：基础系列，基于 Cortex®-M3 内核以及 16KB 到 1MB 的 Flash；

STM32F0：入门级别的 MCU，扩展了 8-/16-位处理器，基于 Cortex®-M0 内核以及 16KB 到 256KB 的 Flash；

超低功耗类别：极小电源开销的产品应用。

STM32L4：优秀的超低功耗性能，基于 Cortex®-M4 内核，128KB 到 1MB 的 Flash；

STM32L1：超低功耗，面向医疗、工业和消费类应用，基于 Cortex®-M3 内核，32KB 到 512KB 的 Flash。

STM32L0：完美符合 8-/16-位应用而且超值设计的类别，基于 Cortex®-M0+内核，16KB 到 192KB 的 Flash。

3. STM32 系列命名规则

STM32 系列命名规则，如图 7.1.17 所示。

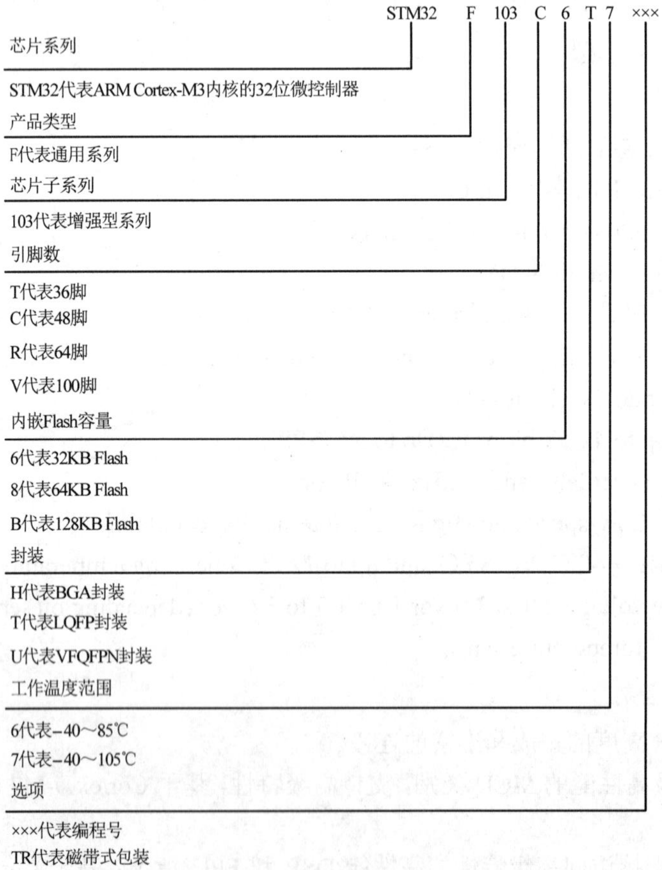

图 7.1.17　STM32 系列命名规则

7.1.7　STM32F407 核心板及其开发环境

1. STM32F407 核心板

现介绍 STM32F4xx 系统中的 STM32F407 核心板。该核心板采用 Cortex-M4 内核的

STM 32F407ZGT6 作为主芯片，带有 FPU 和 DSP 指令集，拥有 1024KB 的片内 Flash 和 192KB 的片内 SRAM，带有加密处理器(CRYP)、USB 高速 OTG、真随机数发生器、OTP 存储器及 GPIO 扩展接口等，如图 7.1.18 所示。

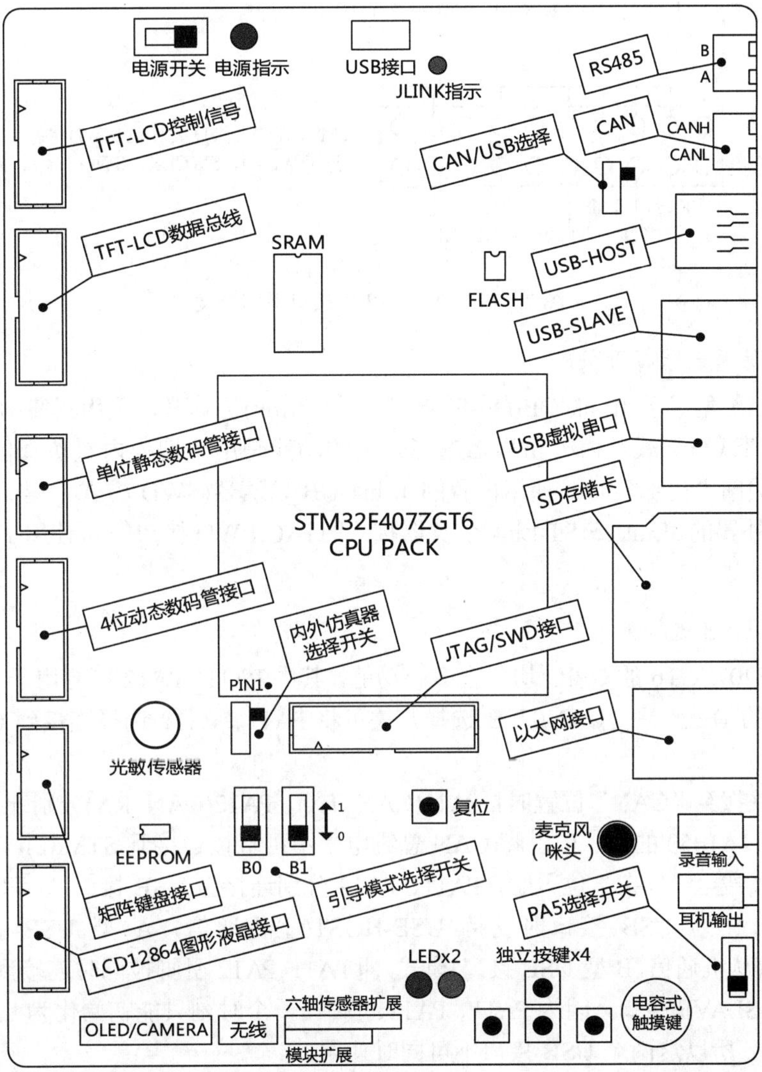

图 7.1.18　STM32F407 嵌入式系统核心板布局图

STM32F407 嵌入式核心板还具有外扩 16MB 的 25Q128(SPI FLASH)、1MB 的 IS62WV51216(SRAM)、256 字节的 24C02(EEPROM)。核心板设有红绿两个发光二极管作为输出，有 WM8978 高性能音频编解码芯片、CAN 接口(采用 TJA1050)、RS485 接口(采用 SP3485)、光敏传感器、USB 虚拟串口(可用于与 PC 串口通信或下载用户程序)、USB-SLAVE 接口、USB-HOST(OTG)接口、SD 卡接口、百兆以太网接口、录音头(麦克风)、立体声音频输出接口、立体声录音输入接口、扬声器(位于 CPU PACK 板下)、RTC 后备电池座(含电池，位于 CPU PACK 板下)、4 个独立按键(其中 1 个带唤醒功能)。现对板载的接口及设置开关进行说明。

1) JTAG/SWD 接口

JTAG/SWD 接口是 STM32F407 外置仿真器的接口，支持 JTAG/SWD 调试和下载。若要使用外置的 JLink/ST-Link 仿真器，需将“内外仿真器选择开关”拨至“外部”位置，再将外置仿真器接入 JTAG/SWD 接口，如图 7.1.19 所示。

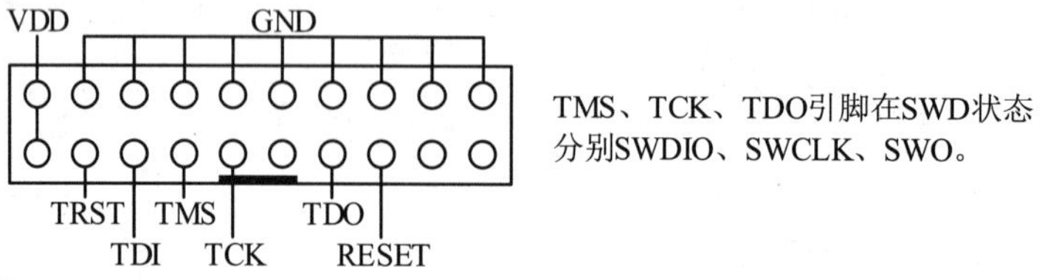

图 7.1.19　JTAG/SWD 接口引脚定义

2) 内外仿真器选择开关

核心板已经集成了 JLink-OB(On-Board，板载 JLink)仿真器，采用三线制 SWD 接口，支持程序的调试与下载。内外仿真器选择开关的功能是用于切换内置仿真器和外置仿真器：当开关拨向“内部”时，使用内置的 JLink-OB 仿真器(SWD 方式)；当开关拨向“外部”时，需将外置的 JLink 或 ST-Link 仿真器接入“JTAG/SWD 接口”，可使用 JTAG 或 SWD 方式调试与下载。

3) CAN/USB 选择开关

STM32F407ZGT6 的 GPIO 均包含多个功能，其中 PA11、PA12 可复用于 CAN 的 RX、TX 和 USB 的 D−、D+。CAN/USB 选择开关可将 PA11、PA12 选择连接到 CAN 或 USB 接口。

当该开关拨至“CAN”位置时，PA11(CAN_TX)、PA12(CAN_RX)分别连接至 CAN 电平转换芯片 TJA1050 的 D、R 引脚(CAN 总线电平不可直接连接到 STM32)。

当该开关拨至“USB”位置时，PA11、PA12 分别连接至 USB 接口 D−和 D+引脚，而 PA11、PA12 作为 USB 接口时支持 USB-HOST(主机通信，A 型 USB 接口)模式和 USB-SLAVE(从机通信，B 型 USB 接口)模式，即 PA11、PA12 引脚被同时连接到 USB-HOST 接口和 USB-SLAVE 接口，因为 PA11、PA12 引脚在一个时刻只能初始化为 USB-HOST 或 USB-SLAVE，所以这两个 USB 接口不可同时使用。

4) PA5 选择开关

PA5 选择开关为 STM32F407ZGT6 的 PA5 引脚选择开关，当该开关拨至上方(引出孔)时，PA5 引脚连接至接线孔，可作为完全独立的 GPIO 使用；当该开关拨至下方(触摸键)时，PA5 引脚连接至电容式触摸键。

5) 引导模式选择开关

STM32 系列有 BOOT0 和 BOOT1 两个启动引脚，用于选择 STM32 复位后的引导模式，在核心板上将这 2 个引脚连接到了拨动开关。STM32 的引导模式如表 7.1.1 所示。

表 7.1.1 STM32 引导模式

BOOT0	BOOT1	引导模式	说 明
0	X	主闪存存储器	STM32 内置的 Flash，我们使用 JTAG 或 SWD 模式下载程序时，就是下载到这个空间，重启后也直接从这个存储空间启动程序。
1	0	系统存储器	系统存储器是芯片内部一块特定的区域，STM32 芯片在出厂时预置了一段 ISP 程序，用户无法修改该存储空间，在没有 JLink 或 ST-Link 仿真器时可通过此模式用串口向 STM32 芯片写入程序。
1	1	片内 SRAM	SRAM 是易失性存储器，没有掉电保存的能力，该模式一般用于程序调试。当反复修改、调试程序时，如果使用主闪存存储器，需要擦除整个 Flash 空间，比较费时，也会缩短 Flash 的可擦写寿命，这时可以考虑使用片内 SRAM 来调试，等程序调试通过后可再下载到主闪存存储器。这样既提高了程序下载的速度，又延长了主闪存的使用寿命。

6) TFT-LCD 控制信号接口

TFT-LCD 控制信号接口用于连接 STM32F407 与 TFT-LCD 屏的控制信号，用 12 芯扁平电缆相连，如图 7.1.20 所示。

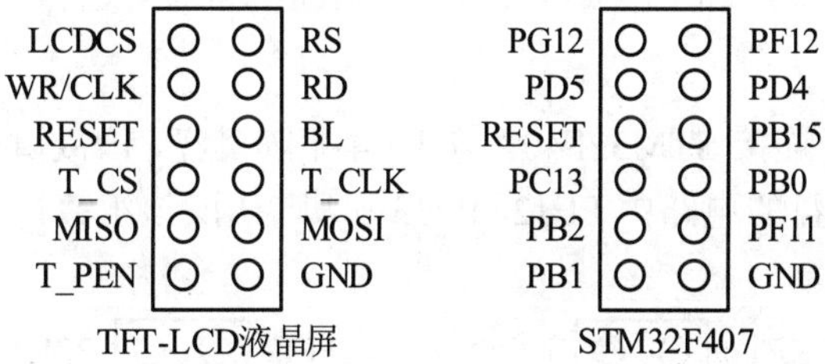

图 7.1.20 TFT-LCD 控制信号接口引脚定义

7) TFT-LCD 数据总线接口

TFT-LCD 数据总线接口用于连接 STM32F407 与 TFT-LCD 屏数据总线，用 16 芯扁平电缆相连，如图 7.1.21 所示。

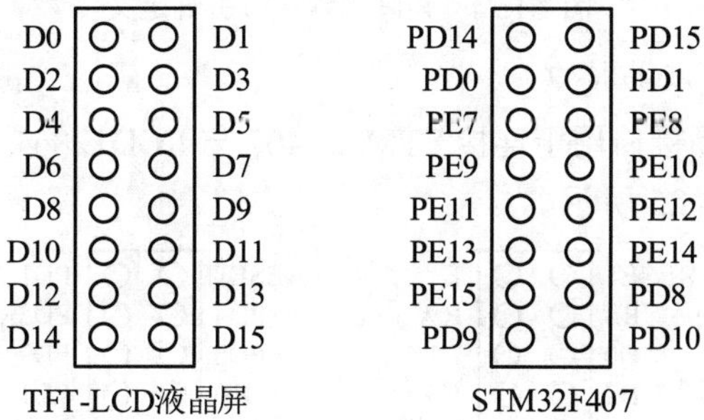

图 7.1.21 TFT-LCD 数据总线接口引脚定义

8) 单位静态数码管接口

单位静态数码管接口用于连接 STM32F407 与单位静态数码管(共阳)，用 8 芯扁平电缆相连，如图 7.1.22 所示。

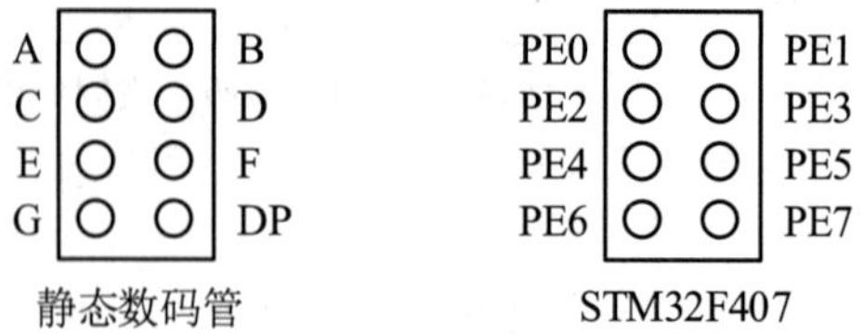

图 7.1.22　单位静态数码管接口引脚定义

9) 4 位动态数码管接口

4 位动态数码管接口用于连接 STM32F407 与 4 位动态数码管(高电平选中位，低电平点亮段)，STM32 端接口最多可控制 6 位动态数码管，在连接 4 位动态数码管的电路中 PE12、PE13 引脚未用。该组接口用 14 芯扁平电缆相连，如图 7.1.23 所示。

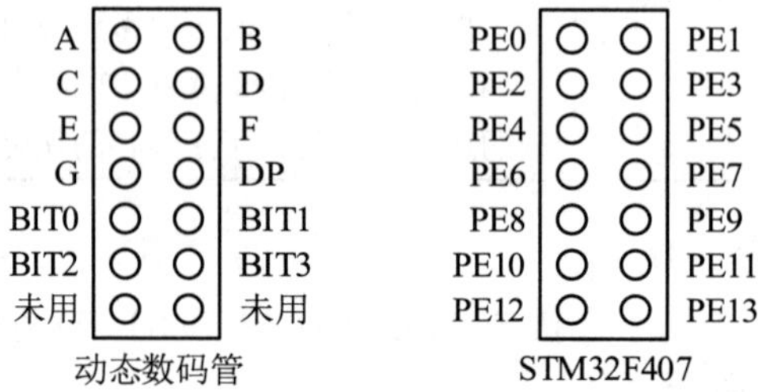

图 7.1.23　4 位动态数码管接口引脚定义

10) 矩阵键盘接口

矩阵键盘接口用于连接 STM32F407 与 4 × 4 矩阵键盘，该接口最多可控制 6 列矩阵键盘，在连接 4 列矩阵键盘的电路中 PE12、PE13 引脚未用。该组接口用 10 芯扁平电缆相连，如图 7.1.24 所示。

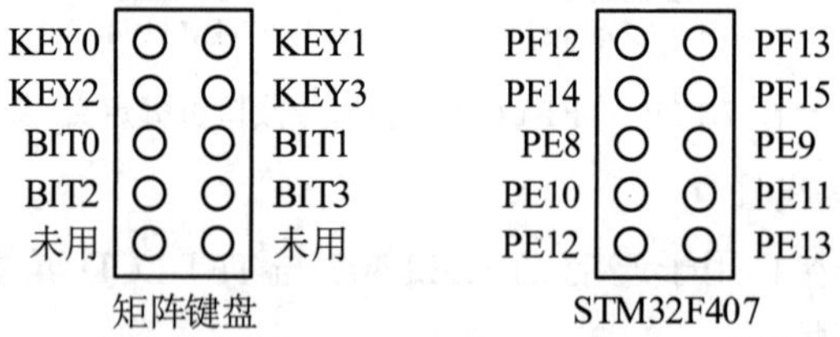

图 7.1.24　矩阵键盘接口引脚定义

11) LCD12864 图形液晶接口

LCD12864 图形液晶接口用于连接 STM32F407 与 LCD12864 图形液晶模块，用 12 芯扁平电缆相连，如图 7.1.25 所示。

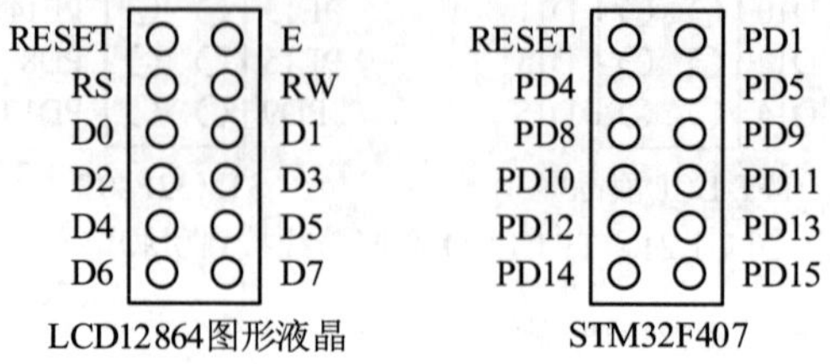

图 7.1.25　LCD12864 图形液晶接口引脚定义

2. Keil 集成开发环境

Keil μVision 系列是由德国慕尼黑的 Keil Elektronik GmbH 和美国德克萨斯的 Keil Software Inc 联合发布的嵌入式集成开发环境，包括 ANSI C 编译器、宏汇编程序、调试器、链接器、库管理器、固件和实时操作系统核心(Real-Time Kernel)，因其强大的功能、易用的开发环境以及高质量的编译器得到业界广泛认可。该系统被 ARM 公司收购后，向高速发展的 32 位微控制器市场提供完整的解决方案。

1) Keil MDK 安装步骤

(1) 运行 Keil MDK 安装程序(双击“mdk514.exe”)，开始进入安装向导，单击“Next”按钮，进入 License 界面，如图 7.1.26 所示。

(2) 在 License 界面选中“I agree to all the terms of the preceding License Agreement”，单击“Next”按钮，设置安装路径，如图 7.1.27 所示。

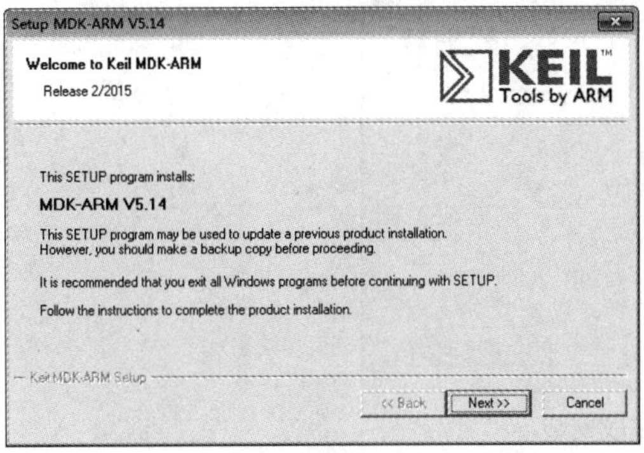

图 7.1.26　进入 Keil MDK 安装向导

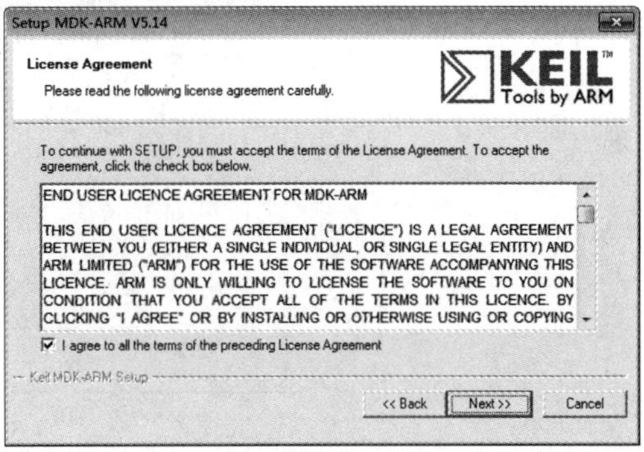

图 7.1.27　安装向导的 License 界面

(3) 确定 MDK-ARM 以及芯片支持包的安装路径后，单击“Next”按钮，如图 7.1.28 所示。

(4) 按照安装程序要求填写用户信息，所有信息均为必填项，如图 7.1.29 所示。

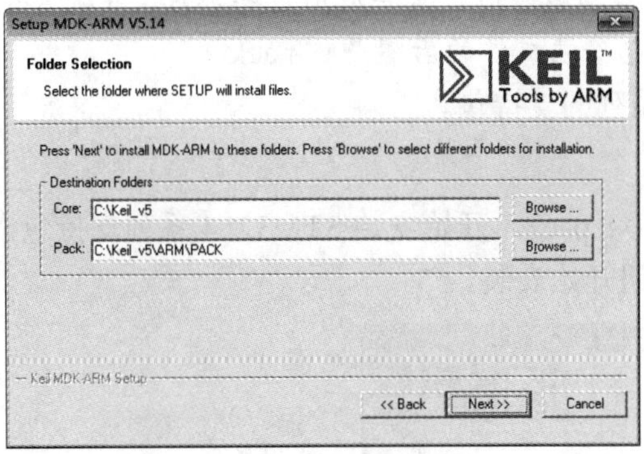

图 7.1.28　设置安装路径

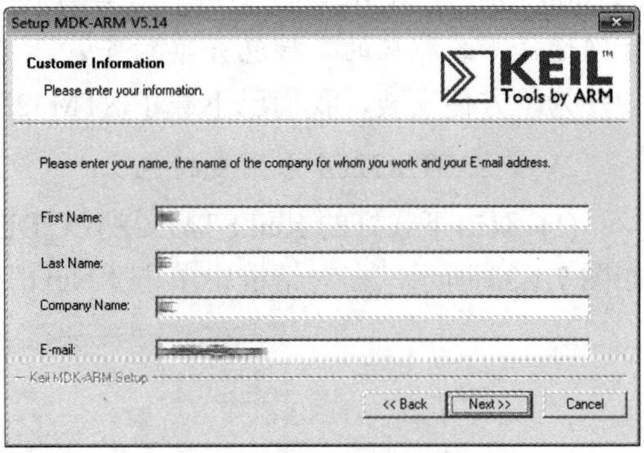

图 7.1.29　填写用户信息

(5) 用户信息填写完毕后，单击“Next”按钮开始安装，如图 7.1.30 所示。

(6) 安装过程中 Windows 会弹出对话框询问是否安装驱动程序，如图 7.1.31 所示。如果需要使用 Keil 官方出品的 ULINK 仿真器，则必须勾选“始终信任来自 ARM Ltd 的软件”并单击“安装”；如果使用 J-Link、ST-Link 等第三方的仿真器或是不用任何仿真器，可直接单击“不安装”。

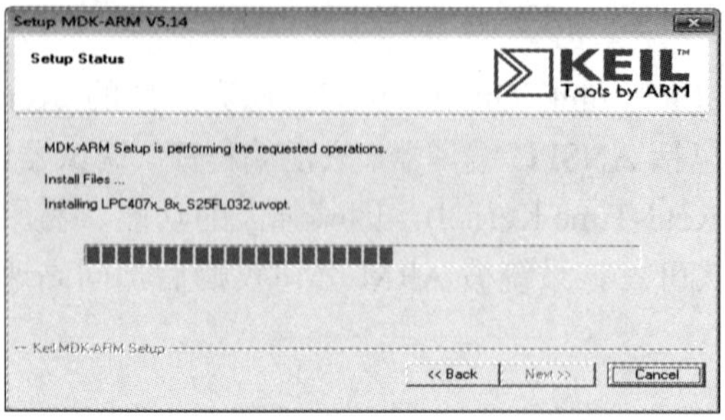

图 7.1.30　软件正在安装

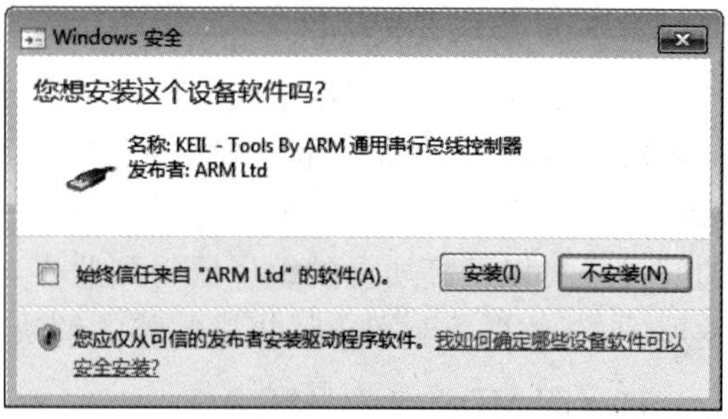

图 7.1.31　Windows 询问是否安装 KEIL ULINK 驱动程序

(7) 安装完成后显示对话框，如图 7.1.32 所示，对话框内有 1 个复选框，显示内容是软件发行说明，这里不选中该复选框，仅单击“Finish”按钮完成安装。

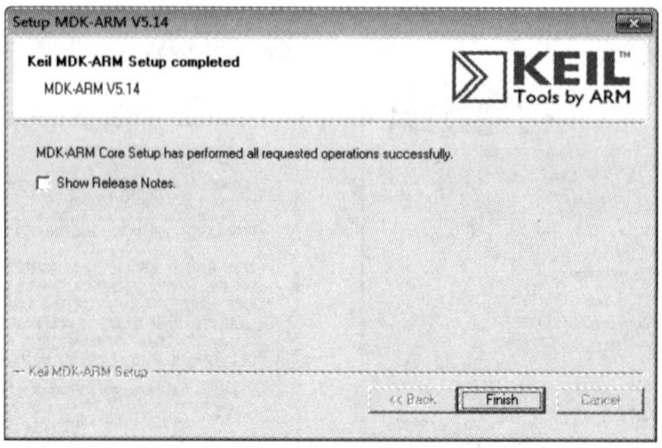

图 7.1.32　完成安装

Keil MDK 环境安装完成后，会显示器件支持包安装管理器，可以从这里导入支持包，可以直接关闭它，使用更简单的方式安装支持包。

注意：支持包由编程时使用的库函数文件、设备驱动程序以及例程组成。从 Keil μVision5 开始，MDK 环境不再自带各种芯片的支持包，用户需要应用哪些芯片，可从 Keil 官网选择下载相应的支持包并单独安装，支持包安装文件的后缀是“.pack”。

为了方便安装，我们已下载了 STM32F4 系列的支持包。

2) 安装 STM32F4 系列支持包

(1) 双击下载好的 Keil.STM32F4xx_DFP.1.0.8.pack，开始安装 STM32F4 系列支持包，如图 7.1.33 所示，在对话框中单击“Next”按钮开始安装。

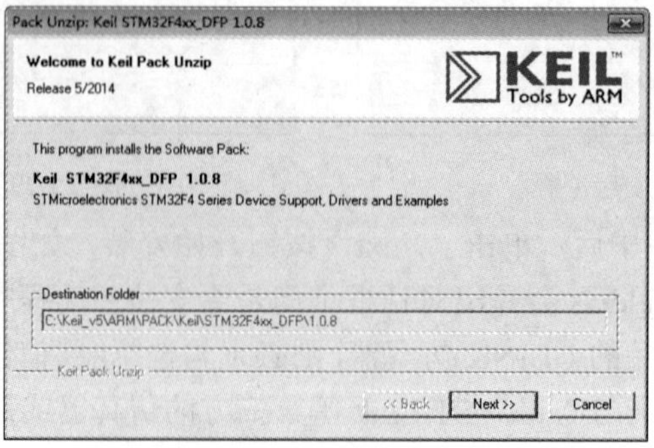

图 7.1.33　安装 STM32F4 系列支持包

(2) STM32F4 系列支持包正在安装，如图 7.1.34 所示。

(3) 支持包安装完成后，单击“Finish”结束，如图 7.1.35 所示。

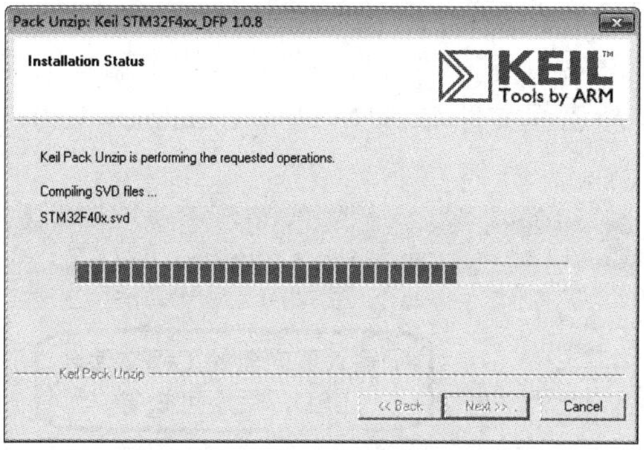

图 7.1.34　支持包正在安装

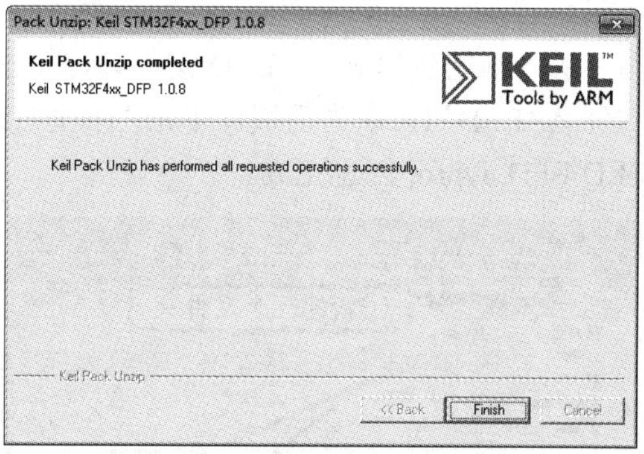

图 7.1.35　支持包安装完成

3) 安装 J-LINK 仿真器驱动程序

Keil MDK 包含了 J-LINK 系列仿真器驱动程序的核心文件，当 STM32F407 核心板初次上电接入 PC 的 USB 口时，Windows 会自动为硬件匹配驱动程序(可以跳过从 Windows Update 获取以节省时间)，正确安装后设备管理器如图 7.1.36 所示。

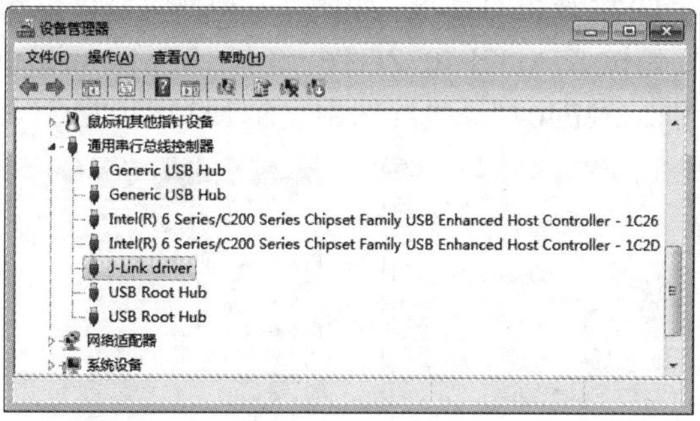

图 7.1.36　J-LINK 仿真器驱动程序安装完成

至此，可以在 Keil MDK 中调试或下载 STM32F407 的程序，如果要脱离 Keil MDK 环境来下载程序，可以自行安装 SEGGER 独立发布的 J-LINK 完整版驱动程序。

4) Keil MDK 软件的基本操作

本节以控制两个发光二极管循环交替点亮与熄灭为例，说明 STM32F407 核心板上 Keil MDK 软件的基本操作。

STM32F407 的两个 GPIO 口(PF9、PF10)在核心板上已分别连接红、绿两个发光二极管，通过循环改变 PF9、PF10 的输出电平状态，实现发光二极管的循环交替闪烁。

(1) 新建工程。从新建工程开始为 STM32F407 编写一个新的程序。

运行 Keil MDK 集成开发环境，单击主菜单“Project”项，选择“New μVision Project…”建立新工程，如图 7.1.37 所示。

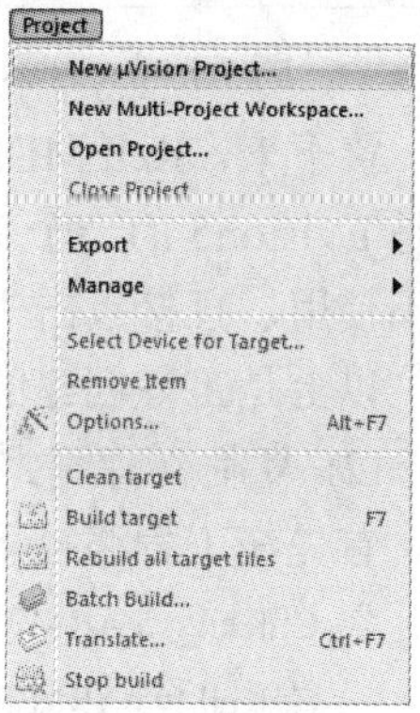

图 7.1.37　Keil 的 Project 菜单

在弹出的对话框中，选择工程存放路径(本例中为

C:\STM32F4_Examples)，再单击对话框上方的“新建文件夹”按钮(因 Windows 版本而异，如 XP 系统为按钮)新建一个文件夹并重命名为 Ex01_LED，用于存放工程文件，如图 7.1.38 所示。

进入刚创建的 Ex01_LED 文件夹，如图 7.1.39 所示，在“文件名”输入框中输入工程文件名“LED”(可缺省后缀)，单击“保存”按钮，新工程文件 C:\STM32F4_Examples\ Ex01_LED\LED.uvproj 创建完成。

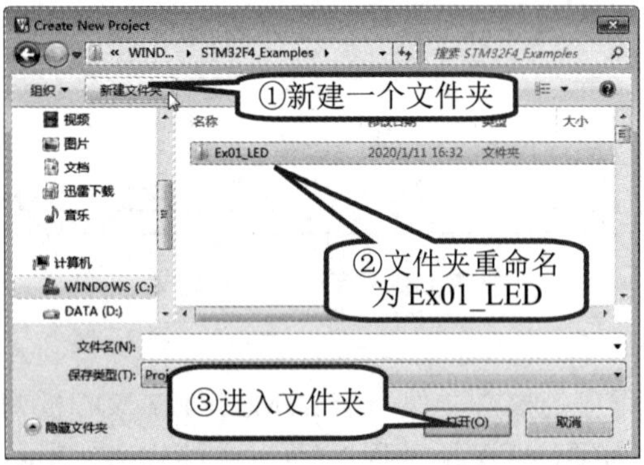

图 7.1.38　新建工程对话框

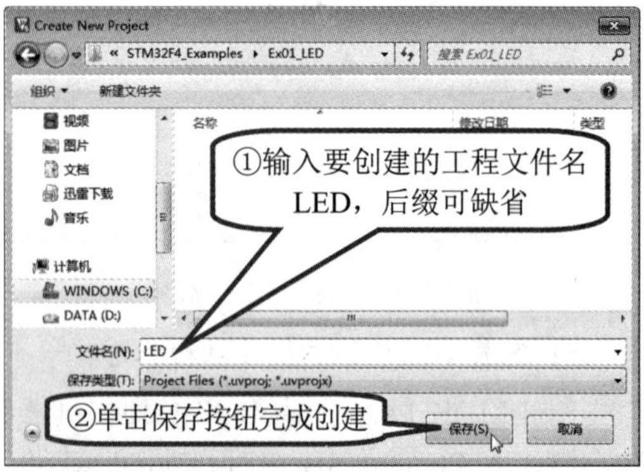

图 7.1.39　在新建工程对话框中输入工程名

Keil MDK 弹出目标 CPU 设置对话框，如图 7.1.40 所示，可以选择要调试的芯片品牌、系列以及型号。在这里要调试 STM32F407ZGT6，选择“STMicroelectronics”下的“STM32F4 Series”，并继续展开“STM32F407”，最终选中“STM32F407ZG”，单击“OK”按钮。

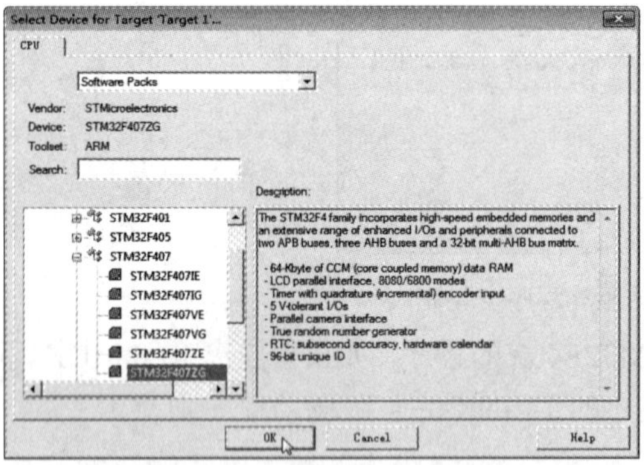

图 7.1.40　目标 CPU 设置对话框

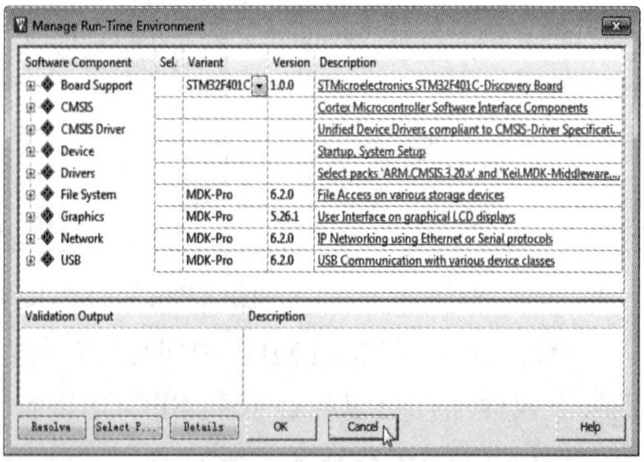

图 7.1.41　Manage Run-Time Environment 对话框

接下来，Keil MDK 弹出“Manage Run-Time Environment”对话框，如图 7.1.41 所示，这是 μVision5 的一个新功能，用户可以添加自己需要的组件，从而方便构建工程环境，如果不使用，直接点击“Cancel”即可。

以上是工程创建的过程，下面开始进行一系列的配置。

(2) 复制支持库到工程文件夹。复制支持库到工程文件夹的过程如下：

首先在工程路径下新建名为“inc”的文件夹，并将以下文件复制到“inc”文件夹：

C:\Keil_v5\ARM\Pack\ARM\CMSIS\4.2.0\CMSIS\Include\core_cm4.h

C:\Keil_v5\ARM\Pack\ARM\CMSIS\4.2.0\CMSIS\Include\core_cmInstr.h

C:\Keil_v5\ARM\Pack\ARM\CMSIS\4.2.0\CMSIS\Include\core_cmFunc.h

C:\Keil_v5\ARM\Pack\ARM\CMSIS\4.2.0\CMSIS\Include\core_cmSimd.h

C:\Keil_v5\ARM\Pack\Keil\STM32F4xx_DFP\1.0.8\Device\Include\stm32f4xx.h

C:\Keil_v5\ARM\Pack\Keil\STM32F4xx_DFP\1.0.8\Device\Include\system_stm32f4xx.h

C:\Keil_v5\ARM\Pack\Keil\STM32F4xx_DFP\1.0.8\Device\StdPeriph_Driver\templates\stm32f4xx_conf.h

C:\Keil_v5\ARM\Pack\Keil\STM32F4xx_DFP\1.0.8\Device\StdPeriph_Driver\inc\stm32f4xx_gpio.h

C:\Keil_v5\ARM\Pack\Keil\STM32F4xx_DFP\1.0.8\Device\StdPeriph_Driver\inc\stm32f4xx_rcc.h

C:\Keil_v5\ARM\Pack\Keil\STM32F4xx_DFP\1.0.8\Device\StdPeriph_Driver\inc\misc.h

然后在工程路径下新建名为“src”的文件夹，并将以下文件复制到“src”文件夹：

C:\Keil_v5\ARM\Pack\Keil\STM32F4xx_DFP\1.0.8\Device\Source\system_stm32f4xx.c

C:\Keil_v5\ARM\Pack\Keil\STM32F4xx_DFP\1.0.8\Device\StdPeriph_Driver\src\stm32f4xx_gpio.c

C:\Keil_v5\ARM\Pack\Keil\STM32F4xx_DFP\1.0.8\Device\StdPeriph_Driver\src\stm32f4xx_rcc.c

C:\Keil_v5\ARM\Pack\Keil\STM32F4xx_DFP\1.0.8\Device\StdPeriph_Driver\src\misc.c

最后在工程路径下新建名为“core”的文件夹，并将以下文件复制到“core”文件夹：

C:\Keil_v5\ARM\Pack\Keil\STM32F4xx_DFP\1.0.8\Device\Source\ARM\startup_stm32f40_41xxx.s

这些复制的文件是 ARM®Cortex™微控制器软件接口标准(CMSIS)支持库头文件、STM32F4 器件支持库头文件及其源码、STM32F4 汇编启动代码。

为了便于编程使用，建议用户将以下两个文件夹内的所有文件分别复制到工程路径下的“inc”“src”文件夹中，包括：

C:\Keil_v5\ARM\Pack\Keil\STM32F4xx_DFP\1.0.8\Device\StdPeriph_Driver\inc*.*

C:\Keil_v5\ARM\Pack\Keil\STM32F4xx_DFP\1.0.8\Device\StdPeriph_Driver\src*.*

(3) 按实际硬件修改支持库的参数。首先打开工程文件夹下的“inc\stm32f4xx_conf.h”，找到以下内容，将标有删除线的语句行删除或注释掉并保存文件：

/* Includes --*/

/* Uncomment the line below to enable peripheral header file inclusion */

~~#include "RTE_Components.h"~~

~~#ifdef RTE_DEVICE_STDPERIPH_ADC~~

~~　#include "stm32f4xx_adc.h"~~　　//如果工程中用到 stm32f4xx_adc.c，则不能删

~~#endif~~

~~#ifdef RTE_DEVICE_STDPERIPH_CRC~~

~~　#include "stm32f4xx_crc.h"~~　　//如果工程中用到 stm32f4xx_crc.c，则不能删

~~#endif~~

~~#ifdef RTE_DEVICE_STDPERIPH_DBGMCU~~

~~　#include "stm32f4xx_dbgmcu.h"~~　　//如果工程中用到 stm32f4xx_dbgmcu.c，则不能删

~~#endif~~

```
#ifdef RTE_DEVICE_STDPERIPH_DMA
    #include "stm32f4xx_dma.h"          //如果工程中用到 stm32f4xx_dma.c，则不能删
#endif
#ifdef RTE_DEVICE_STDPERIPH_EXTI
    #include "stm32f4xx_exti.h"         //如果工程中用到 stm32f4xx_exti.c，则不能删
#endif
#ifdef RTE_DEVICE_STDPERIPH_FLASH
    #include "stm32f4xx_flash.h"        //如果工程中用到 stm32f4xx_flash.c，则不能删
#endif
#ifdef RTE_DEVICE_STDPERIPH_GPIO
    #include "stm32f4xx_gpio.h"         //本例程使用，勿删
#endif
#ifdef RTE_DEVICE_STDPERIPH_I2C
    #include "stm32f4xx_i2c.h"          //如果工程中用到 stm32f4xx_i2c.c，则不能删
#endif
#ifdef RTE_DEVICE_STDPERIPH_IWDG
    #include "stm32f4xx_iwdg.h"         //如果工程中用到 stm32f4xx_iwdg.c，则不能删
#endif
#ifdef RTE_DEVICE_STDPERIPH_PWR
    #include "stm32f4xx_pwr.h"          //如果工程中用到 stm32f4xx_pwr.c，则不能删
#endif
#ifdef RTE_DEVICE_STDPERIPH_RCC
    #include "stm32f4xx_rcc.h"          //本例程使用，勿删
#endif
#ifdef RTE_DEVICE_STDPERIPH_RTC
    #include "stm32f4xx_rtc.h"          //如果工程中用到 stm32f4xx_rtc.c，则不能删
#endif
#ifdef RTE_DEVICE_STDPERIPH_SDIO
    #include "stm32f4xx_sdio.h"         //如果工程中用到 stm32f4xx_sdio.c，则不能删
#endif
#ifdef RTE_DEVICE_STDPERIPH_SPI
    #include "stm32f4xx_spi.h"          //如果工程中用到 stm32f4xx_spi.c，则不能删
#endif
#ifdef RTE_DEVICE_STDPERIPH_SYSCFG
    #include "stm32f4xx_syscfg.h"       //如果工程中用到 stm32f4xx_syscfg.c，则不能删
#endif
#ifdef RTE_DEVICE_STDPERIPH_TIM
    #include "stm32f4xx_tim.h"          //如果工程中用到 stm32f4xx_tim.c，则不能删
#endif
```

```
#ifdef RTE_DEVICE_STDPERIPH_USART
    #include "stm32f4xx_usart.h"          //如果工程中用到 stm32f4xx_usart.c，则不能删
#endif
#ifdef RTE_DEVICE_STDPERIPH_WWDG
    #include "stm32f4xx_wwdg.h"           //如果工程中用到 stm32f4xx_wwdg.c，则不能删
#endif
```

再打开工程文件夹下的“inc\stm32f4xx.h”，找到以下内容：

```
#if !defined   (HSE_VALUE)
    #define HSE_VALUE      ((uint32_t)25000000) /*!< Value of the External oscillator in Hz */

#endif /* HSE_VALUE */
```

因为库文件中将外部时钟默认为 25 MHz，而实际硬件中使用的是 8 MHz，所以将上述代码中标有下划线的“25000000”改为“8000000”并保存文件。

最后打开工程文件夹下的“src\system_stm32f4xx.c”，找到以下内容：

```
/* PLL_VCO = (HSE_VALUE or HSI_VALUE / PLL_M) * PLL_N */
#define PLL_M       25
```

把第一级分频系数 PLL_M 修改为 8：

```
/* PLL_VCO = (HSE_VALUE or HSI_VALUE / PLL_M) * PLL_N */
#define PLL_M       8
```

这样可以达到主时钟频率为 168 MHz。修改完成后保存文件。

(4) 编写 main.c 主程序文件。

单击主菜单 File→New…(或单击工具栏按钮)，出现一个空白窗口，输入以下程序代码：

```
#include "misc.h"
static u8   fac_us = 0;                 //us 延时倍乘数
static u16 fac_ms = 0;                  //ms 延时倍乘数
//初始化延迟函数
//SYSTICK 的时钟固定为 AHB 时钟的 1/8
//SYSCLK:系统时钟频率
void DelayInit(u8 SYSCLK)
{
    SysTick_CLKSourceConfig(SysTick_CLKSource_HCLK_Div8);
    fac_us = SYSCLK / 8;
    fac_ms=(u16)fac_us * 1000;          //代表每 ms 需要的 SysTick 时钟数
```

```
}

//延时 nms
//注意 nms 的范围,因为 SysTick->LOAD 为 24 位寄存器,所以,最大延时为: nms<=0xffffff*8*1000/
  SYSCLK
//SYSCLK 单位为 Hz, nms 单位为 ms, 在 168M 条件下, nms<=798ms
void delay_xms(u16 nms)
{
    u32 temp;
    SysTick->LOAD = (u32)nms * fac_ms;                //时间加载(SysTick->LOAD 为 24bit)
    SysTick->VAL = 0;                                 //清空计数器
    SysTick->CTRL |= SysTick_CTRL_ENABLE_Msk;         //开始倒数
    do
    {
        temp = SysTick->CTRL;
    } while((temp & 0x01) && !(temp & (1 << 16)));    //等待时间到达
    SysTick->CTRL &= ~SysTick_CTRL_ENABLE_Msk;        //关闭计数器
    SysTick->VAL = 0;                                 //清空计数器
}

//延时 nms
//nms:0~65535
void delay_ms(u16 nms)
{
    u8 repeat = nms / 540;          //这里用 540, 是考虑到某些超频使用的场合,
    u16 remain = nms % 540;         //当超频到 248MHz 时 delay_xms 最大只能延时 541ms 左右
    while(repeat)
    {
        delay_xms(540);
        repeat--;
    }
    if(remain)
        delay_xms(remain);
}

int main()
{
    GPIO_InitTypeDef GPIO_InitStructure;
    DelayInit(168);                 //初始化延时函数
```

```
    RCC_AHB1PeriphClockCmd(RCC_AHB1Periph_GPIOF, ENABLE);//使能 GPIOF 时钟
    //GPIO PF9,PF10 初始化设置
    GPIO_InitStructure.GPIO_Pin = GPIO_Pin_9 | GPIO_Pin_10;     //LED0,LED1 的 I/O 口
    GPIO_InitStructure.GPIO_Mode = GPIO_Mode_OUT;               //普通输出模式
    GPIO_InitStructure.GPIO_OType = GPIO_OType_PP;              //推挽输出
    GPIO_InitStructure.GPIO_Speed = GPIO_Speed_100MHz;          //GPIO 速度
    GPIO_InitStructure.GPIO_PuPd = GPIO_PuPd_UP;                //上拉
    GPIO_Init(GPIOF, &GPIO_InitStructure);                      //初始化 GPIO
    GPIO_SetBits(GPIOF, GPIO_Pin_9 | GPIO_Pin_10);              //LED0,LED1 熄灭
    while(1)
    {
        GPIO_ResetBits(GPIOF, GPIO_Pin_9);                      //PF9=0,LED0 点亮
        GPIO_SetBits(GPIOF,GPIO_Pin_10);                        //PF10=1,LED1 熄灭
        delay_ms(500);                                          //延时 0.5s
        GPIO_SetBits(GPIOF,GPIO_Pin_9);                         //PF9=1,LED0 熄灭
        GPIO_ResetBits(GPIOF,GPIO_Pin_10);                      //PF10=0,LED1 点亮
        delay_ms(500);                                          //延时 0.5s
    }
}
```

程序代码输入完成后，单击主菜单 File→Save As…另存源程序，可以选择保存的路径，这里建议把源程序文件保存到工程所在的文件夹(本例中工程的路径是 C:\C51_ Examples\Ex01_LED)，输入文件名 main.c，再单击“保存”，如图 7.1.42 所示。

(5) 管理工程。单击主菜单 Project→Manage→Components, Environment, Books…(或单击工具栏按钮)弹出对话框，如图 7.1.43 所示。

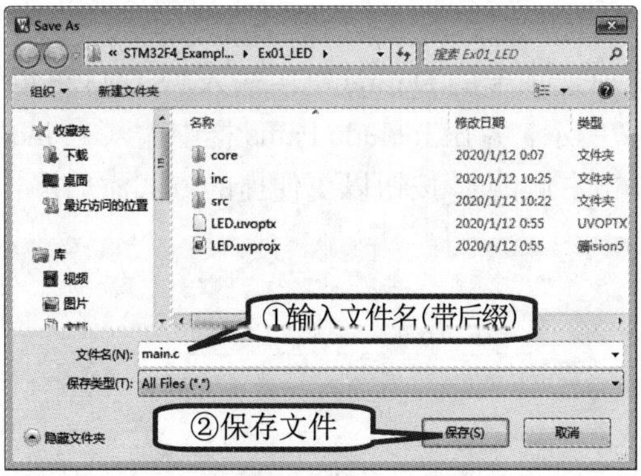

图 7.1.42　保存新建源程序

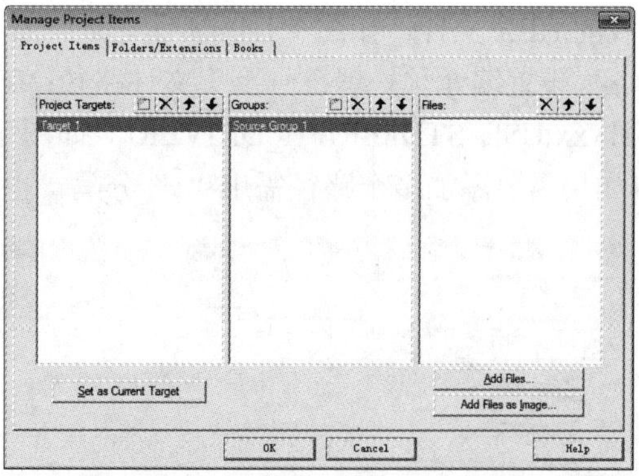

图 7.1.43　Manage Project Items 对话框

双击“Project Targets”中的“Target 1”，修改名字为 LED。

双击“Groups”中的“Source Group 1”，修改名字为 Source；并单击“Groups”的按钮，新建名为 core 和 lib 两个组。

单击“Source”选中，然后在“Files”中单击“Add Files”按钮，在弹出的对话框中

选择刚才保存的源程序文件 main.c(文件路径在 C:\STM32F407_Examples\Ex01_LED)，再单击对话框右下角的“Add”按钮添加，最后单击“Close”按钮关闭。

单击刚刚新建的 core 组，把工程 core 文件夹中的 startup_stm32f40_41xxx.s 添加进来，注意在文件类型中选择 Asm Source File (*.s*; *.src; *.a*)。

单击刚刚新建的 lib 组，把工程 src 文件夹中的 misc.c、stm32f4xx_gpio.c、stm32f4xx_rcc.c、system_stm32f4xx.c 添加进来。

通过以上步骤可以把本例程中需要使用的源程序文件添加到工程中，如图 7.1.44 所示，单击对话框 OK 按钮。

(6) 配置工程。单击主菜单 Project→Options for Target ‘LED’…(或单击工具栏按钮)弹出 Options for Target 对话框。

设置 CPU 晶振：在对话框的 Target 选项卡中，将外部时钟设为 8.0 MHz，如图 7.1.45 所示。

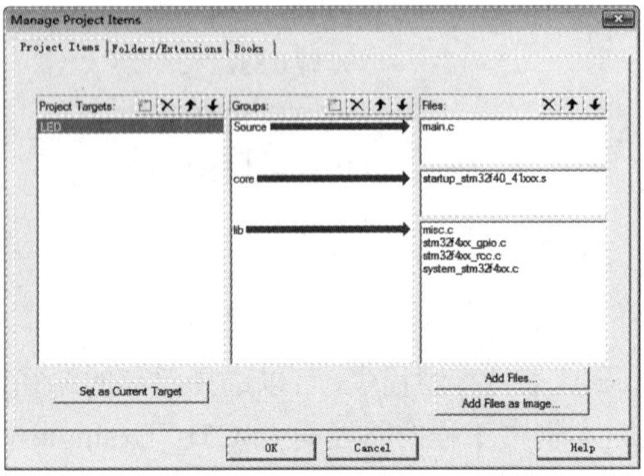

图 7.1.44　在 Manage Project Items 对话框将使用的源程序文件添加到工程

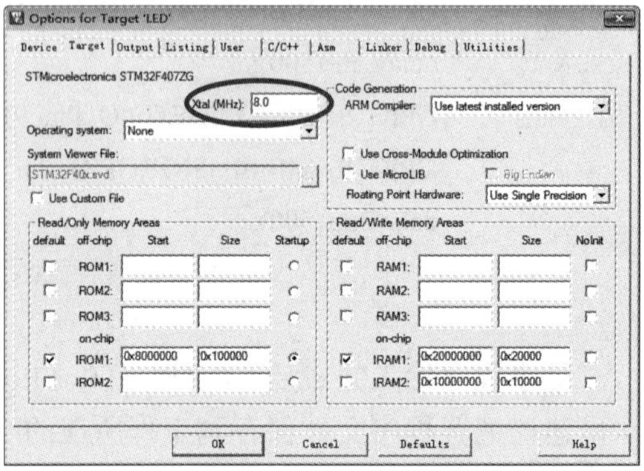

图 7.1.45　设置 CPU 晶振

设置输出文件：在 Output 选项卡中选中 Create HEX File，以便在编译后生成可单独下载的.HEX 文件，如图 7.1.46 所示。

设置编译预处理符号及头文件路径：在 C/C++选项卡的 Define 框中输入“STM32F40_41xxx,USE_STDPERIPH_DRIVER”，如图 7.1.47 所示，并在 Include Paths 框中输入“.\inc”(如果需要添加多个路径需用“;”分隔，也可单击右侧的…按钮以更便捷的方式添加)。

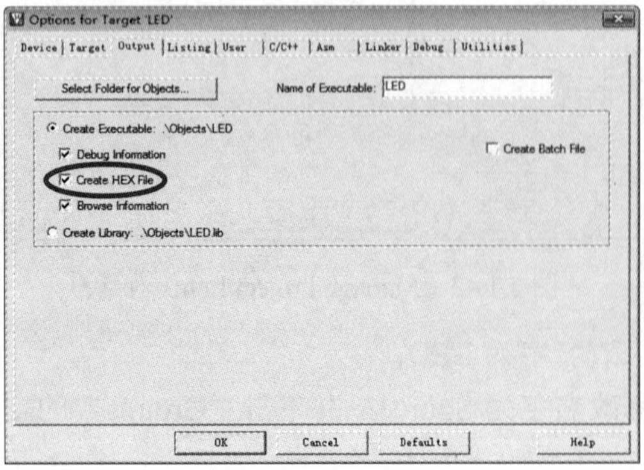

图 7.1.46　设置输出文件

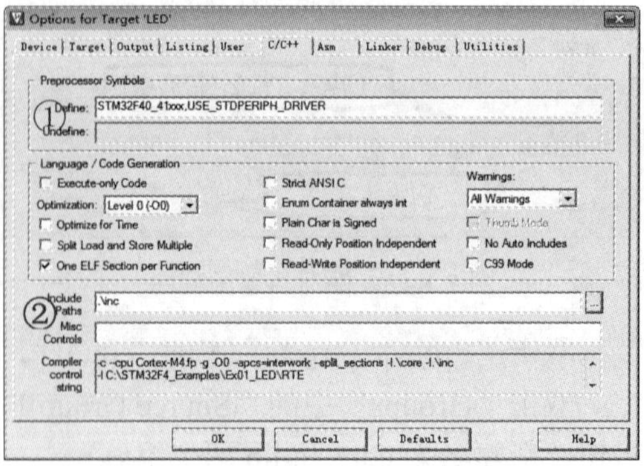

图 7.1.47　设置编译预处理符号及头文件路径

设置 Debug 参数：在 Debug 选项卡中左侧为软件模拟调试选项，右侧为硬件联机调试选项。单击右侧的“Use”并将仿真器设置为 J-LINK / J-TRACE Cortex，勾选 Run to main() 以便从 main()函数开始调试，最后单击“Settings”进行仿真器设置，如图 7.1.48 所示。

在仿真器设置对话框，如图 7.1.49 所示，因板载 J-LINK 仿真器(J-LINK On Board，即 J-LINK OB)采用 SWD 接口，需要设置 ort 为 SW。

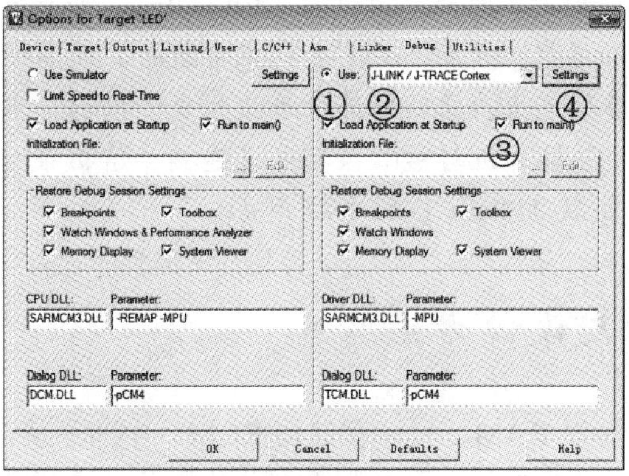

图 7.1.48　设置 Debug 参数

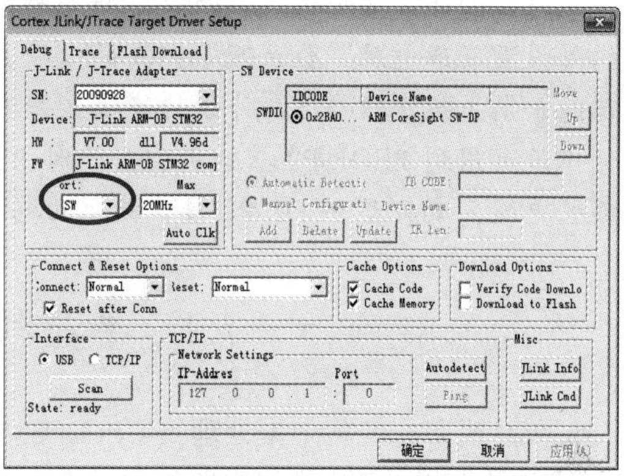

图 7.1.49　仿真器设置对话框

(7) 编译工程。单击 Project→Build target 菜单项(或单击工具栏按钮)，将在 Build Output 窗口显示编译信息，当显示 0 Error(s), 0 Warning(s)时(出现的警告有时可以忽略)表示程序已通过编译并生成了代码，可以进行调试或固化，如图 7.1.50 所示。

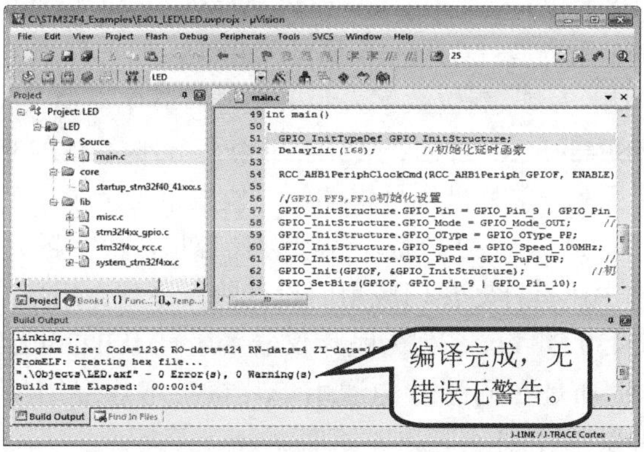

图 7.1.50　编译后 Build Output 窗口输出的信息

(8) 设备通电。在实验装置断电的状态下，将 STM32F407 嵌入式核心板正确安装在底板上，并将 STM32F407 嵌入式核心板 CPU 左下角的调试器选择开关拨至“内部”(板载 J-LINK)，再将下方的 BOOT0、BOOT1 开关拨至下方(从 FLASH 启动，如表 7.1.2 所示)。

确保 STM32F407 嵌入式核心板左上角的电源开关拨至右侧(ON 位置)，打开实验装置工位下方的总开关(向上拨至 ON 位置)，此时 STM32F407 嵌入式核心板左上角的红色电源指示灯应点亮，表示设备已正常通电。

表 7.1.2　STM32 启动模式

BOOT0	BOOT1	启动模式	说　明
0	X	用户闪存	即从片内 FLASH 启动
1	0	系统存储器	从系统存储器启动，用于串口下载
1	1	SRAM	从 SRAM 启动，用于在 SRAM 中调试代码

特别说明： 核心板左侧的双排插座为接口扩展及二次开发用，与 GPIO 相连，若所连的外设没有通电时，会拉低 GPIO 的电平，增加功耗，干扰 STM32 的正常运行，所以使用时，须先拆除核心板与外设的连线；若不便拆除连线，需给所连的外设供电。例如，本例中没有用到 PEDISP2 接口板，若此时 PEDISP2 接口板与核心板有电缆连接，请拆除所连的电缆，或打开 PEDISP2 接口板上的电源开关及 TFT-LCD 的电源开关。

7.2　单片机开发设计方法

单片机芯片是将中央处理器 CPU、随机存储器 RAM、只读存储器 ROM、中断系统、定时/计数器以及 I/O 端口电路等集成在一块芯片上。单片机系统则是在单片机芯片的基础上通过扩展其他电路或芯片构成的具有一定应用功能的计算机系统。根据 CPU 一次数据运算和数据传送的位数，单片机可分为 4 位机、8 位机、16 位机、32 位机。例如，MCS 系列有：MCS-48 系列(4 位)、MCS-51 系列(8 位)、MCS-96 系列(16 位)。Motorola 系列有：68HC05，68HC08(8 位)；TOSHIBA 系列有：TLCS-470(4 位)、TLCS-870(8 位)。HITACHI 系列有：H400(4 位)、H8(8 位)。ATMEL 系列有：AT89C51 和 AT89C2051。Philips 系列有：P89C51RD2。SIEMENS 系列有：C166(16 位)、C500(8 位)。TI 公司的 MSP430 各系列有 200 多种型号，该公司用 3 或 4 位数字表示其型号。其中，第一位数字表示大系列，如 MSP430F1xx 系列、MSP430F2xx 系列、MSP430F4xx 系列、MSP430F5xx 系列等；在每个大系列中，又分若干子系列，单片机型号中的第二位数字表示子系列号，一般子系列越大，所包含的功能模块越多；最后 1～2 位数字表示存储容量，数字越大，则 RAM 和 ROM 容量越大。MSP430 家族中还有针对热门应用而设计的一系列专用单片机，如 SP430FW4xx 系列为水表专用、MSP430 FG4xx 系列为医疗仪器专用、MSP430FE4xx 系列为电能计量专用等，这些专用单片机都是在同型号的通用单片机上增加专用模块而构成的。最新的 MSP430 型号列表，可以通过 TI 公司网站下载。

单片机应用系统结构一般特点是体积小、重量轻、功耗低、功能强、性价比高。可嵌入各种设备中组成以之为核心的嵌入式系统。它的运行速度快、抗干扰能力强、可靠性高、结构灵活，广泛应用于智能仪表、机电一体化、实时控制、分布式多机系统、家用电器等领域。

下面以 51 系列和 MSP430 系列单片机为例，阐述单片机开发设计方法。

7.2.1　8051 单片机资源与开发环境

1. 8051 单片机资源

1) 单片机内部结构与组成

单片机内部结构框图，如图 7.2.1 所示，包括以下几个模块：

(1) 运算器。运算器用于实现算术和逻辑运算，包括 ALU(算术和逻辑单元)、ACC(累加器)、PSW(程序状态字)、寄存器 B、暂存器 1 和暂存器 2。

(2) 控制器。控制器是用于控制单片机程序运行和协调各部件正常工作的“指挥中心”，包括 PC(程序计数器)、PC+1 计数器、指令寄存器、指令译码器和时序及控制电路。

(3) 内部数据存储器。内部数据存储器分为内部 128 字节的 RAM(针对 MCS-51 单片机)和内部 256 字节的 RAM(针对 MCS-52 单片机)。

(4) 内部程序存储器。内部程序存储器分为早期版本的 MCS-51 无内部程序存储器和扩展型 MCS-51 片内包含容量不等(1K～64K)的程序存储器。内部程序存储器的种类包括 ROM、EPROM、Flash 等。

8051 单片机存储器结构及其配置如图 7.2.2 所示。

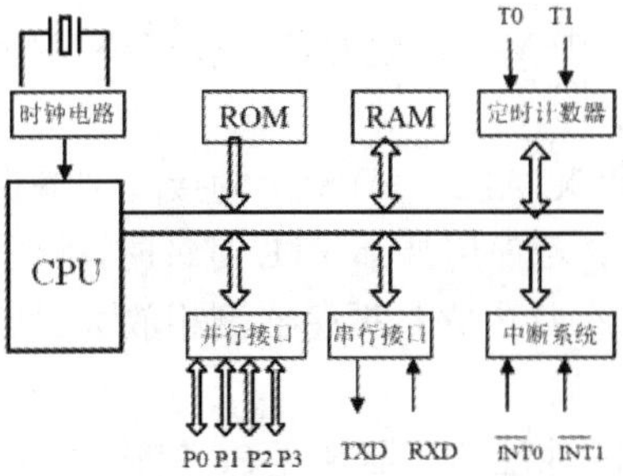

图 7.2.1　单片机内部结构框图

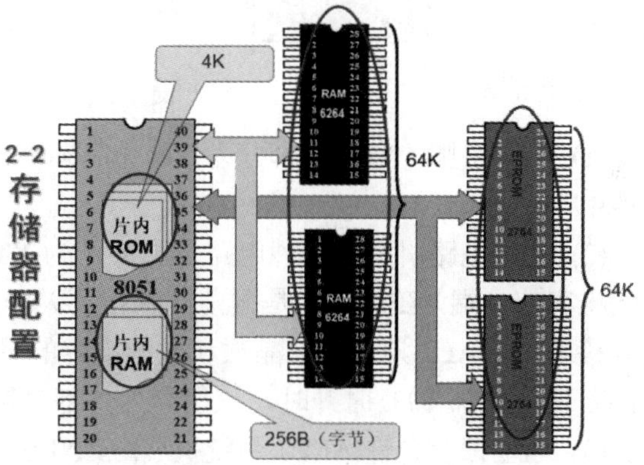

图 7.2.2　存储器结构与配置

(5) 并行 I/O 端口。MCS-51 单片机有四个 8 位并行 I/O 端口 P0～P3，这些端口既可按字节操作也可按位操作。P0 口可复用为数据总线和低 8 位地址总线，P2 口可作为地址总线的高 8 位，P3 口为多功能口，可作为串行口、中断输入及计数器的外部输入/输出。

(6) 定时器/计数器。51 单片机内部有两个 16 位定时器/计数器 T0 和 T1，52 单片机内部增加了一个 16 位定时器/计数器 T2。

(7) 串行通信接口。51 单片机内部有一个全双工的 UART(通用串行收发器)，可设置为多种工作模式。

(8) 中断控制系统。51 单片机内部有五个中断源，可分为两个中断优先级。

(9) 时钟电路。51 单片机内部振荡电路配合外部晶振或外部输入的时钟信号，可产生时钟脉冲序列，控制 CPU 内部逻辑电路运行。

除了 8 位 CPU 外，MCS-51 内部还具备一个很强的位处理器，它实际上是一个完整的 1 位字长的计算机。该位处理器包含完整的 1 位 CPU，1 位 RAM、1 位寻址寄存器、I/O 端口控制和指令集。从严格的意义上说，51 是由 8 位 CPU 和 1 位 CPU 构成的双 CPU 单片机。

2) 8051 单片机封装、引脚功能

8051 单片机封装与引脚功能，如图 7.2.3 所示。

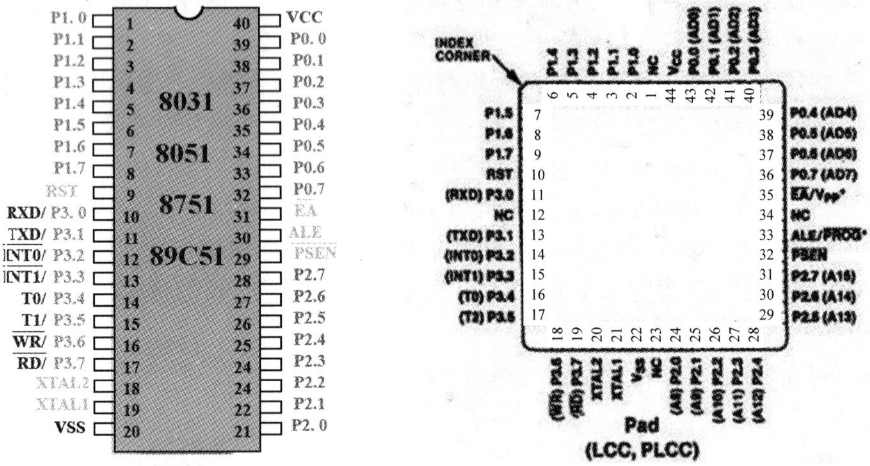

图 7.2.3　单片机封装

(1) 电源引脚。电源引脚分为 Vcc 和 Vss(GND)，其中 Vcc 为电源端，接+5V；Vss 为接地端。

(2) 时钟电路引脚。时钟电路引脚分别为 XTAL1 和 XTAL2。XTAL1 为接外部晶振和微调电容的一端，在片内它是振荡器倒相放大器的输入，若使用外部 TTL 时钟时，该引脚必须接地。XTAL2 为接外部晶振和微调电容的另一端，在片内它是振荡器倒相放大器的输出，若使用外部 TTL 时钟时，该引脚为外部时钟的输入端。

(3) 地址锁存允许 ALE。系统扩展时，ALE 用于控制地址锁存器锁存 P0 口输出的低 8 位地址，从而实现数据与低位地址的复用。

(4) 外部程序存储器读选通信号 PSEN，在低电平时有效。

(5) 程序存储器地址允许输入端 EA/VPP。当 EA 为高电平时，CPU 执行片内程序存储器指令；当 PC 中的值超过 0FFFH 时，将自动转向执行片外程序存储器指令；当 EA 为低电平时，CPU 只执行片外程序存储器指令。

(6) 复位信号 RST。复位信号 RST 在高电平有效，在输入端保持两个机器周期的高电平后，就可以完成复位操作。

(7) 输入/输出端口引脚。输入/输出端口引脚有 P0，P1，P2 和 P3。

3) 指令系统

8051 和 MCS-51 系列中的其他型号一样使用 MCS-51 指令集。

MCS-51 指令系统包括 111 条指令。其中，单字节指令 49 条、双字节指令 45 条、三字节指令 17 条。按功能分为四大类：数据传送类、逻辑操作类、算术操作类、控制转移类。

(1) 数据传送类。数据传送指令可以进行数据传送和数据交换。存放操作数的空间有片内存储器和片外存储器，数据传送指令把立即数或存放在这些空间中的数据传到另一个空间。数据传送指令包括通用传送类、累加器传送类、目标地址传送类。

(2) 算术操作类。算术操作类包括加、减、乘、除四种指令。

(3) 逻辑操作类。逻辑操作类包括单操作数指令和双操作数指令两类。单操作数指令中的操作数是累加器或任何可直接寻址位，包括清零、置位、求反、移位、半字节交换等；双操作数指令包含逻辑与、逻辑或、逻辑异或指令 3 种。

(4) 控制转移类。控制转移类包括无条件/有条件转移指令、比较转移指令、调用与断返回指令、位转移指令等。

4) 单片机时序

MCS-51 单片机有固定的机器周期。一个机器周期有六个状态，分别用 S1～S6 表示，一个状态包含两个节拍，因此，一个机器周期就有 12 个节拍，可以记为 S1P1、S1P2……S6P1、S6P2。一个节拍为一个时钟周期，故一个机器周期包含 12 个时钟周期(振荡脉冲)，如图 7.2.4 所示。若使用 6 MHz 的时钟频率，一个机器周期是 2μs；若使用 12MHz 的时钟频率，一个机器周期是 1μs。

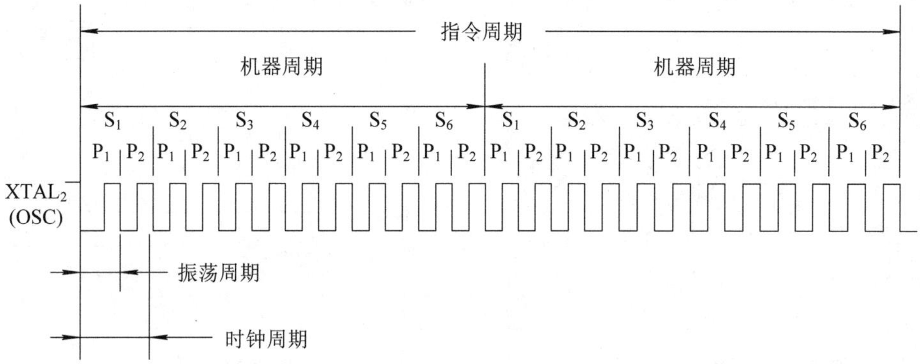

图 7.2.4　各种周期的相互关系

(1) 振荡周期。振荡周期是为单片机提供时钟信号的振荡源的周期，也称节拍。

(2) 时钟周期。时钟周期是振荡源信号经二分频后形成的时钟脉冲信号，为振荡周期的 2 倍，也称状态。

(3) 机器周期。机器周期是完成一个基本操作所需的时间，通常为 12 个振荡周期。

(4) 指令周期。指令周期是指 CPU 执行一条指令所需要的时间，一个指令周期通常含有 1～4 个机器周期。

2. MCS51 单片机开发环境

MCS51 单片机集成开发环境为 Keil C51 系统。

1) Keil C51 安装步骤

(1) 运行 Keil C51 安装程序(双击“c51v950a.exe”)，开始进入安装向导，如图 7.2.5 所示，单击“Next”按钮。

(2) 在 License 界面选中“I agree to all the terms of the preceding License Agreement”，如图 7.2.6 所示，单击“Next”按钮。

(3) 确定安装路径后，单击“Next”按钮，如图 7.2.7 所示。

(4) 按照安装程序要求填写用户信息，所有信息均为必填项，如图 7.2.8 所示。

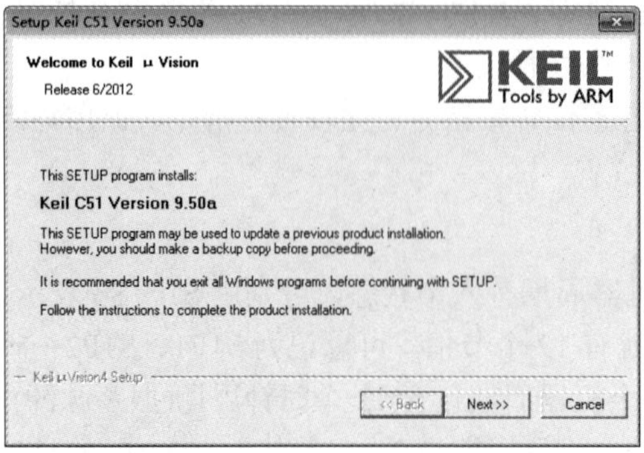

图 7.2.5　进入 Keil C51 安装向导

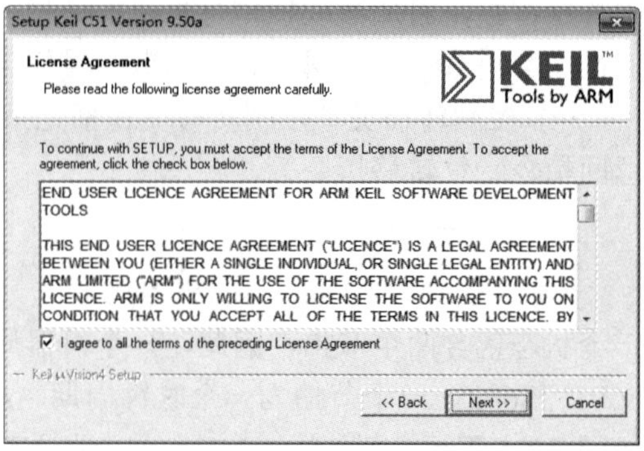

图 7.2.6　安装向导的 License 界面

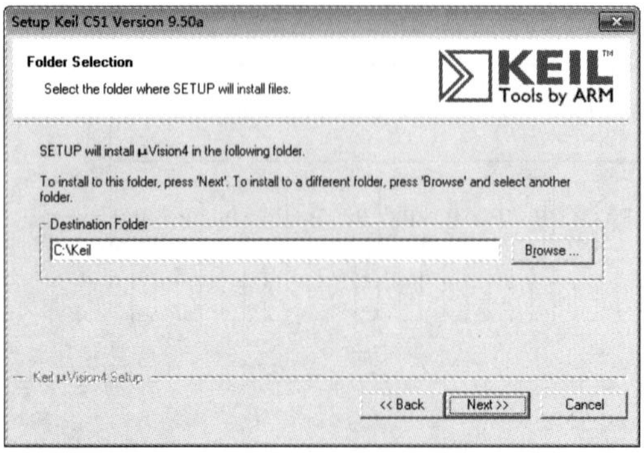

图 7.2.7　设置安装路径

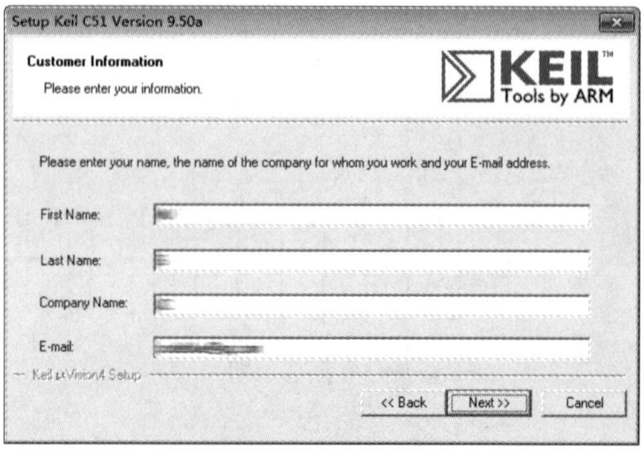

图 7.2.8　填写用户信息

(5) 用户信息填写完毕后，单击“Next”按钮开始安装，如图 7.2.9 所示。

(6) 安装完成后显示界面，如图 7.2.10 所示，对话框内有两个复选框，分别是显示软件发行说明和添加一个 example 工程到最近使用的工程列表，这里都不选中，单击“Finish”按钮完成安装。

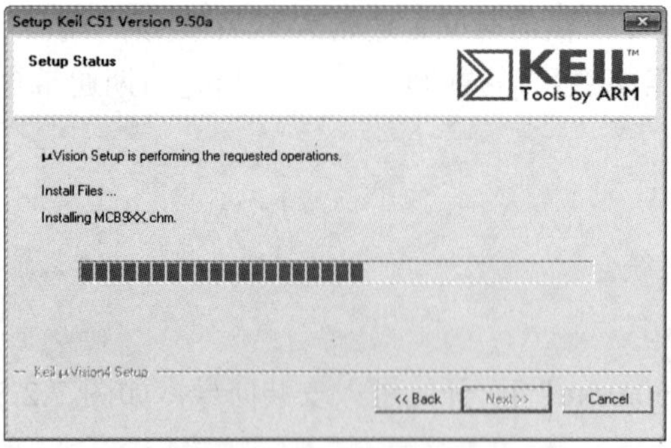

图 7.2.9　软件正在安装

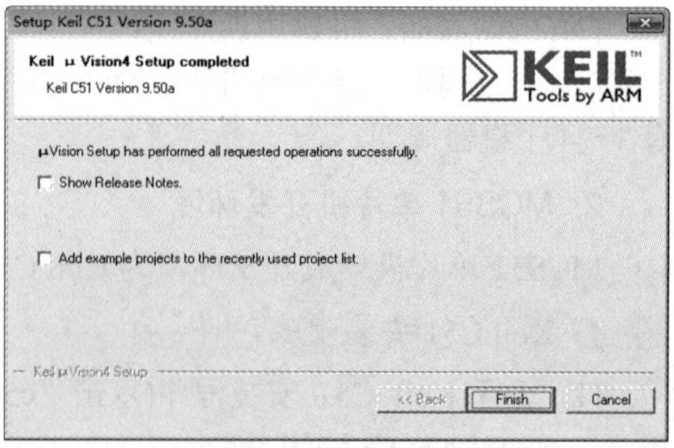

图 7.2.10　安装完成

2) 安装 USB 虚拟串口驱动程序

(1) 系统采用 CP2102 作为 Monitor-51 仿真监控与 Keil 联机调试的 USB 虚拟串口芯片，初次安装驱动程序须断开设备的 USB 连接或关闭核心板电源。CP2102 的驱动程序有 32 位和 64 位之分，在 32 位系统上运行 CP210xVCPInstaller_x86.exe，在 64 位系统上运行 CP210xVCPInstaller_x64.exe，运行安装程序后进入“欢迎”对话框，如图 7.2.11 所示。

(2) 在“欢迎”对话框中单击下一步按钮，显示“许可协议”对话框，如图 7.2.12 所示。在这里单击“我接受这个协议”单选框。

图 7.2.11　准备安装 USB 虚拟串口驱动程序

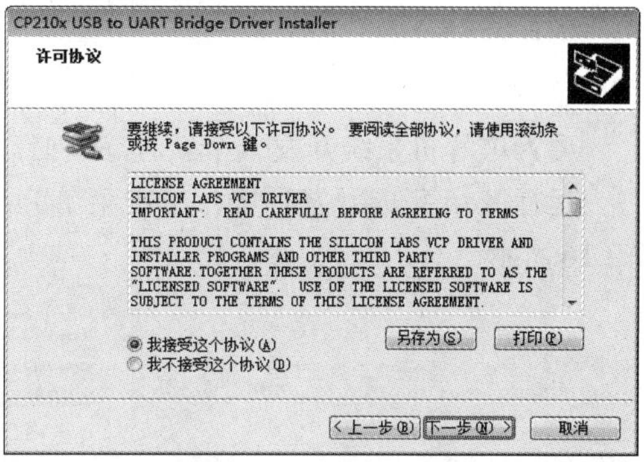

图 7.2.12　许可协议对话框

(3) 在许可协议对话框单击“下一步”即开始安装，如图 7.2.13 所示。

(4) 安装结束后显示完成信息，如图 7.2.14 所示，单击“完成”按钮可结束安装。

图 7.2.13　正在安装 CP2102 驱动程序

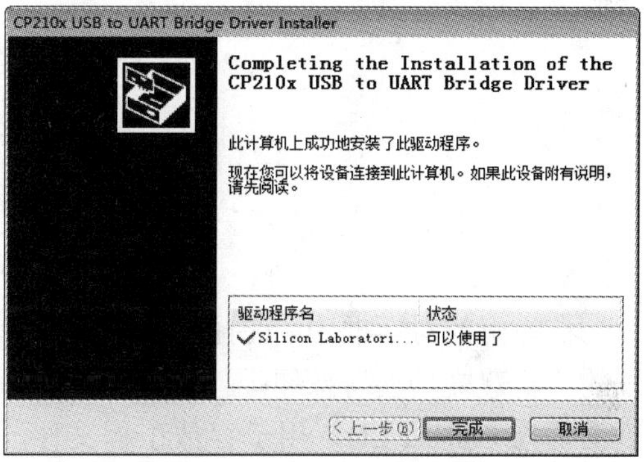

图 7.2.14　完成安装

(5) 此时，用 USB 电缆连接核心板并打开其电源，Windows 系统发现新硬件并为其适配驱动程序，可在 Windows 设备管理器的“端口”下看到新安装的串口，如图 7.2.15 所示。本例中 CP2102 虚拟的串口是 COM3(串口号不固定，视计算机软硬件环境而定)。

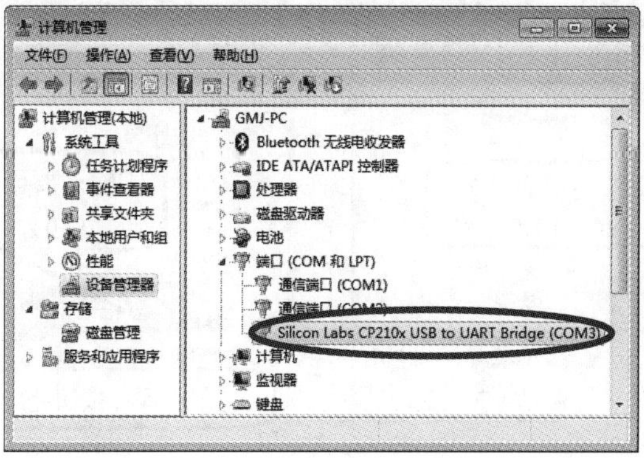

图 7.2.15　设备管理器的新端口

至此，MCS51 单片机开发环境已建立完毕。

3. Keil C51 软件的基本操作

现将 1 位 I/O 端口连接到一个发光二极管，循环取反该 I/O 端口的电平状态，实现发光二极管的循环闪烁。

1) 新建工程

要为单片机系统开发一个新程序，必须先新建一个工程。

运行 Keil 集成开发环境，单击菜单 Project→New μVision Project…建立新工程，如图 7.2.16 所示。

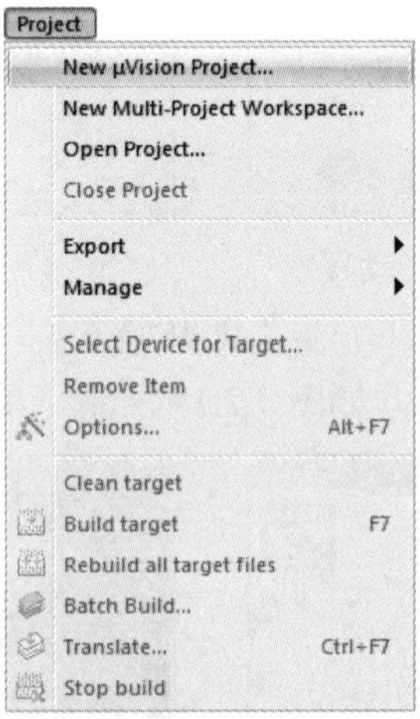

图 7.2.16　Keil 的 Project 菜单

在弹出的对话框中，选择工程存放路径(本例中为 C:\C51_Examples)，再单击对话框上方的“新建文件夹”按钮(因 Windows 版本而异，如 XP 系统为按钮)新建一个文件夹并重命名为 Ex01_LED，用于存放工程文件，如图 7.2.17 所示。

进入刚创建的 Ex01_LED 文件夹，如图 7.2.18 所示，在“文件名”输入框中输入工程文件名“LED” (可缺省后缀)，单击“保存”按钮，新工程文件 C:\C51_Examples\Ex01_LED\LED.uvproj 创建完成。

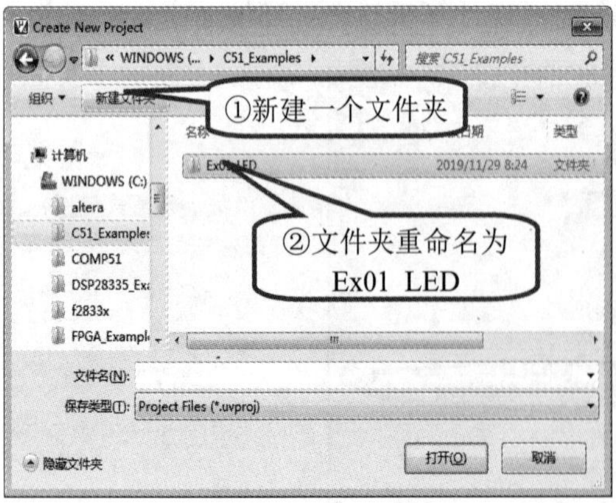

图 7.2.17　新建工程对话框

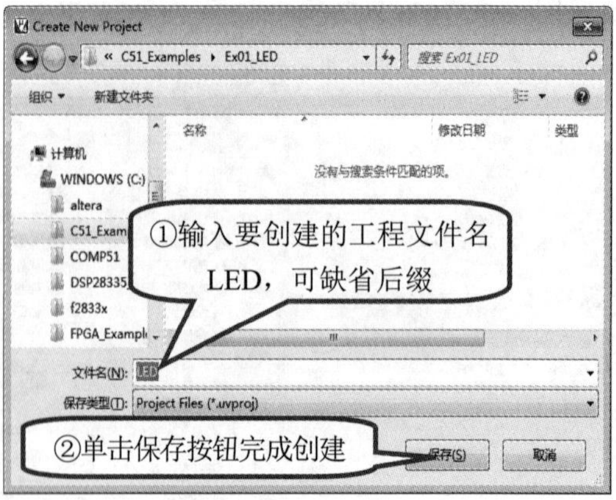

图 7.2.18　在新建工程对话框中输入工程名

Keil C51 弹出目标 CPU 设置对话框，如图 7.2.19 所示，可以选择要仿真的单片机品牌和型号，在这里要仿真调试 AT89C52 单片机，选择“ATMEL”下的“AT89C52”，并单击“OK”按钮。

接着，Keil C51 询问是否添加启动代码，如图 7.2.20 所示。如果选择“是”，Keil 会从库文件中拷贝 STARTUP.A51 到当前的工程路径并添加到工程；而如果选择了“否”，Keil 在编译用户程序时也会使用库里的默认启动代码。通常情况下，在编写 C51 程序时不会修改这个启动代码，因此本例中选择“否”，即 STARTUP.A51 不被添加到工程。

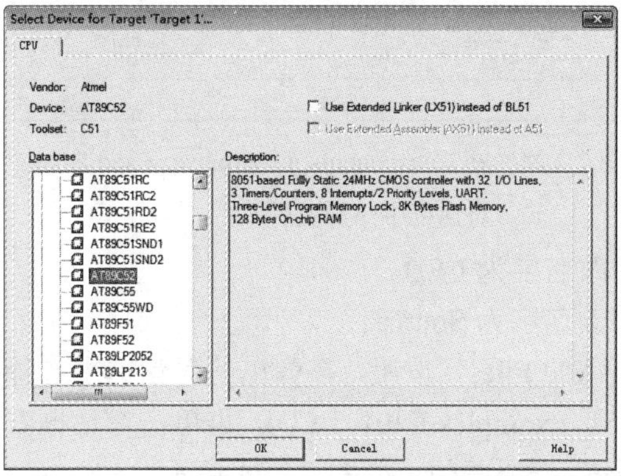

图 7.2.19　目标 CPU 设置对话框

图 7.2.20　添加启动代码对话框

工程创建完毕后，在界面左侧(Keil 默认位置)的 Project 窗口中包含了一个缺省的目标“Target 1”和源程序组“Source Group 1”，如图 7.2.21 所示。

单击主菜单 File→New…(或单击工具栏按钮)会出现一个空白窗口，用来输入源程序，如图 7.2.22 所示。

程序代码输入完成后，单击主菜单 File→Save As…另存源程序，可以选择保存的路径，这里建议把源程序文件保存到工程所在的文件夹(本例中工程的路径是 C:\C51_Examples\Ex01_LED)，输入文件名 main.c，再单击“保存”，如图 7.2.22 所示。

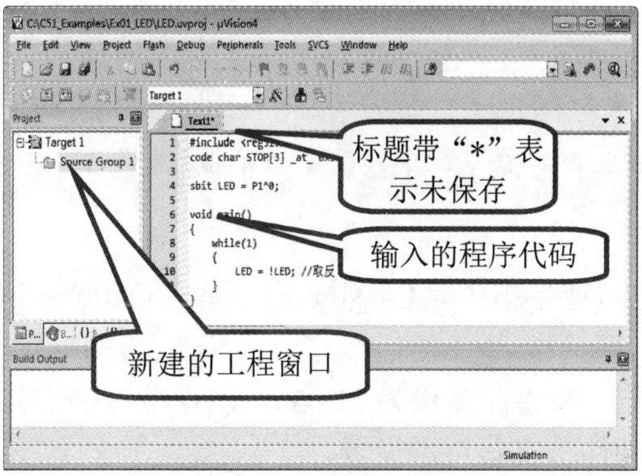

图 7.2.21　在工程中新建文件并输入程序代码

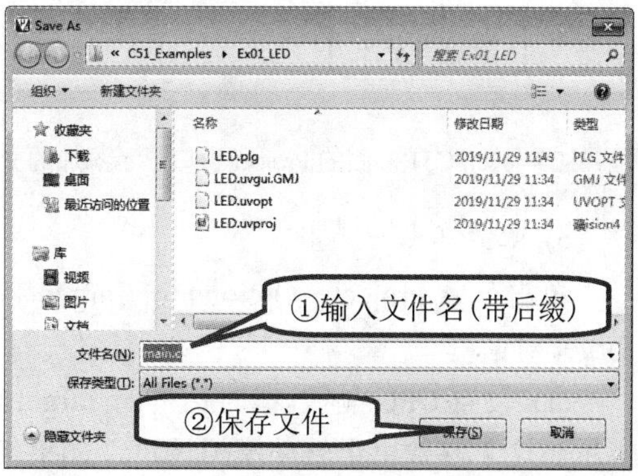

图 7.2.22　保存新建源程序

2) 管理工程

单击主菜单 Project→Manage→Components→Environment→Books…(或单击工具栏按钮)弹出对话框，如图 7.2.23 所示。

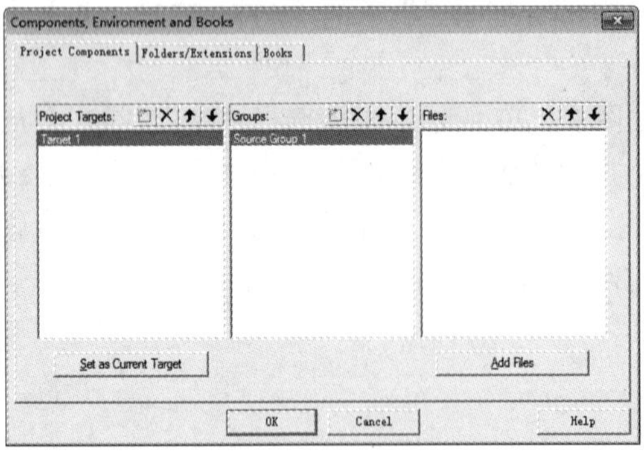

图 7.2.23　Components, Environment and Books 对话框

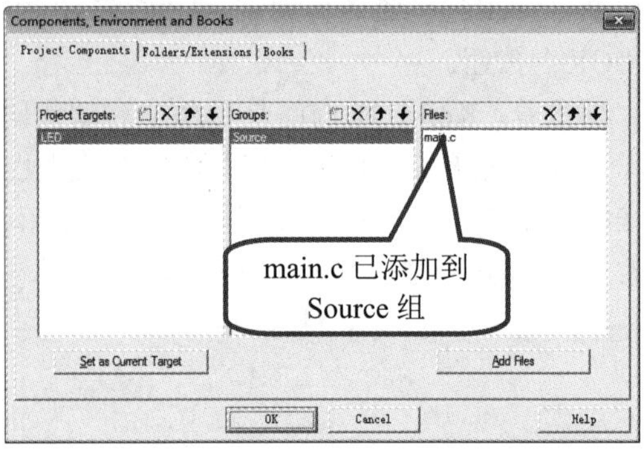

图 7.2.24　在 Components, Environment and Books 对话框中添加文件

双击“Project Targets”中的“Target 1”，修改名字为 LED。

双击“Groups”中的“Source Group 1”，修改名字为 Source。

单击“Source”选中，然后在 Files 中单击“Add Files”按钮，在弹出的对话框中选择刚才保存的源程序文件 main.c(文件路径在 C:\C51_Examples\Ex01_LED)，再单击对话框右下角的“Add Files”按钮添加，最后单击“Close”按钮关闭，如图 7.2.24 所示。

现在可以看到 main.c 已经被添加到工程了，如图 7.2.25 所示，单击对话框“OK”按钮。

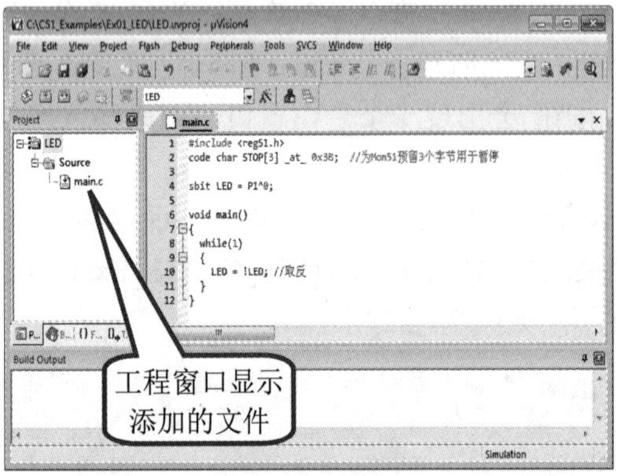

图 7.2.25　Keil C51 左侧的 Project 窗口显示添加的文件

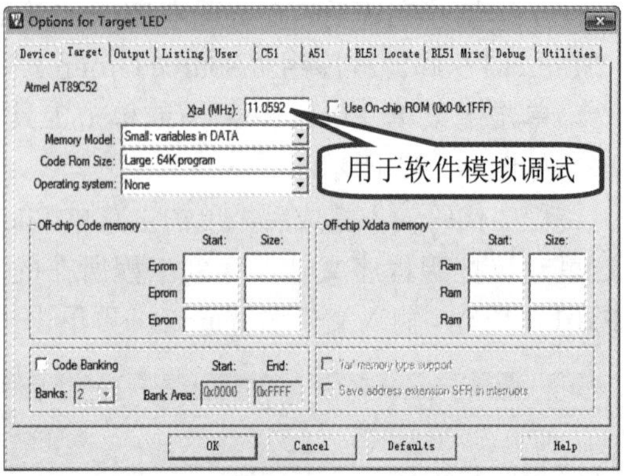

图 7.2.26　设置 CPU 晶振

3) 配置工程

单击菜单 Project→Options for Target ‘LED’…(或单击工具栏按钮)，弹出 Options for Target 对话框。

(1) 设置 CPU 晶振。在对话框的 Target 选项卡中，将晶振设为 11.0592 MHz，如图 7.2.26 所示。这个参数用于软件模拟调试，如果使用硬件仿真器可不设置。

(2) 设置输出文件。在 Output 选项卡中，选中“Create HEX File”，以便在编译后生成可单独下载的.HEX 文件，如图 7.2.27 所示。

(3) 设置 Debug 参数。在 Debug 选项卡中左侧为软件模拟调试选项，右侧为硬件联机调试选项。单击右侧的“Use”并将仿真器设置为 Keil Monitor-51 Driver，勾选“Run to main()”以便从 main()函数开始调试，最后单击“Settings”进行仿真器设置，如图 7.2.28 所示。

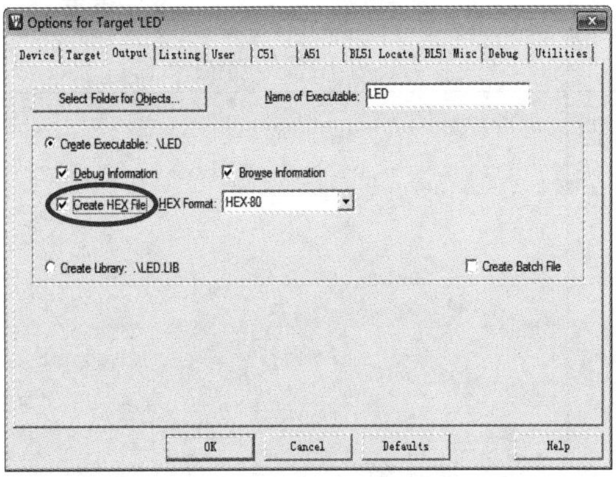

图 7.2.27 设置输出文件

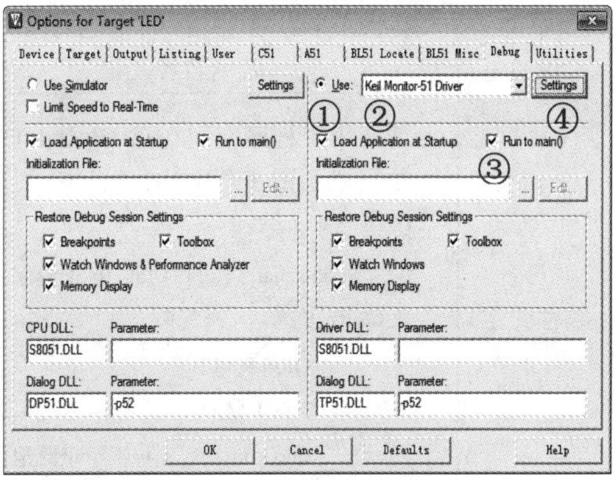

图 7.2.28 设置 Debug 参数

(4) 在仿真器设置对话框，如图 7.2.29 所示，需要设置串口号(串口号由 CP2102 虚拟串口驱动程序生成，这里使用 COM3)、波特率(设置为 Keil 最高的 115200)，并勾选“Serial Interrupt”启用暂停功能。启用暂停功能信息，如表 7.2.1 所示。

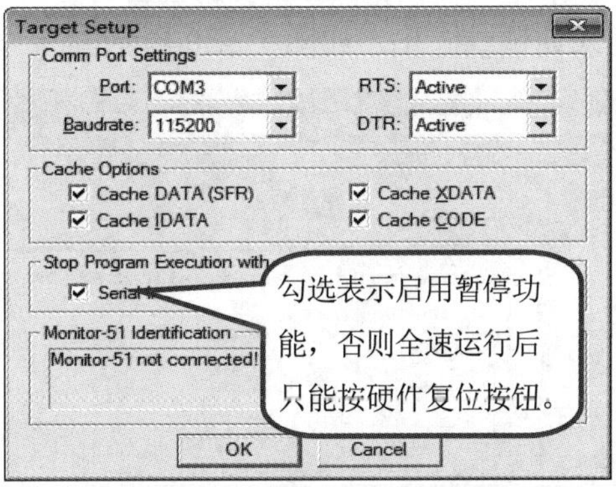

图 7.2.29 仿真器设置对话框

表 7.2.1 启用暂停功能

说明	启用暂停功能	不用暂停功能
选项设置	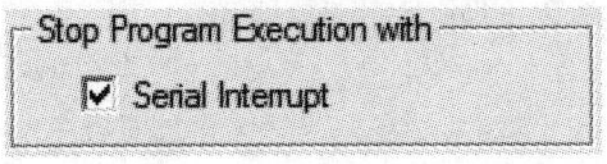	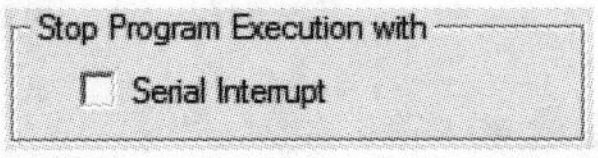
暂停方法	全速运行后核心板的 BUSY 指示灯闪烁，可随时单击工具栏的停止运行。	全速运行后只能按硬件复位按钮停止运行，等待工具栏呈灰色时再单击重新通信。
通信错误	无	未按上述的暂停方法导致通信错误：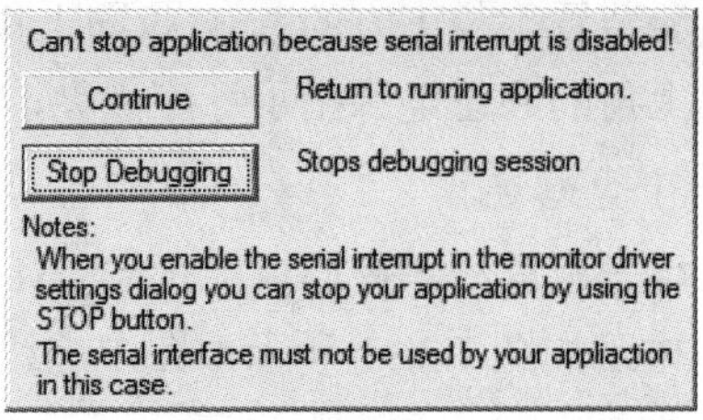

续表

说明	启用暂停功能	不用暂停功能
编程约定	需在用户程序空间 0x003B~0x003D 地址为仿真器预留 3 个字节。 C 语言： code char STOP[3] _at_ 0x3B; 汇编语言： ORG 0000H AJMP MAIN ORG 0040H ;建议不小于此地址 MAIN: ;--主程序开始	无

4) 编译工程

单击 Project→Build target 菜单项(或单击工具栏按钮)，将在 Build Output 窗口显示编译信息，当显示 0 Error(s), 0 Warning(s)时(出现的警告有时可以忽略)表示程序已通过编译并生成代码了，可以进入调试或固化，如图 7.2.30 所示。

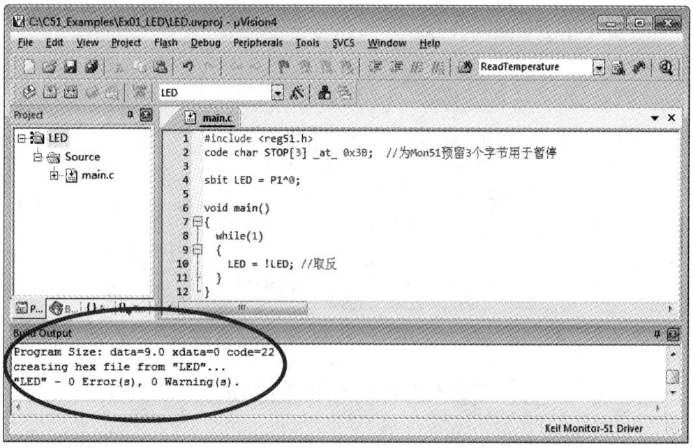

图 7.2.30　编译后 Build Output 窗口输出的信息

5) 设备通电

在实验装置断电状态下，将 51/430 单片机核心板、PEIO 接口板正确安装在底板上，并将 51/430 单片机核心板左侧的 3 挡拨动开关拨至“C51 系统”位置、PEIO 接口板右上角的高电平切换开关拨至左侧(5V 位置)。

确保 51/430 单片机核心板、PEIO 接口板左上角的电源开关拨至右侧(ON 位置)后，打开实验装置工位下方的总开关(向上拨至 ON 位置)，此时 51/430 单片机核心板、PEIO 接口板左上角的红色电源指示灯应点亮，表示设备已正常通电。

6) 电路连接

用一根导线将核心板上 MCS-51 单片机的 P1.0 连接到 PEIO 接口板上的发光二极管 L0，电路如图 7.2.31 所示，图中虚线为需要连接的线。

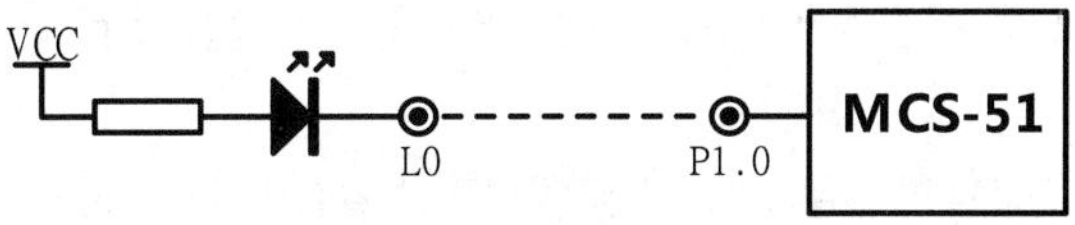

图 7.2.31　实验电路

7) 装载程序并进入调试状态

单击工具栏按钮(或单击菜单 Debug→Start→Stop Debug Session，从现在起建议用户优先使用工具栏命令)将刚才编译过的程序装载到单片机，并进入调试状态，如图 7.2.32 所示。

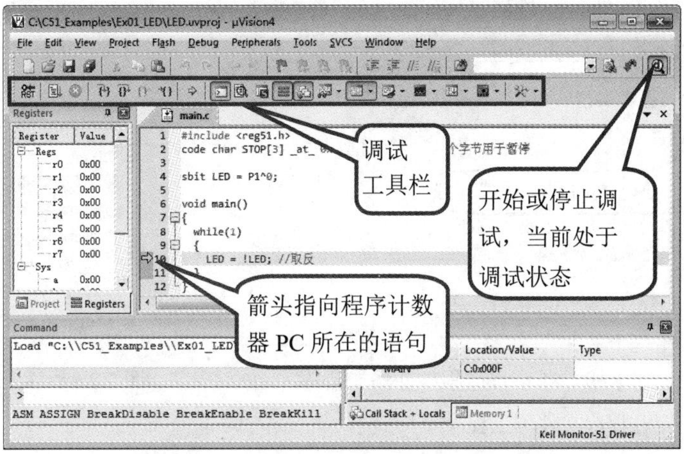

图 7.2.32　进入调试状态的 Keil C51 界面

若要观察程序运行的流程是否正确，需要使用单步、断点等调试手段。单步是逐语句运行的方式，有步入方式(遇调用函数或 CALL 指令时进入过程)和步越方式(遇调用函数或 CALL 指令时不进过程而直接运行到下一行)之分。

调试命令可在主菜单 Debug 下找到，但在实际应用中通常使用快捷工具栏命令以提高效率。工具栏上常用调试命令如下：

CPU 复位，使 CPU 回到初始状态以便再次运行程序。

全速运行，即开始运行用户程序，遇断点停止。

停止运行，停止正在运行的程序。

单步进入，逐语句运行程序，遇过程时进入。

单步跨越，逐语句运行程序，不进入过程，运行到过程后下一条语句。

单步跨出，当运行在某过程中时，可步出过程，运行到过程后下一条语句。

运行到光标行，该命令属于断点的一种。

在光标行添加或删除断点，也可单击行号左边的深色区域来实现。

现在将使用单步方式运行本例的程序。因单片机复位后所有的 I/O 端口都置为高电平，此时 P1.0 = 1，发光二极管熄灭。单击工具栏单步运行，运行一条当前 PC(Program Count，程序计数器)所在行的语句，而➪所指的是一条取反语句，使 P1.0 = 0，此时发光二极管点亮。

试着继续单步运行，程序在 while(1)中循环，能看到发光二极管不断被点亮和熄灭。而当尝试用全速运行时，并没有看到发光二极管的闪烁，这是因为单片机运行速度快导致发光二极管的闪烁时间短于人眼的视觉残留时间，在取反语句之后并没有作延时处理，所以用户似乎只看到了发光二极管常亮。

现在开始为程序增加延时功能。先单击停止运行程序，再单击工具栏退出调试状态，最后单击工具栏按钮新建一个空白文件以便添加延时函数代码。

在新文件窗口输入延时函数的声明和函数体，以 delay.c 文件名另存并添加到工程，在 main.c 中用 extern 关键字引用延时函数，并在主循环中调用延时函数，如图 7.2.33 所示。

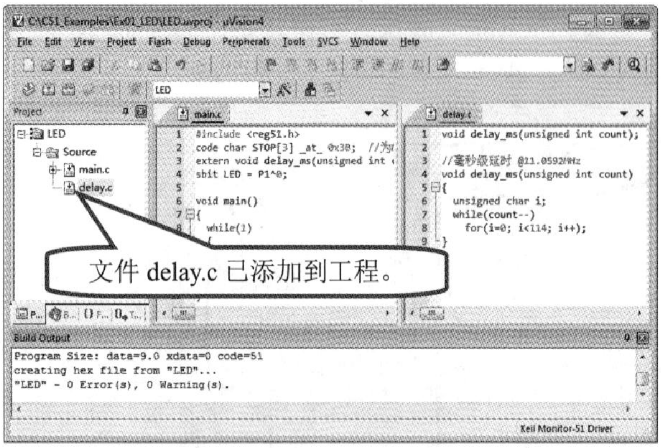

图 7.2.33　在 Keil C51 中修改程序并添加新的源程序文件到工程

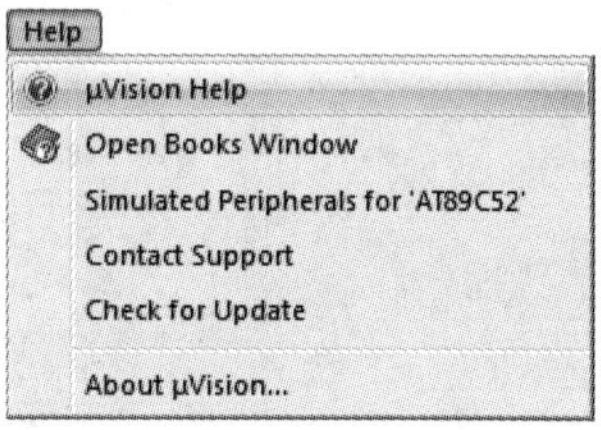

图 7.2.34　Keil 软件的帮助菜单

一个工程中可以有 1 个或多个源程序文件，虽然可以将所有的函数写到一个源程序文件中，但并不建议这样做，除非程序特别短或者功能单一。在大型项目的开发过程中，通常将一系列功能相关或相似的函数放在一个文件中。

关于新建文件、保存文件、添加文件到工程的详细方法，请参考前面相关内容。

单击对工程重新编译，如果没有语法错误再单击进入调试状态，使用开始全速运行，此时观察发光二极管，应在循环闪烁中。

当要停止运行时单击即可；退出调试时单击即可。

以上的程序运行均通过 Keil C51 环境来进行，若要使程序脱离 Keil C51 环境(脱机运行)，先将核心板下方的运行模式开关拨至“脱机”后，按下核心板 MCS-51 单片机的 RESET 按钮，在 BUSY 状态灯闪烁两次后开始全速运行刚刚下载的程序。

若要再次使用 Keil C51 环境仿真运行，将运行模式开关拨回至“仿真”再按 MCS-51 单片机的 RESET 按钮，在 BUSY 状态灯闪烁两次后进入监控状态，此时等待 Keil 软件的联机命令。

本例围绕 Keil C51 环境的操作，讲述了单片机的实验与开发步骤，在后续开发中要注重硬件的构建和编程思路，不再讲述 Keil 软件的操作。关于 Keil 的更多使用方法，请参考 Keil 软件的帮助菜单，如图 7.2.34 所示。

本例源程序路径为 C51_Examples\Ex01_LED。

7.2.2　MSP430 单片机资源与开发环境

MSP430Fxxx 系列也有很多，这里以 MSP430F2xx 系列为例，说明其资源情况。

1. MSP430F249 单片机资源

1) MSP430F24x 内部结构与组成

MSP430F24x 系列单片机功能结构如图 7.2.35 所示。MSP430 单片机的 CPU 为 16 位 RISC 精简指令集的处理器，只有 27 条正交汇编指令和 7 种寻址方式。RISC 处理器基本上是为高级语言所设计的，编译程序对正交指令系统很容易做到最优化，有利于产生高效紧凑的代码。MSP430 CPU 中集成了 16 个 16 位通用寄存器 R0～R15，其中 R0～R3 分别称为程序指针 PC(CPU 专用寄存器 R0，16 位，其值为偶数)、堆栈指针 SP(CPU 专用寄存器 R1，SP 指针为 16 位寄存器，其值也总是偶数的，为片内 RAM 的最高地址加一)、状态寄存器 SR(各引脚意义，如表 7.2.2 所示)和常数发生器 CG1/CG2。这些寄存器之间的操作只需要一个 CPU 周期。

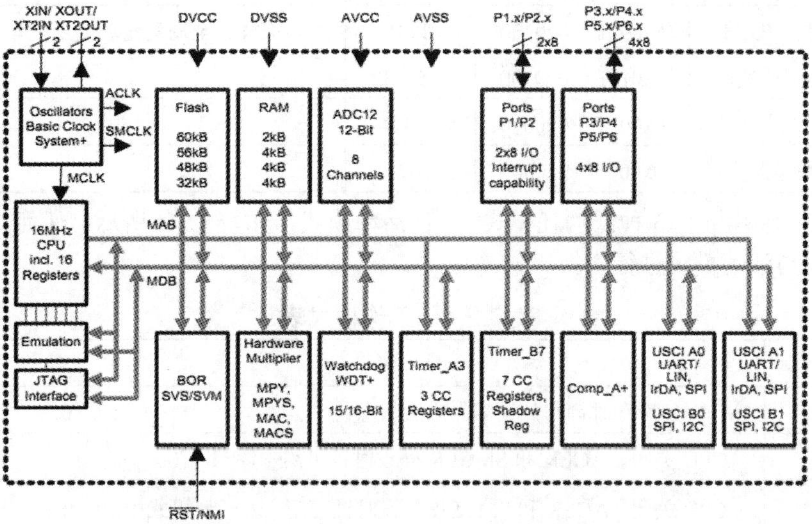

图 7.2.35　MSP430F24x 系列单片机功能结构

表 7.2.2　状态寄存器 SR

15～9	8	7	6	5	4	3	2	1	0
保留	V	SCG1	SCG0	OSCOFF	CPUOFF	GIE	N	Z	C

表 7.2.2 中，V 表示溢出标志，当算术运算结果超出有符号数范围时置位。SCG1 表示系统时钟控制位 1，在该位置位时关闭 SMCLK。SCG0 为系统时钟控制位 0，如果 DCO 未用作 MCLK 或 SMCLK，该位置位关闭 DCO。OSCOFF 为晶振控制位，如果 LFXT1 未用作 MCLK 或 SMCLK，该位置位关闭 LFXT1。CPUOFF 为 CPU 控制位，在该位置位时关闭 CPU。GIE 表示总中断允许位，该位置位时允许可屏蔽中断；复位时禁止所有的可屏蔽中断。N 为负数标志位，当运算结果为负时置位，否则复位。Z 为零标志位，当运算结果为零时置位，否则复位。C 为进位标志位，当运算结果产生进位时置位，否则复位。

MSP430 单片机采用冯 · 诺依曼结构，程序存储器 Flash、数据存储器 RAM、特殊功能寄存器以及中断向量全部映射到 64 kB 内部地址空间。MSP430 不同型号单片机地址空间略有不同，MSP430F249 的存储器结构如表 7.2.3 所示。

表 7.2.3 MSP430F249 存储器结构

名 称	地址范围	大小	功 能
中断向量	0xFFFF～0xFFC0	64 B	
程序存储区 Flash	0xFFC0～0x1100	约 60 kB	通过 JTAG、BSL 和 ISP 方式下载得到用户程序
信息存储区	0x10FF～0x1000	256 B	存放掉电后需要保存的变量，一般用来保存项目的设定值或量程转换参数
引导区	0x0FFF～0x0C00	1 kB	用户可以通过 UART 串口对 MSP430 单片机的程序存储器 Flash 或 RAM 区实现程序代码的写操作
数据存储区 RAM	0x09FF～0x0200	2 kB	为堆栈、全局变量和局部变量提供空间
16 位外围模块	0x01FF～0x0100	256 B	
8 位外围模块	0x00FF～0x0010	240 B	
特殊寄存器	0x000F～0x0000	16 B	

MSP430 单片机有 5 种低功耗模式，1 种活动模式，如表 7.2.4 所示。任何一种低功耗模式都必须与活动模式进行切换。

表 7.2.4 工作模式表

模式	说 明
活动模式	CPU、所有时钟与外设都为激活状态
LPM0	CPU 关闭、ACLK 和 SMCLK 外设时钟可用
LPM1	CPU 关闭、ACLK 和 SMCLK 外设时钟可用，若活动模式中 DCOCLK 未使用，则 DCO 发生器也禁止
LPM2	CPU 关闭、MCLK 和 SMCLK 禁止，DCO 发生器使能，ACLK 可用
LPM3	CPU 关闭、MCLK 和 SMCLK 禁止，DCO 发生器禁止，ACLK 可用
LPM4	CPU 关闭且禁用所有时钟

MSP430 外围模块经过 MAB、MDB、中断服务及请求线与 CPU 相连。MSP430 不同系列产品所包含外围模块的种类及数目可能不同，可以是时钟模块、看门狗、定时器 A、定时器 B、比较器 A、串口 0 与 1、硬件乘法器、液晶驱动器、模数转换、数模转换、端口、基本定时器、DMA 控制器、Flash 存储器模块、通用串行通信模块的异步模式、通用串行通信模块的同步模式、通用串行通信模块的 I^2C 模式等模块的组合。

2) MSP430F24x 的特点

MSP430F24x 的特点如下：

供电电压范围：1.8～3.6 V。

超低功耗：活动状态 270 μA(1 MHz，2.2 V)；待机模式 0.3 μA；关机模式 0.1 μA。

6 位 RISC 精简指令集处理器。

时钟系统：多种时钟源，可灵活使用。时钟频率达到 16 MHz，具有内部振荡器，可外接 32 kHz 低频晶振，外接时钟输入。

12 位 A/D 转换器，内部参考电压，采用保持电路。

16 位定时器 A，3 个捕获/比较寄存器。

16 位定时器 B，7 个捕获/比较寄存器。

4 个通用串口：USCI_A0 和 USCI_A1、USCI_B0 和 USCI_B1(I^2C、SPI)。

60 kB + 256 B 的 Flash 程序存储器，2 kB 的 RAM 数据存储器。

64 引脚 QFP 封装。

3) MSP430F249 的引脚功能

MSP430F249 单片机引脚图如图 7.2.36 所示，各引脚的功能描述如表 7.2.5 所示。

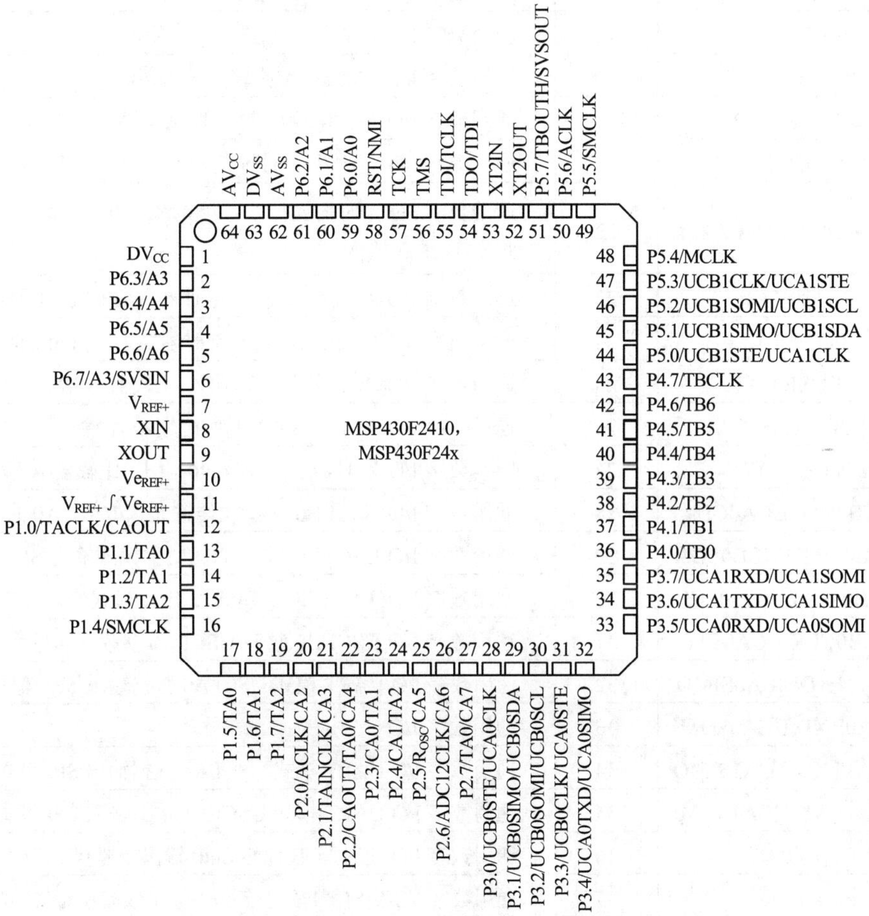

图 7.2.36　MSP430F249 单片机引脚图

表 7.2.5　MSP430F249 单片机引脚描述

引脚名称	引脚号	说　　明
AVCC	64	模拟电源正端，仅用于 ADC12 模块
AVSS	62	模拟电源负端，仅用于 ADC12 模块
DVCC	1	电源正端，1.8～3.6 V

续表一

引脚名称	引脚号	说　明
DVSS	63	电源负端
P1.0/TACLK/CAOUT	12	通用数字 I/O/定时器_A 时钟信号输入/比较器 A 输出
P1.1/TA0	13	通用数字 I/O/定时器_A 比较 out0 输出或捕获 CCI0A 输入/BSL
P1.2/TA1	14	通用数字 I/O/定时器_A 比较 out1 输出或捕获 CCI1A 输入
P1.3/TA2	15	通用数字 I/O/定时器_A 比较 out2 输出或捕获 CCI2A 输入
P1.4/SMCLK	16	通用数字 I/O/SMCLK 输出
P1.5/TA0	17	通用数字 I/O/定时器_A 比较 out0 输出
P1.6/TA1	18	通用数字 I/O/定时器_A 比较 out1 输出
P1.7/TA2	19	通用数字 I/O/定时器_A 比较 out2 输出
P2.0/ACLK/CA2	20	通用数字 I/O/ACLK 输出/比较器 A 输入
P2.1/TAINCLK/CA3	21	通用数字 I/O/定时器 A 时钟信号 INCLK/比较器 A 输入
P2.2/CAOUT/TA0/CA4	22	通用数字 I/O/定时器 A 捕获 CCI0B 输入/比较器 A 输出/BSL 接收/比较器 A 输入
P2.3/CA0/TA1	23	通用数字 I/O/比较器 A 输入/定时器 A 比较 out1 输出
P2.4/CA1/TA2	24	通用数字 I/O/比较器 A 输入/定时器 A 比较 out2 输出
P2.5/ROSE/CA5	25	通用数字 I/O/DCO 外部电阻输入/比较器 A 输入
P2.6/ADC12CLK/CA6	26	通用数字 I/O/ADC12 转换时钟/比较器 A 输入
P2.7/TA0/CA7	27	通用数字 I/O/定时器 A 比较 out0 输出//比较器 A 输入
P3.0/UCB0STE/UCA0CLK	28	通用数字 I/O/USCI B0 从模式传输允许/USCI A0 时钟
P3.1/UCB0SIMO/UCB0SDA	29	通用数字 I/O/USCI B0 从模式输入/主模式输出 SDA
P3.2/UCB0SOMI/UCB0SCL	30	通用数字 I/O/ USCI B0 从模式输出/主模式输入 SPI
P3.3/UCB0CLK/UCA0STE	31	通用数字 I/O/USCI B0 时钟/USCI A0 从模式传输允许
P3.4UCA0TXD/UCA0SIMO	32	通用数字 I/O/UART 模式 USCI A0 数据输出/SPI 模式 SIMO
P3.5/UCA0RXD/UCA0SOMI	33	通用数字 I/O
P3.6/UCA1TXD/UCA1SIMO	34	通用数字 I/O/UART 模式 USCI A1 数据输出/SPI 模式 SIMO
P3.7/UCA1RXD/UCA1SOMI	35	通用数字 I/O/UART 模式 USCI A1 数据输入/SPI 模式 SOMI
P4.0/TB0	36	通用数字 I/O/定时器_B 比较 out0 输出或捕获 CCI0A/B 输入
P4.1/TB1	37	通用数字 I/O/定时器_B 比较 out1 输出或捕获 CCI1A/B 输入
P4.2/TB2	38	通用数字 I/O/定时器_B 比较 out2 输出或捕获 CCI2A/B 输入
P4.3/TB3	39	通用数字 I/O/定时器_B 比较 out3 输出或捕获 CCI3A/B 输入
P4.4/TB4	40	通用数字 I/O/定时器_B 比较 out4 输出或捕获 CCI4A/B 输入
P4.5/TB5	41	通用数字 I/O/定时器_B 比较 out5 输出或捕获 CCI5A/B 输入
P4.6/TB6	42	通用数字 I/O/定时器_B 比较 out6 输出或捕获 CCI6A/B 输入
P4.7/TBCLK	43	通用数字 I/O/定时器 B 时钟输入

续表二

引脚名称	引脚号	说　　明
P5.0/UCB1STE/UCA1CLK	44	通用数字 I/O/USCI B1 从模式传输允许/USCI A1 时钟
P5.1/UCB1SIMO/UCB1SDA	45	通用数字 I/O/USCI B1 SPI 模式 SIMO/I2C 模式 SDA
P5.2/UCB1SOMI/UCA1SCL	46	通用数字 I/O/ USCI B1 SPI 模式 SOMI/I2C 模式 SCL
P5.3/UCB1CLK/UCA1STE	47	通用数字 I/O/USCI B1 时钟/USCI A1 从模式传输允许
P5.4/MCLK	48	通用数字 I/O/MCLK 输出
P5.5/SMCLK	49	通用数字 I/O/SMCLK 输出
P5.6/ACLK	50	通用数字 I/O/ACLK 输出
P5.7/TBOUTH/SVSOUT	51	通用数字 I/O/定时器 TB0～TB6PWM 输出高阻态选择位/SVS 比较器输出
P6.0/A0	59	通用数字 I/O/模拟量输入 A0
P6.1/A1	60	通用数字 I/O/模拟量输入 A1
P6.2/A2	61	通用数字 I/O/模拟量输入 A2
P6.3/A3	2	通用数字 I/O/模拟量输入 A3
P6.4/A4	3	通用数字 I/O/模拟量输入 A4
P6.5/A5	4	通用数字 I/O/模拟量输入 A5
P6.6/A6	5	通用数字 I/O/模拟量输入 A6
P6.7/A7/SVSIN	6	通用数字 I/O/模拟量输入 A7/SVS 输入
XT2OUT	52	晶振 XT2
XT2IN	53	晶振 XT2
RST/NMI	58	复位输入/非屏蔽中断输入
TCK	57	JTAG 口测试时钟
TDI/TCLK	55	JTAG 口测试数据输入/测试时钟输入
TDO/TDI	54	JTAG 口测试数据输出
TMS	56	JTAG 口测试模式选择
VEREF+	10	外部参考电压输入
VREF+	7	ADC12 参考电压正端输出
VREF-/VEREF-	11	参考电源负端
XIN	8	晶振 XT1
XOUT	9	晶振 XT1

4) MSP430 指令系统

MSP430 指令系统包括数据传送类指令、数据运算类指令、逻辑操作指令、位操作指令、跳转与程序流程的控制类指令。在 MSP430 开发环境中，可以进行汇编语言程序设计和 C 语言程序设计。有几种 C 编译器可以进行 MSP430 单片机程序开发，这些 C 编译器的基本功能大致相同，但在某些细节上还是有所区别的，因此当选择了某个 C 编译器后应该学习掌握相应的 C 编译器语言用法。

2. MSP430 的开发工具

在 MCU 项目开发过程中，有两个设备始终紧密地联系在一起，这两个设备一个是仿真器，一个是编程器。仿真器就是模仿单片机的功能；编程器就是把程序编写到单片机内部。目前在 MSP430 开发工具方面主要有仿真器、编程器、各类学习板、转接板、适配器等。

1) 仿真器、编程器

MSP430 无论是仿真还是烧写程序，一般都可以通过 JTAG、SBW、BSL 接口进行。

(1) JTAG 是利用边界扫描技术，在 MSP430 内部有逻辑接口供 JTAG 使用。JTAG 内部有若干个寄存器连接到 MSP430 内部数据地址总线上，所以可以访问到 MSP430 的所有资源，包括全地址 Flash、RAM 及各种寄存器；可以用于对 MSP430 的仿真和编程，除了主要连接线 TMS、TCK、TDI、TDO 以外，MSP430 还需要另两条线路 RST、TEST 来启动 JTAG 命令序列。

(2) SBW 是 SPY-BI-WIRE 的缩写，可以简称为两线制 JTAG，主要有 SBWTCK(连接到 JTAG 接口的 7 脚 TCK)与 SBWTDIO(连接到 JTAG 接口的 1 脚 TDO/TDI)，该接口主要用于小于 28 脚的 2 系列单片机，因为 28 脚以内单片机的 JTAG 一般与 I/O 口复用，为了给用户留有更多的 I/O 资源，才推出 SBW 接口。SBW 同 JTAG 一样可以访问到 MSP430 内部的所有资源。

注意： 目前 MSP430F5XX 系列中也有 SBW 接口，原理与 2 系列的 SBW 相同。

(3) BSL 是 TI 在 MSP430 出厂时预先固化到 MCU 内部的一段代码，该代码用户不可读写，这与 DSP 的 bootloader 类似，但又与 bootloader 有明显的区别，BSL 只能用于对 MCU 内部的 Flash 访问，不能对其他的资源进行访问，所以只能用作编程器接口。BSL 通过 UART 协议与编程器连接通信。编程器可以发送不同的通信命令来对 MCU 的存储器做不同的操作，可以把这种方式称为 BSL 接口。

BSL 代码的启动有些特殊，一般 MSP430 复位启动时 PC 指针指向 FFFE 复位向量，但可以通过特殊的启动方式，使 MCU 在启动时让 PC 指向 BSL 内部固化的程序。这种特殊的启动方式一般由 RST 引脚与 TEST(或 TCK)引脚做一个稍复杂的启动逻辑后产生。BSL 启动后，就可以通过预先定义好的 UART 协议命令对 MCU 进行读写访问。

(4) 一般的 MCU 都有代码加密功能，MSP430 是如何实现的呢？由于外部对 MSP430 内部的代码读写只能通过上述三种方式，因此只要把这三种方式都堵上，MSP430 的程序就安全了。所以又引入了熔丝位，熔丝位只存在于 JTAG、SBW 接口逻辑内。当熔丝烧断时(物理破坏，且不可恢复)JTAG 与 SBW 的访问将被禁止，此时只有 BSL 可以访问。而通过 BSL 对 MCU 的访问需要 32 个字节的密码，该密码就是用户代码的中断向量表。现在国内有些解密厂商宣传能够解密 MSP430，其原理是通过切片剥离的方法把熔丝位连接上，再通过 JTAG 或 SBW 接口读出目标代码，而 BSL 则无破解报告。

仿真器的型号一般支持 JTAG、SBW 接口，按其与主机的连接方式分为 UIF(USB 接口，支持 JTAG、SBW)、PIF(并口，只支持 JTAG)、EZ430(只支持 SBW 模式，目前还不支持 F5XX 系列)。

编程器型号有 GANG430(RS232 串行接口，串口、1 拖 8，支持 JTAG、SBW，不支持

BSL)，PRGS430-IIIA 多功能编程器(支持 JTAG、SBW、BSL)，这些编程器都可以做离线烧写，并且支持烧写熔丝，即脱离计算机对目标板烧写，其中 PRGS 编程器还支持序列号烧写方式。另外，还有专门的 BSL 编程器，只支持 BSL 接口，不支持烧写熔丝。

仿真器既然可以访问到 MSP430 内部的所有资源，当然也可以用作编程器，除了使用 IAR 用源代码烧写的方式外，还可以通过专业的软件来编程，这类软件有 MSPFET、FET-PRO430 等。

TI 公司在 JTAG、SBW、BSL 方面提供了 API 操作函数，可以利用该函数来设计编程器和仿真器。目前仿真器的技术较复杂，而且是由 IAR 软件来负责升级。编程器在出厂时已经事先编写了一段 Monitor 代码，利用这段代码可以实现在线升级，无论是 GANG430 编程器还是 PRGS 编程器均有此功能。工具功能如表 7.2.6 所示，编辑器发展及支持情况如表 7.2.7 所示。

表 7.2.6　工具功能表

名称	下载程序	JTAG 接口	SBW 接口	BSL 接口	烧断熔丝	离线编程
PIF—并口仿真器	支持	支持				
UIF—USB 接口仿真器	支持	支持	支持		支持	
GANG430 编程器	支持	支持	支持		支持	支持
PRGS 编程器	支持	支持	支持	支持	支持	支持
BSL 编程器	支持			支持		

表 7.2.7　编辑器发展及支持情况

编程器名称	与主机连接方式	未来发展	技术支持情况
GANG430	RS232 串行口	RS232，保留不改变	T1 支持
PRGS 编程器	RS232 串行口	USB 接口	技术部支持
BSL 编程器	标准 9 芯 RS232 串行口	USB 接口	技术部支持

2) 学习板、转接板、适配器

(1) 学习板。

学习板是为了初学者在项目开发初期进行项目认证或可行性方案分析而设计的具有一定功能的工具，一般包括一个单片机最小系统及按照内部模块划分的功能器件。现在的学习板，从 F1 系列到 F5 系列都有，并且可以根据用户或某种功能需要定制学习板。学习板配套光盘中一般有实验指导书、学习板参考器件手册、PDF 版本的原理图及部分工具软件资料。

(2) 转接板。

MSP430 的管脚比较密集，而且大都是 SMT 工艺的，并没有 DIP 封装的，这样就给初学者的调试工作带来了麻烦，如功耗测试、简单的代码测试等。为了帮助用户尽快设计自己的目标系统，设计了具有直插封装的转接线路板，板上集成了 MSP430 的最小系统，保留了所有的调试接口，并把所有的 I/O 口连接到转接针上。用户只要按照转接针上的定义就可以配套到自己的目标系统中。转接板上的 MCU 是固定焊接到线路板的，用户不需要自己焊接，除非有损坏情况发生。

(3) 适配器。

若转接板上的芯片发生损坏，则需要用户自己更换芯片，这无疑会给用户带来困难。这种情况建议用户选用适配器，适配器是带有 IC 夹头的转接板，而且可以通用(具体查看相应的支持手册)。同样，适配器板有一个最小系统，并且把所有的 I/O 引出到了连接针上。由于该适配器价格昂贵，一般用在批量生产时烧写芯片代码使用。

3. MSP430 集成开发环境

支持 MSP430 单片机主流集成开发环境的有 TI 公司的 Code Composer Studio(以下简称 CCS)和 IAR System 公司的 IAR Embedded Workbench。两者的区别是 CCS 支持 TI 全系列芯片，而 IAR 是第三方的 IDE 开发商，可支持不同公司的芯片，版本较多，有 IAR for ARM、IAR for AVR、IAR for 8051、IAR for MSP430 等，用户在选用时需注意区分。这里使用 CCS 作为开发环境，用户若需了解 IAR for MSP430 开发环境，可自行查阅相关资料。

首先需要说明的是，CCS 的路径不支持中文，即：

安装前存放安装程序的路径不能包含中文，如包含中文请先重命名文件夹；

安装时 CCS 的目标路径不能包含中文，建议使用默认路径 C:\TI；

安装后用户的工程文件及程序文件的名称及其路径不能包含中文。

(1) 运行 CCS 安装程序(双击 ccs_setup_5.5.0.00077.exe)，首先显示许可协议页面，如图 7.2.37 所示，选中“I accept the terms of the license agreement”选项后单击“Next”按钮。

(2) 在选择安装路径页面可设置 CCS 的工作路径，如图 7.2.38 所示，建议使用默认的 C:\TI 路径(若要修改路径，请注意路径不能包含中文)，单击“Next”按钮进行下一步。

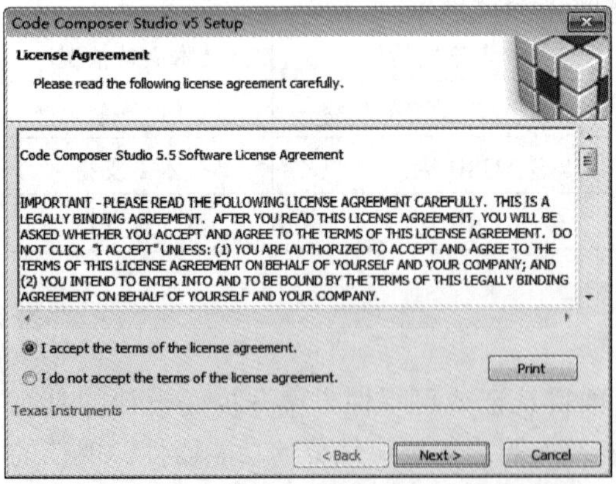

图 7.2.37　CCS 安装程序的许可协议页面

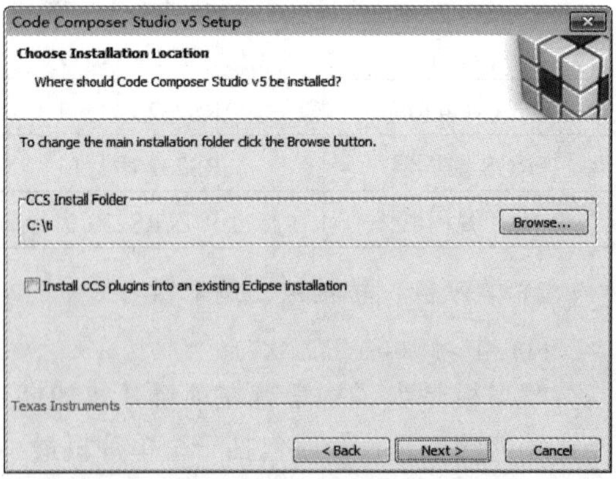

图 7.2.38　选择 CCS 的安装路径

(3) 在安装类型页面选择 Custom 自定义安装，如图 7.2.39 所示，单击“Next”按钮进行下一步。

(4) 在处理器支持页面可勾选用户需要使用的器件，如图 7.2.40 所示，单击“Next”按钮进行下一步。

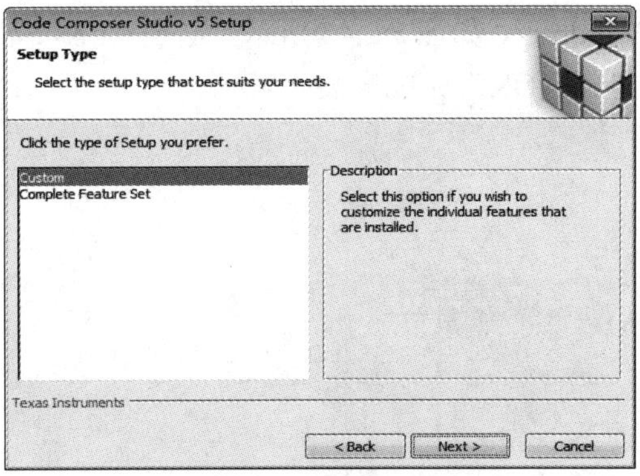

图 7.2.39　设置安装类型

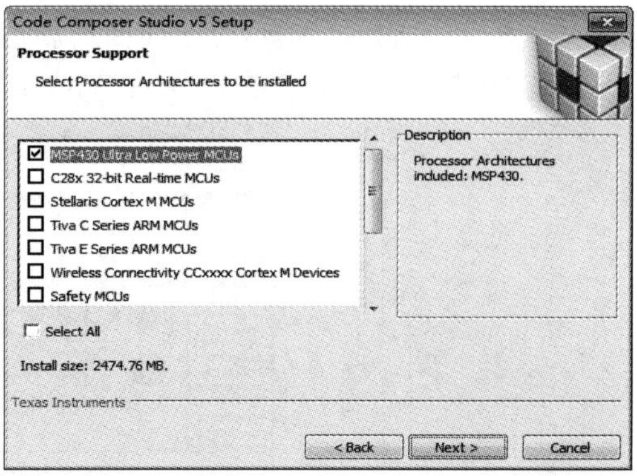

图 7.2.40　选择在 CCS 需要使用的器件系列

(5) 在选择组件页面可选择相关的编译工具，如图 7.2.41 所示。通常该页面无需特别设置，可直接单击“Next”按钮进行下一步。

(6) 在选择仿真器页面可选择相关的仿真器驱动程序，如图 7.2.42 所示。可根据所选的器件来选择使用的仿真器，单击“Next”按钮进行下一步。

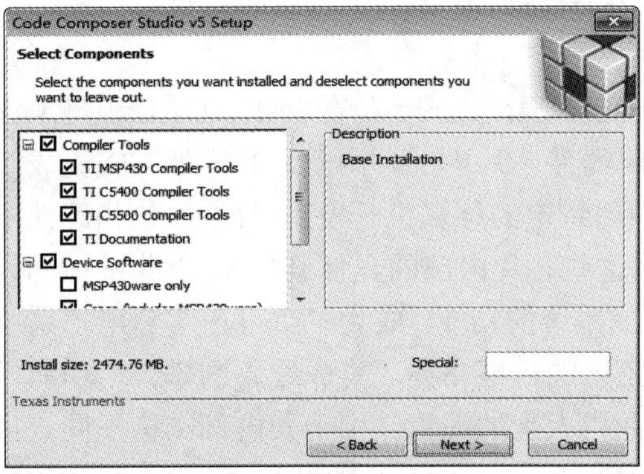

图 7.2.41　选择安装的组件

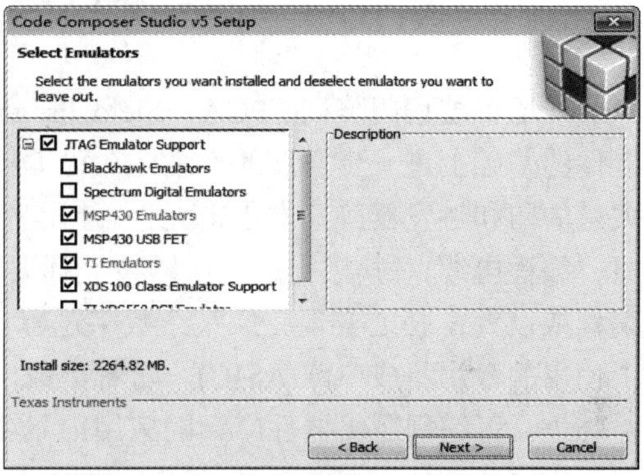

图 7.2.42　选择安装的仿真器驱动

(7) 在 CCS 安装选项页面列出了所有的安装设置，如图 7.2.43 所示，用户确认无误后，单击“Next”按钮进行下一步。

(8) 开始安装 CCS，如图 7.2.44 所示，安装需要一定的时间，请耐心等待。若在安装过程中 Windows 提示是否安装设备驱动，请勾选“始终信任”再单击“安装”。

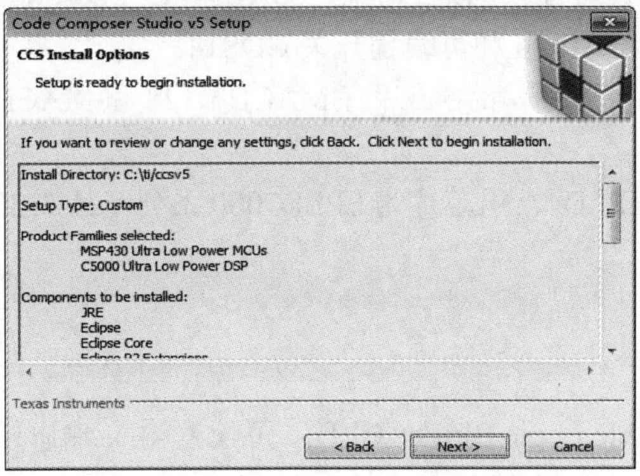

图 7.2.43　CCS 安装选项

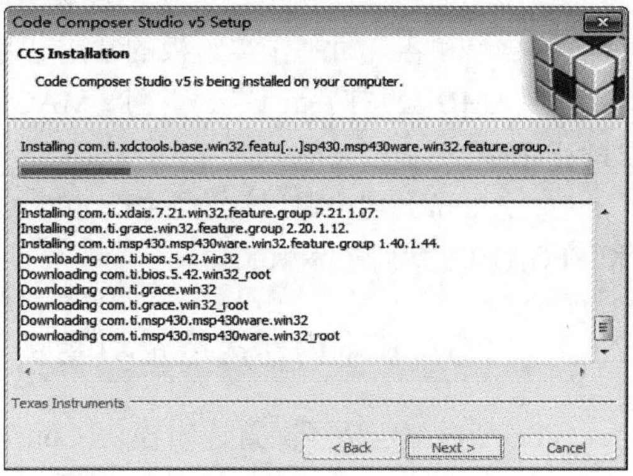

图 7.2.44　CCS 正在安装

(9) 安装完成后会提示用户需要重新启动 Windows，如图 7.2.45 所示，这是 CCS 安装程序的一个提示，并不会自动重启 Windows，单击“OK”完成安装。

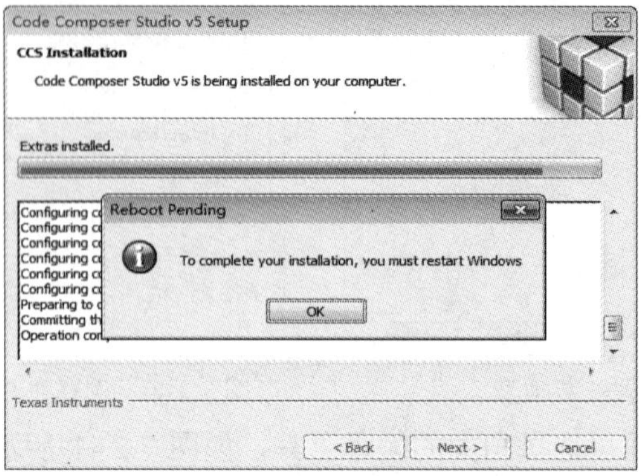

图 7.2.45　CCS 安装完成

7.3　FPGA 开发设计方法

现场可编程门阵列(FPGA，Field Programmable Gate Array)是在 PAL、GAL 等可编程器件的基础上进一步发展的产物。在可编程逻辑器件芯片内部，按一定的排列方式集成了大量的门和触发器等基本逻辑元件。使用者可利用特定的计算机开发工具(软件包和硬件电路、编程电缆)对其进行加工，即按设计要求将这些芯片内部的元件连接起来(此过程称为编程或设置)，使之实现完成某个数字逻辑电路或系统的功能，成为一个可在实际电子系统中使用的专用集成电路(ASIC)。随着集成电路工艺的日臻完善，集成度急剧攀升、功能日益强大，可编程逻辑器件广阔的应用前景备受业内人士的瞩目。由于其内部结构不同，目前应用较广泛的有 CPLD 和 FPGA 两种可编程逻辑器件。

目前，很多学校和公司都开发了可编程逻辑器件实验板，这些实验板上采用了如下几个公司的产品：

① Xilinx 公司产品：主要产品为 FPGA 和 CPLD，目前各学校和各公司制作实验板的常用芯片为 FPGA 4000 系列，Spartan XCS05 和 XC95108 系列 CPLD。

② Lattice 公司产品：该公司已经和 AMD 公司合并，该公司生产 GAL 和 CPLD 产品，目前各学校和各公司制作实验板的常用芯片为 ISP1016 和可编程开关 GDS14。

③ AMD 公司产品：该公司生产 MACH 系列产品，常用芯片有 MACH4-128 和 MACH 211SP-15JC。

④ Altera 公司产品：该公司生产 FPGA 和 EPLD，常用芯片为 EPLD7000 系列产品 7128 和 FPGA10K 系列产品 10K10。

7.3.1　FPGA 基本内部构造及功能

FPGA 内部包括可配置逻辑模块(Configurable Logic Block，CLB)、可配置输入/输出模块(Input Output Block，IOB)和互连资源(Interconnect)三个部分，如图 7.3.1 所示。同样，还有一个时钟电路用于驱动时钟信号到每一个逻辑模块中的每一个触发器。另外，还可能有额外的逻辑资源，像 ALU、存储器和译码器。FPGA 是可编程器件，与传统逻辑电路和门阵列(如 PAL，GAL 及 CPLD 器件)相比，FPGA 具有不同的结构。FPGA 利用小型查找表(16×1RAM)来实现组合逻辑，每个查找表连接到一个 D 触发器的输入端，触发器再驱动其他逻辑电路或驱动 I/O，由此构成了既可实现组合逻辑功能又可实现时序逻辑功能的基本逻辑单元模块，这些模块间利用金属连线互相连接或连接到 I/O 模块。FPGA 的逻辑是通过向内部静态存储单元加载编程数据来实现的，存储在存储器单元中的值决定了逻辑单元的逻辑功能以及各模块之间或模块与 I/O 间的连接方式，并最终决定了 FPGA 所能实现的功能，FPGA 允许无限次的编程。

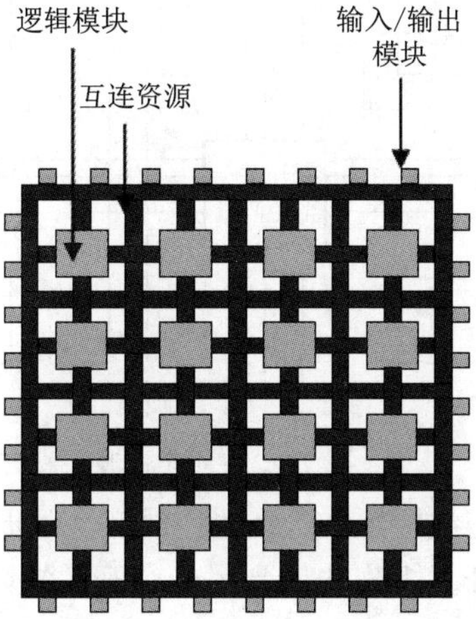

图 7.3.1　FPGA 内部结构图

1. 可配置逻辑模块

可配置逻辑模块(CLB)包含了 FPGA 的可编程逻辑。典型的 CLB 包含用于任意组合逻辑函数的 RAM、用于钟控存储单元的触发器和多路选择器，这样就便于在模块中为逻辑电路布线以及为模块内部的逻辑电路与外部资源之间布线。这些多路选择器还允许极性的选择、复位输入和清除输入选择。

注意： 逻辑输出不需要通过触发器。设计者可以利用一个 CLB 产生简单的组合逻辑。正因如此，多个 CLB 能够且经常被连接在一起，以实现复杂的布尔逻辑。FPGA 的这种优于 CPLD 的优点，意味着设计者能够用几个 CLB 串联在一起来实现非常复杂的逻辑。然而，在一个 FPGA 中传递时是全部延时的总量，这会导致所做的设计在速度方面的全面下降。

2. 可配置输入/输出模块

可配置输入/输出模块适用于将信号传送到芯片上，然后将信号传出芯片的情况。输出缓冲器有可编程的控制器，它可以使缓冲器成为三态或集电极开路状态，并且可控制缓冲器的输出摆率，允许 FPGA 输出到 TTL 或 CMOS 器件。输入缓冲器能够被编程为不同的输出阈值电压。典型的阈值电压为 TTL 或 CMOS 电平，以便于与 TTL 或 CMOS 器件相连。在每一个引脚上的输入和输出缓冲器的组合以及它们的可编程性，都意味着每一个 I/O 模块都可以被用于一个输入信号、一个输出信号或者一个双向信号。

3. 互连资源

FPGA 的互连电路与 CPLD 的完全不同，但它却非常类似于一个门阵列 ASIC 的互连电路。图 7.3.2 示出了互连资源的可配置逻辑模块(CLB)结构。每一个 CLB 都被连接到与它紧挨着的其他 CLB 上(图 7.3.2 中左上角所示 CLB)，这些连线有时称作短线。

注意：为简单起见，图 7.3.2 中只画出了左上角 CLB 的连线，实际上，所有四个 CLB 都有连线分别与最靠近它们的其他 CLB 相连。这些连线使得那些因过于复杂而无法装入某个单一 CLB 的逻辑模块能够被分开装入多个 CLB。

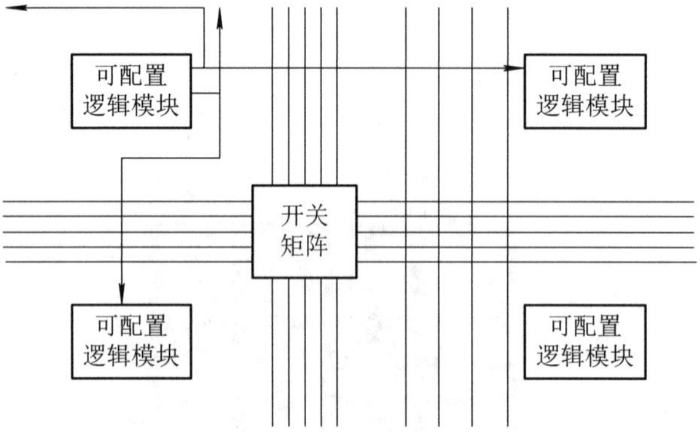

图 7.3.2　互连资源

其他的路径资源由经纬连线所组成，这些连线在到达开关矩阵之前经过许多 CLB。这些开关矩阵允许信号从一个开关矩阵传递到另一个开关矩阵，再传递到下一个开关矩阵，最后连接到 CLB。这些 CLB 可能彼此相互关联，但又互相隔离。这种传递方法的缺点是每一条通过某个开关矩阵的路径都会导致一个显著的延时。经常的情况是，为了通过芯片传递信号，路径的延时会变得比逻辑门的延时还要大。

第三种类型的路径资源是长线，设计者可以用它去连接某些条件苛刻的 CLB，即这些 CLB 在芯片上的物理位置彼此相连“甚远”，而它们之间的连接又不会产生太大的延时。这些长线通常是从一个 CLB 模块的末端一直通向另一个 CLB 模块，而中间并不与某个开关矩阵相连。对于条件苛刻的路径逻辑，长线不会产生显著的延时。另外，长线可以在芯片中用作总线。

4. 时钟电路

芯片周围分布着特殊的 I/O 模块，这是具有特殊的高驱动能力的时钟缓冲器——时钟驱动器，这些缓冲器被连接到芯片的时钟输入引脚，它们驱动时钟信号到全局时钟线上。这些全局时钟线以一种称为时钟树的结构形式遍布整个器件。这些时钟是为较小的时钟上升时间和快速的时钟传播时间而设计的，用 FPGA 设计电路必须是同步的，因为利用 FPGA 的路径资源不能保证信号的时钟上升时间和延迟时间。只有当使用从时钟缓冲器而来的时钟信号时，相关的延迟和上升时间才能是微小和可预测的。

7.3.2　FPGA 开发设计流程

FPGA 的设计流程就是利用 EDA 开发软件和编程工具对 FPGA 芯片进行开发的过程。FPGA 的开发流程一般如图 7.3.3 所示，包括电路功能设计、设计输入、功能(行为)仿真、综合优化、综合后仿真、设计实现与布局、时序仿真与验证、板级仿真与验证以及芯片编程与调试等主要步骤。

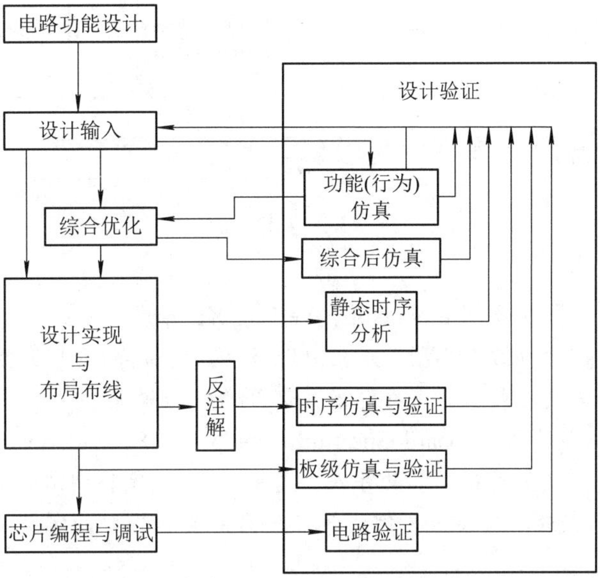

图 7.3.3　FPGA 的开发流程

1. 电路功能设计

在系统设计之前，首先要进行方案论证、系统设计和 FPGA 芯片选择等准备工作。要根据任务要求和系统所需的各种资源及成本等因素，选择合理的设计方案和合适的器件类型。一般都采用自顶向下的设计方法，把系统分成若干个基本单元，再把每个基本单元划分为下一层次的基本单元，一直这样做下去，直到可以直接使用 EDA 元件库为止。

2. 设计输入

设计输入是将所设计的系统或电路以开发软件要求的某种形式表示出来，并输入给 EDA 工具的过程。常用的方法为硬件描述语言(HDL)和原理图输入。原理图输入是一种最直接的描述方式，它将所需的器件从元件库中调出来，画成原理图。这种方法虽然直观且易于仿真，但效率很低，不易维护，不利于模块构造和重用，可移植性差，当芯片升级后，所有的原理图都需要做一定的改动。目前，在实际开发中应用最广的就是 HDL 输入法，利用文本描述设计，可以分为普通 HDL 和行为 HDL。普通 HDL 有 ABEL、CUR 等，支持逻辑方程、真值表和状态机等表达方式，主要用于简单的小型设计。在中大型工程中，主要使用行为 HDL，其主流语言是 Verilog HDL 和 VHDL。

3. 功能仿真

功能仿真是在编译之前对用户所设计的电路进行逻辑功能验证，此时的仿真没有延迟信息，仅对初步的功能进行检测，原理如图 7.3.4 所示。仿真前，要先利用波形编辑器和 HDL 等建立波形文件和测试向量(将所关心的输入信号组合成序列)，仿真结果将会生成报告文件并输出信号波形，从中便可以观察各个节点信号的变化。若发现错误，则返回修改逻辑设计。常用的工具有 Model Tech 公司的 ModelSim、Sysnopsys 公司的 VCS 和 Cadence 公司的 NC-Verilog 及 NC-VHDL 等软件。功能仿真虽然不是 FPGA 开发过程中的必需步骤，但却是系统设计中最关键的一步。

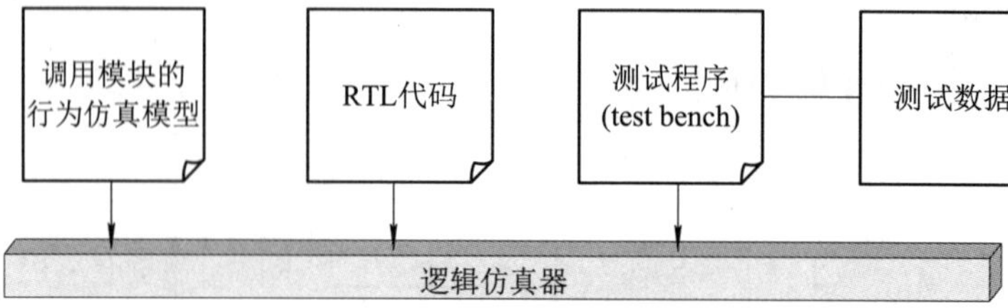

图 7.3.4　功能仿真

说明：

(1) “逻辑仿真器”主要指 modelsim，Verilog-XL 等。

(2) “调用模块的行为仿真模型”是指 RTL 代码中引用的由厂家提供的宏模块/IP，如 Altera 提供的 LPM 库中的乘法器、存储器等部件的行为模型。

(3) “逻辑综合器”是指 LeonardoSpectrum、Synplify、FPGA Express/FPGA Compiler 等。

(4) “调用模块的黑盒子接口”的导入，是由于 RTL 代码调用了一些外部模块，而这些外部模块不能被综合或无需综合，但逻辑综合器需要其接口的定义来检查逻辑并保留这些模块的接口。

4. 综合优化

所谓综合就是将较高级抽象层次的描述转化成较低层次的描述。综合优化根据目标与要求来优化生成的逻辑连接，使层次设计平面化，以便用 FPGA 布局布线软件进行实现。就目前的层次来看，综合优化是指将设计输入编译成由与门、或门、非门、RAM、触发器等基本逻辑单元组成的逻辑连接网表，而并非真实的门级电路，如图 7.3.5 所示。真实具体的门级电路需要利用 FPGA 制造商的布局布线功能，根据综合后生成的标准门级结构网表来产生。

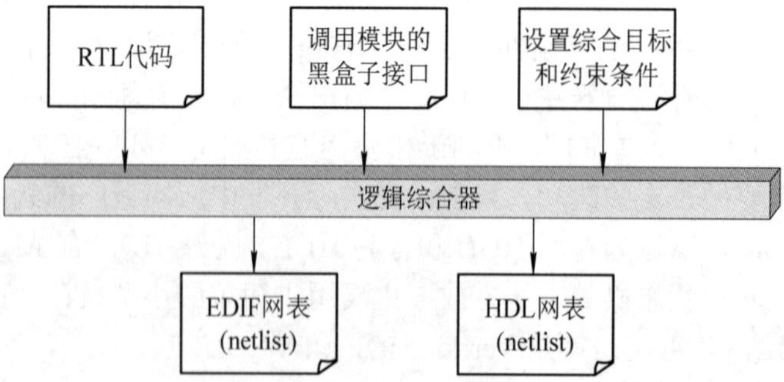

图 7.3.5　综合优化

为了能转换成标准的门级结构网表，HDL 程序的编写必须符合特定综合器所要求的风格。常用的综合工具有 Synplicity 公司的 Synplify/Synplify Pro 软件以及各个 FPGA 厂家自己推出的综合开发工具。

5. 综合后仿真

综合后仿真，又称前仿真，目标是检查综合结果与原设计是否一致。在仿真时，把综合生成的标准延时文件反标注到综合仿真模型中，如图 7.3.6 所示，这样可估计门延时带来的影响。目前的综合工具较为成熟，一般的设计可以省略这一步，但如果在布局布线后发现电路结构和设计意图不符，则需要回溯到综合后仿真的步骤来确认问题所在。功能仿真所用软件工具一般都支持综合后仿真。

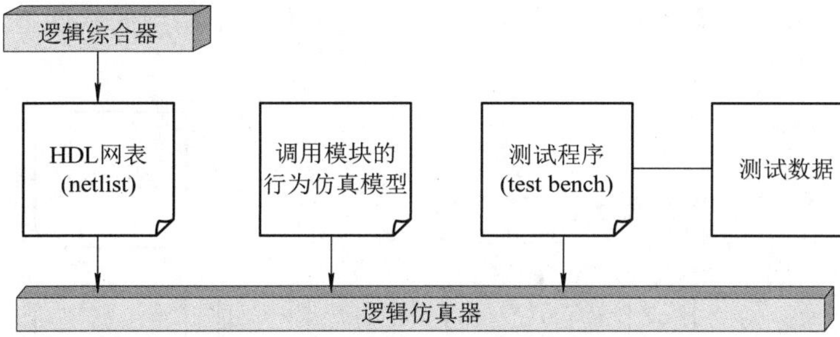

图 7.3.6　前仿真

说明：一般来说，对 FPGA 设计这一步可以跳过不做，但可用于 debug 综合有无问题。

6. 设计实现与布局布线

实现是将综合生成的逻辑网表配置到具体的 FPGA 芯片上，布局布线是其中最重要的过程，如图 7.3.7 所示。布局是指将逻辑网表中的硬件原语和底层单元合理地配置到芯片内部的固有硬件结构上，并且往往需要在速度最优和面积最优之间进行选择。布线是指根据布局的拓扑结构，利用芯片内部的各种连线资源，合理正确连接各个元件。目前，FPGA 的结构非常复杂，特别是在有时序约束条件时，需要利用时序驱动的引擎进行布局布线。布线结束后，软件工具会自动生成报告，提供有关设计中各部分资源的使用情况。由于只有 FPGA 芯片生产商对芯片结构最为了解，所以布局布线必须采用芯片开发商提供的工具。

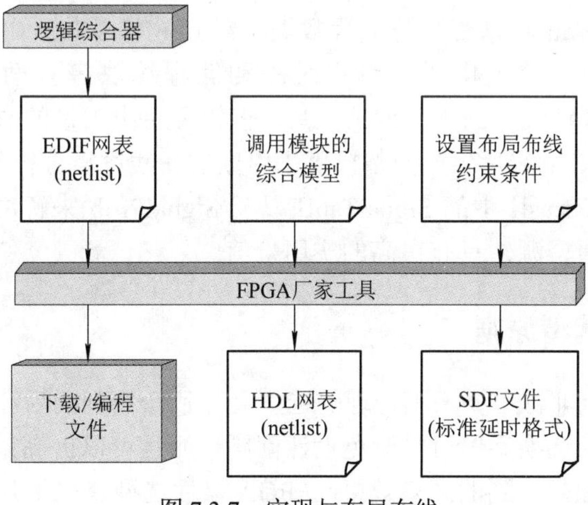

图 7.3.7　实现与布局布线

说明：“FPGA 厂家工具”是指如 Altera 的 Max+PlusII、QuartusII、Xilinx 的 Foundation、Alliance、ISE4.1 等。

7. 时序仿真与验证

时序仿真，也称为后仿真，是指将布局布线的延时信息反标注到设计网表中，如图 7.3.8

所示，检测有无时序违规(即不满足时序约束条件或器件固有的时序规则，如建立时间、保持时间等)现象。时序仿真包含的延迟信息最全，也最精确，能较好地反映芯片的实际工作情况。由于不同芯片的内部延时不一样，不同的布局布线方案也给延时带来不同的影响。因此在布局布线后，通过对系统和各个模块进行时序仿真，分析其时序关系，估计系统性能，以及检查和消除竞争冒险是非常有必要的。在功能仿真中所用的软件工具一般都支持综合后仿真。

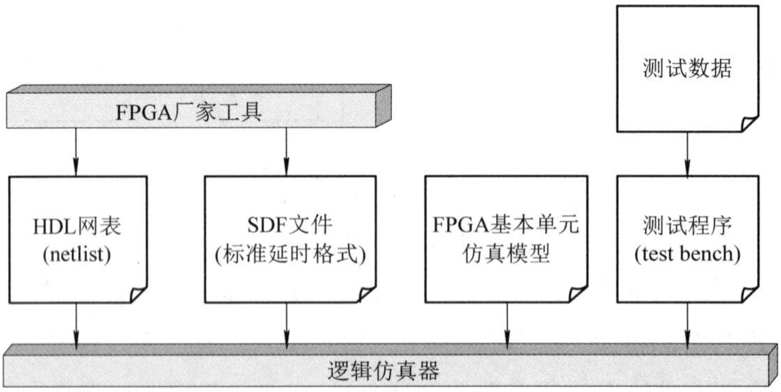

图 7.3.8　时序仿真与验证

8. 板级仿真与验证

板级仿真主要应用于高速电路设计中，对高速电路系统的信号完整性、电磁干扰等特征进行分析，一般都用第三方工具进行仿真和验证。

9. 芯片编程与调试

设计的最后一步就是芯片编程与调试。芯片编程是指产生使用的数据文件(位数据流文件，Bitstream Generation)，然后将编程数据下载到 FPGA 芯片中。其中，芯片编程需要满足一定的条件，如编程电压、编程时序和编程算法等方面。逻辑分析仪(Logic Analyzer，LA)是 FPGA 设计的主要调试工具，但需要引出大量的测试引脚，且其价格昂贵。目前，主流的 FPGA 芯片生产商都提供了内嵌的在线逻辑分析仪(如 Xilinx ISE 中的 ChipScope、Altera QuartusII 中的 SignalTapII 以及 SignalProb)来解决上述矛盾，它们只需要占用芯片少量的逻辑资源，具有很高的实用价值。

7.3.3　FPGA 器件选型原则

FPGA 器件的选型非常重要，不合理的选型会导致一系列的后续设计问题，有时甚至会使设计失败；合理的选型不仅可以避免设计问题，而且可以提高系统的性价比、延长产品的生命周期、获得预想不到的经济效果。FPGA 器件选型有以下几个原则：

1. 器件的供货渠道和开发工具的支持

目前，主要的 FPGA 供应商有 Xilinx 公司、Altera 公司、Lattic 公司和 Actel 公司等，需要知道 FPGA 芯片的非主流器件和主流器件。选用时，最好在货源比较足的主流器件中选型，而且要根据用途选择。由于 Xilinx 公司和 Altera 公司在业界使用量大，而 Xilinx 公司有集成开发环境 ISE，Altera 公司有集成开发环境 Quartus Ⅱ，这两个集成开发环境支持各自公司所有器件的设计和开发，不仅功能强大、界面友好，而且有很多第三方合作伙伴提供相应的技术支持，能使器件获得更高的性能。因此，如果没有特殊应用要求，建议最好在这两家公司中进行器件选型。

2. 器件的硬件资源

硬件资源是器件选型的重要标准。硬件资源包括逻辑资源、I/O 资源、布线资源、DSP 资源、存储器资源、锁相环资源、串行收发器资源和硬核微处理器资源等。

逻辑资源和 I/O 资源的需求是每位设计人员最关心的问题，一般都会考虑到。但过度消耗 I/O 资源和布线资源，可能产生的问题却很容易被忽视。主流 FPGA 器件中，逻辑资源都比较丰富，一般可以满足应用需求。然而，在比较复杂的数字系统中，I/O 资源的过度消耗可能会导致 FPGA 负荷过重，器件发热严重，严重影响器件的速度性能、工作稳定性和寿命，因此设计中要考虑器件的散热问题。如果局部布线资源不足，电路的运行速度会明显降低，有时甚至使设计不能适配器件，设计失败。器件的硬件资源确定需从以下几个方面考虑：

(1) 在做复杂数字信号处理时，位数比较高的乘法器和除法器对全局布线资源的消耗量比较大。

(2) 在做逻辑设计时，双向 I/O 口对局部布线资源的消耗量比较大。

(3) 在利用存储器资源设计滤波器的应用场合，局部布线资源的消耗量比较大。

(4) 在电气接口标准比较多而逻辑比较复杂的应用场合，局部布线资源的消耗量比较大。

(5) 在做乘法运算比较多而且对速度性能要求比较高的应用场合，最好能选用带 DSP 资源比较多的器件，例如，Altera 公司的 Statix Ⅱ和 Statix Ⅲ系列，Xilinx 公司的 Virtex-4 SX 和 Virtex-5 SX 系列等。

器件中的存储器资源主要有两种用途，分别为用作高性能滤波器和实现小容量高速数据缓存。这是一种比较宝贵的硬件资源，一般器件中的存储器资源都不太多，存储器资源较多的器件逻辑容量也非常大，用得也比较少，供货渠道也不多，器件价格也非常高。因此，在器件选型时，最好不要片面追求设计的集成度而选用这种器件，可以考虑选用低端器件加外扩存储器的设计方案。

3. 电气接口标准

数字电路的电气接口标准非常多，在复杂数字系统中，经常会出现多种电气接口标准。目前，主流 FPGA 器件支持的电气接口标准可以满足绝大部分应用设计需求。

Xilinx 公司的 FPGA 几乎所有的管脚都支持 SSTL-2 Class Ⅱ电气接口标准，此时选用 Xilinx 公司的 FPGA 比较理想。

4. 器件的速度等级

关于器件速度等级的选型，一个基本的原则是：在满足应用需求的情况下，尽量选用速度等级低的器件。该选型原则有两点好处。

(1) 由于传输线效应，速度等级高的器件更容易产生信号反射，设计要在信号的完整性上花更多的精力。

(2) 速度等级高的器件一般用得比较少，价格经常成倍增加，而且高速器件的供货渠道一般比较少，器件的订货周期一般都比较长，经常会延误产品的研发周期、降低产品的上市率。

5. 器件的温度等级

某些应用场合，对器件的环境温度适应能力提出了很高的要求，此时，就应该在有工业级甚至是军品级或宇航级的器件中进行选型。Altera 公司和 Xllinx 公司各种型号的 FPGA 都有工业级产品；部分型号的 FPGA 提供军品级和宇航级产品。

6. 器件的封装

目前，主流器件的封装形式有 QFP，BGA 和 FB-GA，BGA 和 FBGA 封装器件的管脚密度非常高，设计中必须使用多层板，PCB 布线相当复杂，设计成本比较高，器件焊接成本比较高，因此，在毕业设计中能不用尽量不用。

7. 器件的价格

器件集成度不断提高，性能不断上升，而价位不断下降是 FPGA 器件发展的普遍趋势，因此，在不断推出的新型器件中选型是器件选型的一个基本规律。

7.3.4 FPGA 核心板

FPGA 核心板采用 Altera Cyclone Ⅳ系列 FPGA 器件 EP4CE6E22C8 作为主芯片，扩展 8 位 VGA 接口、USB 虚拟串口(取代 RS232)、32KB 的 IS62LV256(SRAM)、JTAG 接口(已集成 USB-Blaster 下载器)、4 位独立拨码开关、25MHz 有源晶振，如图 7.3.9 所示。

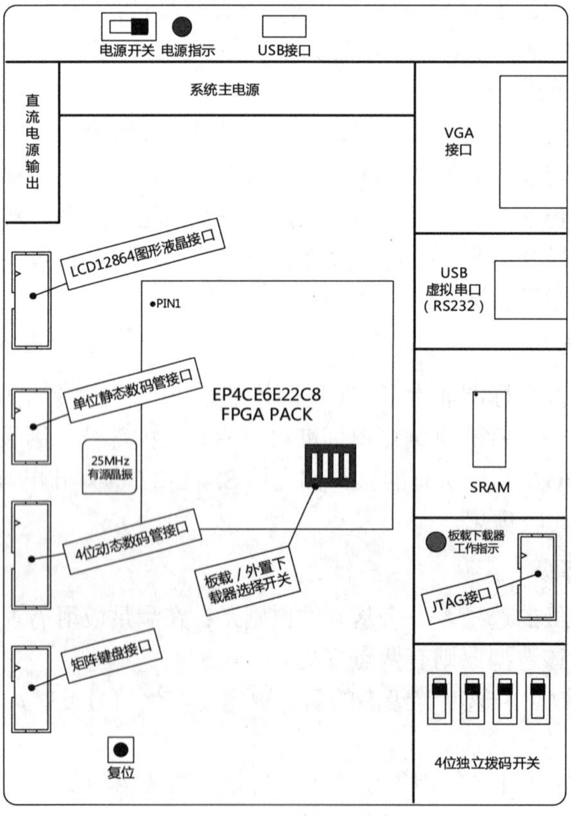

图 7.3.9 Altera Cyclone Ⅳ系统核心板布局图

1. JTAG 接口

JTAG 接口是 EP4CE6E22C8 外置下载器的接口，若要使用外置的 USB-Blaster 下载器，需将“板载/外置下载器选择开关”全部拨至下方(OFF 状态)，再将外置下载器接入 JTAG 接口。

2. 板载/外置下载器选择开关

核心板已经集成了 USB-Blaster 下载器，“板载/外置下载器选择开开关”用于切换内置下载器和外置下载器：当开关拨向“ON”时，使用内置的 USB-Blaster 下载器；当开关拨向“OFF”时，需将外置的下载器接入“JTAG 接口”。该选择开关在 FPGA PACK 板下方，需取下 FPGA PACK 才可进行设置(出厂时拨向“ON”，默认使用内置下载器)。

3. VGA 接口

VGA 驱动显示色彩通过 R、G、B 信号进行设定，分别由 PIN129、PIN128、PIN132 引脚产生，实现 8 位的显示效果。场同步 VSY 信号和行同步 HSY 信号分别由 PIN137、PIN135 引脚产生，所有信号均为输出。

4. USB 虚拟串口

USB 虚拟串口用于 FPGA 串口(URXD: PIN143、UTXD: PIN144)与 PC 串口进行通信。

5. LCD12864 图形液晶接口

该接口用于连接 FPGA 与 LCD12864 图形液晶模块，用 12 芯扁平电缆相连，如图 7.3.10 所示。

图 7.3.10　LCD12864 图形液晶接口引脚定义

6. 单位静态数码管接口

该接口用于连接 FPGA 与单位静态数码管(共阳)，用 8 芯扁平电缆相连，如图 7.3.11 所示。

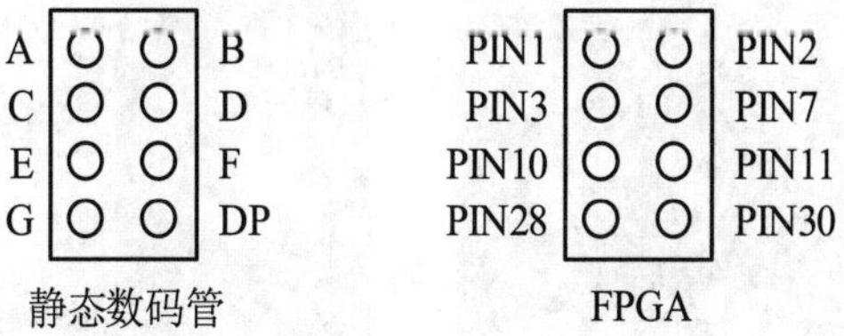

图 7.3.11　单位静态数码管接口引脚定义

7. 4 位动态数码管接口

该接口用于连接 FPGA 与 4 位动态数码管(高电平选中位，低电平点亮段)，用 14 芯扁平电缆相连，如图 7.3.12 所示。

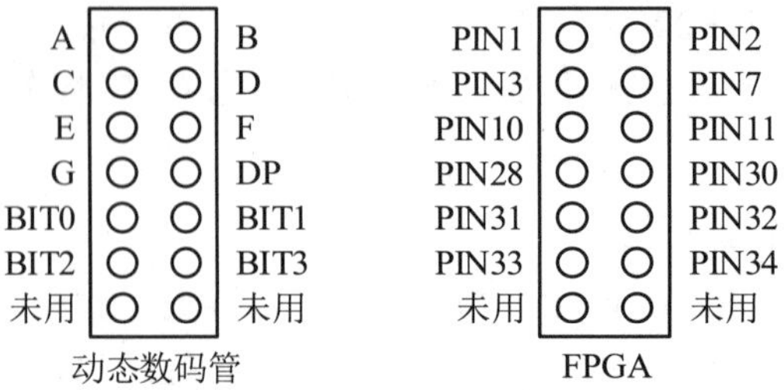

图 7.3.12　4 位动态数码管接口引脚定义

8. 矩阵键盘接口

该接口用于连接 FPGA 与 4×4 矩阵键盘，用 10 芯扁平电缆相连，如图 7.3.13 所示。

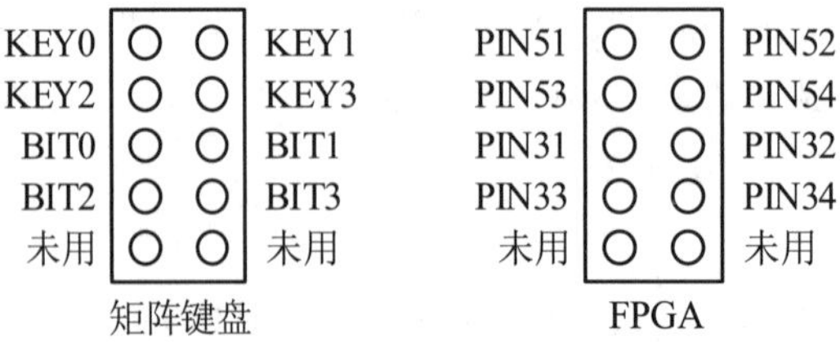

图 7.3.13　矩阵键盘接口引脚定义

7.3.5　FPGA 集成开发环境

Altera Quartus Ⅱ(以下简称 Quartus Ⅱ)是美国 Altera 公司发布的综合型 EDA 集成开发环境，支持原理图、VHDL、Verilog HDL 以及 AHDL 等多种设计输入形式，内嵌自有的综合器、模拟器、下载器驱动，可完成从设计输入到硬件配置的完整 EDA 设计流程。

1. Quartus Ⅱ安装步骤

(1) 运行 Quartus Ⅱ安装程序，开始进入安装向导，如图 7.3.14 所示，单击“Next”按钮，进行下一步。

(2) 在 License Agreement 界面，如图 7.3.15 所示，选中“I accept the terms of the license agreement”，单击“Next”按钮，进行下一步。

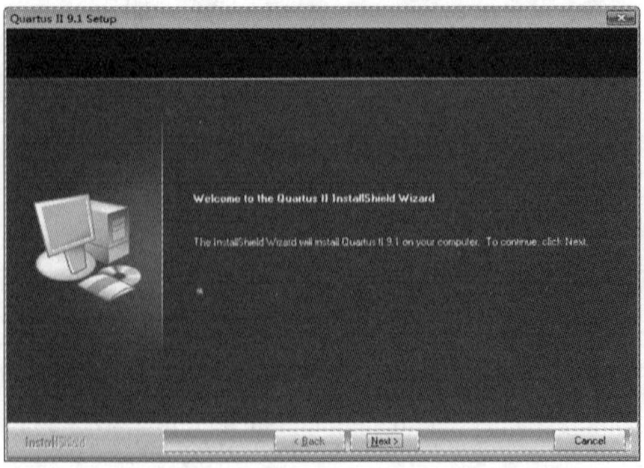

图 7.3.14　进入 Quartus Ⅱ安装向导

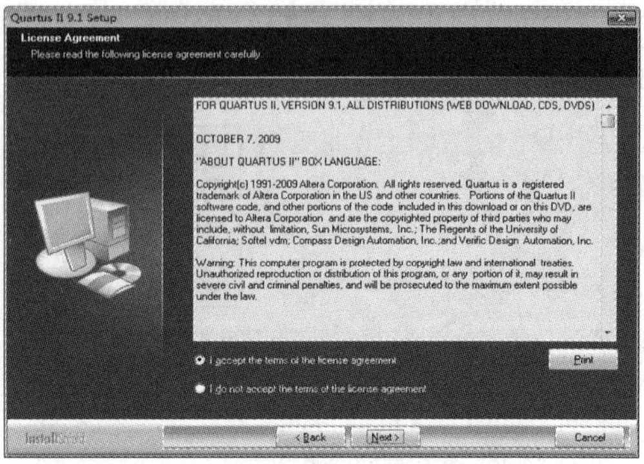

图 7.3.15　安装向导的 License 界面

(3) 在 Customer Information 界面输入用户与组织，如图 7.3.16 所示，单击“Next”按

钮，进行下一步。

(4) 设置安装路径，如图 7.3.17 所示，如需更改路径可单击“Browse...”按钮，这里使用默认路径，单击“Next”按钮，进行下一步。

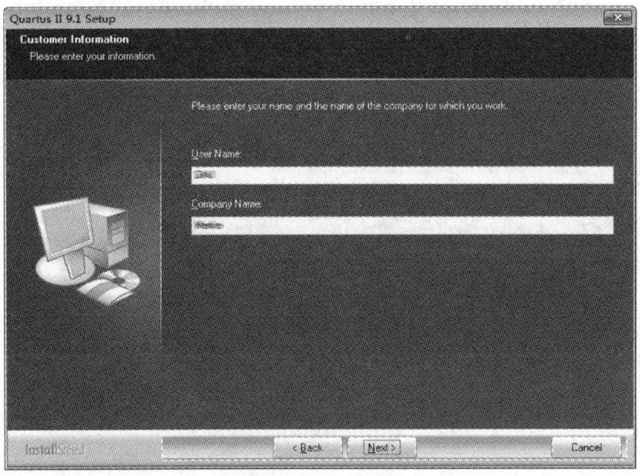

图 7.3.16　设置用户名和组织名

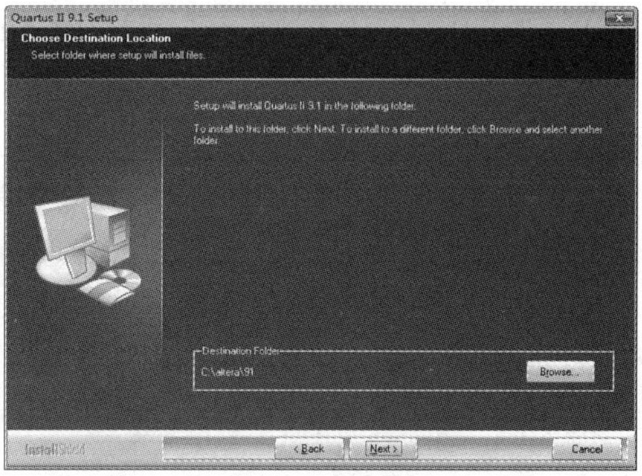

图 7.3.17　设置安装路径

(5) 设置安装的程序组，如图 7.3.18 所示，这里使用默认的“Altera”，单击“Next”按钮，进行下一步。

(6) 设置安装方式，如图 7.3.19 所示，这里使用默认的 Complete，单击“Next”按钮，进行下一步。

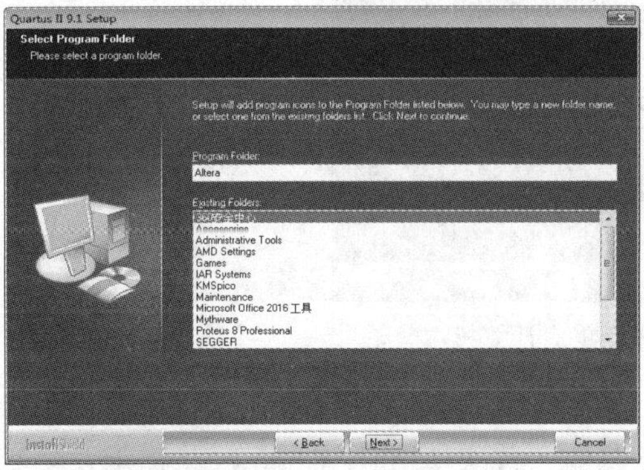

图 7.3.18　设置安装的程序组

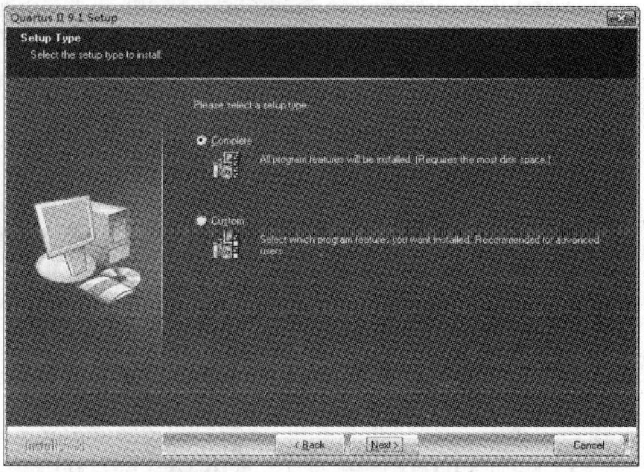

图 7.3.19　设置安装方式

(7) 开始准备安装，如图 7.3.20 所示，如无需再更改安装设置，可单击“Next”按钮继续。

(8) 显示正在将 Quartus Ⅱ软件安装到用户的计算机上，如图 7.3.21 所示，这需要一定的时间，请耐心等待。

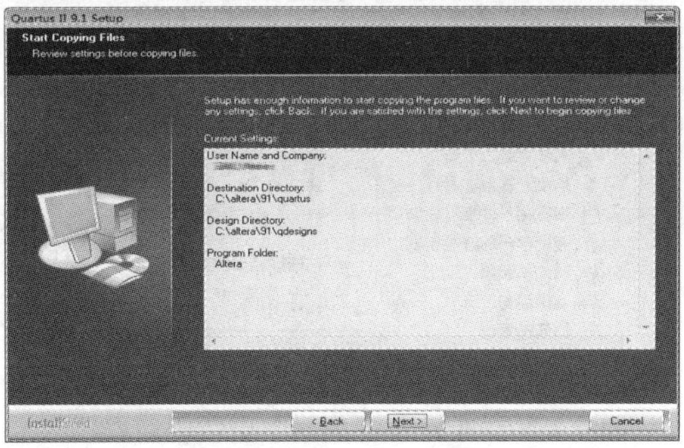

图 7.3.20　软件准备安装

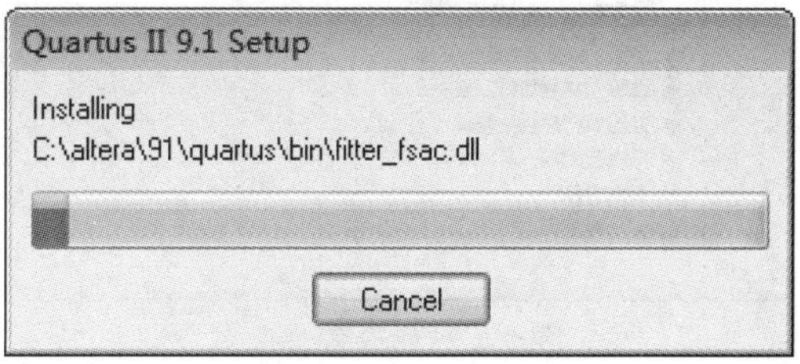

图 7.3.21　正在安装

(9) 安装完成后，弹出对话框，询问是否创建桌面快捷方式，如图 7.3.22 所示，这里单击“是(Y)”按钮。

(10) 安装程序弹出 Quartus Ⅱ TalkBack 对话框，如图 7.3.23 所示，这里不选“Enable sending TalkBack data to Altera”，即不向 Altera 反馈数据，单击“OK”按钮。

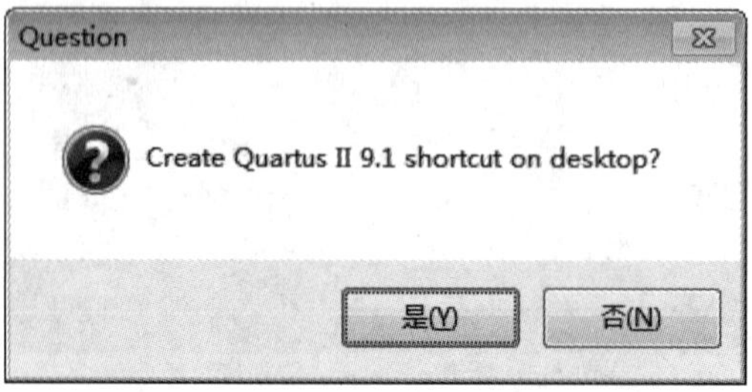

图 7.3.22　询问是否创建桌面快捷方式

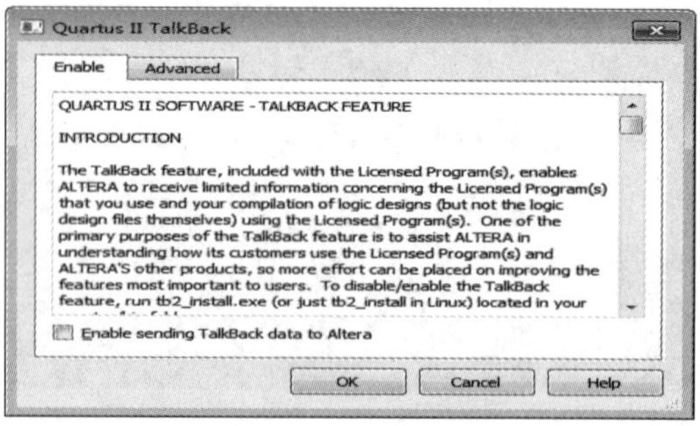

图 7.3.23　不向 Altera 发送反馈数据

安装完成后，可立即重启计算机，也可稍后手动重启，如图 7.3.24 所示。

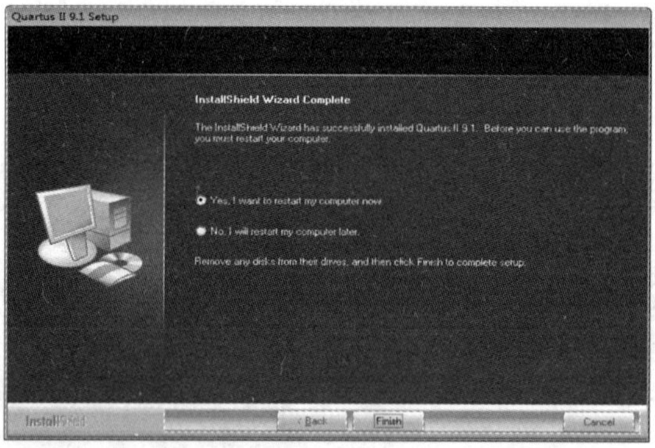

图 7.3.24　安装完成后重启计算机

2. 安装 Altera USB-Blaster 驱动程序

(1) 用 USB 电缆连接 Altera USB-Blaster 下载器，首次使用时 Windows 将提示发现新硬件，进入设备管理器，如图 7.3.25 所示，在“其他设备”下，可看到 USB-Blaster。

(2) 用鼠标右键点击 USB-Blaster 项弹出快捷菜单，如图 7.3.26 所示，单击“更新驱动程序软件”菜单项。

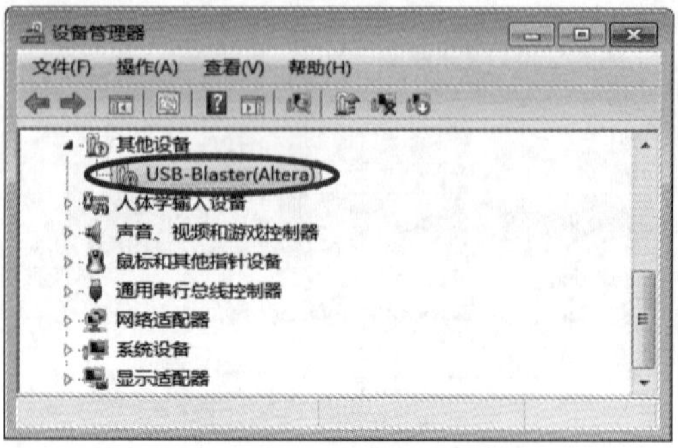

图 7.3.25　设备管理器

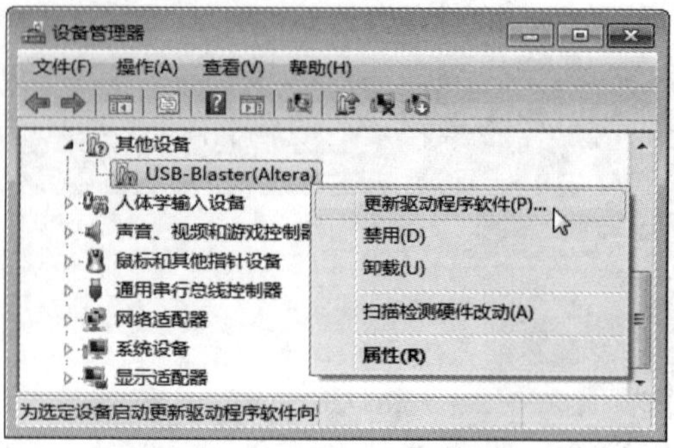

图 7.3.26　在设备管理器中更新驱动程序

(3) 弹出更新驱动程序软件对话框，如图 7.3.27 所示，这里单击“浏览计算机以查找驱动程序软件”。

(4) 浏览选择驱动程序，如图 7.3.28 所示，默认路径在 C:\altera\91\quartus\drivers\usb-blaster，单击“下一步”按钮。

(5) 开始安装驱动程序，如图 7.3.29 所示，在对话框中，请勾选“始终信任来自 Altera Corporation 的软件”选项，再单击“安装”以继续安装。

(6) 当驱动程序安装完成，弹出对话框，如图 7.3.30 所示，单击“关闭”按钮，完成安装。

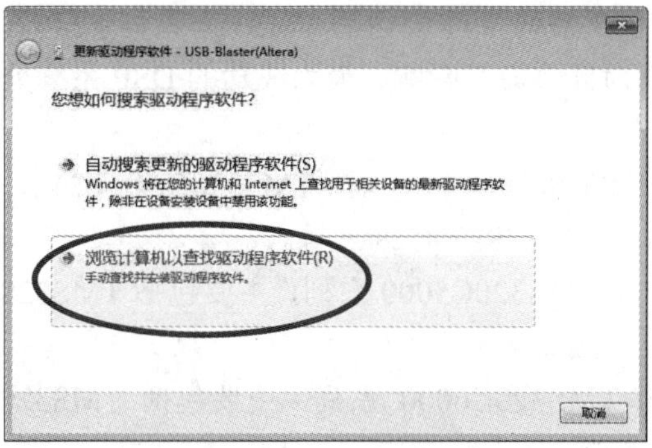

图 7.3.27　手动安装驱动程序

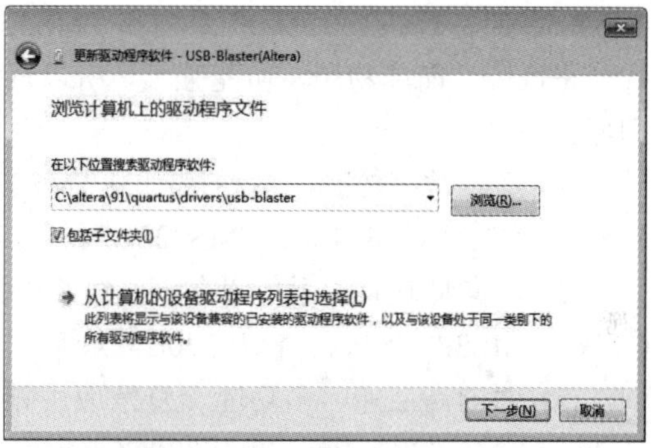

图 7.3.28　浏览选择驱动程序

图 7.3.29 信任来自 Altera 公司的软件并继续安装

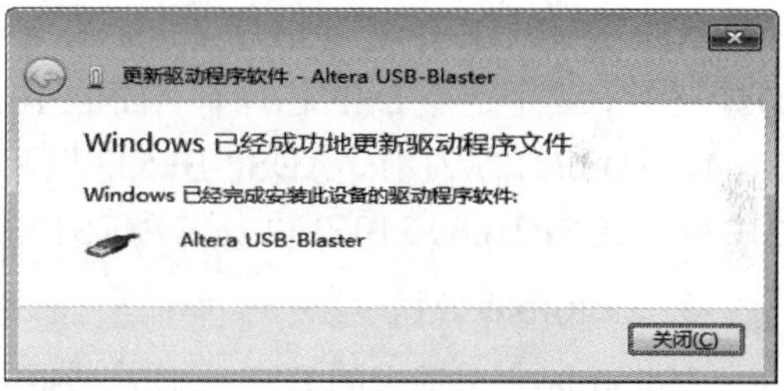

图 7.3.30　驱动程序安装完成

(7) 回到设备管理器，在“通用串行总线控制器”菜单下，可以看到 Altera USB-Blaster 已正确安装，如图 7.3.31 所示。

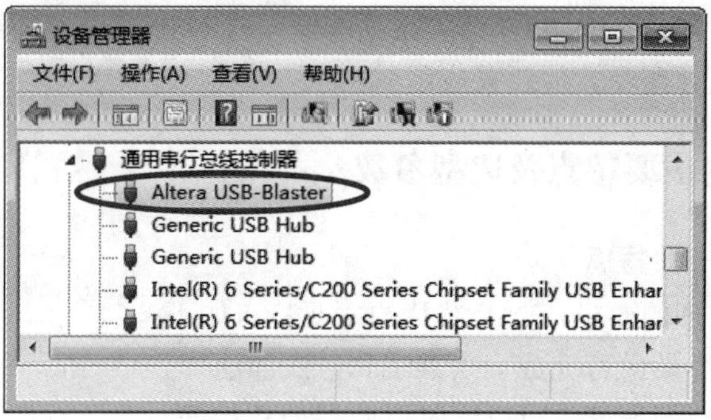

图 7.3.31　驱动程序已正确安装

至此，FPGA 的开发环境已建立完毕。

7.4 DSP 开发设计方法

DSP 芯片也称数字信号处理器，是一种特别适合于数字信号处理运算的微处理器件。DSP 芯片主要厂商及其产品如下：

1. 美国德州仪器(Texas Instruments，TI)

TI 公司是世界上最知名的 DSP 芯片生产厂商，其产品为 TMS320 系列，包括 TMS320 C2000 系列、TMS320C5000 系列和 TMS320C6000 系列。TI 公司的 TMS320 系列 DSP 芯片价格低廉、简单易用、功能强大，所以逐渐成为目前最有影响、最为成功的 DSP 系列处理器。

(1) 面向数字控制、运动控制的 TMS320C2000 系列，主要包括 TMS320C24x/F24x、TMS320LC240x/LF240x、TMS320C24xA/LF240xA、TMS320C28xx 等。

(2) 面向低功耗、手持设备、无线终端应用的 TMS320C5000 系列，主要包括 TMS320 C54x、TMS320C54xx、TMS320C55x 等。

(3) 面向高性能、多功能、复杂应用领域的 TMS320C6000 系列，主要包括 TMS320 C62xx、TMS320C64xx、TMS320C67xx 等。

2. 美国模拟器件公司(ADI 公司)

ADI 公司在 DSP 芯片市场上也占有一定的份额，它相继推出了一系列具有自己特点的 DSP 芯片，其中定点 DSP 芯片有 ADSP2101/2103/2105、ADSP2111/2115、ADSP2126/2162/2164、ADSP2127/2181、ADSP-BF532 以及 Blackfin 系列，浮点 DSP 芯片有 ADSP21000/21020、ADSP21060/21062 以及虎鲨 TS101，TS201S 系列。

3. Motorola 公司

Motorola 公司推出的 DSP 芯片比较晚。该公司于 1986 年推出了定点 DSP 处理器 MC 56001，于 1990 年又推出了与 IEEE 浮点格式兼容的浮点 DSP 芯片 MC96002。

该公司还有 DSP53611、16 位 DSP56800、24 位的 DSP563XX 和 MSC8101 等产品。

4. 杰尔公司

杰尔公司的 SC1000 和 SC2000 两大系列的嵌入式 DSP 内核，主要面向电信基础设施、移动通信、多媒体服务器及其他新兴应用。

7.4.1 DSP 芯片的主要特点及选型参数

1. DSP 芯片的主要特点

根据数字信号处理的要求，DSP 芯片的主要特点如下：

(1) 在一个指令周期内可完成一次乘法和一次加法。

(2) 程序和数据空间分开，可以同时访问指令和数据。

(3) 片内具有快速 RAM，通常可通过独立的数据总线在两块中同时访问。

(4) 具有低开销或无开销循环及跳转的硬件支持。

(5) 快速的中断处理和硬件 I/O 支持。

(6) 具有在单周期内操作的多个硬件地址产生器。

(7) 可以并行执行多个操作。

(8) 支持流水线操作，使取指、译码和执行等操作可以重叠执行。

2. 选型参数

在设计 DSP 应用系统时，DSP 芯片的选型是非常重要的一个环节。在 DSP 系统硬件设计中只有选定了 DSP 芯片，才能进一步设计其外围电路及系统的其他电路。因此，DSP 芯片的选择应根据应用系统的实际需要而确定，做到既能满足使用要求，又不浪费资源，从而也达到成本最小化的目的。

根据应用场合和设计目标的不同，选择 DSP 芯片的侧重点也各不相同，其主要参数包括以下几个方面：

(1) 运算速度。首先要确定数字信号处理的算法，算法确定以后其运算量和完成时间也就大致确定了。根据运算量及其时间要求，就可以估算 DSP 芯片运算速度的下限。在选择 DSP 芯片时，各个芯片运算速度的衡量标准主要有：

① MIPS(Millions of Instructions Per Second)，即每秒执行百万条指令，一般 DSP 为 20～100MIPS，使用超长指令字的 TMS320B2XX 为 2400MIPS。必须指出，这是定点 DSP 芯片运算速度的衡量指标，应注意的是，厂家提供的该指标一般是指峰值指标，因此，系统设计时应留有一定的裕量。

② MOPS(Millions of Operations Per Second)，即每秒执行百万操作，这个操作包括 CPU 操作、地址计算、DMA 访问数据传输、I/O 操作等。一般来说，MOPS 越高意味着乘积—累加和运算速度越快。MOPS 可以对 DSP 芯片的性能进行综合描述。

③ MFLOPS(Million Floating Point Operations Per Second)，即每秒执行百万次浮点操作，这是衡量浮点 DSP 芯片的重要指标。浮点操作包括浮点乘法、加法、减法、存储等。应当注意，厂家提供的该指标一般是指峰值指标，因此，系统设计时应留有一定的裕量。

④ MBPS(Million Bit Per Second)是对总线和 I/O 口数据吞吐率的度量，也就是某个总线或 I/O 的带宽。例如，对 TMS320C6XXX、200 MHz 时钟、32bit 总线时，总线数据吞吐率为 800 MB/s 或 6400 MB/s。

⑤ MACS(Multiply-Accumulates Per Second)，即每秒的乘积累加速度，如 TMS320C6XXX 的乘积累加速度可以达到 300 MMACS～600 MMACS。

⑥ 指令周期，即执行一条指令所需的时间，通常以 ns(纳秒)为单位，如 TMS320LC549—80 在主频为 80 MHz 时，指令周期为 12.5 ns。

⑦ MAC 时间，即执行一次乘法和加法运算所花费的时间。大多数 DSP 芯片可以在一个指令周期内完成一次 MAC 运算。

⑧ FFT/FIR 执行时间，即运行一个 N 点 FFT 或 N 点 FIR 程序的运算时间。由于 FFT 运算/FIR 运算是数字信号处理的一个典型算法，因此，该指标可以作为衡量芯片性能的综合指标。

基于上述某些参数对一些 DSP 芯片进行比较，结论如表 7.4.1 所示。

表 7.4.1　DSP 芯片比较

型号	DSP56311	TMS320C5416	TMS320C6203	MSC8101	Pentium Ⅱ	TMS32DCb701
时钟	150MIPS	160MIPS	300MHz	300MHz	1GHz	167MHz
256H 点复数 FFT	59μs	60μs	9μs	6μs	9.5μs	22μs
与成本乘积	2450	2300	1700	500	—	3300

(2) 运算精度。一般情况下，浮点 DSP 芯片的运算精度要高于定点 DSP 芯片的运算精度，但是功耗和价格也随之上升。一般定点 DSP 芯片的字长为 16 位、24 位或者 32 位，浮点芯片的字长为 32 位。累加器的字长一般都为 32 位或 40 位。定点 DSP 的特点是主频高、速度快、成本低、功耗小，主要用于计算复杂度不高的控制、通信、语音/图像、消费电子产品等领域。通常可以用定点器件解决的问题，尽量用定点器件来解决，因为它速度快、成本低，功耗小。但在编程时要关注信号的动态范围，在代码中增加限制信号动态范围的定标运算，虽然可以通过改进算法来提高运算精度，但这样做会相应增加程序的复杂度和运算量。浮点 DSP 的速度一般比定点 DSP 处理速度低，其成本和功耗都比定点 DSP 高，但由于其采用了浮点数据格式，因而处理精度、动态范围都远高于定点 DSP，适合于运算复杂度高、精度要求高的应用场合。即使是一般的应用，在对浮点 DSP 进行编程时，均不必考虑数据溢出和精度不够的问题，因而编程要比定点 DSP 方便、容易。因此，运算精度要求是一个折衷的问题，需要根据经验确定一个最佳的结合点。

(3) 字长选择。一般浮点 DSP 芯片都用 32 位的数据字长，大多数定点 DSP 芯片是 16 位数据字长。而 Motorola 公司定点芯片用 24 位数据字长，以便在定点和浮点精度之间取得折衷。字长大小是影响成本的重要因素，它影响芯片的大小、引脚数以及存储器的大小，设计时应在满足性能指标的条件下，尽可能选用最小的数据字长。

(4) 存储器等片内硬件资源安排。包括存储器的大小、片内存储器的数量、总线寻址空间等。片内存储器的大小决定了芯片运行速度和成本，通过对算法程序和应用目标的仔细分析可以大体判定对 DSP 芯片片内资源的要求。片内 RAM 和 ROM 的数量、可否外扩存储器、总线接口/中断/串行口等是否够用、是否具有 A/D 转换等因素都需考虑。

(5) 开发调试工具。完善、方便的开发工具和相关支持软件是开发大型、复杂 DSP 系统的必备条件，对缩短产品的开发周期有很重要的作用。开发工具包括软件和硬件两部分。

① 软件开发工具。软件开发工具主要包括 C 编译器、汇编器、链接器、程序库、软件仿真器等，在确定 DSP 算法后，编写的程序代码通过软件仿真器进行仿真运行，以确定必要的性能指标。

② 硬件开发工具。硬件开发工具包括在线硬件仿真器和系统开发板。在线硬件仿真器通常是 JTAG 周边扫描接口板，可以对设计的硬件进行在线调试。在硬件系统完成之前，在不同功能的开发板上实时运行设计的 DSP 软件，可以提高开发效率。甚至在有的数量小的产品中，可以直接将开发板当作最终产品。

(6) 功耗与电源管理。芯片的低电压供电电压通常有 3.3V、2.5V、1.8V、0.9V 等，在同样的时钟频率下，功耗将远远低于 5 V 供电电压的芯片。通常用休眠、等待模式等方式，加强电源管理、节省功率消耗。

(7) 价格及厂家的售后服务因素。价格包括 DSP 芯片的价格和开发工具的价格。要根据实际系统的应用情况，确定一个价格适中的 DSP 芯片，还要充分考虑厂家提供的售后服务等因素，良好的售后技术支持也是开发过程中的重要资源。

(8) 其他因素。其他因素主要包括 DSP 芯片的封装形式、环境要求、供货周期、生命周期等。

7.4.2　DSP 实时系统设计和开发流程

在设计 DSP 应用系统时，只有选定了 DSP 芯片，才能进一步进行 DSP 系统硬件电路设计和软件设计。因此，DSP 实时系统设计和开发流程，如图 7.4.1 所示。

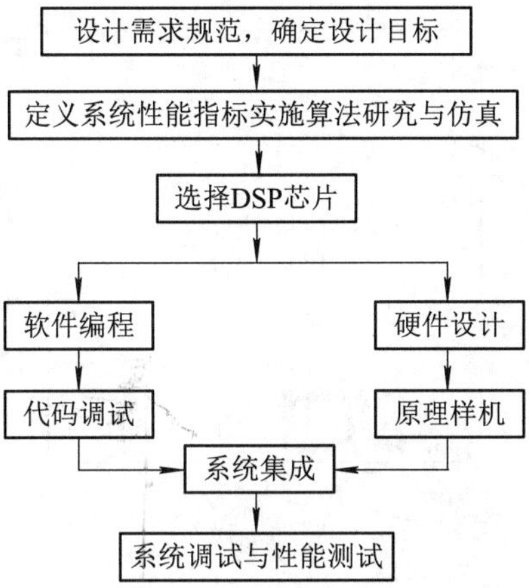

图 7.4.1　DSP 实时系统设计和开发流程

7.4.3　DSP 开发板和开发环境

1. DSP 开发板

图 7.4.2 所示开发板，支持 TI 高性能 DSP 处理器 TMS320VC5509A 和 TMS320F28335 系列，通过更换 CPU PACK 可实现对两种 DSP 器件的切换，可分别适用于面向微处理与微控制的开发设计，可根据开发设计需要选择使用。

1) JTAG 接口

JTAG 接口是 DSP 外置仿真器的接口，若要使用外置的 DSP 仿真器，需将“板载/外置仿真器选择开关”全部拨至下方(OFF 状态)，再将外置仿真器接入 JTAG 接口。

2) 板载/外置仿真器选择开关

核心板已经集成了 XDS100v1 仿真器，支持程序的调试与下载，“板载/外置仿真器选择开关”用于切换内置仿真器和外置仿真器：当开关拨向“ON”时，使用内置的 XDS100v1 仿真器；当开关拨向“OFF”时，需将外置的 DSP 仿真器接入“JTAG 接口”。该选择开关在 CPU PACK 板下方，需取下 CPU PACK 才可进行设置(出厂时拨向“ON”，默认使用内置仿真器)。

3) 引导模式选择开关

DSP5509 系列使用 GPIO0～GPIO3 作为启动引脚，用于选择 DSP5509 复位后的引导模式，在核心板上这四个引脚连接到了拨动开关，都带有上拉和下拉电阻。引导模式如表 7.4.2 所示。

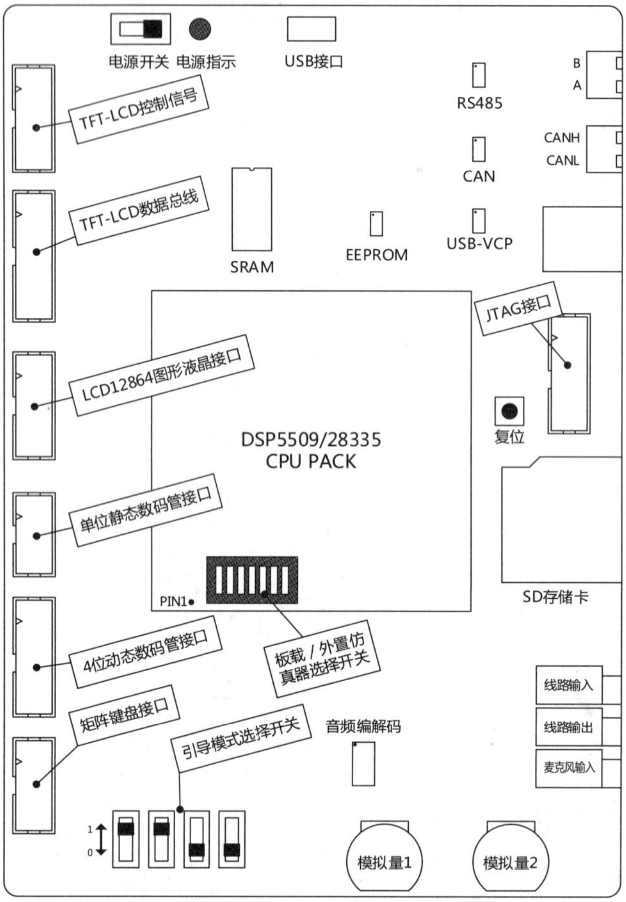

图 7.4.2　DSP 核心板布局图

表 7.4.2　DSP5509A 引导模式

GPIO0	GPIO3	GPIO2	GPIO1	引导模式
0	0	0	0	保留
0	0	0	1	从 McBSP0 口用 SPI EPROM 引导(24 位地址)
0	0	1	0	USB
0	0	1	1	I^2C EEPROM(7 位地址)
0	1	0	0	保留
0	1	0	1	HPI 复用模式
0	1	1	0	HPI 非复用模式
0	1	1	1	保留
1	0	0	0	从 16 位宽度异步存储器(在 CE1 片选空间)引导
1	0	0	1	从 McBSP0 口用 SPI EPROM 引导(16 位地址)

续表

GPIO0	GPIO3	GPIO2	GPIO1	引导模式
1	0	1	0	通过并行 EMIF 接口从外部 8 位异步存储器引导
1	0	1	1	通过并行 EMIF 接口从外部 16 位异步存储器引导
1	1	0	0	通过并行 EMIF 接口从外部 32 位异步存储器引导
1	1	0	1	EHPI 引导
1	1	1	0	从 McBSP0 口采用 16 位标准串行模式引导
1	1	1	1	从 McBSP0 口采用 8 位标准串行模式引导

2. DSP 集成开发环境

支持 DSP 的主流集成开发环境是 TI 公司的 Code Composer Studio(以下简称 CCS)，支持 TI 全系列芯片(DSP、ARM、MSP430……)，这里采用 CCS 作为开发环境，与 MSP430 集成开发环境一样，不再重复介绍。

第 8 章　新工科类毕业设计(论文)范例

【教学内容与要求】

本章主要给出了两个毕业设计(论文)范例，第一个范例“基于北斗定位导航的自行车安全及环境检测装置”属于应用研究、技术开发类，毕业设计示例材料齐全。第二个范例“基于卷积神经网络的调制信号识别算法”属于理论研究类，给出了毕业设计任务书及完整的毕业论文。本章的目的是抛砖引玉，以范例进行示范，一目了然，望而生“会”。

8.1　基于北斗定位导航的自行车安全及环境检测装置

8.1.1　毕业设计(论文)任务书

×××大学本科生毕业设计(论文)任务书

<table>
<tr><td>学　院</td><td colspan="3">电子与信息工程学院</td><td>专　业</td><td colspan="2">电子科学与技术</td></tr>
<tr><td>学生姓名</td><td>×××</td><td>学号</td><td>×××</td><td>班级</td><td colspan="2">×××</td></tr>
<tr><td>毕业设计(论文)时间</td><td colspan="6">2016 年 10 月 15 日至 2017 年 5 月 25 日</td></tr>
<tr><td>提交设计(论文)时间</td><td colspan="6">2017 年 5 月 20 日</td></tr>
<tr><td>指导教师</td><td colspan="6">×××</td></tr>
<tr><td>设计(论文)题目</td><td colspan="6">基于北斗定位导航的自行车安全及环境检测装置</td></tr>
<tr><td rowspan="3">题目性质
及来源</td><td>性质</td><td colspan="5">□理论研究　■应用研究　■技术开发　□其他</td></tr>
<tr><td rowspan="2">来源</td><td>项目名称</td><td colspan="4"></td></tr>
<tr><td>任务下达部门</td><td></td><td>项目编号</td><td colspan="2"></td></tr>
<tr><td>主要内容</td><td colspan="6">1. 自行车骑行时，显示当前时速，地理位置，周围环境的温湿度。
2. 自行车停放期间，实时对车进行定位检测。
3. 当自行车的位置信息超出设置范围时，模块自动发送报警短信至手机。
4. 手机接收并检测到报警信息，用 APP 地图显示自行车当前位置。
5. APP 自动规划出一条自己与自行车之间的最近路线，帮助追踪。</td></tr>
</table>

续表

设计(论文)目标	要求以单片机为控制中心，设计一个骑行者监视自行车行驶速度、位置及环境温湿度的装置。同时，停车后，自行车车主可以通过 APP 实时检测自行车的安全状况。
指定参考文献	[1] 汤飞球, 曹思奇, 李晋源, 等. 自行车里程表优化设计与实现[J]. 电子技术, 2016,54(5):89-93. [2] 李源, 钱向阳, 李绍雄. 北斗卫星导航系统的发展现状与前景[J]. 通讯世界, 2016,18(14): 217-218. [3] 熊小飞. 霍尔效应发展的学习思考[J]. 读书文摘, 2016,17 (15): 33-39. [4] 李妍. 液晶背光组中导光板与增亮膜的理论分析与数值模拟[D]. 天津：天津大学, 2006. [5] 李争粉. 我国卫星导航产业链正迈向成熟[J]. 中国测绘,2014, 58(3):4-9. [6] 彭衍飞, 卞丽. 基于物联网晾晒器的设计与开发[J]. 科技与企业, 2016, 25(6): 95-96. [7] 秦伟. 温湿度监测系统设计[D]. 西安：长安大学，2013. [8] ZENG B, ZENG W J. GIM(1) Model and its Application[J]. Advanced Materials Research, 2011, 219(11):1360-1363. [9] ZHAO X, LU H, DAI G. The Auxiliary Control System from Railway Operation Safety Based on Beidou Intelligent Navigation Services[M]. Proceedings of International Conference on Computer Science and Information Technology, 2014:845-851. [10] XIE J, LIU T. Research on Technical Development of BeiDou Navigation Satellite System[J]. CSNC2013 Electronic Proceeding, 2013, 243(33):197-209. [11] 谭巨兴, 谭巨滔. 基于单片机的自行车测速系统设计[J]. 电子世界, 2014, 38(13):28-28. [12] 杨学祥, 陈殿友, 李守春. 干旱、地震与月球赤纬角变化[J]. 地震工程学报, 1999,21(1):44-47.
备注	

注：此表由指导教师在毕业设计(论文)工作开始前填写，每位毕业生两份，一份发给学生，一份交学院留存。

8.1.2　毕业设计(论文)开题报告

1. 封面

×××大学毕业设计(论文)

开题报告

题　　目　基于北斗定位导航的自行车安全及环境检测装置

学生姓名　×××

学　　号　×××

院　　系　电子与信息工程学院

专　　业　电子科学与技术

指导教师　×××

2016 年 11 月 15 日

2. 开题报告内容

毕业设计(论文)开题报告

1. 本课题的目的及研究意义
我国是自行车大国。自行车不仅仅是简单的代步工具，而且是强身健体的好帮手，但自行车容易被盗，防盗是自行车使用的一个难题。 自行车也是生活在宽广校园的大学生生活中必不可少的交通工具。无论是去上课还是休闲时间骑行锻炼，自行车都是大学生的最佳选择，这是因为它体积小，使用方便，性价比高。然而，校园里也存在频繁发生的自行车被盗现象，这种现象几乎很难被彻底根除。 为此，设计一款拥有智能的安全防盗功能的 APP 自行车监测装置是很有意义的。
2. 本课题的国内外的研究现状
自 1770 年法国人西拉夫发明只有两个轮子而没有传动装置的最原始的自行车以来，自行车已有两百多年发展历史。随之而发展的自行车里程表也在不断更新换代。就目前国内情况来看，里程表一般用在汽车、摩托车和部分的电动车上，用在自行车上的很少，更不用说在自行车上安装环境温湿度测量装置了。随着现代化的不断推进，人工智能时代的到来，集成电路和计算机技术、通信技术的迅速发展，使得新一代里程表具有智能化、自动化、小型化等特点，信息无线传输更加可靠、可行。自行车上安装里程表在国外已经较为普遍，例如，德国的西格玛自行车的里程表，它的外形精致、做工精细、功能齐全，有许多不同层次的产品；又如，日本的西马诺和猫眼自行车的里程表，特别是西马诺里程表与自行车本身的机械零件、车架和车轮融为一体，简便易用。 另一方面，自行车被盗事件时有发生，自行车被盗给车主的出行造成了很大麻烦。为了防止自行车被盗，人们发明了各种各样的防盗锁，但依然不能从根本上解决被盗问题。 随着现代文明的不断发展，国内给自行车上安装里程表会越来越普及，但现有的里程表没有实时定位和骑行环境温湿度检测功能。因此，不能对自行车防盗提供帮助。 为了解决这一困难，需要从根本上改进自行车的防盗功能设计。
3. 本课题的研究内容
本设计以微控制器为控制中心，利用北斗卫星定位导航系统，设计出一个基于北斗定位导航的自行车安全及环境检测装置，具有显示当前时速、地理位置及环境温湿度的功能，具有通过 APP 接收自行车被盗信息并根据被盗信息迅速规划出找到自行车的最短路径的功能。
4. 本课题的实行方案、进度及预期效果
4.1　实施方案 1. 总体设计 绘出自行车安全及环境检测装置总体结构，分析各部分功能关系。 2. 详细设计 详细设计包括硬件设计和软件设计。 硬件设计：给出各部分的多种设计方案，选择最优、可实施的方案，进行元器件选择。设计相关电路并进行仿真。 软件设计：包括无线传输软件和手机 APP 软件设计等，并进行调试。 3. 讨论分析所用方法的优缺点，及可以进一步改进的内容。 4.2　进度安排 1. 阅读相关文献资料，并开题(2 周)。

2. 设计总体方案，完成元器件选型工作(3 周)。 3. 绘制电路原理图及 PCB 版图并制板，再进行元器件的焊接(3 周)。 4. 设计软件流程图及编写相应的程序(2 周)。 5. 完成毕业设计(论文)写作(2 周)。 4.3　预期效果 本设计完成后，达到功能要求，结构简洁，操作方便，达到本科毕业水平。
5. 已查阅参考文献
[1]　汤飞球，曹思奇，李晋源，等. 自行车里程表优化设计与实现[J]. 电子技术,2016, 54(5): 89-93. [2]　郇玉龙. 单片机实验教学仿真系统的设计与开发[D]. 山东：山东师范大学, 2008. [3]　李源，钱向阳，李绍雄. 北斗卫星导航系统的发展现状与前景[J]. 通讯世界, 2016 18 (14): 217-218. [4]　谭巨兴，谭巨滔. 基于单片机的自行车测速系统设计[J]. 电子世界, 2014 (13): 28 -28. [5]　李高平. 一种基于 USB 接口的 IPC 远程控制模块开发[J]. 科技资讯, 2010(32): 17-18. [6]　杨学祥，陈殿友，李守春. 干旱、地震与月球赤纬角变化[J]. 地震工程学报, 1999, 21 (1): 44-47. [7]　熊小飞. 霍尔效应发展的学习思考[J]. 读书文摘, 2016,17(15):33-39. [8]　王鑫. 小型叶绿素荧光仪的开发与研究[D]. 西安：西安理工大学, 2011. [9]　李妍. 液晶背光组中导光板与增亮膜的理论分析与数值模拟[D]. 天津：天津大学, 2006. [10]　李争粉. 我国卫星导航产业链正迈向成熟[J]. 中国测绘,2014,58(3):4-9. [11]　秦伟. 温湿度监测系统设计[D]. 西安：长安大学, 2013. [12]　ZENG B, ZENG W J. GIM(1) Model and its application[J]. Advanced materials research, 2011, 219(11):1360-1363. [13]　ZHAO X, LU H, DAI G. The auxiliary control system from railway operation safety based on beidou intelligent navigation services[M]. Proceedings of international conference on computer science and information technology, 2014:845-851. [14]　XIE J, LIU T. Research on technical development of beiDou navigation satellite system[J]. 2013, 243(33):197-209. [15]　吴克勤，钱珊珠，闫双红，等. 基于 C8051F020 的太阳能干燥装置温湿度检测[J]. 农机化研究, 2012,34(11):218-221.
指导教师意见
该开题报告选题符合本专业毕业设计(论文)要求，同意开题。 指导教师：××× 2016 年 11 月 15 日
院(系)审查意见
同意开题！ 院领导(公章)：××× 2016 年 11 月 16 日

说明：本课题开题报告内容与文献综述合并在一起。

8.1.3 中期检查

×××大学本科生毕业设计(论文)工作中期检查表

<table>
<tr><td>学　院</td><td colspan="2">电子与信息工程学院</td><td colspan="2">专　业</td><td colspan="3">电子科学与技术</td></tr>
<tr><td>学生姓名</td><td colspan="2">×××</td><td colspan="2">学　号</td><td colspan="3">×××</td></tr>
<tr><td>课题名称</td><td colspan="7">基于北斗定位导航的自行车安全及环境检测装置</td></tr>
<tr><td colspan="2">题目是否有变化</td><td colspan="6">□有　■无</td></tr>
<tr><td colspan="2">选题是否符合选题原则要求</td><td colspan="6">■是　□否</td></tr>
<tr><td colspan="2">对计划的进度完成情况</td><td colspan="2">□提前完成</td><td colspan="2">■按计划完成</td><td>□延期完成</td><td>□没有完成</td></tr>
<tr><td colspan="2">工作态度情况
(学生对毕业论文的认真程度、纪律及出勤情况)</td><td colspan="2">■认真</td><td colspan="2">□较认真</td><td>□一般</td><td>□不认真</td></tr>
<tr><td colspan="2">质量评价
(学生前期已完成的工作的质量情况)</td><td colspan="2">□优</td><td colspan="2">■良</td><td>□中</td><td>□差</td></tr>
<tr><td colspan="2">建议检查结果</td><td colspan="2">□表扬</td><td colspan="2">■通过</td><td>□警告</td><td>□严重警告</td></tr>
<tr><td colspan="8">尚存在的问题及采取的措施：
1. 在方案选择上需进一步优化，建议查阅相关文献，选出最优方案。
2. 需进一步优选器件，建议结合任务目标及电子元器件的选型原则综合考虑。

指导教师签字：×××
2017 年 3 月 15 日</td></tr>
<tr><td colspan="8">学院意见：
建议指导教师，及时帮助学生解决尚存在的问题。

负责人签字：×××
2017 年 3 月 20 日</td></tr>
</table>

8.1.4　论文

1. 封面

×××大学

本科生毕业(设计)论文

校徽

题　　目　基于北斗定位导航的自行车安全及环境检测装置

学生姓名　×××

学　　号　×××

院　　系　电子与信息工程学院

专　　业　电子科学与技术

指导教师　×××

二〇一七年五月三日

2. 目录

3. 正文

基于北斗定位导航的自行车安全及环境检测装置

×××

×××大学电子与信息工程学院，江苏 南京 210044

摘　要：现代社会自行车依然是代步工具之一，而自行车骑行又是强身健体的好方法，但自行车被盗情况时有发生。为了防止自行车被盗现象发生，本论文设计了一种基于北斗定位导航的自行车防盗报警服务解决方案及装置。本次设计的装置以单片机为核心，由单片机、北斗导航定位模块、温湿度模块、测速模块、显示模块、GSM 模块、APP 终端等构成。该装置安装在自行车上，骑行者可以看到自己的位置、时速、周围环境的温度和湿度。停车后，自行车车主还能时刻监测自行车的位置状态并能判断自行车是否被盗。在该装置中，定位模块检测位置信息、测速模块测量速度、温湿度模块测量温湿度，并将各自的测量数据传给单片机。单片机处理后送显示模块显示。如果自行车不在设定的安全位置范围内，由单片机控制的 GSM 模块会将自行车所在位置信息发送到车主手机上，车主可以根据 APP 软件监测到的位置规划出找到自行车最近的线路。

关键词：北斗定位；测速；GSM；APP 报警

Bicycle safety and environment detection based on Beidou navigation

Wang Yidong

College of Electronic and Information Engineering，英文校名，Nanjing 210044，China

Abstract: In modern society, bicycle is still a means of walking, and cycling is a good way to build up one's health. However, bicycle-stolen often occurs. In order to prevent the theft of bicycles, a solution and device of bicycle anti-theft alarm service based on Beidou satellite positioning was designed. This designed-device is based on single chip microcomputer, which consists of single chip microcomputer, Beidou navigation and positioning module, temperature and humidity module, speed measurement module, display module, GSM module, and APP terminal, etc. The device is installed on the bicycle, and the rider can observe his position, the speed of the bicycle, the temperature and humidity of the surrounding environment. After parking, the bicycle owner can always monitor the position of the bicycle and judge whether the bicycle has been stolen. In the device, the positioning module detects the position information, the speed module measures the speed data, the temperature and humidity module measures the temperature and humidity, and the respective measurement data are transmited to the single chip microcomputer, these data processed by the single-chip microcomputer are sent to the display module for display. If the bicycle is not in the set safe position range, the GSM module controlled by MCU will send the location information of the bicycle to the owner's mobile phone, and the owner will plan out the nearest route to find the bicycle according to the location monitored by APP software.

Key words：Beidou positioning；Velocity measurement；GSM；APP alarm

I

第 1 章 绪　论

1.1 背　景

自行车，又称脚踏车或单车，通常是二轮的小型陆上车辆。人骑上车后，以脚踩踏板为动力，是一种绿色环保的交通工具。自行车的英文是 bicycle。其中 bi 意指二，而 cycle 意指轮，即两轮车。在中国、新加坡，通常称其为“自行车”或“脚踏车”；在港澳则通常称其为“单车”(其实粤语通常都这么称呼)；而在日本称为“自転(转)车”。自行车种类很多，有单人自行车，双人自行车，还有多人自行车。它可以作为环保的交通工具用来代步、出行，越来越多的人将自行车作为健身器材用来骑行锻炼、自行车出游。自行车本身也是一项体育竞技运动，有公路自行车赛、山地自行车赛、场地自行车赛、特技自行车赛等。截至 2016 年，我国自行车社会保有量已近 4 亿辆、电动自行车近 3 亿辆，均位居世界第一。

随着国人物质生活水平与精神文明修养的稳步提升，人们对自行车的辅助功能产生了迫切的需求，例如，里程功能、定位功能、防盗功能等。其中，里程表的构造大多是由镶嵌在车轮辐条的细小磁铁、车轮构架上的传感器、适合的单片机和显示屏组成。其原理为当骑车时，随着车轮转动，车轮构架上的传感器感应到辐条上的磁铁磁感应信息并送至单片机，由单片机进行信息处理后计算出当前的时速、时间、里程数等数据，并送显示屏显示。这种里程表可以帮助骑行者比较精确地了解自己的骑行速度、骑行里程数、最大速度、最小速度等信息[1]。由于自行车使用方便，仍然深受人们的喜爱，共享单车的形式也得到了普及。然而，自行车被盗事件仍有发生，传统的上防盗锁的方式已很难避免被盗事件发生，因此，要找到一种有效的根治办法势在必行。

为此，设计一款自行车智能安全防盗 APP 监测系统非常必要。该系统由定位模块实现安全防盗，通过手机 APP 接收被盗后的位置信息，同时能自动检测自行车的当前速度、温湿度等环境信息。

1.2 设计任务要求

本设计要具有自行车行驶速度、地理位置、环境温湿度测试与记录功能。自行车停放后，可以通过 APP 实时检测自行车的安全。

具体要求如下：

1. 利用北斗导航系统进行位置定位；
2. 自行车骑行时，显示当前时速、地理位置、周围环境的温湿度；

3. 自行车停放期间，可以根据设置的安全位置范围，对自行车进行实时定位检测；若实际位置超出安全范围，定位模块自动发送报警短信至手机；

4. 手机接收并检测到报警信息，用 APP 地图显示自行车当前位置；

5. APP 自动规划出一条车主与自行车之间的最近路线，帮助追踪。

第 2 章　方案分析与设计

2.1　总体方案设计

该系统结构流程图如图 2.1 所示。单片机作为硬件系统主控模块，主控模块通过串口与北斗定位模块、测速模块以及 GSM 模块连接并进行串口通信，主控模块将处理结果送至显示模块显示，GSM 模块与终端连接，GSM 模块与安装有终端 APP 的手机进行短信通信。由 APP 监听短信位置并进行相应处理。

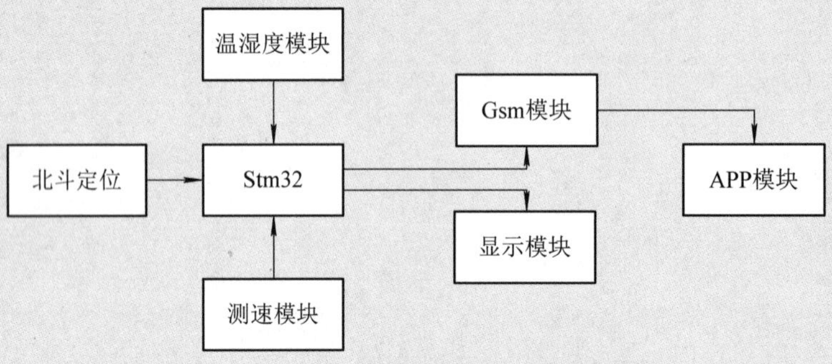

图 2.1　系统结构流程图

2.1.1　主控模块选择

方案一：选用 STC51 单片机

STC51 单片机的内核以 MCS-51 为核心，由 STC 公司生产推出。此单片机的功能和 AT89C51 大致相同，因为它本身的串口可以用来直接烧写，所以被大家所认可。

优点：操作指令简单、不存在方向寄存器、外围电路简洁、I/O 端口使用方便。

缺点：器件运行速度缓慢、抗干扰能力不强、准双向 I/O 端口的驱动能力不足、内置 P0 口没有上拉电阻[2]、内置芯片无 RC 振荡电路。

方案二：选用 STM32 系列单片机

STM32 系列单片机的内核以 ARM 供应的 cortex-M 为内核，拥有超高的性价比与便捷函数库。

优点：STM32 系列单片机是 32 位的，运算速度快、外围接口丰富、模块化程序、自带功能多、时钟频率高。

缺点：与 51 系列相比，STM32 单片机的功耗高、操作烦琐、价格相对较高、程序比较复杂。

综上：本设计对主控模块的要求比较高，从实时性与功能上考虑，故选择方案二。采用型号为 STM32F103RCT6 的单片机。

2.1.2　定位模块选择

方案一：选用 GPS 模块

GPS 模块的组成：内置核心 CPU、集成 RF 射频芯片及与外围电路相关的集成电路。

优点：产品成熟、定位精确、覆盖面积广、用户数量无限制。

缺点：GPS 无短报文通信功能。

方案二：选用北斗定位模块

优点：北斗定位系统是我国科学家研发的系统，具有自主知识产权、独特的通信与定位功能、精度较高、定位快速、覆盖全球面广的特点。

方案三：选用北斗-GPS 双模模块

GPS 可以实现全球的用户定位、导航、授时服务等功能，其定位精确度可以达 1 m 以下。而北斗导航系统的短报文通信功能是 GPS 导航系统没有的。显然，可以充分利用北斗定位和短报文通信功能，实现双方或者多方的短信通信、聊天功能[3]。

综上：本设计充利用各模块的优点，选用方案三，使用 GPS+北斗双模模块。

2.1.3　测速模块选择

方案一：选用霍尔传感器

霍尔传感器利用霍尔效应原理实现磁电转换，将被测的物理量转换成电动势，再对电信号进行处理。利用这一现象制成的各种霍尔元件，在工业自动化技术、检测测量技术、信息处理技术等方面都有广泛的应用[4]。霍尔效应是研究半导体材料性能的基本方法，通过霍尔效应实验测定的霍尔系数，能够判断半导体材料的导电类型、载流子浓度及载流子迁移率等重要参数。

优点：霍尔器件结构牢固、体积小、重量轻、寿命长、安装方便、功耗小、频率高(可达 1 MHz)、耐震动、不怕灰尘、油污、水汽及盐雾等的污染或腐蚀。

方案二：选用光电式传感器

光电式传感器通常以光、电器件作为信号交流元件。它常被用于侦查使得光量改变的非电量信号上，比如光强度、光照亮度、内部气体成分、辐射测量温度检测等[5]；也能够用来观察转变成光量变化的一些非电量信号，比如物体轮廓的粗糙度、零器件的半径、应变量、位移值、物体速率与加速度大小、物体的表面形状以及物体工作状况等。

优点：可以无接触使用，也没有固定的机械式框架结构，使用寿命也很长。

缺点：受光照影响。

综上：考虑到自行车是户外交通工具，因此选用方案一，采用霍尔传感器。

2.1.4　显示模块选择

方案一：选用 12864 显示屏

12864 液晶显示屏幕由 128*64 个点构成，有的带汉字库，有的不带汉字库，有的还能显示图像。

优点：带中文字库的 12864 显示屏，这种显示不需要占用本身以外的程序存储空间，这种显示屏反应速度很快，对主控制器的 I/O 传输速度要求不高。非常适用于低速主控制器。

缺点：12864 像素点只有 8192 个，显示内容有限，且只能显示单一颜色。

方案二：TFT 显示屏

TFT 液晶屏可以帮助任何一个像素点设置半导体开关，它的每个像素通过点脉冲直接控制，所以，各个节点之间都能够连续控制，还能相对独立，这样的设计不但可以加快液晶屏的反应速度，同时精准控制显示灰度，使得 TFT 液晶屏的色彩更加清晰[6]。

优点：TFT 屏幕有着多达 320*240 个像素点，显示信息量大，而且支持多种色彩，适用于有着大量信息内容显示的场景或者要求具有 GUI 界面的使用场景。

缺点：TFT 屏幕要求单片机有着较快的 I/O 速度，否则易出现延迟，而且 TFT 屏幕没有字库，需要用户自建字库，而字库占用了大量的空间，可能需要用户外挂存储器以支持字库的存储。

综上：由于需要显示的数据过多，选用方案二，使用 TFT 显示屏。

2.1.5　温湿度模块选择

方案一：DS18B20 温度传感器

DS18B20 温度传感器，自身体形小、精准度高，不容易受到干扰、功耗低。

优点：使用方便、与系统接口简单。

缺点：频率响应比较慢、编程比较复杂。

方案二：DHT11 温湿度传感器

DHT11 是一种可以传输精准数字信号的温湿度传感器，温度测量范围 0～50℃、温度误差范围±2℃，湿度范围 20%～90%RH，湿度误差范围±5%RH。

优点：传感器是电阻式感应湿度元件与 NTC 测温元件，响应时间很短，性价比很高。

缺点：温湿度测量的精度都不是很高。

综上：由于对装置温度的精确度要求没有那么高，而且 DHT11 还可以兼顾测量湿度，所以选择方案二，使用 DHT11 温湿度传感器[7]。

2.1.6　GSM 模块选择

GSM 模块由存储器、GSM 射频芯片、基带处理芯片、功放等构成，拥有自己的操作系统，具有 GSM 射频处理、基带数据处理并提供标准接口等功能。

综上：选用型号 ATK-SIM800C GSM/GPRS 模块。

2.2　硬 件 设 计

根据总体方案中各模块选型，现给出各模块电路。

2.2.1　主控模块

主控模块选用 STM32F1 系列中 STM32F103RCT6 型号作为主控制单元，属中低端 32 位的 ARM 微控制器，最高频率为 72 MHz、Cortex-M3 内核、功能强大、性能可靠。按片内 Flash 的不同一般分为：大容量型(256 K、384 K 和 512 K)、中容量型(64 K 和 128 K)、小容量型(16 K 和 32 K)，这里选用的 Flash 容量为 512 K。STM32 模块引脚如图 2.2 所示。

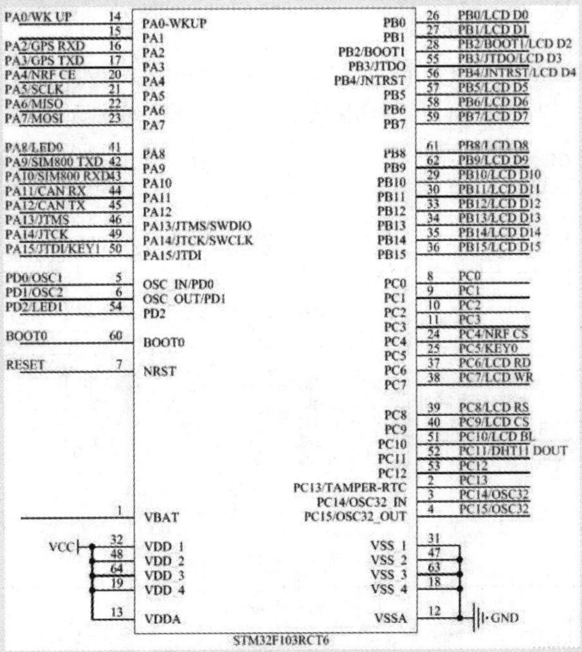

图 2.2　STM32 模块

与 51 系列、430 系列单片机相比，STM32 系列单片机有如下优点：

1. 芯片内部集成了定时器，I²C、USB、UART、AN、SPI、DC 等多种不同功能的模块，简单易用。

2. 响应速度快、速率高，可以达到 72 MHz，能满足开发需要。

3. 体积小、性价比高、工作稳定，具有自动检测功能及故障自我恢复能力。

2.2.2　北斗定位模块

北斗定位模块选用 ATK-S1216F8-BD 模块，是 ALIENTEK 生产的一款高性能 GPS/北斗模块，模块核心采用 SkyTraq 公司的 S1216F8-BD 模组，具有 167 个通道，追踪灵敏度高达−165 dBm，测量输出频率最高可达 20 Hz。ATK-S1216F8-BD GPS/北斗模块具有以下特点：

1. 模块采用 S1216F8-BD 模组，体积小巧、性能优异。

2. 模块可通过串口进行各种参数设置，并可保存在内部 Flash 中，使用方便。

3. 模块自带 IPX 接口，可以连接各种有源天线(建议使用 GPS/北斗双模天线，定位效果更佳)，适应能力强。

4. 模块兼容 3.3 V/5 V 电平，方便连接各种单片机系统。

5. 模块自带可充电后备电池，可以掉电保持星历数据。

注：在主电源断开后，后备电池可以维持半小时左右的 GPS 星历数据的保存，以支持温启动或热启动，从而实现快速定位。

通过 ATK-S1216F8-BD GPS/北斗模块，任何单片机(3.3 V/5 V 电源)都可以很方便地实现 GPS/北斗定位，当然也可以连接电脑，利用电脑软件实现定位。ATK-S1216F8-BD GPS/北斗模块的原理如图 2.3 所示。

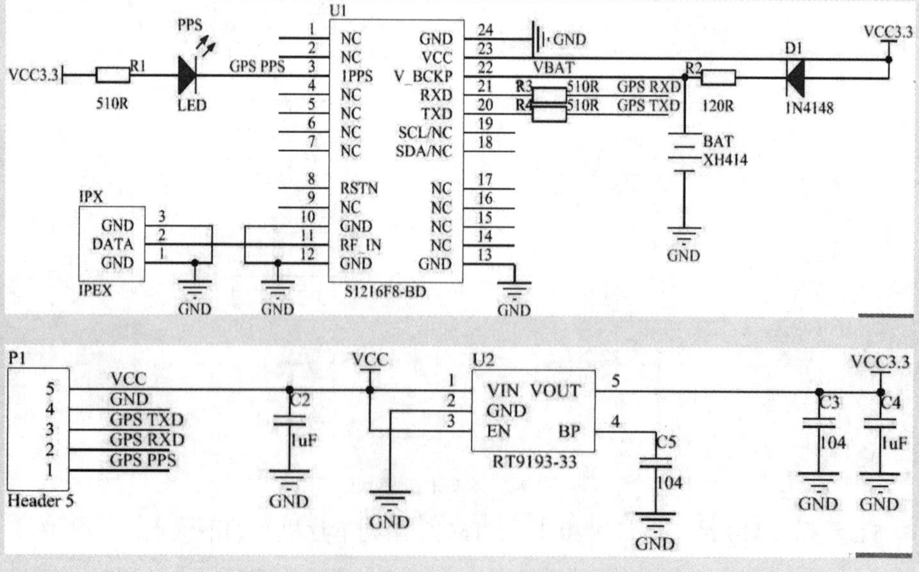

图 2.3　ATK -S1216F8-BD GPS/北斗模块原理图

ATK-S1216F8-BD GPS/北斗模块各接口引脚说明如表 2.1 所示。

表 2.1　ATK-S1216F8-BD 引脚说明

序号	名称	说　　明
1	VCC	电源(3.3 V～5.0 V)
2	GND	地
3	TXD	模块串口发送脚(TTL 电平，不能直接接 RS232 电平！)，可接单片机的 RXD
4	RXD	模块串口接收脚(TTL 电平，不能直接接 RS232 电平！)，可接单片机的 TXD
5	PPS	时钟脉冲输出脚

ATK-S1216F8-BD 模块同时具备了价格低廉、性能稳定、定位精度高等特点，其中定位精度可高达 2.5mCEP，能够以 1/2/4/5/8/10/20 Hz 的频率进行位置更新；其次，工作温度范围为−40～85℃，能够满足本设计的工作环境和条件。

ATK-S1216F8-BD 的模块可以和多种有源天线相匹配使用，本设计采用了 GPS 北斗双模供应的有源天线，能够同时接收到北斗卫星与 GPS 卫星发出的位置信息，最大程度提高接收的卫星数量，确保定位数据的准确和稳定，最大限度地保证了定位准确的服务质量。本系统主要采用以北斗卫星定位为主、GPS 卫星辅助定位的模式[8,9,10]。

GPS/北斗的串口将连接在 STM32F 模块的串口 3 上面(需要用跳线帽短接 P10 的 PB11(RX)和 GBC_TX 以及 PB10(TX)和 GBC_RX)，且 GPS 的 PPS 信号接接在 GBC_KEY 信号上面。STM32F 开发板与 ATK-S126F8-BD GPS/北斗模块的连接关系，如表 2.2 所示。

表 2.2　STM32F 开发板与 ATK-S126F8-BD GPS/北斗模块的连接关系

ATK-S126F8-BD GPS/北斗模块	VCC	GND	TXD	RXD	PPS
STM32F	5V	GND	PB11	PB10	PI11

2.2.3　显示模块

本设计使用的液晶显示屏型号为 DMTFT-28 显示模组，是一款拥有触屏功能的 2.8 寸 TFT 彩屏，主控芯片为 ILI9320，可以直接在大多数单片机上使用，液晶屏幕分辨率为 240*320，可正常显示字符、汉字、图片等，可由模组的液晶转接板进行设置。DMTFT 屏模块原理如图 2.4 所示。

该模块特点包括：

1. 同时兼备由 3.3 V 或 5 V 电压供电，其默认电压为 5 V，液晶模块转接线路板为 AMS1117-3.3 型电压的转换芯片。

2. 集成了 74HC573D 锁存芯片，可以供 8 位的单片机 I/O 口使用，有 16 位数据的工作模式，大大节省了 I/O 口的同时又可以带来更快捷的数据传输。

3. 模块采用并口通信，支持 8 位、16 位与 32 位单片机控制，不再需要多余的驱动芯片。

4. 模块使用了 ILI9320 驱动芯片，程序资源丰富，兼容性强。

5. 显示接口与 12864 液晶接口完美兼容。

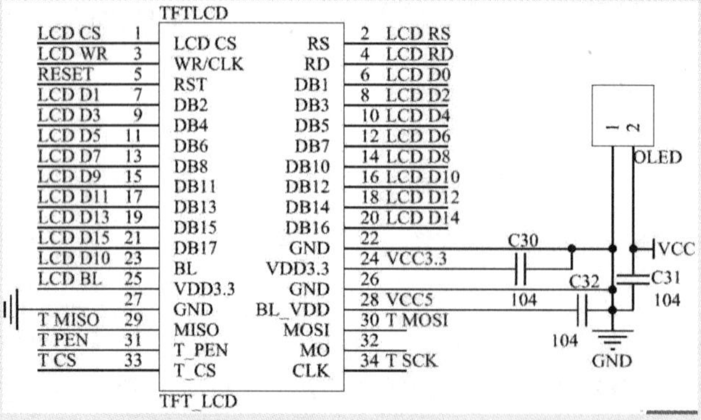

图 2.4　DMTFT 屏模块

2.2.4　GSM 模块

本设计选用 ATK-SIM800C 模块，同时兼备了 LVTTL 串口与 RS232 串口，还有支持硬件流控制，工作电压可以达到 5 V 到 24 V 的范围，模块具有短信和彩信收发、语音通信、蓝牙传输和 GPRS 数据传输等功能，原理如图 2.5 所示。

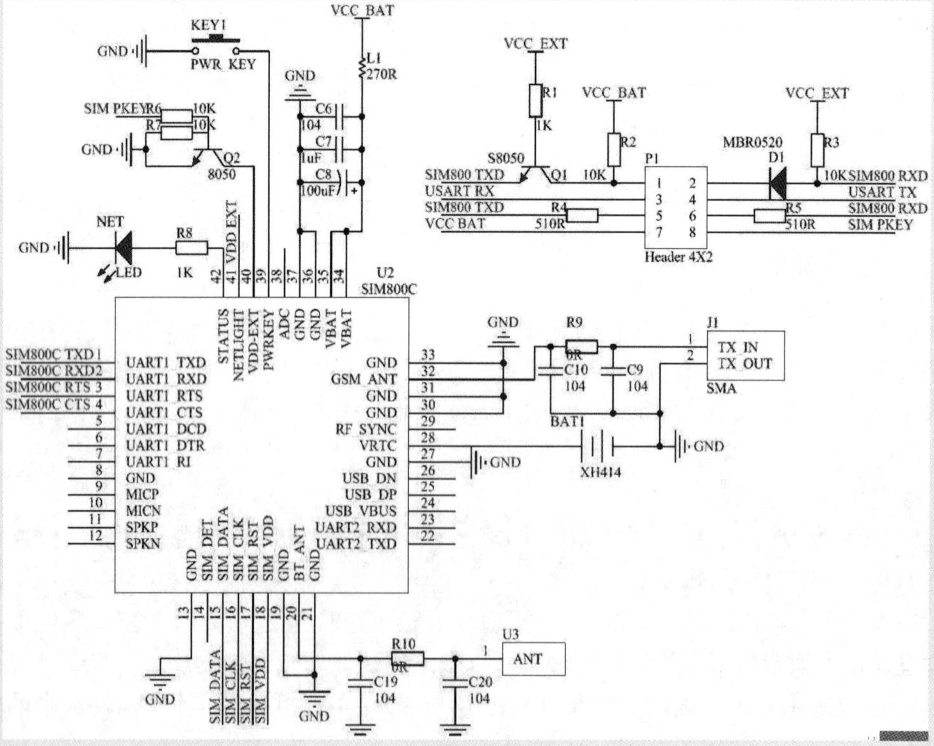

图 2.5　ATK-SIM800C 模块

ATK-SIM800C 模块基本特性如表 2.3 所示。

表 2.3　ATK-SIM800C 基本特性说明

项　目	说　　明
通信接口	属于 LVTTL 串口/RS232 串口 支持 AT 的命令控制 支持 RTS/CTS 的硬件流控控制 支持符合 GSM 07.10 协议的串口复用功能 支持从 1200b/s 到 115200b/s 的自动波特率检测功能 支持软件升级
语音接口	3.5 mm 耳机+麦克风座
天线接口	属于 SMA 接口，本身自带的 GSM 接口为特殊小辣椒天线，拥有 2.4G 蓝牙陶瓷天线
电源接口	DC005-2.1 mm 直流电源座
GPRS 连接特性	GPRS 时隙缺省为等级 12 GPRS 时隙 class8,10,12 可选 GPRS 移动台等级 B
工作频段	四频：GSM850M、EGSM900M、DCS1800M、PCS1900M 自动搜索这 4 个频段
工作温度范围	−40～+85℃

ATK-SIM800C 模块使用的是工业级的标准设计，有以下特点：

1. 集成了 3.5 mm 耳机插孔和麦克风座，支持语音通信开发。
2. 集成了 RS232 串口，方便模块与 PC/主控机等设备之间的连接。
3. 集成了高效同步的降压电路，使之转换的效率非常高，还支持超宽电压范围，非常适合于工业使用。
4. 集成了电源防反接的保护措施，SIM 卡受 ESD 保护，其保护功能相对完善。
5. 集成了 RTC 的后备电池，无需担心突然掉电的问题。

ATK-SIM800C 模块功能如表 2.4 所示。

表 2.4　ATK-SIM800C 功能

功　能	说　　明
GPRS 的数据特性	下行传输速率为最大 85.6 kb/s 编码格式：CS-1、CS-2、CS-3 和 CS-4 支持通常用于 PPP 连接的 PAP(密码验证协议)协议 内嵌 TCP/IP 协议 支持分组广播控制信道(PBCCH)
音频特点	对半速率、全速率、增强性全速率、自适应速率等多种编码模式都可行；支持回音消除的功能；支持噪声抑制的功能

续表

短信(SMS)	支持 MT/MO/CB/TEXT 和 PDU 模式 短信存储设备：SIM 卡
其他功能	短信、DTMF、TTS、录音、蓝牙串口
实时时钟	支持，同时自带备用电池为其供电

本系统将 GSM 模块与主控 STM32 单片机相连接，由 STM32 单片机控制 GSM 模块向目标手机发送短信，接收由北斗定位模块所获取的位置信息。继而由手机 APP 终端读取短信内容，获取经纬度信息，实现定位和路线规划服务。DTXD 连接 STM32 的 RXD，与 PA10 连接，DRXD 连接 STM32 的 TXD，与 PA9 连接[11]。

与蓝牙通信模块相比(主要考虑到传输距离、数据接收及稳定性等问题)，GSM 模块具有较远的通信传输距离，而且技术成熟。在本设计中，采用 GSM 模块作为硬件与软件 APP 通信的桥梁。

2.2.5　温湿度模块

本设计采用 DHT11 温湿度传感器，是一款含有已校准数字信号输出的温湿度复合传感器。它用专业的数字模块采集技术和温湿度传感技术，确保产品具有极高的可靠性与长期稳定性。传感器包括一个电阻感湿元件和一个 NTC 测温元件，并与一个高性能 8 位单片机相连接。该产品具有品质卓越、超快响应、抗干扰能力强、性价比极高等优点。每个 DHT11 传感器都在极为精确的湿度校验室中进行校准。校准系数以程序的形式储存在 OTP 内存中，传感器内部在检测信号的处理过程中要调用这些校准系数。使用单线制串行接口，使系统集成变得简易快捷。DHT11 传感器模块电路[12]如图 2.6 所示。

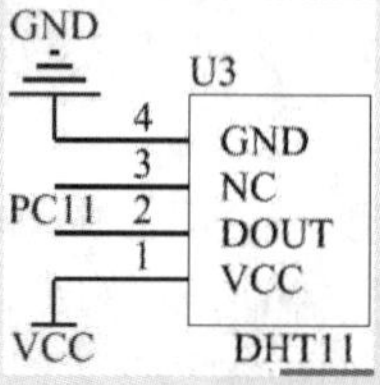

图 2.6　DHT11 传感器模块

DHT11 传感器的供电电压范围为 3～5.5 V。通电后，传感器等待 1 s 后达到稳定状态，然后才与单片机进行通信。为了达到去耦滤波效果，通常在电源引脚添加一个电容。DHT11 的 DOUT 引脚用于与单片机间的通信和数据同步，采用单总线数据传输方法，一次传输时间大约 4 ms。通信过程为微处理器传送一个开始信息给 DHT11，其接到信息后从低功耗等待模式转变为高速测量模式。当微处理器传送的开始信息结束时，DHT11 发出响应信号并输出 40 bit 温湿度信息，使得数据采集响应一下，微控制器可选择读取部分信息。高速测量模式下，DHT11 接收到开始信息后，响应一次，传感器开始采集温湿度的数据，当未识别微控制器发送来的开始信息，传感器就不会主动采集温湿度。温湿度数据被采集完毕后，传感器自动转变到低速等待模式[12]。

DHT11 模块引脚如表 2.5 所示。

表 2.5　DHT11 引脚

名称	注　释
VDD	供电 3～5.5 VDC
DOUT	串行数据，单总线，与 STM32 的 PC11 相连
NC	空脚，请悬空
GND	接地，电源负极

2.2.6　测速模块

3144 系列霍尔开关集成电路应用霍尔效应原理，采用半导体集成技术制造的磁敏电路，它是由电压调整器、霍尔电压发生器、差分放大器、史密特触发器，温度补偿电路和集电极开路的输出级组成的磁敏传感电路，其输入为磁感应强度，输出是一个数字电压信号。其引脚如表 2.6 所示。

表 2.6　霍　尔　引　脚

名称	注　释
V_{DD}	外接 5 V 电压
OUT DO	数据输出接口，与 STM32 的 PAO 相连
OUT AO	空脚，请悬空
GND	接地，电源负极

霍尔传感器将自行车的转速转换为脉冲信号，经过 74HC14 进行放大整形，硬件电路如图 2.7 所示。

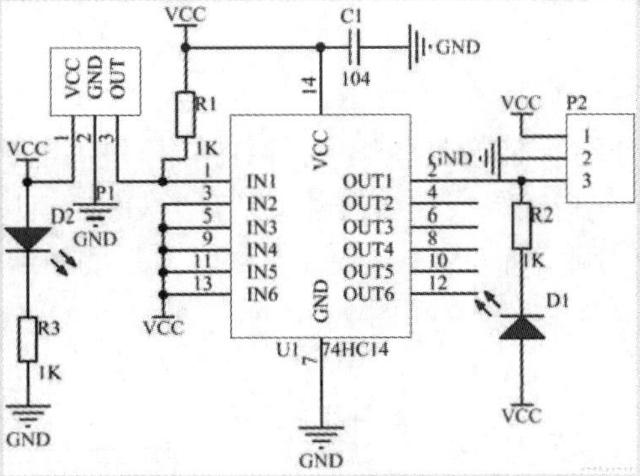

图 2.7　霍尔元件原理图

测速的基本原理是用单位时间(1 s)内轮胎转的圈数乘以轮胎的周长大小得出的数据即是转速。具体步骤是先将磁头镶嵌在自行车车轮的辐条上，然后将霍尔元件传感器安放在自行车的车轴架上，因为传感器的感应距离很近，大约 2～5 cm，所以需要磁头与传感器尽可能地靠近。完成安装固定后，当自行车骑行时，固定的磁头就跟随着车轮一

12

起转动，使得霍尔传感器附近磁场的磁通量发生改变，这种改变使霍尔电压发生变化而产生一个变化的磁信号，信号通过内部的整型采样和放大变换为一个符合外部电路的脉冲电压。自行车轮胎转动一圈，磁场发生一次改变，当磁场的强度达到最大时输出为高电平，当磁场的强度变为最低时则输出为低电平。所以，自行车轮胎转动一圈会产生一个方波。微处理器只需要对这个方波脉冲进行计数，就可以通过公式换算出自行车一小时行进了多少千米[13]。

2.2.7　按键电路

本设计采用按 KEY0 和 KEY1 键输入的按键电路，分别与 STM32 PC5 引脚和 PA15 引脚相接连，而 PA15 引脚和 JTDI 共用。所以，在使用 KEY0 和 KEY1 按键时，就不能使用 JTAG 来进行程序的调试。按键电路如图 2.8 所示。

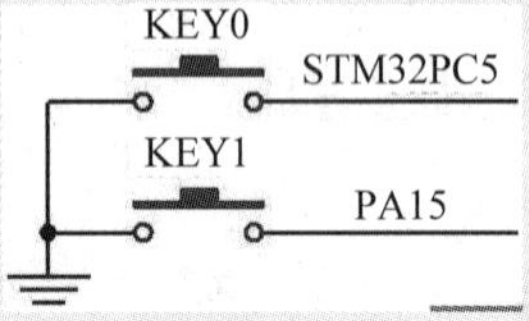

图 2.8　按键电路

因为设计的原因，WK_UP 按键没有涉及，所以对它暂不使用。按键功能说明如表 2.7 所示。

表 2.7　各按键对应功能

按键名称	功　能
KEY0	强制让 GSM 模块发送短信
KEY1	设定停车的初始位置

2.2.8　电源电路

电源电路分两部分分别给 STM32 单片机和 GSM 模块供电。因为要先发送短信，故要先给 GSM 供电，让它先自动寻找网络信号，只有当 GSM 模块的指示灯进入 3 s 闪烁时才表示模块可以正常使用。而 GSM 模块在工作时，需要非常稳定的电压，所以需给它另外单独供电。电源电路如图 2.9 和图 2.10 所示。

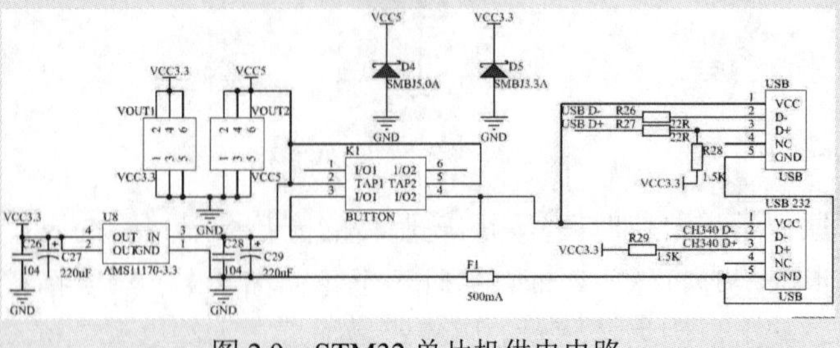

图 2.9　STM32 单片机供电电路

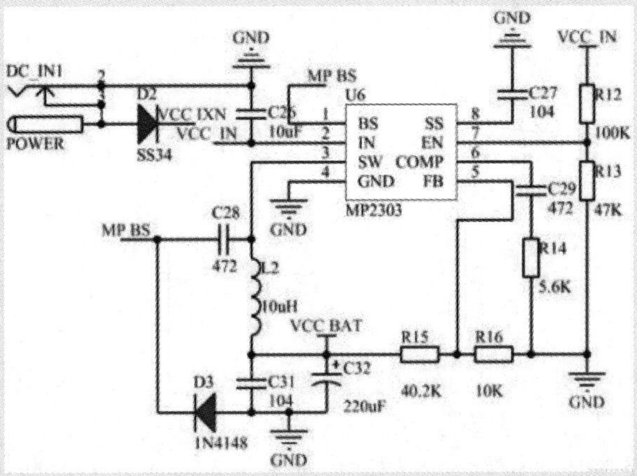

图 2.10　GSM 模块供电电路

第3章　软件设计

3.1　系统软件

本设计的下位机部分，采用了模块化的软件开发方式，通过将被控制对象(各模块)抽象为可复用的组件并形成相应的函数库，以提高嵌入式开发效率和质量，同时利用状态机原理来组织整个下位机程序的框架结构，是一种有限状态机。

硬件驱动程序为系统最核心也是最底层的代码。它直接负责各具体模块间的交互与配置。本设计中，参考各模块提供的芯片数据手册，将硬件驱动程序封装为一个个程序模块，每个模块包括器件的初始化部分、器件的配置部分以及与器件的数据通信部分，这些模块程序由主控芯片进行流程控制。

上电后，系统会执行 GPS 模块、GSM 模块、测温模块、测速模块、TFT 显示屏模块等模块的初始化子程序并自检。在正常启动后，系统进入正常工作状态，将通过数据通信子程序得到各模块数据，并同时进行数据处理，数据处理结果送 TFT 模块显示。系统通过测温模块和测速模块得到设备当前的温度与时速信息，通过 GPS 模块不断接收设备当前位置信息并显示。在“设定原点”键被按下后，当前设备坐标将被保存，系统会利用算法不断计算设定坐标与设备当前坐标之间的距离。当距离超过阈值(如 500 m)后，系统将驱动 GSM 模块发送一条包含设备当前坐标信息的短消息到预设的上位机上。为方便测试，本系统设计了一个“测试”按键用于测试，按下此键后，系统将会强制发送一条含有在当前坐标基础上偏移一定距离的坐标的短消息至上位机。

在下位机(自行车)当前位置与设定位置超过阈值(500 m)后，上位机会收到下位机发来的警报短信。启动上位机程序(APP)后，APP 会尝试定位手机当前位置，同时退出并通过 Android 系统的静态广播监听下位机发来的短消息。在收到下位机发来的特定格式的短消息后，APP 会自动唤醒，读取短信内容(下位机当前坐标)，同时弹出警报对话框并提示接收到警报的具体时间信息，当下位机机主(自行车主)确认警报对话框后，APP 主界面将显示通过最短寻路算法找到的从手机当前位置到下位机发送的坐标之间的最快路线，同时通过每路段颜色的不同反映各个路段当前的交通情况(拥堵或畅通)。自行车车主可根据此规划路线尽量快捷地去往下位机设备所在地。接到警报后，APP 会在地图上画出两个红绿两色的圆，圆心均为手机当前位置，其中绿色的圆半径为 500 米，红色圆的半径为手机当前位置到下位机坐标之间的直线距离，用户可以非常直观地看到和估算目标距离。此 APP 也支持下载和管理各大城市的离线地图，以期加快地图信息的显示速度。

3.2 GSM 模块软件

3.2.1 AT 指令

AT 指令作为一个接口标准，它的命令和返回的值以及格式都是固定的。AT 命令有四种形式：

1. 无参数命令。无参数命令是一种单纯的命令，格式是 AT[+|&]<command>，如开机、显示当前设置列表等(AT+ON、AT&V……)。

2. 查询命令。查询命令用来查询该命令当前设置的值，格式是 AT[+|&]<command>?，如：AT+CSCA?。

3. 帮助命令。帮助命令用来列出该命令的可能参数，格式是 AT[+|&]<command>=?，如：AT+CMGL=?。

4. 带参数命令。带参数命令是应用最广的一种格式，它为命令提供了强大的灵活性，格式是 AT[+|&]<command>=<par1>,<par2>,<par3>,…。

作为返回值，其情况就比较多样，这在后面的命令详解中将具体给出。但是返回值还是遵循一个大的框架格式：<CR><LF><回应字串><CR><LF><OK/ERROR>[: ERROR 信息]。

GSM 模块启动后，都处于命令状态，在该状态下，它以 at 命令形式接收命令。GSM 模块接收到 at 命令后，对命令进行解释和执行，并返回相应的结果码。

所有的 at 命令都由一个特定的“命令前缀”开始，由一个“命令结束标志”结束。命令前缀通常总是由 at 两个字符组成，它是 attention 的缩写，意思是“引起注意”，所以将它们称为 at 命令。命令结束符是一个单字节，通常为回车符，ASCII 的值为 13。一般 at 命令都由 AT 或 at 开始，而不是 At 或 aT，也就是说，所有 at 命令可以全是大写字符，也可以全是小写字符，但不能是大小写混合字符。

本节 AT 指令可以实现用户间的呼叫接听、短信的接收与发送、电话本记录、数据业务等功能，本设计使用了该模块的短信发送功能[14]。

注意：1. 指令只有“AT”或“at”开头才可以通过；2. 指令一定是以回车(<CR>)结尾。

AT 常用指令集功能，如表 3.1 所示。

表 3.1 AT 常用指令集功能

指令	功能
AT+CPIN?	查询手机卡的状态，主要查询 PIN 码
AT+CSQ	查询手机信号质量，返回给 SIM800C 模块接收信号的强度
AT+COPS?	回车表示 SIM 卡是否被网络接受
AT+CGMI	查询模块对应制造商
AT+CGMM	查询模块所属型号

续表

AT+CGSN	返回国际移动台识别号：<sn>
AT+CNUM	读取/设置本机号码
ATE1	设置回显模式(默认开启)
AT+CGMR	读取产品版本信息

3.2.2 短信发送

本节着重介绍软件使用 ATK-SIM800C 模块进行短信的读取与发送。下面使用到的指令有：AT+CNMI、AT+CMGF、AT+CSCS、AT+CSMP、AT+CMGR、AT+CMGS、AT+CPMS 等 7 条相关 AT 指令。短信相关 AT 指令集功能，如表 3.2 所示。

因为只需要模块发送经纬度数值，所以这里不需要考虑中文短信的接收与读取。英文短信的读取与接收步骤如下：

首先可以使用另一部手机编辑一条英文信息给 ATK-SIM800C 模块上的手机号码，模块会接收并读取到的这个英文信息。

表 3.2　短信 AT 指令集功能

短信相关指令	功　能
AT+CNMI	用于显示新收到的短信息
AT+CMGF	用于设置短消息格式
AT+CSCS	选择 TE 字符集
AT+CSMP	用于设置短消息文本模式参数
AT+CMGR	用于读取短信
AT+CMGS	用于发送短信
AT+CPMS	选择消息存储器

1. 发送 AT 指令：AT+CMGF=1，将信息变成文本模式。
2. 发送 AT 指令：AT+CSCS="GSM"，设置出 GSM 的相关字符集。
3. 发送 AT 指令：AT+CNMI=2、1，设置成新消息收到提示。
4. 使用另一个手机发送一条英文短信“HELLO WORLD”到自己的模块对应手机号码上进行检测；模块接收到短信后，会提示如“+CMTI: ‘ME’，10”，表明模块收到了发送来的短信，并将信息存放在 SIM 卡 10 的位置。
5. 发送 AT 指令：AT+CMGR=10，模块便可读取该短信内容。

3.3 APP 终端模块设计

为了能够及时监察自行车被盗信息，自行设计一个手机应用软件，能够监视报警短信，读取经纬度位置并进行定位，同时规划出自行车当时的具体位置。APP 终端的设计参考

17

高德地图，使用由高德官方提供的软件开发包，在这个基础上进行程序的添加与修改。APP 报警的原理为：计算北斗定位的两个点，当距离大于所设置范围时，触发报警通知。

3.3.1　两点间距离经纬度计算原理

地球是一种近乎完美的椭球形，它的赤道附近半径有 6378.14 km，两极附近的半径有 6356.755 km，平均半径约为 6371.004 km，通常将它视为一个球体，这时地球半径 R 就可以用地球平均半径来代替。一般情况下，将零经度线设为开始线，那么地球表面任意两个点的距离便可以依据各自点所对应的经纬度相关数据计算出来[15]。假设点 A 的经纬度为(Long$A$, Lat$A$)，点 B 的经纬度为(Long$B$，Lat$B$)，依据 0 度经线的标准，东经则取经度数的正值(Long)，西经则取经度数的负值(−Long)，北纬取 90−纬度值(90−Lat)，南纬取 90+纬度值(90+Lat)，那么经过上述处理过后的两点记为(MLong$A$，MLat$A$)和(MLong$B$，MLat$B$)[15]。可知地球表面两个坐标点间距离为

$$C = \sin(\text{MLat}A)*\sin(\text{MLat}B)*\cos(\text{MLong}B)+\cos(\text{MLat}A)*\cos(\text{MLat}B) \tag{3.1}$$

$$\text{Distance} = R*\text{Arccos}(C)*\text{Pi}/180 \tag{3.2}$$

式(3.2)中，R 和 Distance 的单位要一致，若半径 R 为地球平均半径 6371.004 km，则 Distance 的单位也必须是千米。

对于北半球的情况，可以对测量的经度进行修正，而不对测量纬度作 90−Lat 的处理，即

$$C = \sin(\text{Lat}A)*\sin(\text{Lat}B) + \cos(\text{Lat}A)*\cos(\text{Lat}B)*\cos(\text{MLong}A-\text{MLong}B) \tag{3.3}$$

$$\text{Distance} = R*\text{Arccos}(C)*\text{Pi}/180 \tag{3.4}$$

将三角函数的输入值与输出值都转化成弧度值，得

$$C=\sin\left(\text{Lat}A*\frac{\text{Pi}}{180}\right)*\sin\left(\text{Lat}B*\frac{\text{Pi}}{180}\right)+\cos\left(\text{Lat}A*\frac{\text{Pi}}{180}\right)*\cos\left(\text{Lat}B*\frac{\text{Pi}}{180}\right)* \cos\left(\text{MLong}B\right)*\frac{\text{Pi}}{180} \tag{3.5}$$

$$\text{Distance}=R*\text{Arccos}\left(C\right)*\frac{\text{Pi}}{180} \tag{3.6}$$

或

$$C = \sin(\text{Lat}A/57.2958)*\sin(\text{Lat}B/57.2958) + \cos(\text{Lat}A/57.2958)*\cos(\text{Lat}B/57.2958)* \cos(\text{Lat}B/57.2958)*\cos((\text{MLong}A-\text{MLong}B)/57.2958) \tag{3.7}$$

$$\text{Distance} = R*\text{Arccos}(C) = 6371.004*\text{Arccos}(C)\text{kilometer} = 0.621371192*6371.004* \text{Arccos}(C)\text{mile} = 3958.758349716768*\text{Arccos}(C)\text{mile} \tag{3.8}$$

3.3.2　APP 展示

APP 启动监听模式，如图 3.1 所示，让它在后台运行，时刻监听静态短信广播。发生警报自动唤醒 APP，如图 3.2 所示；APP 根据相应位置自动规划一条线路，如图 3.3 所示；

APP 的附加功能为添加实时交通显示，显示道路通畅状况，提供离线地图下载，如图 3.4 所示；显示 APP 制作者信息，如图 3.5 所示；APP 离线地图下载界面，如图 3.6 所示。

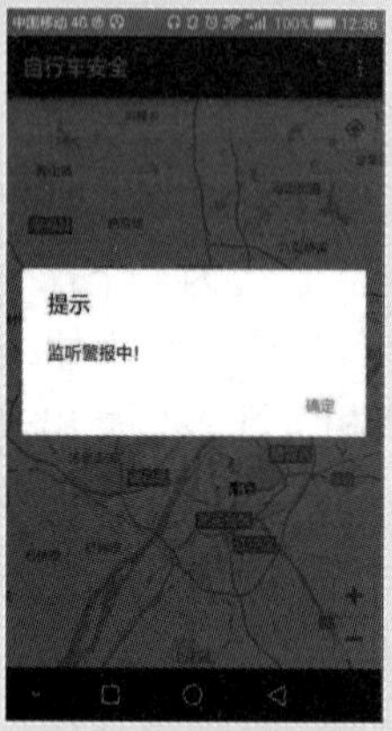

图 3.1　APP 启动监听模式

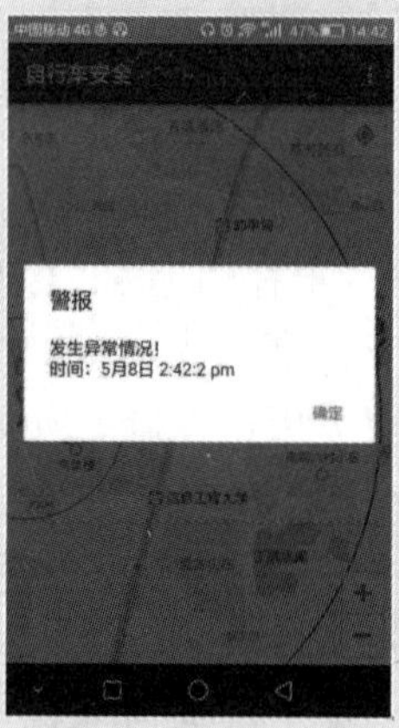

图 3.2　APP 收到异常警报

图 3.3　APP 规划路线

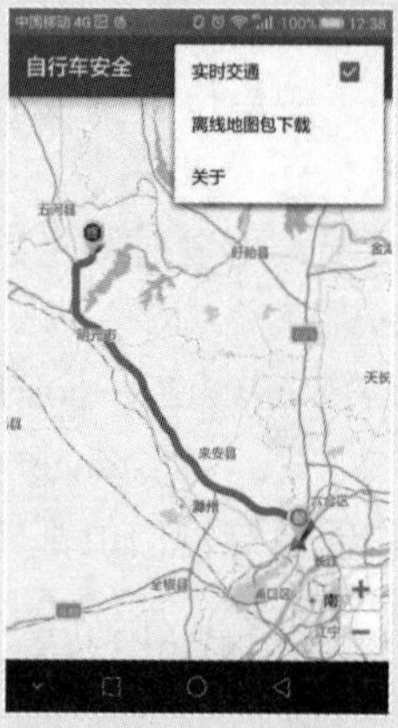

图 3.4　APP 显示实时交通

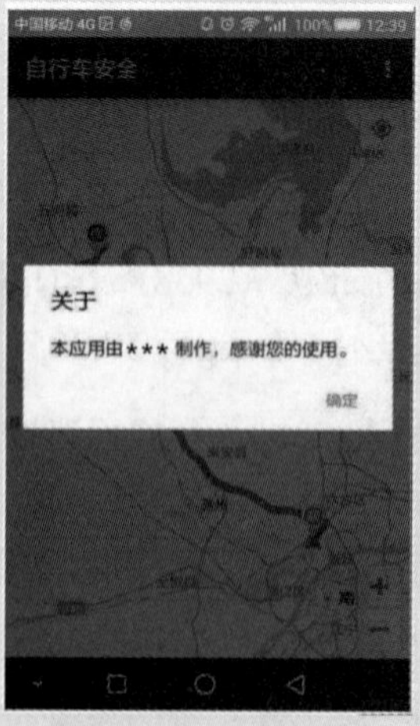

图 3.5　APP 制作人

图 3.6　APP 提供离线地图下载

该 APP 的功能如下：

1. 能够实时监测手机短信，从中获取报警短信位置信息。

2. 能够根据从短信获得的位置数据在地图界面中显示自行车位置。

3. 能够规划一条到自行车被盗后位置最近的交通路线，并提供实时显示交通拥堵信息的功能(根据路线颜色来区分交通拥堵状况，其中红色代表交通拥堵严重，绿色代表交通顺畅，红色至绿色之间不同程度的颜色代表交通拥堵至顺畅不同的程度)。

4. 提供离线下载地图功能，下载离线地图包后，可以在不使用流量的情况下继续使用地图定位服务，同时具有对离线地图的管理(删除、更新)等功能。

注意：安装完成后，APP 至少需打开一次，方可开启监听报警短信功能，开启后即可退出，APP 将保留在后台继续监听，当接收到 GSM 模块发来的报警短信时，终端 APP 会被自动唤醒，提示自行车车主被盗信息，然后显示自行车具体位置。

3.4　实际情况考虑

考虑答辩现场的实际情况，自行车不会超出 500 米范围。为此，在 STM32 中设置了一个按键 KEY0，让 GSM 模块强制发送一条报警信息。但发送来的位置信息就是本身位置，这在 APP 中观察到的位置变化不够明显，所以在程序中设置了一个算法，使得 GSM 发来的位置信息在原有的位置上偏移 200 米左右，以便观察，如图 3.7 所示。

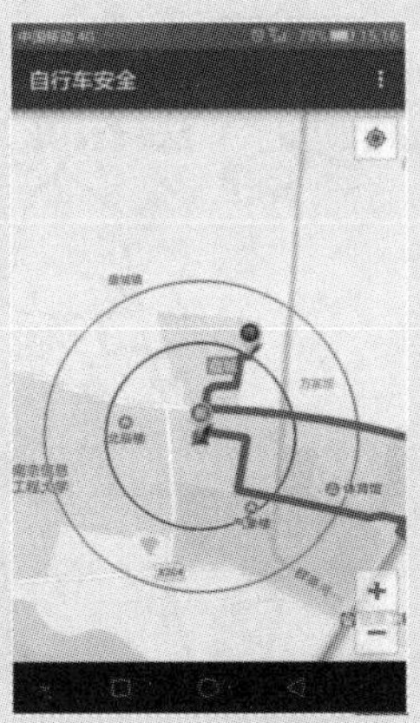

图 3.7　测试结果

3.5　软 件 设 计

液晶显示屏显示所测信息，由定位监测模块进行实时监测，位置数据超过所设阈值时，获取经纬度位置信息，再经由 GSM 模块的作用，将自行车的经纬度发送至自行车车主的手机上。手机接收到短信后，手机的 APP 会检测信息是否属于报警信息，当目标手机接收到经纬度信息时，APP 终端对该位置信息进行定位，从而完成本系统所有功能，算法流程如图 3.8 所示。

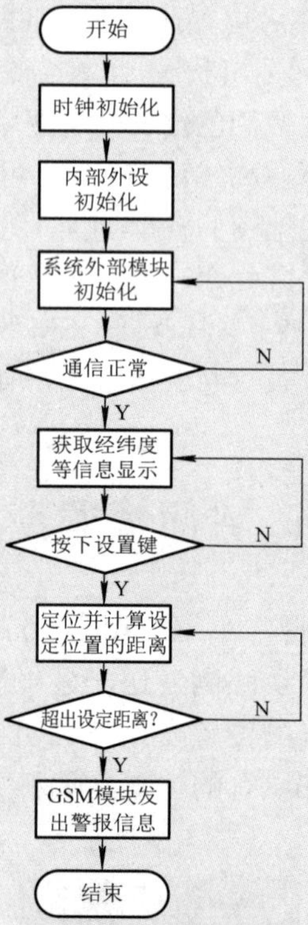

图 3.8　算法流程图

第 4 章　功 能 测 试

4.1　设计的作品各部分展示

实物展示如图 4.1、图 4.2 所示；全部硬件电路部分包含显示器、GSM 模块、DHT11 温湿度模块、北斗模块和有源天线，如图 4.3 所示；显示数据部分如图 4.4 所示。

图 4.1　车轮展示(自行车测速模块，采用霍尔传感器)

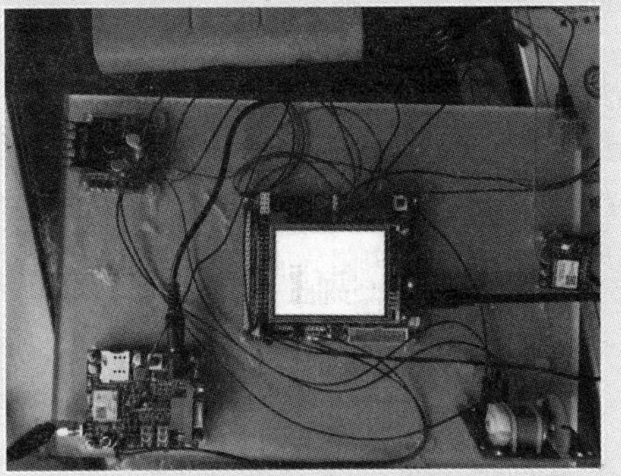

图 4.2　硬件部分展示(包含显示器、GSM 模块、DHT11 温湿度模块)

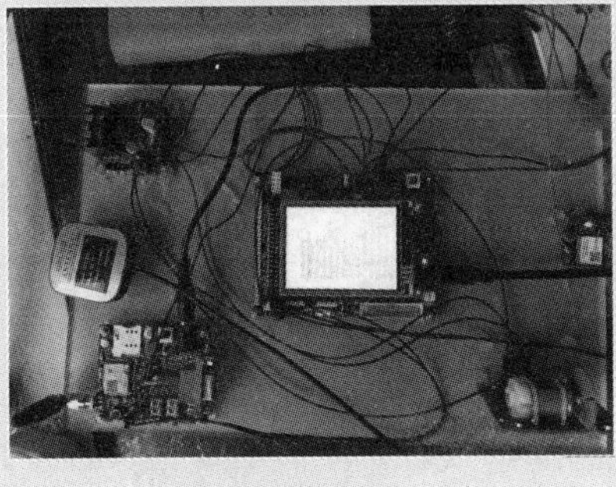

图 4.3　全部硬件电路

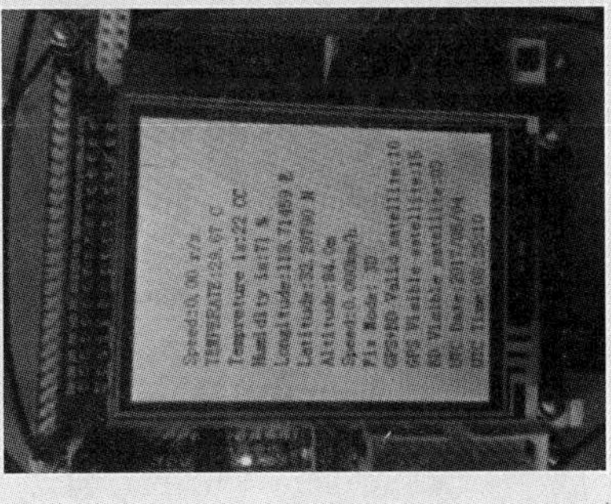

图 4.4　显示数据

4.2　环境因素测量

因为不可避免的因素，本设计存在着一些误差，有的是系统误差，有的是测量误差。测量数据分析与处理结果如表 4.1 所示。

表 4.1　测量数据分析与处理结果

	测量值	实际值	误差
STM32 内置测温	23.6 ℃	15 ℃	8.6 ℃
DHT11 测温	16 ℃		1 ℃
DHT11 测湿	80%	75%	5%
霍尔测速	6.89 km/h		
北斗测速			
经度	118.71459 E		
纬度	32.20790 N		

注：所有实际值均以手机查询本地情况所得。

1. 温度误差。DHT11 的误差由于受本身测温元件的限制，会有±2℃的误差；STM32 内置测温测量的是芯片附近的温度，与环境周围温度误差太大，因此不做实际比较。

2. 湿度误差。误差受电阻式感湿元件的影响，本身会有±5%RH 的上下浮动，在误差范围内。

第 5 章　总　　结

5.1　任务完成状况

经过一段时间的总体设计、硬件电路选择以及软件编程，初步完成了“基于北斗定位导航的自行车安全及环境检测装置”的设计与实现，达到了设计任务要求。在此次系统设计过程中，遇到过很多问题和困难，为了解决问题付出了不少汗水和努力。在导师和同学们的帮助下，及时解决了困难，也学到了很多关于卫星定位方面的知识，更加深入理解了国家大力发展自主北斗卫星定位系统的重要性和实用性。北斗卫星定位系统的建成必将大大提高综合国力和人民的生活质量与水平。

5.2　存在的问题

本设计虽然初步达到了设计要求，但是也存在许多需要完善和改进的地方，具体如下：

1. 温湿度模块。所选用的模块 DHT11 的精确度不是很高，温度可能有±2℃左右的误差。

2. 测速模块。采用霍尔传感器，当室外气温过高时，可能会导致测速偏差较大。

参考文献

[1] 汤飞球, 曹思奇, 李晋源, 等. 自行车里程表优化设计与实现[J]. 电子技术,2016,54(5): 89-93.

[2] 郇玉龙. 单片机实验教学仿真系统的设计与开发[D]. 济南：山东师范大学, 2008.

[3] 李源, 钱向阳, 李绍雄. 北斗卫星导航系统的发展现状与前景[J]. 通讯世界, 2016,18(14): 217-218.

[4] 熊小飞. 霍尔效应发展的学习思考[J]. 读书文摘, 2016, 17(15): 33-39.

[5] 王鑫. 小型叶绿素荧光仪的开发与研究[D]. 西安：西安理工大学, 2011.

[6] 李妍. 液晶背光组中导光板与增亮膜的理论分析与数值模拟[D]. 天津：天津大学, 2006.

[7] 秦伟. 温湿度监测系统设计[D]. 西安：长安大学, 2013.

[8] 李争粉. 我国卫星导航产业链正迈向成熟[J]. 中国测绘, 2014, 58(3): 4-9.

[9] ZENG B, ZENG W J. GIM(1) model and its application[J]. Advanced materials research, 2011, 219(11): 1360-1363.

[10] ZHAO X, LU H, DAI G. The auxiliary control system from railway operation safety based on beidou intelligent navigation services[M]. Proceedings of international conference on computer science and information technology, 2014:845-851.

[11] XIE J, LIU T X. Research on technical development of beidou navigation satellite system[J]. CSNC2013 Electronic Proceeding, 2013, 243(33):197-209.

[12] 吴克勤, 钱珊珠, 闫双红, 等. 基于 C8051F020 的太阳能干燥装置温湿度检测[J]. 农机化研究，2012, 34(11): 218-221.

[13] 谭巨兴, 谭巨滔. 基于单片机的自行车测速系统设计[J]. 电子世界，2014, 38(13): 28.

[14] 李高平. 一种基于 USB 接口的 IPC 远程控制模块开发[J]. 科技资讯, 2010,14(32): 17-18.

[15] 杨学祥, 陈殿友, 李守春. 干旱、地震与月球赤纬角变化[J]. 地震工程学报，1999, 21(1): 44-47.

致　谢

历时近4个月的毕业设计终于接近了尾声，从初定题目开始到最后的毕业设计答辩，期间无论是设计方案的研讨还是论文格式修改，无一不展现出导师的尽心尽力。最让我感动的是导师的敬业精神，在毕业设计期间，导师对我一直严格要求，每周两次风雨无阻进行指导。现在仍然记得毕业设计刚开始时，导师对我的教诲：毕业设计不是做你会的东西，而是做你需要努力才有可能完成的东西。这几个月，我收获了很多，不仅仅是知识层面的，更重要的是能力方面的。从一开始的毫无头绪、不知所措，到成为图书馆的常客，再到认识到知识产权的重要性，最终完成了毕业设计任务，达到了毕业要求，心生感动、心生感激。这些都为我踏入社会打下了最好的基础！

最后，我要感谢学校四年来对我的培养和教育，使我懂得了先做人后做事，做好人做好事的道理，让我受益终身，最后的最后，一句话代表我对学校的感谢——幸好有您！

8.1.5　毕业设计(论文)评阅意见

1. 指导教师审阅意见

×××大学

本科生毕业设计(论文)指导教师审阅意见表

<table>
<tr><td>学生姓名</td><td>×××</td><td colspan="2">学　号</td><td colspan="2">×××</td><td>学　院</td><td colspan="3">电子与信息工程学院</td></tr>
<tr><td>专　　业</td><td colspan="2">电子科学与技术</td><td colspan="2">班级</td><td>×××</td><td>指导教师</td><td>×××</td><td>职　称</td><td>×××</td></tr>
<tr><td>毕业设计
(论文)题目</td><td colspan="7">基于北斗定位导航的自行车安全及环境检测装置</td><td>建议成绩</td><td>优秀</td></tr>
<tr><td colspan="10">对毕业设计(论文)完成情况及质量、工作能力及态度、思想表现、论文学术水平等进行总体评价：

该生能正确理解导师下达的任务书内容与目标要求，针对设计任务查阅了一定数量的国内外文献资料，写出了文献综述，按时完成了开题，给出了任务实施方案，通过了中期检查，并对中期检查中出现的问题及时进行了解决，按计划完成了毕业设计任务。在本次毕业设计过程中，该生态度端正，主动性、积极性和进取精神强，能虚心接受导师指导并向其他同学学习，得到了很好的锻炼。
该生以自行车被盗时有发生为背景，以单片机为控制中心，设计并制作了一种基于北斗定位导航的自行车安全及环境检测装置，该装置由单片机、北斗导航定位模块、温湿度模块、测速模块、显示模块、GSM 模块、APP 终端等构成，骑行者能观察自己的位置、速度、周围环境的温度和湿度等。停车后，自行车主还能时刻监测自行车的位置状态并能判断自行车是否被盗。
本次毕业设计完成了任务书的内容，实现了设计目标。
该生毕业设计说明书写作规范，工作量饱满，层次清晰，语言表达较准确。
以上表明，该生的毕业设计达到了本科毕业水平，可以进行答辩！</td></tr>
<tr><td colspan="10">指导教师签名：×××

2017 年 5 月 23 日</td></tr>
</table>

2. 评阅教师审阅意见

×××大学

本科生毕业设计(论文)评阅教师意见表

学生姓名	×××	学　号	×××	指导教师	×××
学　院	电子与信息工程学院	专业、班级	电子科学与技术 1 班	毕业论文性质	□论文　■设计 □读书报告　□总结
题　目	基于北斗定位导航的自行车安全及环境检测装置				

对论文评阅的意见：

该生设计的基于北斗定位导航的自行车安全及环境检测装置，由单片机、北斗导航定位模块、温湿度模块、测速模块、显示模块、GSM 模块、APP 终端等构成，具有位置、时速、环境温度和湿度测量与显示等功能，特别是停车后，自行车主能时刻监测自行车的位置状态并能判断自行车是否被盗。也就是说，如果自行车不在设定的安全位置范围内，由单片机控制的 GSM 模块会将自行车所在位置信息发送到车主手机上，车主根据 APP 软件监测到的位置规划出找到自行车最近的线路，从而能有效防范自行车被盗的发生。因此，本装置具有很现实的意义。

该生毕业设计说明书层次清楚，逻辑合理，写作规范，语句通顺。

以上表明，该生的毕业设计达到了本科毕业要求，可以进行答辩！

建议成绩：优秀(92)　　　　评阅教师签名：×××　×××　×××

2017 年 5 月 23 日

8.1.6　毕业设计(论文)答辩结果

×××大学

本科生毕业设计(论文)答辩结果表

<table>
<tr><td>学生姓名</td><td>×××</td><td>学　号</td><td>×××</td><td>专业、班级</td><td>电子科学与技术 1 班</td></tr>
<tr><td>题　　目</td><td colspan="3">基于北斗定位导航的自行车安全及
环境检测装置</td><td>学　院</td><td>电子与信息工程学院</td></tr>
<tr><td colspan="6">答辩记录：
1. 北斗导航系统与 GPS 在功能上有什么不同？
2. 简述一下 ATK-SIM800C 的功能及在本设计中的作用？
3. 经度与纬度的含义是什么？</td></tr>
<tr><td colspan="6">答辩小组意见：
×××的本科毕业设计《基于北斗定位导航的自行车安全及环境检测装置》，完成了任务书规定的任务，实现了任务书的目标。从选题背景、方案设计到制作与测试等环节，表明该同学对有关文献、国内相关研究成果有一定的把握能力，研究方案科学，结论可信；也表明该同学具有将所学基础理论和专业知识应用于解决实际问题的初步能力。
该同学的毕业设计层次分明，脉络清晰，文笔流畅，具有一定的新意。
在答辩过程中，XXX 同学能简洁扼要地报告毕业设计的主要内容，并能正确回答答辩小组提出的问题。</td></tr>
<tr><td>建议论文成绩</td><td>优秀(90)</td><td>组长签名</td><td>×××</td><td>日　期</td><td>2017.5.25</td></tr>
<tr><td colspan="6">答辩委员会意见：
该同学通过毕业答辩!</td></tr>
<tr><td>论文成绩</td><td colspan="5">■优秀　□良好　□中等　□及格　□不及格</td></tr>
<tr><td>主管领导签名：</td><td colspan="5">同意答辩小组意见！
×××
2017 年 5 月 26 日</td></tr>
</table>

8.2　基于卷积神经网络的调制信号识别算法

8.2.1　毕业设计(论文)任务书

×××大学本科生毕业设计(论文)任务书

<table>
<tr><td>学　院</td><td colspan="3">电子与信息工程学院</td><td colspan="2">专　业</td><td colspan="2">通信工程</td></tr>
<tr><td>学生姓名</td><td>×××</td><td>学　号</td><td colspan="2">×××</td><td colspan="2">班　级</td><td>×××</td></tr>
<tr><td>毕业设计(论文)时间</td><td colspan="7">2019 年 10 月 15 日至 2020 年 5 月 25 日</td></tr>
<tr><td>提交设计(论文)时间</td><td colspan="7">2020 年 5 月 20 日</td></tr>
<tr><td>指导教师</td><td colspan="7">×××</td></tr>
<tr><td>设计(论文)题目</td><td colspan="7">基于卷积神经网络的调制信号识别算法</td></tr>
<tr><td rowspan="3">题目性质及来源</td><td>性质</td><td colspan="6">■理论研究　□应用研究　□技术开发　□其他</td></tr>
<tr><td rowspan="2">来源</td><td>项目名称</td><td colspan="5"></td></tr>
<tr><td>任务下达部门</td><td colspan="2"></td><td colspan="2">项目编号</td><td></td></tr>
<tr><td>主要内容</td><td colspan="7">通过在查阅资料了解 CNN 结构与特性的基础上，开展以下工作：
1. 基于 CNN 的信号调制识别算法设计
针对通信信号调制方式识别问题，需要设计一种基于 CNN 的通信信号调制方式识别算法。
2. 仿真实验
选取 BPSK、8PSK、16QAM 等调制信号模型，在信道噪声的影响下进行仿真实验，并比较设计算法对不同识别方式的识别效果。</td></tr>
<tr><td>论文(设计)目标</td><td colspan="7">将卷积神经网络模型应用于几种常见的调制信号进行识别，并比较不同识别算法的识别效果。</td></tr>
</table>

续表

指定参考文献	[1] 陈敏华, 李杨, 张武雄. 基于卷积神经网络的信道均衡算法[J]. 计算机应用与软件, 2017,34(9):257-261. [2] 张亚倩. 卷积神经网络研究综述[J]. 信息通信, 2018(11):27-29. [3] 吴佩军, 侯进, 吕志良, 等. 基于卷积神经网络的多进制相位调制信号识别算法[J]. 计算机应用与软件, 2019,36(11):202-209. [4] 许可. 卷积神经网络在图像识别上的应用研究[D]. 杭州：浙江大学, 2012. [5] 常亮, 邓小明, 周明全, 等. 图像理解中的卷积神经网络[J]. 自动化学报, 2016,42(9):1300-1312. [6] TARA N. SAINATH, KINGSBURY B, et al. Deep convolutional neural networks for large-scale speech tasks[J]. Neural networks, 2015,64.
指定参考文献	[7] ZHANG Z/F ZOU Y, GAN C Q. Textual sentiment analysis via three different attention convolutional neural networks and cross-modality consistent regression[J]. Neurocomputing,2018,275. [8] ORLIC V D, DUKIC M L. Multipath channel estimation algorithm for automatic modulation classification using sixth-order cumulants[J]. Electronics letters, 2010,46(19):1348-1349. [9] 吴正文. 卷积神经网络在图像分类中的应用研究[D]. 成都：电子科技大学, 2015. [10] LIPPMANN R.An introduction to computing with neural nets[J]. IEEE ASSP Magazine, 1987,4(2):4-22. [11] 陈卫东. 数字通信信号调制识别算法研究[D]. 西安：西安电子科技大学, 2001. [12] 吕铁军. 通信信号调制识别研究[D]. 成都：电子科技大学, 2000. [13] 党月芳, 徐启建, 张杰, 等. 高阶累积量和分形理论在信号调制识别中的应用研究[J]. 信号处理, 2013,29(6):761-765. [14] MUGHAL M O, KIM S. Signal classification and jamming detection in wide-band radios using Naïve bayes classifier[J]. IEEE Communications Letters, 2018, 22(7): 1398-1401.
备注	

注：此表由指导教师在毕业论文(设计)工作开始前填写，每位毕业生两份，一份发给学生，一份交学院留存。

8.2.2 论文

1. 封面

(略)

2. 目录

3. 正文

基于卷积神经网络的调制信号识别算法

学生姓名
作者单位，省份，城市　邮编

摘　要：针对基于特征提取的调制信号识别算法识别准确率不高的问题，分别将卷积神经网络(Convolutional Neural Network, CNN)和卷积-长短时记忆深度神经网络(Convolutional Long and short Deep Neural Network, CLDNN)应用于调制信号识别，以实现调制信号的空间和时序特征的自学习，避免基于特征提取的调制信号识别算法中的特征选择和提取步骤，而提高识别准确率。调制信号样本为 RaidoML2016.10a 国际标准数据集。实验结果表明，CNN 和 CLDNN 两种网络的识别准确率优于传统的调制信号识别算法，并且浅层的 CLDNN 可以取得较高的识别准确率。此外，文中还研究了网络参数对识别率的影响。

关键词：调制信号识别；卷积神经网络；长短时记忆

Modulation Signal Recognition Algorithm Based on Convolutional Neural Network

Student's Name
Author's unit, City, Province, Postal Code, China

Abstract: In order to solve low accuracy problem of the modulation signal recognition algorithm based on feature extraction, Convolutional Neural Network (CNN) and Convolutional Long and Short Deep Neural Network (CLDNN) applied to the modulation signal recognition, it realizes the self-learning of the spatial and temporal features of the modulation signal, thereby avoiding the feature selection and extraction steps in the traditional algorithm and improving the recognition accuracy. Modulation signal samples are RaidoML2016.10a international standard data set. The experimental results show that the recognition accuracy of the two networks CNN and CLDNN is better than traditional modulation signal recognition algorithms; and, the shallow CLDNN achieved high recognition accuracy. In addition, the influence of network parameters on the recognition accuracy is also researched.

Keywords: modulation Signal Recognition; convolutional neural network; long short-term memory

I

1 绪 论

1.1 研究背景及意义

现今人类生活在一个高度信息化的时代，信息通信俨然成为日常交流的首选工具，通信业务量的猛烈增长已使得无线通信资源变得越来越匮乏[1]。为满足日益增长的无线通信需求，达到高效、安全的通信目的，就必须保证通信信号调制和解调的质量，其中调制信号识别技术是关键的一步，它缓解了原本紧张的信道、频谱等通信资源。近年来，在无线通信不断发展的情况下，信号的调制类型变得越来越多样，信道环境也变得越来越复杂，这些都使得调制信号识别技术成为研究的热点。

早期的调制信号识别主要应用于军事中的电子战[2]，需要识别信号调制方式来干扰敌方信号。在民用领域中，调制识别技术可以识别异常可疑的信号，监管非法占用公共或个人频带资源等行为。此外，智能无线电一直是无线通信系统中不可或缺的一部分，它包括认知无线电[3]和软件无线电[4]。基于认知无线电的链路自适应(Link Adaptation，LA)技术一直是研究的重点，它也被称为自适应调制和编码(Adaptive Modulation and Coding，AM&C)技术。在这项技术中，接收器必须知道调制类型才能解调信号，以完成信号传输。实现这一点的简单算法是在每个信号段中加入调制标签，以便向接收器通知调制类型的变化，并相应地做出反应。然而，由于每个信号段中包含额外的调制信息，频谱效率大大降低。在目前无线频谱极其有限的情况下，上述策略效率很低。因此，自动调制识别技术成为解决问题的有力方案。

综上所述，自动调制识别技术在军事和民用等各个领域都具有重要的研究意义，调制识别的应用场景变化也引来了国内外众多研究者的持续关注。然而，通信需求的增长，使得这项技术面临着更多的困难。因此，研究高效可靠的调制识别技术具有重要的学术价值和工程实践意义。

1.2 国内外研究现状

在通信技术和现代电子技术高速发展的初期，调制识别一般由人工完成，识别率较低、误判率较高。随着通信技术的发展，自动调制识别算法成为研究的热点。自动调制识别算法可分为两类：一是基于决策理论的最大似然假设检验识别算法，包括广义似然比、平均似然比和混合似然识别算法[5]；二是基于特征提取的模式识别算法[6]，其计算量小，所需先验信息少，被广泛研究。其主要步骤有数据预处理、特征提取和分类识别。常用的信号特征包括高阶累积量[7]、小波特征[8]和信号瞬时特征[9]等。分类识别算法有支持向量机(Support Vector Machine, SVM)[10]、K 最邻近(K Nearest Neighbor, KNN)[11]和朴素贝叶斯[12]等，但这些算法的识别准确率较低。

近年来，深度学习算法在图像识别领域中表现出明显优势[13]，众多研究者将其应用于各种模式识别算法中。目前，在深度学习理论中，卷积神经网络具有表征学习能力。所谓“表征学习”是将学到的特征用于具体实践中，学习的本质就是“存储”与“提取”，这两个能力越强，学习就会越高效。卷积神经网络可以高效记忆和学习样本特征，并且对数据没有附加的特征提取要求，适合于调制信号的分类识别。此外，卷积神经网络在相邻的神经元之间实现部分连接，以此发挥出空间的局部相关性，同时在每个样本中共享卷积核，以解决由全连接结构导致的参数增加的问题。

本文在信号调制和神经网络的基础上，充分利用深度学习算法的性能特征，设计调制信号自动识别算法，并进行算法性能仿真。主要的工作如下：为了符合实际的信号传输环境，采用国际标准的调制信号数据集 RaidoML2016.10a。将数据集中的信号 IQ 分量直接作为神经网络的输入，避免传统特征提取的计算步骤；设计了两种神经网络，即 CNN 和 CLDNN，其中 CLDNN 的设计基于 CNN，并采用密集连接的结构，增加样本特征学习的多样性，减小由网络深度增加而带来的特征退化。实验结果表明，本文设计的网络的识别准确率优于对比的调制信号识别算法，并且浅层的 CLDNN 取得较高的识别准确率。此外，本文还研究了网络参数对 CNN 和 CLDNN 识别准确率的影响。

2　调制信号的基本原理

2.1　信号调制原理

信息包含于所传递的消息之中，而实现信息的传输就是通信的目的所在。在传输过程中，对于原始的电信号，一般频率都比较低，这就是所谓的基带信号。若要使这种信号可靠而有效地在信道中传输是一项困难的任务。因此，信号在传输前，需要将其转换成能够在信道中稳定传输的信号，该转换过程称为信号调制，调制的本质是基带信号频谱的偏移。而在现代信号系统中，对信号的调制和解调有很多不同的定义方式，比如最简单的调制方式就是在幅度上采用高低电平来表示发送和接收，但这种简单的调制方式效率较低。

目前，已经有很多种实现信号调制的方法，大致上可以将其分为模拟和数字调制这两类。其中后者已成为当今的主流，也是本文的主要研究对象，其广泛应用于各种通信场景。

2.2　调制信号模型

图 2.1 是典型的无线通信系统，包括发射器、信道和接收器。设 $y(t)$ 为接收器接收的连续时间信号，且

$$y(t) = f(s(t)) * h(t) + n(t) \tag{2.1}$$

式中，$s(t)$ 是按照时间 t 发送的信号，f 是调制类型，$h(t)$ 是信道效应，$n(t)$ 是加性噪声，*表示卷积。给定接收信号 $y(t)$，调制识别旨在预测 f 的调制类型。然而，实际通信环境中 $y(t)$ 的数学模型更加复杂。在本文中，接收信号 $y(t)$ 是在模拟传播环境中生成的，包括 BPSK、8PSK、CPFSK、AM-SSB 和 AM-DSB 等 11 种调制信号。

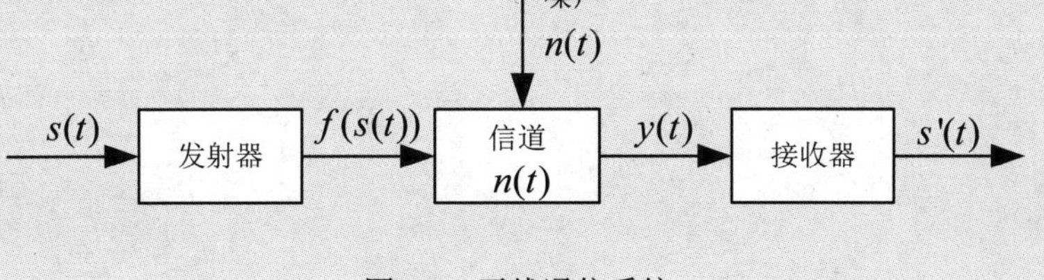

图 2.1　无线通信系统

2.3　调制信号的累积量特征

一、二阶统计量通常不能用于处理非线性、非高斯性或非最小相位系统相关的信号处理问题。与二阶统计量不同，高阶统计量通常用于解决这些类型的信号处理问题，因为它们包含底层线性系统的相位信息。也就是说，一、二阶统计量中并非包含所有信息，而大量的且有用的信息则包含在更高阶的统计量中。本文使用高阶累积量作为样本特征，以便进行提取。

令 $y(n)$ 表示在时间 n 处的离散时间接收信号，接收的复信号 $y(n)$ 的二阶统计量可以表示为

$$C_{20}=E[y^2(n)] \tag{2.2}$$

$$C_{21}=E[|y(n)|^n] \tag{2.3}$$

式中，$E(\cdot)$ 是期望函数。复信号 $y(n)$ 的四阶统计量为

$$C_{40}=\mathrm{cum}(y(n),\ y(n),\ y(n),\ y(n)) \tag{2.4}$$

$$C_{41}=\mathrm{cum}(y(n),\ y(n),\ y(n),\ y*(n)) \tag{2.5}$$

$$C_{42}=\mathrm{cum}(y(n),\ y(n),\ y*(n),\ y*(n)) \tag{2.6}$$

式中，C_{40}、C_{41} 和 C_{42} 表示四阶统计量，具体而言，四阶统计量的联合累积量函数表示为

$$\mathrm{cum}(\omega,\ x,\ y,\ z)\ =E(\omega xyz)-E(\omega x)E(yz)-E(\omega y)E(xz)-E(\omega z)E(xy) \tag{2.7}$$

3　卷积神经网络的基本理论

3.1　卷积神经网络的基本概念

CNN 是用于识别二维形状的多层传感器，是基于视觉神经机制的灵感而设计出的。CNN 通常可以自动从大规模的数据中学习特征，并把结果向同类型未知数据泛化。因而，近年来，卷积神经网络在许多方面有着广泛应用。例如，在面部识别[14]、脑电波分析[15]以及在自然语言处理[16]方面都取得了突破。

卷积神经网络是神经网络的一种，CNN 在结构上与神经网络具有很大一部分的相似之处，也由节点层层构成。CNN 使用卷积核(convolution kernel)从数据中获得重要信息，使用图像填充的策略尽量保持原始数据的信息，使用池化等策略来避免过度拟合。不过值得注意的是，对于 CNN 来说，每个卷积层的节点通常组合成三维矩阵，以此来显示出每层的神经元大小。两个相邻层之间的节点并非全部连接起来，仅是一部分进行连接。就图像分类而言，用给定图像的所有像素信息组成作为 CNN 的输入层，输出层由图像的每个分类类别组成，信息从一个节点传至下一个节点，这与完全连接的神经网络的输入和输出一致。神经网络的两个相邻层的连接是完全连接的神经网络和卷积神经网络之间最明显的区别。

此外，当处理图像时，由于全连接层中存在过多的参数，想要使用全连接的神经网络处理图像就会变得十分困难。当处理更大尺寸的图片或彩色图片时，网络参数将更多。这不仅会减慢计算速度，参数的增加还容易导致过度拟合，而卷积神经网络恰好可以有效处理参数过多这一问题。

3.2　卷积神经网络的基本结构

CNN 的设计是受到动物的视觉皮层组织启发，旨在自适应地学习特征的空间层次。通常，卷积层、池化层和全连接层构成了典型的 CNN 结构[17]。卷积层对输入样本中的每个小块区域做进一步的分析，以获得更高级别的特征。通过池化层，全连接层中的节点数将进一步减少，以降低整个神经网络的参数。输入的样本参数经过卷积和池化处理之后，就能够可靠而有效地获取大部分的样本特征。特征提取完成后，仍然需要使用全连接层来完成分类任务。典型的卷积神经网络结构如图 3.1 所示。

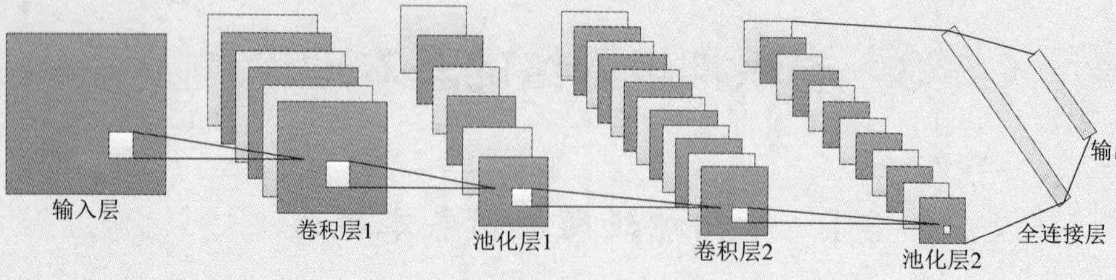

图 3.1　卷积神经网络的结构示意图

1) *卷积层*(Convolution Layer)

卷积层为 CNN 结构的基本组成部分，主要是为了将输入信息中的不同特征提取出来。所提取的特征值与卷积核的大小以及数目有关。需注意的是，尺寸较大的卷积核会引起计算量的陡然增加，从而降低计算效率。也就是说，在 CNN 模型中，用卷积核进行特征提取，从而得到该层的输出。具体操作为：输入样本和卷积核进行卷积，也就是将样本的区域数值和卷积核的权重矩阵做点积。在一个区域卷积完毕后按步长向下一个区域移动，再做相同的卷积操作。值得注意的是，卷积核的大小、卷积核的数目以及滑动步长是卷积运算过程中的重要参数。其中，输出的特征图数量由卷积核的数量所决定，滑动步长可以决定输出特征图的大小。卷积操作如图 3.2 所示，设置滑动步长为 1，输入 5×5 的数据，使用 3×3 的卷积核，卷积后获得 3×3 大小的卷积特征。总体来说，卷积层通过卷积核的过滤提取出样本中的局部特征，类似于人类视觉的特征提取。

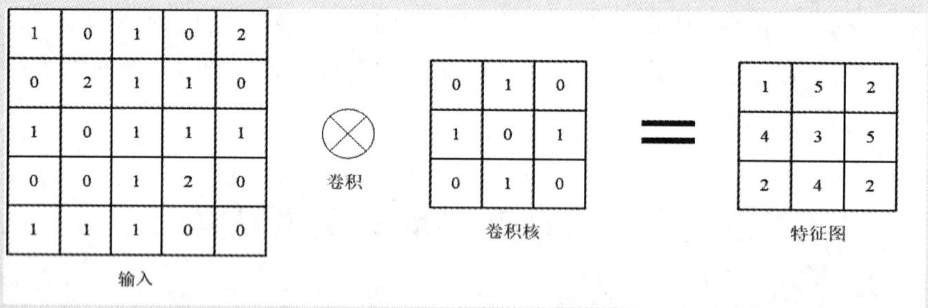

图 3.2　卷积操作的示意图

卷积层的输出为

$$X'_m = f\left(\sum_n W_m^n * X^n + b_m\right) \tag{3.1}$$

式中，X'_m 表示第 m 个输出特征图，W_m^n 表示卷积核权重系数，$*$ 表示卷积计算，X^n 表示输入样本特征，b_m 表示卷积层的偏置。另外，$f(\cdot)$ 表示卷积层的激活函数，常用的非线性激活函数有 Sigmoid 和 ReLU。

2) 池化层(Pooling Layer)

卷积层后之所以会紧接一个池化层，是因为在深度学习中如果样本尺寸过大，需要用到池化来减少参数矩阵的尺寸，并以此降低最后全连接层中的参数数量，并防止发生过拟合现象。Pooling 是在不同的通道上分开执行的，不用参数加以控制，可以根据窗口大小自行工作。目前池化种类主要分为两种，即平均池化和最大池化。

池化层的存在使得所设计的模型不再特别关注特征的具体位置，转而更加关注某些特征是否存在，这就赋予了特征值一定程度上的不变性，使得特征学习能容纳一部分特征在位置上的细微变化。同时，在合并结果的过程中，原始输入数据的子区域对应于合并结果中的元素，有效地减小了下一层输入的大小，从而减少了参数数量。

3) 全连接层(Fully Connected Layer)

在 CNN 的结构中，全连接层将最后一个池化层的输出特征图转换为一维列向量，这是因为在输出期间需要集成所有局部特征以获得全局特征，这些全局特征用作分类器的输入。根据特定情况，全连接层在 CNN 中通常为一层或多层。通常情况下，选用两层或两层以上的全连接层。

4) 输出层(Output)

在分类识别任务中，输出层作为 CNN 结构的最后一层，输出的是最终的分类结果，用于输出每个类别的预测概率。该层所设置的神经元数目须等于类别数。

3.3　卷积神经网络的特性及优势

稀疏连接和权重共享是 CNN 的两个主要特性[18]，又称为本地连接和参数共享。正是由于这两个特征，CNN 才能在许多领域取得高效成绩。稀疏连接意味着每个神经元只需要连接到上一层中的某些神经元，而非完全连接。这就意味着，在进行分类识别的过程中，需要存储的参数变少了，从而提高了它的效率。在 CNN 模型中，每个节点在携带自身信息的同时，还涵盖了与之直接相连的节点的部分信息，而且每个节点都是如此。这样就使得某些区域中的信息可以被多个节点同时拥有，也就形成了卷积神经网络权值共享这一特性。因而，CNN 中的每个神经元捕获与之相邻的节点信息后，可以将这些特征带入下一个网络层，以此类推，后续的每个神经元所携带的特征值就会越来越丰富。

总体来说，与一般的神经网络相比，CNN 具有以下优点：首先，在其传输的过程中，CNN 可以保留相邻节点之间的联系以及空间局部的特点，这样就会在很大程度上降低参数的数量，并且输入的数据始终可以保持结构特征，从而可以将二维的样本特征直接用作 CNN 的输入，这就克服了以前一些烦琐的预处理过程；其次，CNN 的特征提取模块可以提取样本高层次的特征，与传统算法相比，它更简单高效；最后，权重分配方法降低了参数量，且更容易得到优化，并加快了网络的训练速度，增强了网络对于不同任务的适应性。

3.4 卷积神经网络的反向传播

反向传播算法是应用于神经网络的一种学习算法，它是以梯度下降为基础的，神经网络的优化算法基本上都是在反向传播算法算出梯度后进行改进的[19]。在神经网络中，往往会根据不同的任务定义一个 loss 函数，此 loss 函数是衡量神经网络的输出数据与真实数据之间的差距。反向传播的基本思想是通过不断更新网络参数使得 loss 不断下降，即使输出数据与真实数据更贴近。卷积神经网络的反向传播与一般的神经网络略有区别，本节以基本的批量梯度下降法为例描述卷积神经网络的反向传播算法。

假设输入样本的数量为 m，CNN 的层数为 L，卷积层中卷积核的大小为 K，步长为 S。梯度迭代步长为 α，最大迭代次数为 MAX，停止迭代阈值为 ε。

1) CNN 的前向传播

若当前层为卷积层，则有

$$a^{i,l}=\sigma(z^{i,l})=\sigma(\boldsymbol{W}^{l}*a^{i,l-1}+\boldsymbol{b}^{l}) \tag{3.2}$$

式中，$a^{i,l}$ 为第 l 层第 i 个样本的输出，$a^{i,l-1}$ 为第 $l-1$ 层第 i 个样本的输出。σ 为本层的激活函数，$*$ 为卷积运算，$\boldsymbol{W}^{l}$ 和 $\boldsymbol{b}^{l}$ 分别为本层的权重和偏置。

若当前层为池化层，则有

$$a^{i,l}=\mathrm{pool}(a^{i,l-1}) \tag{3.3}$$

式中，$a^{i,l}$ 为第 l 层第 i 个样本的输出，pool 为具体的池化操作，$a^{i,l-1}$ 为第 $l-1$ 层第 i 个样本的输出。

若当前层为全连接层，则有

$$a^{i,l}=\sigma(z^{i,l})=\sigma(\boldsymbol{W}^{l}a^{i,l-1}+\boldsymbol{b}^{l}) \tag{3.4}$$

式中，$a^{i,l}$ 为第 l 层第 i 个样本的输出，$a^{i,l-1}$ 为第 $l-1$ 层第 i 个样本的输出，σ 为本层的激活函数，$\boldsymbol{W}^{l}$ 和 $\boldsymbol{b}^{l}$ 分别为本层的权重和偏置。

2) CNN 的反向传播

若当前层为卷积层，则有

$$\delta^{i,l}=\delta^{i,l+1}*\mathrm{rot180}(\boldsymbol{W}^{l+1})\odot\sigma'(z^{i,l}) \tag{3.5}$$

式中，$\delta^{i,l}$ 为第 l 层第 i 个样本的输出，$\delta^{i,l+1}$ 为第 $l+1$ 层第 i 个样本的输出，σ' 为激活函数的导数，$*$ 为卷积运算，rot180 为矩阵旋转 180°，$\boldsymbol{W}^{l+1}$ 为上层的权重，$\odot$ 为 Hadamard 乘积。

若当前层为池化层，则有

$$\delta^{i,l} = \text{upsample}(\delta^{i,l+1}) \odot \sigma'(z^{i,l}) \tag{3.6}$$

式中，$\delta^{i,l}$ 为第 l 层第 i 个样本的输出，$\delta^{i,l+1}$ 为第 $l+1$ 层第 i 个样本的输出，σ' 为激活函数的导数，upsample 为上采样操作，$\odot$ 为 Hadamard 乘积。

若当前层为全连接层，则有

$$\delta^{i,l} = (\boldsymbol{W}^{l+1})^{\mathrm{T}} \delta^{i,l+1} \odot \sigma'(z^{i,l}) \tag{3.7}$$

式中，$\delta^{i,l}$ 为第 l 层第 i 个样本的输出，$\delta^{i,l+1}$ 为第 $l+1$ 层第 i 个样本的输出，σ' 为激活函数的导数，$\boldsymbol{W}^{l+1}$ 为上层的权重，$\odot$ 为 Hadamard 乘积。

3) *卷积层权重和偏置的更新*

卷积层的权重和偏置更新公式为

$$\boldsymbol{W}^l = \boldsymbol{W}^l - \alpha \sum_{i=1}^{m} \delta^{i,l} * a^{i,l-1},\ \boldsymbol{b}^l = \boldsymbol{b}^l - \alpha \sum_{i=1}^{m} \sum_{u,v} (\delta^{i,l})_{u,v} \tag{3.8}$$

式中，α 为梯度迭代步长，$\sum\limits_{u,v}(\delta^{i,l})_{u,v}$ 表示 δ^l 的子矩阵求和，其他参数均在前文中说明。

全连接层的权重和偏置更新公式为

$$\boldsymbol{W}^l = \boldsymbol{W}^l - \alpha \sum_{i=1}^{m} \delta^{i,1} (a^{i,l-1})^{\mathrm{T}},\ \boldsymbol{b}^l = \boldsymbol{b}^l - \alpha \sum_{i=1}^{m} \delta^{i,l} \tag{3.9}$$

式中，α 为梯度迭代步长，其他参数也均在前文中说明。

卷积神经网络反向传播的本质就是通过不断地迭代，使得 $\boldsymbol{W}$ 和 $\boldsymbol{b}$ 低于迭代阈值 ε，若不满足，则计算到最大迭代次数后停止。

4　基于卷积神经网络的调制信号识别算法

4.1　基于 CNN 的调制信号识别模型

在使用 CNN 模型进行调制识别时，由于 CNN 具有空间特征学习能力，可以直接对调制信号的 IQ 分量进行处理，因此这里将信号的原始样本作为网络的输入。信号样本采用国际标准数据集 RML2016.10a_dict[19]，样本由信号的同相和正交分量组成。由于样本维度较小，故设计的 CNN 不采用池化层来进行特征的降维，具体的网络结构和部分参数如图 4.1 所示。

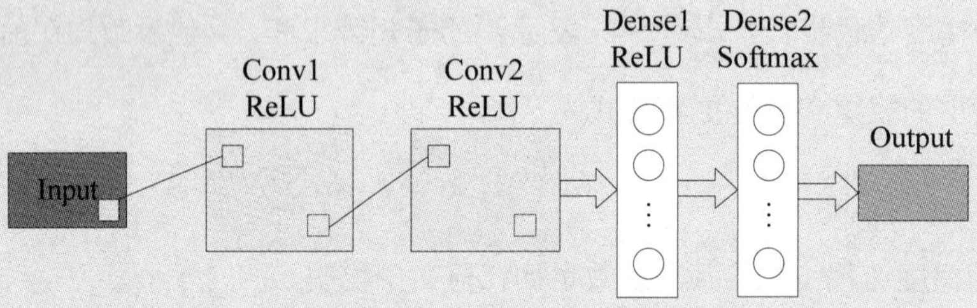

图 4.1　基于 CNN 的调制识别模型

首先是输入层 Input，输入的样本大小为 2 × 128。输入样本采取补零操作，即在样本两侧补上零矩阵，可以保证样本的边缘特征能够被学习到。接着，网络第二层为 Conv1，卷积核个数为 256，对应输出特征图通道数也为 256。此外，本层卷积核尺寸为 1 × 3，滑动步长为 1。激活函数设置为 ReLU，为了更好地满足非线性，同时防止训练陷入局部最小，本层的输出为

$$\boldsymbol{x}_1=\sigma(\boldsymbol{W}_1*\boldsymbol{x}_{\mathrm{iq}}+\boldsymbol{b}_1) \tag{4.1}$$

式中，$\boldsymbol{x}_{\mathrm{iq}}$ 为补零后的 IQ 分量样本，$\sigma(g)$ 为 ReLU 函数，$\boldsymbol{W}_1$ 和 $\boldsymbol{b}_1$ 分别表示第一层卷积层里的权重和偏置。

之后，网络的第三层为 Conv2，该层卷积核个数为 128，卷积核尺寸为 2×3，其余设置同卷积层 1。这里增大了卷积核的尺寸，是为了学习二维信号特征的关联性，减少冗余特征，本层输出的特征图尺寸较上一层卷积层 1 的输出会有所减小。本层的输出为

$$\boldsymbol{x}_2=\sigma(\boldsymbol{W}_2*\boldsymbol{x}_1+\boldsymbol{b}_2) \tag{4.2}$$

网络的最后两层为全连接层，第一层全连接层的神经元个数为 256，它接收上层输出的特征。在此之前，需对 Conv2 输出的特征图进行压平操作得到 $\boldsymbol{x}_2'$，即将二维的特征压平为一维。本全连接层的激活函数也为 ReLU，输出的特征尺寸大小为 1×256，其输出的计算过程为

$$\boldsymbol{x}_{\mathrm{d1}} = \sigma(\boldsymbol{W}_{\mathrm{d1}}\boldsymbol{x}_2' + \boldsymbol{b}_{\mathrm{d1}}) \tag{4.3}$$

式中，$\boldsymbol{x}_2'$ 表示 $\boldsymbol{x}_2$ 被拉平后的一维特征，$\boldsymbol{W}_{\mathrm{d1}}$ 和 $\boldsymbol{b}_{\mathrm{d1}}$ 分别表示第一层全连接层里的权重和偏置。

网络最后的全连接层也为输出层，激活函数为 Softmax，以满足多分类的目的，神经元个数与分类的类别数相同，这里为信号的类别数 11。此处的输出为

$$\boldsymbol{y}_{\mathrm{d2}} = o(\boldsymbol{W}_{\mathrm{d2}}\boldsymbol{x}_{\mathrm{d1}} + \boldsymbol{b}_{\mathrm{d2}}) \tag{4.4}$$

式中，$\boldsymbol{y}_{\mathrm{d2}}$ 为预测标签，$o(g)$ 为 Softmax 函数。此外，设置网络中前三层特征提取层的 dropout 系数为 0.5，即同一时刻，只有一半神经元处在激活状态，防止网络训练时发生过拟合现象。

4.2　基于 CLDNN 的调制信号识别模型

CLDNN 是将 CNN 和 LSTM 相结合而得到的混合型网络结构，它既保留了 CNN 对特征的空间学习能力，也拥有 LSTM 的记忆性能，适合用于信号的分类识别任务。LSTM 是由循环神经网络(Recurrent Neural Network, RNN)发展而来的，它克服了传统 RNN 梯度消失等问题。RNN 通常用于通过引入定向环来处理输入之间的相互关联问题，而 LSTM 网络是一种特殊的 RNN，用于解决长期依赖性问题，包括存储单元、输入门、输出门和遗忘门。一个 LSTM 记忆单元如图 4.2 所示。

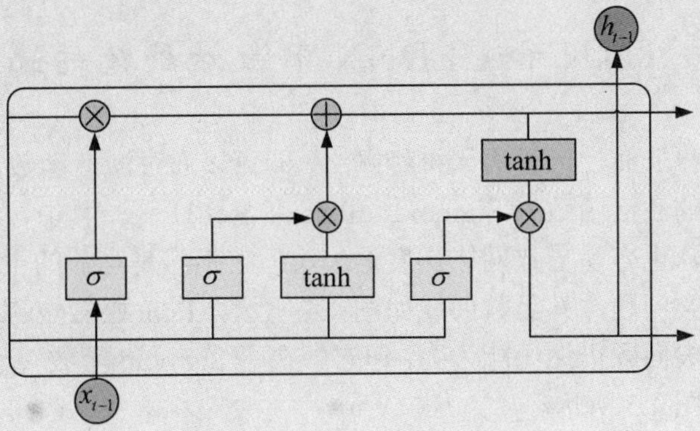

图 4.2　LSTM 单元结构示意图

LSTM 的工作机制可以描述为

$$f_t = \text{sigmoid}(\boldsymbol{W}_f \cdot [h_{t-1}, x_t] + \boldsymbol{b}_f) \tag{4.5}$$

$$i_t = \text{sigmoid}(\boldsymbol{W}_i \cdot [h_{t-1}, x_t] + \boldsymbol{b}_i) \tag{4.6}$$

$$\overline{C}_t = \tanh(\boldsymbol{W}_C \cdot [h_{t-1}, x_t] + \boldsymbol{b}_C) \tag{4.7}$$

$$C_t = f_t \cdot C_{t-1} + i_t \cdot \overline{C}_t \tag{4.8}$$

$$o_t = \text{sigmoid}(\boldsymbol{W}_o \cdot [h_{t-1}, x_t] + \boldsymbol{b}_o) \tag{4.9}$$

$$h_t = o_t \cdot \tanh(C_t) \tag{4.10}$$

式(4.5)～式(4.10)中，W、b 分别表示权重和偏置量，i、f 和 o 分别表示输入门、遗忘门和输出门的输出，C、h 分别表示激活值和输出值，sigmoid 和 tanh 表示不同的非线性激活函数。

本节设计的 CLDNN 结构如图 4.3 所示。

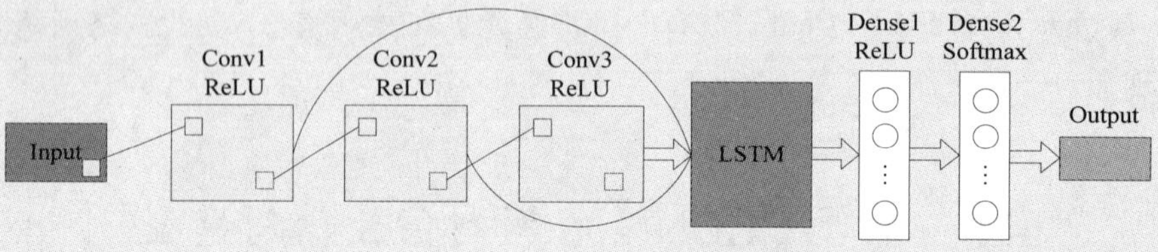

图 4.3　基于 CLDNN 的调制识别模型

图 4.3 中，输入层为 2 × 128 的信号样本，将样本输入 Conv1 进行卷积，该层的卷积核个数设置为 80，卷积核尺寸为 1 × 8，Conv2、Conv3 依旧采用了 80 个 1 × 8 的卷积核。在卷积层对特征处理完毕后，将三层卷积层的输出进行合并。此操作虽然增加了特征数量，但保留了原始特征和卷积提取后的特征，使得特征的层次性更加丰富。最后，利用 LSTM 层进一步挖掘信号的时序特征，其单元个数设置为 150，激活函数设置为 Tanh。网络最后两层同样为全连接层，其作用和设置与 CNN 网络中的相同。

4.3　CNN 和 CLDNN 中激活函数的选择

激活函数用于将非线性因素引入神经网络，即可以通过激活函数，使得神经网络拟合各种曲线。常用的激活函数为 Sigmoid、Tanh 和 ReLU 等。其中，Sigmoid 函数相对于原点中心不对称，也容易导致网络梯度消失，但它仍然是当前的主流激活函数之一，主要用于二进制分类问题，其函数曲线如图 4.4 所示。Tanh 函数也称为双曲正切函数，尽管它对于梯度消失问题仍然无能为力，但它解决了 Sigmoid 函数关于原点不对称的问题，其函数曲线如图 4.5 所示。

在 CLDNN 中，将 Sigmoid 用于“门”的激活函数，Tanh 用在状态和输出上，符合 LSTM 的候选记忆生成要求。ReLU 函数是当前最常用的函数，因为它在一定程度上缓解了梯度问题，并且计算速度非常快，其函数曲线如图 4.6 所示。在本节 CNN 和 CLDNN 中，ReLU 常被使用在卷积层和全连接层，可以加快模型的收敛速度，从而提高神经网络的性能。

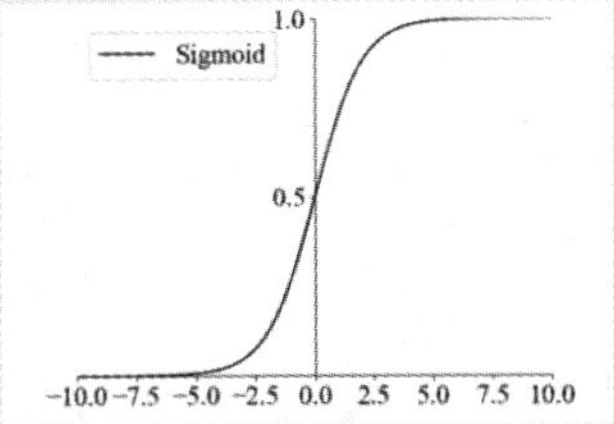

图 4.4　Sigmoid 的函数图像

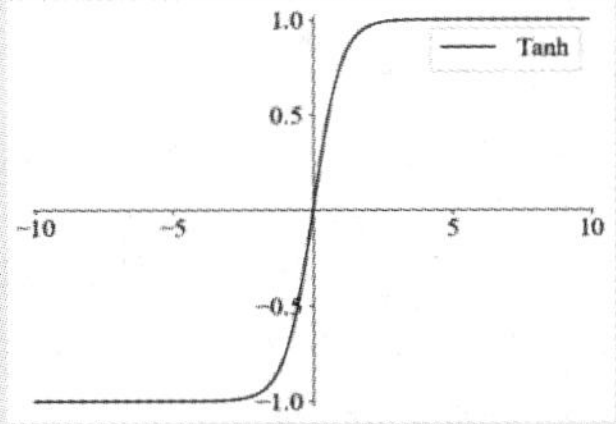

图 4.5　Tanh 的函数图像

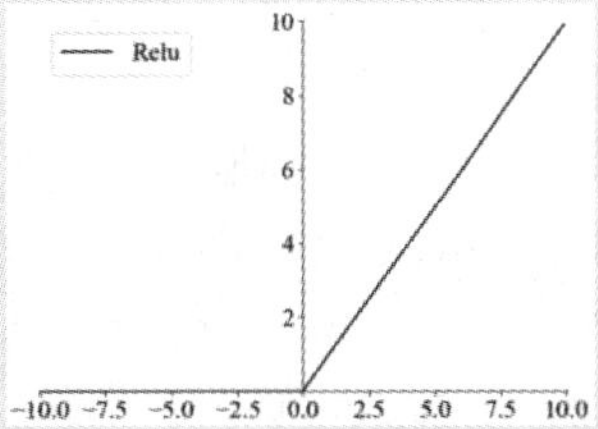

图 4.6　ReLU 的函数图像

对于激活函数的选择，值得一提的是 Softmax 函数，也称为归一化指数函数，它是机器学习(尤其是深度学习)中非常普遍且重要的一种函数。Softmax 用于多分类过程，可以将多个神经元的输出映射到(0,1)间隔中，并将其理解为计算多分类的概率。可以将其工作原理解释为某种类型的特征加权，然后将这些特征转换为确定这种类型的可能性。由于本节涉及信号分类识别问题，因此在 CNN 和 CLDNN 中的最后一层全连接层使用 Softmax 激活函数进行分类识别，最终输出的是每个信号的概率，其计算原理如图 4.7 所示。

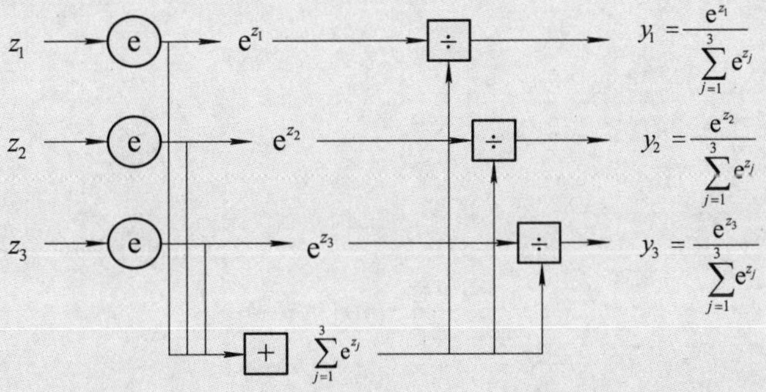

图 4.7　Softmax 的计算

图中，假设有数据集 $\boldsymbol{Z}$，z_i 表示 $\boldsymbol{Z}$ 的第 i 个元素，则该元素经过 Softmax 的值为

$$S_i = \frac{e^i}{\sum e^j} \tag{4.11}$$

式中，j 为所有元素的索引。

4.4　识别任务中的损失函数

本节选择的损失函数为多分类交叉熵(categorical crossentropy loss)。交叉熵是信息论领域的一种度量方法，它建立在熵的基础上，通常用于计算两种概率分布之间的差异[20]。

交叉熵损失函数经常用于分类问题中，特别是神经网络分类问题。交叉熵用来描述两个分布的距离，符合神经网络的训练目的。

多分类的交叉熵损失为

$$L = -\sum_{i=1}^{K} y_i \log(p_i) \tag{4.12}$$

式中，K 为种类数量，y_i 为第 i 类的标签，p_i 为是第 i 类的概率，也就是上文中 Softmax 的输出值。

4.5 识别准确率评价指标

准确率计算公式为

$$\text{accuracy}(y, \hat{y}) = \frac{1}{n}\sum_{i=0}^{n-1}\begin{cases}1, & \hat{y}_i = y_i \\ 0, & \hat{y}_i \neq y_i\end{cases} \tag{4.13}$$

式中，n 为样本数，$\hat{y}_i$ 为第 i 个样本的预测标签，y_i 为第 i 个样本的真实标签。

5　实验与分析

5.1　数　据　集

在实验中，使用了 RadioML2016.10a 数据集作为输入数据，该数据集是目前调制识别研究中常被使用的数据样本，有关生成此数据集的详细信息可以在文献[21]中找到，它的产生流程如图 5.1 所示。

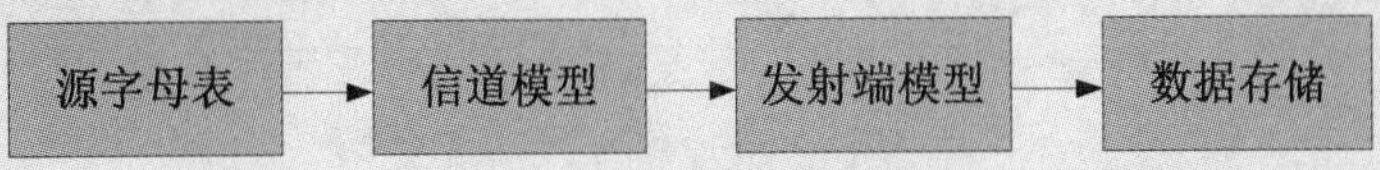

图 5.1　产生数据集的流程

该数据集包含 11 种调制信号类型分别为 8 种数字调制和 3 种模拟调制，其中数字调制信号为 BPSK、QPSK、8PSK、16QAM、64QAM、BFSK、CPFSK 和 PAM4，模拟调制信号为 WBFM、AM-DSB 和 AM-SSB。数字调制信号包含的信息为莎士比亚的作品，为 ASCII 码形式。模拟调制信号采用连续语音信号作为输入信息，主要由声学语音组成。该数据集利用开源软件无线电平台 GNU Radio 生成，在产生过程中除了采用大量真实语音信号外，还采用了 GNU Radio 中动态信道模型模拟了信道效应，包括频率偏、相位偏、高斯白噪声和频率选择性衰落等。此外，该数据集的信噪比标签为 20 个，从−20 dB 到 18 dB，步长为 2，每个调制类型在每个 SNR 都有 1000 个信号样本。具体数据集的参数如表 5.1 所示。

表 5.1　RaidoML2016.10a 数据集的相关参数

信号参数	具体数值
采样速率	200 kHz
最大采样率偏移	50 Hz
采样点数	128
每条信号符号数	8
信噪比	−20 dB：2 dB：18 dB
信号数量	220 000

5.2　CNN 与 CLDNN 的识别准确率

在实验中，将数据集 220 000 个样本划分为训练集和测试集，各占样本总量的 80%和 20%。本实验使用 tensorflow 作为后端，使用 keras 库搭建神经网络训练，并基于 Nvidia GEFORCE GTX1050Ti 图形处理器进行神经网络的计算。此外，本节使用的优化算法为 Adam[22]，Adam 优化算法是改进的随机梯度下降算法，是 Momentum 算法和 RMSprop 算法的结合体，已被广泛应用于深度学习研究中。在本实验中还设置了训练终止条件，即如果 loss 值不再有明显下降后，网络再训练 10 个 epochs 后停止。在实验环境配置完毕后，将样本输入设置好参数的两种网络中，先后进行训练与测试，分别得到识别结果。CNN 与 CLDNN 的识别准确率随信噪比的变化，如图 5.2 所示。

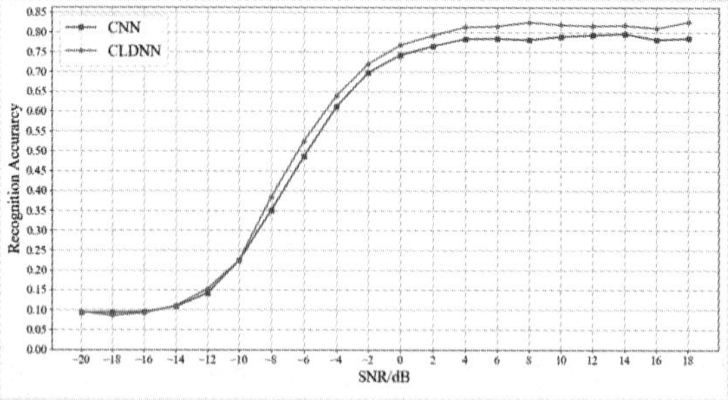

图 5.2　CNN 与 CLDNN 的识别准确率变化曲线

图 5.2 中，CNN 和 CLDNN 算法的识别准确率均随着信噪比的增加而逐渐增高。在信噪比为-20 dB 至-14 dB 时，两种算法的识别准确率都在 10%左右，无较大差别。当信噪比高于-10 dB 时，CLDNN 的准确度均高于 CNN。当信噪比为-2 dB 时，CNN 的识别准确率约为 70%，CLDNN 的识别准确率约为 72%。当信噪比在 6 dB 至 18 dB 时，二者的识别准确率都趋于平缓。不同的是，CLDNN 的识别准确率均达到 80%以上，而 CNN 略低于 CLDNN，在 78%左右。当信噪比为 18 dB 时，CNN 的识别准确率为 78.5%，而 CLDNN 为 82.6%，比 CNN 的准确率高出约 4%。

5.3　不同算法的对比

在实验中，将 CNN 和 CLDNN 与两种基于特征提取的调制识别算法进行对比。其中，基于特征提取的调制识别算法使用的信号专家特征为 2.3 节中提到的四阶累积量特征。本节对比的是 SVM 和 KNN 两种算法，准确率对比如图 5.3 所示。

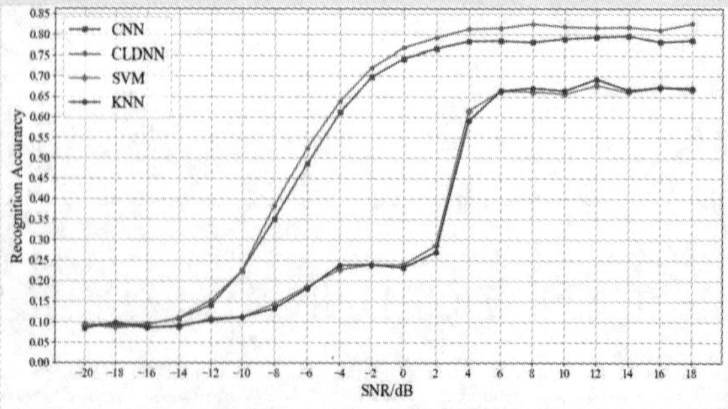

图 5.3　CNN、CLDNN 与 SVM、KNN 的识别准确率对比

图 5.3 中，信噪比在-20 dB 至-16 dB 时，CNN、CLDNN、SVM 以及 KNN 算法的识别准确率均在 10%左右。随着信噪比的增加，四种算法的识别准确率均呈现增高的

趋势。其中，CLDNN 的识别准确率增长最快，其次是 CNN。在信噪比为 0 dB 时，CLDNN 的识别准确率约为 77%，CNN 的识别准确率略低，为 75%，而 SVM 和 KNN 的识别准确率低于 25%。在信噪比为 2 dB 时，SVM 和 KNN 的识别准确率呈现陡然上升趋势。当信噪比增加至 4 dB 之后，四种算法的识别准确率均趋于平缓状态，CNN 和 CLDNN 比 SVM 的准确率平均高出 18%，比 KNN 的准确率平均高出 21%。

在信噪比为 18 dB 时，CLDNN 识别准确率为 82.6%，CNN 为 78.5%，SVM 为 66.6%，KNN 为 67.0%。可见，基于特征提取的调制识别算法几乎在所有信噪比下识别准确率都低于卷积神经网络。这说明，基于卷积神经网络的调制识别算法不仅可以避免特征提取的计算步骤，还可以取得优异的识别性能。

5.4　CNN 和 CLDNN 识别结果的混淆矩阵

针对 RML2016.10a 数据集中多种调制类型，本节进一步研究 CNN 和 CLDNN 的识别性能，利用混淆矩阵来观察每个类型的识别情况。图 5.4 为 CNN 和 LSTM 在信噪比为-18 dB 时的识别结果混淆矩阵。

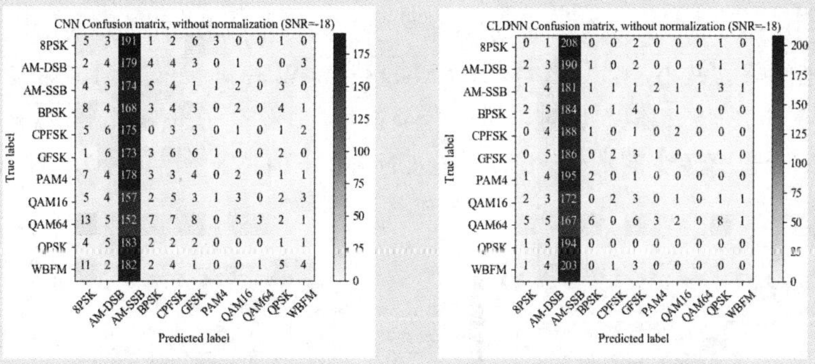

图 5.4　CNN 和 CLDNN 在信噪比为-18 dB 时的混淆矩阵

图 5.4 中，受低信噪比的影响，CNN 和 CLDNN 的识别准确率较差，对任意种类的信号都难以识别。图 5.5 为 CNN 和 LSTM 在信噪比为-8 dB 时的识别结果混淆矩阵。

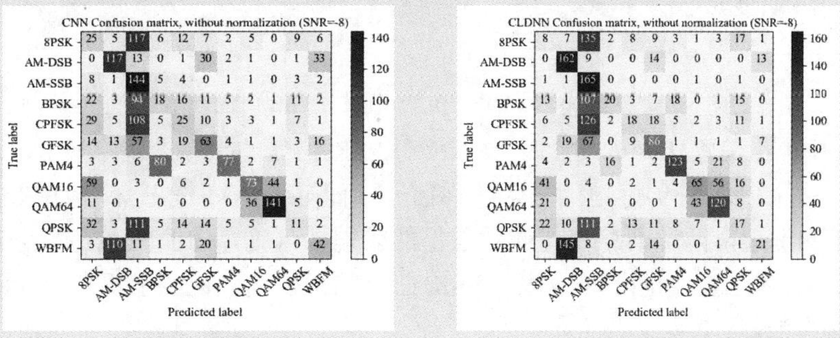

图 5.5　CNN 和 CLDNN 在信噪比为-8 dB 时的混淆矩阵

图 5.5 中，在信噪比为−8 dB 时，CNN 和 CLDNN 的识别结果开始变得清晰，能够较准确地识别 AM-DSB 和 AM-SSB 两种信号。同时，CLDNN 能够较准确地识别出 PAM4。而对于其他类型的信号，CNN 和 CLDNN 的识别性能较差。图 5.6 为 CNN 和 LSTM 在信噪比为 0 dB 时识别结果混淆矩阵。

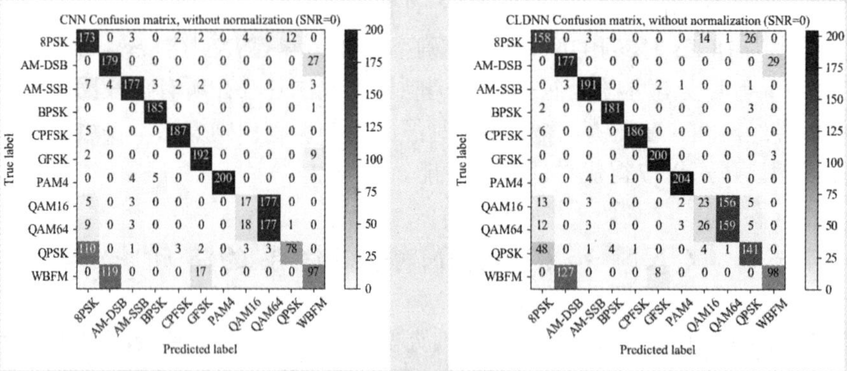

图 5.6　CNN 和 CLDNN 在信噪比为 0 dB 时的混淆矩阵

图 5.6 中，CNN 和 CLDNN 对大部分信号类型都能进行准确识别，而对于 AM-DSB 和 WBFM，16QAM 和 64QAM 的识别效果较差。因为生成数据集时，观测窗口小、信息率低、信息之间关联性小，所以难以区分 AM-DSB 和 WBFM。而对于 16QAM 和 64QAM，这两种信号的 IQ 信息相似，也难以进行分类识别。另外，在信噪比 0 dB 时，QPSK 和 8PSK 两种信号也有较少的混淆。图 5.7 为 CNN 和 CLDNN 在信噪比为 18 dB 时识别结果混淆矩阵。

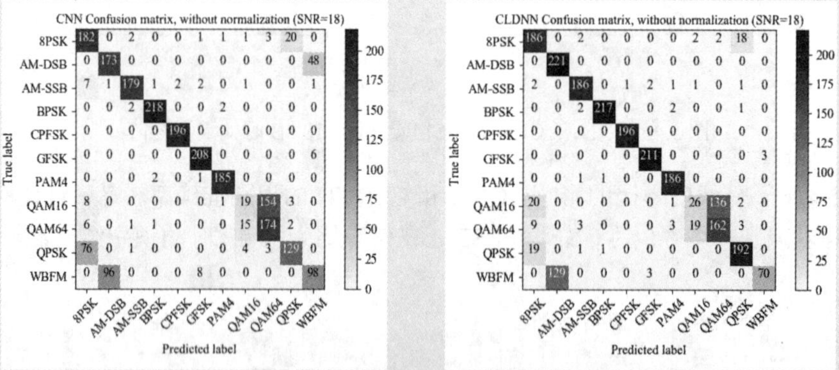

图 5.7　CNN 和 CLDNN 在信噪比为 18 dB 时的混淆矩阵

图 5.7 中，在信噪比为 18 dB 时，CNN 对 PSK 信号的识别准确率较 0 dB 时有少许的提高，但是 CLDNN 更好地区分了两种信号。而对于 AM-DSB 和 WBFM，16QAM 和 64QAM 的识别，两种网络表现的效果仍然较差。可见，CLDNN 在高信噪比的识别准确率优于 CNN，主要是因为提升了 PSK 信号的识别率，说明了本文设计的 CLDNN 取得了较好性能。

5.5　网络参数对识别率的影响

5.5.1　激活函数对识别率的影响

在 4.3 节中，讨论了激活函数的选择问题。一般来说，LSTM 的激活函数默认将 Sigmoid 用于门控，Tanh 用于状态变化和输出。所以本节主要研究卷积层中，Sigmoid 和 ReLU 对识别准确率的影响。基于本节设计的双层 CNN，将其中卷积层的激活函数更换为 Sigmoid，得到识别结果如图 5.8 所示。

图 5.8 中，在 CNN 中，将卷积层激活函数 ReLU 更换为 Sigmoid 后，识别准确率出现异常，低于 10%。这是因为在使用 Sigmoid 作为卷积层的激活函数时，网络极容易出现梯度消失。具体原因为，由于 Sigmoid 饱和区平缓，在网络反向传播时，其梯度接近于 0，导致网络训练多个 epoch 之后，loss 函数没有明显降低，网络自动结束训练过程。同理，Tanh 也不适用于作为卷积层的激活函数。

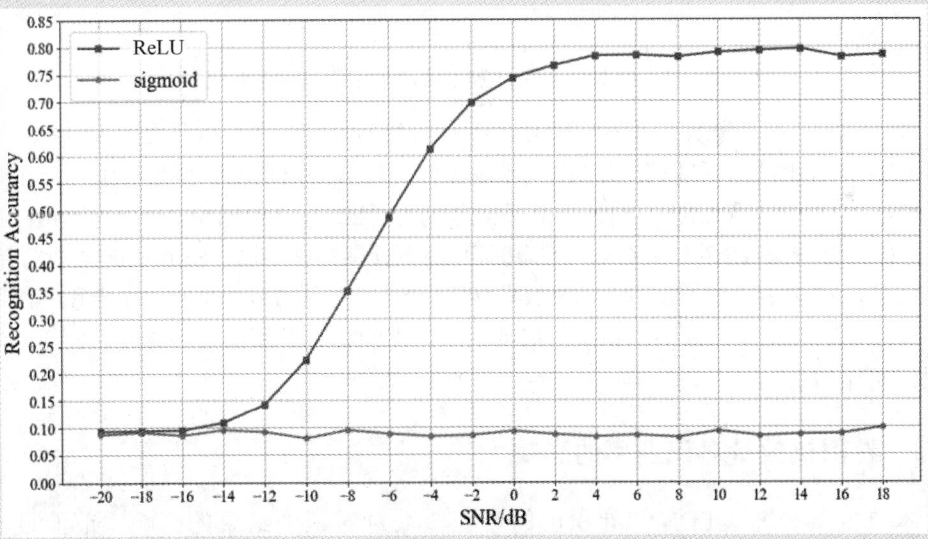

图 5.8　ReLU 和 Sigmoid 对 CNN 的准确率影响

5.5.2　卷积层层数对识别率的影响

本节研究 CNN 中卷积层的层数对识别准确率的影响。一般认为，卷积层的数量越多，提取到样本的特征越多，越能从样本中提取到高层次特征。本节设计了 3 层和 4 层 CNN 框架，它们具体参数如表 5.2 所示。

表 5.2　CNN3 和 CNN4 的网络参数

		Conv1	Conv2	Conv3	Conv4
CNN3	卷积核个数	256	256	128	
	卷积核尺寸	(1，3)	(1，3)	(2，3)	
CNN4	卷积核个数	256	256	256	128
	卷积核尺寸	(1，3)	(1，3)	(1，3)	(2，3)

将 4.1 节中的双层 CNN 称为 CNN2，将其识别结果与 CNN3 和 CNN4 进行对比，三种卷积神经网络的识别准确率如图 5.9 所示。

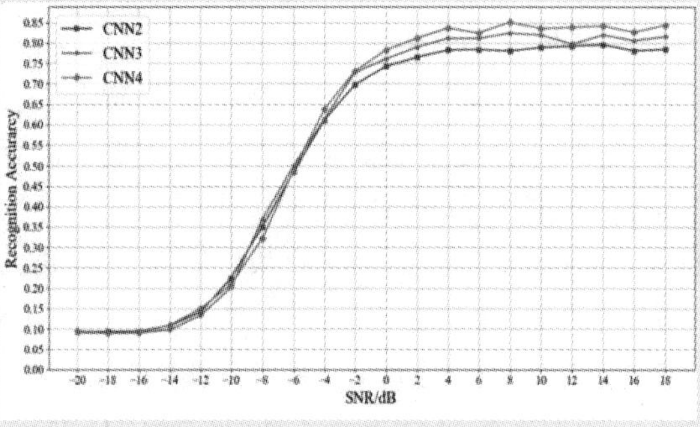

图 5.9　CNN2、CNN3 和 CNN4 的识别准确率对比

图 5.9 中，在信噪比低于−4 dB 时，不同层数的 CNN 的识别准确率大致相同。在信噪比高于−4 dB 时，可以明显看出，随着层数的增加，识别准确率也在上升。在 0 dB 时，CNN2、CNN3 和 CNN4 的识别准确率分别为 74.2%、76.1%和 78.2%。在信噪比为 18 dB 时，CNN2、CNN3 和 CNN4 的识别准确率分别为 78.5%、81.6%和 84.4%。值得注意的是，在信噪比为 8 dB 时，CNN4 的准确率达到了 85%。综上，在卷积神经网络中，增加卷积层数量可以提高识别准确率，但带来的影响是网络参数增加，导致网络训练时间明显增长。

5.5.3　卷积核数量对识别率的影响

本节主要研究 CLDNN 卷积层的卷积核数量对识别结果的影响。前面设计的 CLDNN 中卷积层的卷积核个数都为 80，将卷积核数量分别增至 128 和 256，实验结果如图 5.10 所示。

图 5.10 中，增加 CLDNN 中卷积层的卷积核个数并不会明显提升识别准确率。在信噪比低于−6 dB 时，卷积核数量越多，CLDNN 的识别准确率越低。而当信噪比高于−6 dB，卷积核数量为 256 时，CLDNN 的识别准确率最高，而卷积核数量为 128 时的准确率要低于卷积核数量为 80 的情况。可见，在本文设计的 CLDNN 中，增加卷积层中卷积核数量与识别率的提高没有线性关系。卷积核数量的增加，也带来了网络训练时间的增长。

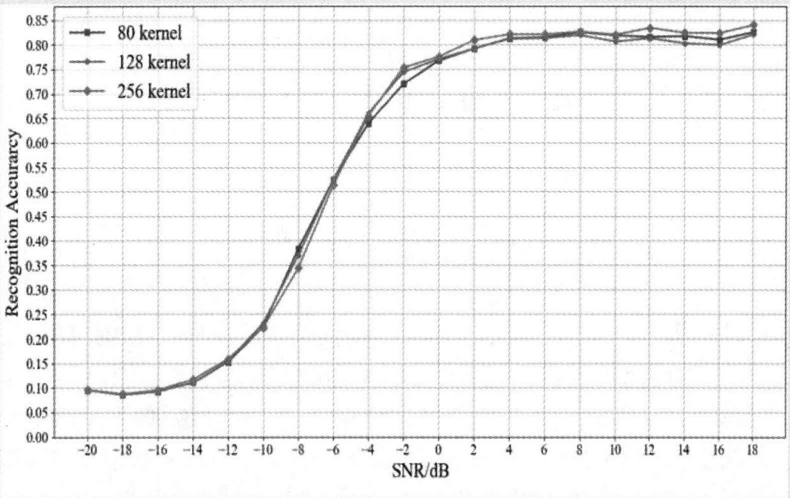

图 5.10　不同卷积核数量对 CLDNN 的识别准确率影响

5.5.4　LSTM 单元数量对识别率的影响

在上节中，研究了 CLDNN 中卷积核数量对识别准确率的影响。在本节中，保持卷积核的数量恒为 80，研究 LSTM 单元数量对识别准确率的影响。将 LSTM 的单元数量分别设置为 150、200 和 250，经过网络训练和测试，实验结果如图 5.11 所示。

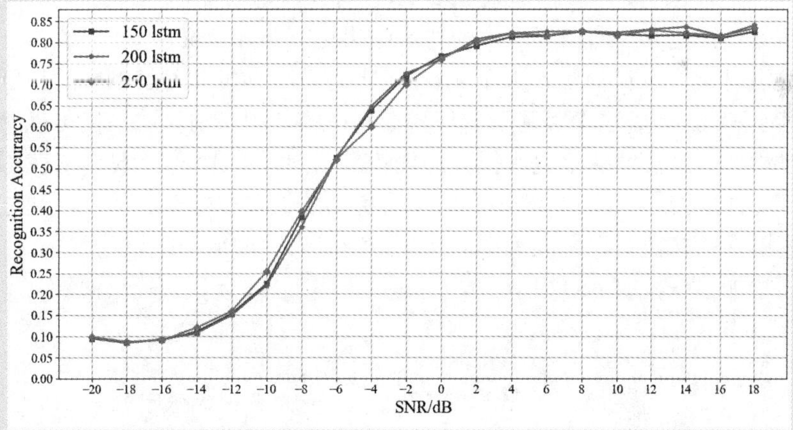

图 5.11　不同的 LSTM 单元数量对 CLDNN 的识别准确率影响

图 5.11 中，在信噪比低于-6 dB 时，250 个 LSTM 单元数的 CLDNN 识别准确率最高，其次是 150 和 200。在信噪比为-6 dB～0 dB 时，250 个 LSTM 单元数的 CLDNN 的识别准确率最低。而在高信噪比范围时，不同的 LSTM 单元数的识别准确率相近。可见，在本节设计的 CLDNN 中，增加 LSTM 中单元数量与识别率的提高没有线性关系。LSTM 单元数量的增加，也带来了网络训练时间的增长。

6 总结与展望

6.1 总　　结

针对基于特征提取的调制信号识别算法准确率不高的问题，利用深度学习算法，设计了 CNN 和 CLDNN 两种卷积神经网络，用于调制信号的识别。CNN 可以直接对二维样本进行特征学习，从而避免了专家特征的计算过程，直接将调制信号的 IQ 分量作为网络的输入。CLDNN 将 CNN 与 LSTM 相结合，不仅能利用卷积层提取空间特征，还能学习到样本的时序特征。仿真实验表明，CNN 和 CLDNN 均取得了良好的识别效果。现将主要内容与结果总结如下：

1. 首先介绍了信号调制的原理，给出了信号模型和累积量特征的计算方法；其次，介绍了卷积神经网络的概念、结构、特性和优势等。

2. 设计了 CNN 和 CLDNN 的具体框架，并对每一层的参数设置进行了说明，重点阐述了激活函数的选用。在实验部分，采用国际标准数据集，包括 BPSK、8PSK、16QAM 等调制信号类型。该数据集利用开源软件无线电平台 GNU Radio 生成，包含大量真实语音信号，生成的信号受多种信道效应影响，包括频率偏、相位偏、高斯白噪声和频率选择性衰落等，接近真实通信环境，使仿真结果更有实际意义。

3. 仿真结果表明，在信噪比大于−16 dB 情况下，CNN 和 CLDNN 的识别准确率远远高于 SVM 和 KNN，这表明基于卷积神经网络的调制识别算法不仅可以避免专家特征的提取过程，而且在性能上也有很大的优势。不同信噪比下 CNN 和 CLDNN 的混淆矩阵表明，对浅层网络，CLDNN 较 CNN 有更高的识别准确率。另外，通过仿真实验研究了不同的网络参数对识别准确率的影响，结果表明增加网络层数可以提高 CNN 的识别率；而增加卷积核或 LSTM 单元，对提高 CLDNN 的识别率没有影响。

6.2 展　　望

针对传统算法在调制识别任务中识别率不高的问题，设计了 CNN 和 CLDNN 架构的识别算法，由于实验环境上的限制以及自身经验的欠缺，仍存在的主要问题如下：

1. 由于数据集中 AM-DSB 和 WBFM 信号的观测窗口小，导致此两种信号有部分缺陷，难以由仿真结果得出准确结论。

2. 设计的两种网络层数较少，网络深度较浅。未来研究可以加深网络深度，以探究网络层数对识别准确率的影响。

3. 设计的 CLDNN 只是一种卷积神经网络的变体，此外还有多种其他类的网络结构，如 DenseNet、ResNet、Inception 等，未来可以研究其他类型网络和网络模块在调制识别领域里的性能表现。

参考文献

[1] 李艳玲. 非合作通信中单载波调制信号识别算法研究[D]. 西安:西安电子科技大学, 2013.

[2] 张昊. 认知电子战技术进展研究[J]. 飞航导弹, 2018, 406(10):60-66, 72.

[3] PANDIT S, SINGH G. An overview of spectrum sharing techniques in cognitive radio communication system[J]. Wireless Networks, 2017, 23(2): 497-518.

[4] WYGLINSKI A M, GETZ R, COLLINS T, et al. Software-Defined radio for Engineers[M]. Fitchburg : artech house, 2018:1-20.

[5] 陈卫东. 数字通信信号调制识别算法研究[D]. 西安: 西安电子科技大学, 2001.

[6] 何继爱, 刘欢, 张玺君. 基于特征提取的调制识别算法研究[J]. 甘肃科学学报, 2014,26(02):71-75.

[7] ABDELMUTALAB A, ASSALEH K, EL-TARHUNI M. Automatic modulation classification based on high order cumulants and hierarchical polynomial classifiers[J]. Physical communication, 2016, 21(12): 10-18.

[8] WALENCZYKOWSKA M, KAWALEC A. Type of modulation identification using wavelet transform and neural network[J]. Bulletin of the polish academy of sciences technical sciences, 2016, 64(1): 257-261.

[9] ZHU Z, NANDI A K. Automatic modulation classification: principles, algorithms and applications [M]. Hoboken: John Wiley & Sons, 2015:66-67.

[10] LV J, ZHANG L, TENG X. A modulation classification based on SVM[C].Optical Communications and Networks (ICOCN). Piscataway: IEEE, 2016.

[11] ZHU Z, ASLAM M W, NANDI A K. Genetic algorithm optimized distribution. sampling test for M-QAM modulation classification[J]. Signal processing, 2014, 94(1): 264-277.

[12] MUGHAL M O, KIM S. Signal classification and jamming detection in wide-band radios using Naïve bayes classifier[J]. IEEE communications letters, 2018, 22(7): 1398-1401.

[13] 陈超, 齐峰. 卷积神经网络的发展及其在计算机视觉领域中的应用综述[J]. 计算机科学, 2019, 46 (3):63-73.

[14] 宋各方. 基于深度学习的动物面部识别算法研究[D]. 杭州: 杭州电子科技大学, 2019.

[15] 崔志红. 基于卷积神经网络的脑电信号分析方法研究[D]. 济南: 山东师范大学, 2019.

[16] 赵亚欧, 张家重, 李贻斌, 等. 融合基于语言模型的词嵌入和多尺度卷积神经网络的情感分析[J]. 计算机应用, 2020,40(3):651-657.

[17] 张亚倩. 卷积神经网络研究综述[J]. 信息通信, 2018(11):27-29.

[18] 张永乐. 基于 CNN 架构的通信信号调制模式分类识别研究[D]. 沈阳: 沈阳航空航天大学, 2018.

[19] 郑攀海, 郭凌, 丁立兵. 基于 TensorFlow 的卷积神经网络的研究与实现[J]. 电子技术与软件工程, 2018 (18):20-22.

[20] BERK R A. An introduction to ensemble methods for data analysis[J]. Sociological Methods & research, 2006, 34(3):263-295.

[21] O'SHEA T J, WEST N. Radio machine learning dataset generation with gnu radio[C].Proceedings of the GNU Radio Conference, Huntsville,2016, 1(1): 69-74.

[22] KINGMA D P, BA J. Adam: a method for stochastic optimization[C]. Proceedings of the 3rd International Conference on Learning Representations(ICLR), San Diego, 2015.

参 考 文 献

[1] 杜文洁，杨林蛟，赵志刚，等. 高等学校毕业设计(论文)指导教程—电子信息类专业[M]. 北京：中国水利水电出版社，2015.
[2] 王辉，鲁周迅. 通信电子类毕业设计指导及实例[M]. 北京：电子工业出版社，2016.
[3] 教育部高等教育司，北京市教育委员会. 高等学校毕业设计(论文)指导手册(电工卷)[M]. 高等教育出版社，经济日报出版社，2002.
[4] 方红伟，李阳. 电气与自动化类专业毕业设计指导[M]. 北京：中国电力出版社，2016.
[5] 杨磊. 电子信息类专业毕业设计指导与实例[M]. 北京：中国水利水电出版社，2011.
[6] 佘明辉，孙学耕，廖传柱. 电子信息类专业毕业设计指导书[M]. 北京：机械工业出版社，2012.
[7] 段海滨，张祥银，徐春芳. 仿生智能计算[M]. 北京: 科学出版社，2011.
[8] 郭业才. 群体智能与计算智能优化的盲均衡算法[M]. 北京：清华大学出版社，2018.
[9] 高玮，尹志喜. 现代智能仿生算法及其应用[M]. 北京：科学出版社，2011.
[10] 郭业才. 通信信号处理[M]. 北京：清华大学出版社，2019.
[11] 杨刚. 嵌入式基础实践教程[M]. 北京：北京大学出版社，2007.
[12] 徐志军，王金明，尹廷辉. EDA 技术与 VHDL 设计[M]. 北京：电子工业出版社，2015.
[13] 陈志旺. 51 单片机案例笔记[M]. 北京：机械工业出版社，2015.
[14] 李精华，梁强. 微机原理与单片机接口技术[M]. 北京：电子工业出版社，2018.
[15] 顾涵. 电气信息类专业毕业设计指导教程[M]. 北京：科学出版社，2018.
[16] 柳炳祥，李娟. 信息类学生专业毕业设计(论文)指导[M]. 北京：电子工业出版社，2019.